Restoring Financial Stability
How to Repair a Failed System

当 代 世 界 学 术 名 著

WILEY

恢复金融稳定性：
如何修复崩溃的系统

［美］维拉尔·V·阿查亚（Viral V. Acharya）
［美］马修·理查森（Matthew Richardson） ／著

刘蔚 邹紫露 周金朝／译
刘蔚／初校 周业安／统校

中国人民大学出版社
·北京·

献给 Manjiree

——V. V. A.

献给我的爱妻，亦是我人生中最好的朋友 Julie，以及我们的三个孩子，Jack、Charlie 和 Lucas。

——M. R.

"当代世界学术名著"
出版说明

中华民族历来有海纳百川的宽阔胸怀,她在创造灿烂文明的同时,不断吸纳整个人类文明的精华,滋养、壮大和发展自己。当前,全球化使得人类文明之间的相互交流和影响进一步加强,互动效应更为明显。以世界眼光和开放的视野,引介世界各国的优秀哲学社会科学的前沿成果,服务于我国的社会主义现代化建设,服务于我国的科教兴国战略,是新中国出版工作的优良传统,也是中国当代出版工作者的重要使命。

中国人民大学出版社历来注重对国外哲学社会科学成果的译介工作,所出版的"经济科学译丛"、"工商管理经典译丛"等系列译丛受到社会广泛欢迎。这些译丛侧重于西方经典性教材;同时,我们又推出了这套"当代世界学术名著"系列,旨在迻译国外当代学术名著。所谓"当代",一般指近几十年发表的著作;所谓"名著",是指这些著作在该领域产生巨大影响并被各类文献反复引用,成为研究者的必读著作。我们希望经过不断的筛选和积累,使这套丛书成为当代的"汉译世界学术名著丛书",成为读书人的精神殿堂。

由于本套丛书所选著作距今时日较短,未经历史的充分淘洗,加之判断标准见仁见智,以及选择视野的局限,这项工作肯定难以尽如人意。我们期待着海内外学界积极参与推荐,并对我们的工作提出宝贵的意见和建议。我们深信,经过学界同仁和出版者的共同努力,这套丛书必将日臻完善。

中国人民大学出版社

前　言

在 2008 年接近尾声之际，我们不禁思考起它的戏剧性，并反思起过去一年中在金融市场乃至更广阔的经济领域发生的可谓史无前例的事件。在我们的一生中从未发生过这样的事。我们的学术界里也很少有事件有如此大的潜力，能够在将来很长的一段时间里，为我们和我们的同事提供极佳的用于研究和教学的原材料，这是极为丰富的资源。这是最佳的也是十分必要的教学时机。我们曾处于金融和经济飓风的中心，这飓风过后必然会造成巨大的金融和经济损失。像所有的飓风一样，它最终会过去，但从现在开始思考应该对系统做出什么样的改变才可以减轻损失，并且如众人所希望的那样降低未来金融暴风雨发生的可能性，并不算为时过早。

我们拥有世界上专攻金融、经济和相关学科的最大也是最好的教员群体之一——这些学者在他们各自的学科都有深厚的基础，同时也大量接触现代金融机构的实践活动，我们认为金融危机提供了独一无二的机会，借这个机会，我们可以利用聚集起来的专家意见对正在进行中的修复工作作出重要贡献。我们汇聚了一组对此感兴趣的人，这个想法很受欢迎，于是我们决定将此项目付诸实施。我们邀请了斯特恩商学院相关学科的所有有时间和兴趣参加该活动的教员，而最终33个同事参与了进来。

接下来，与这次危机相联系的重点课题和解决方法都被确定下来，各队著者开始着手工作。作为通用格式，我们使用了白皮书的形式。每一白皮书都以讨论问题的本质、事情在哪里出了问题，以及我们当前的状况开始，然后继续描述要点——对于补救直接损失并以最小的金融效率和增长的代价来预防危机再次发生，什么选择是有用的——并提供关于公共政策和商业行为的建议。每一白皮书（很多实质上比我们原本设想的更具决定性）都伴有一篇短而易懂的执行摘要，它们分别出版在了纽约大学萨洛蒙中心的学术期刊《金融市场、机构和工具》（布莱克维尔出版社，2009）上。尽管没有要求观点的一致性，但每一白皮书还是在小组中被正式或非正式地集中讨论了六个星期之久。

这是一个把我们所有的专家聚到一起，对将会左右这个国家和全球的金融环境走向的一组事件施加影响的独一无二的机会。我们清楚在接下来的年月里重建的过程将高度政治化，而各类特殊利益集团会竭尽所能影响结果。我们也清楚一些被委托以重建重任的人对部分损失同样负有责任。所以我们在这里将呈现一组经过周密考虑和讨论的、独立而专门着眼于公众利益的意见。

托马斯·F·库利，院长
英戈·沃尔特，副院长
纽约大学斯特恩商学院
2009年2月

致　谢

首先，我们想要感谢所有参与白皮书编写的教员。我们在11月初开始这项工作并在12月末完成了计划的主体部分。很多教员在没有任何实质性报酬的情况下为此投入了大量的时间。需要特别感谢参加到大量白皮书编写并在其中担当主要角色的诸位：安东尼·W·林奇、托马斯·菲利蓬、拉加拉安·K·桑德拉姆和英戈·沃尔特。

在与合著者就所有议题的讨论中我们获益良多，同样给予我们影响的，也包括没有出现在本书中的学院同事和从业者，特别如富兰克林·艾伦、雅科夫·阿米哈德、思瑞德·巴拉斯、雅克布·波多克、达瑞尔·达菲、朱利安·弗兰克斯、道格拉斯·盖尔、阿努拉·古普塔、马克思·霍尔姆斯、蒂莫西·约翰逊、杰夫·马奥尼、奥达·梅若其、霍尔格·缪勒、伊莱·奥菲克、马修·普利茨克、拉古拉姆·瑞占、奥利·萨德、胡恩·辛、格伦·苏亚雷斯、苏瑞什·桑德瑞森、理查德·西拉、卫兰·维格、S·"威什"维斯瓦坦纳和汤琚·尤鲁梅泽。

最后，特别感谢我们的博士生们，特别是做校对工作的哈恩·李和作为研究助理的珐航·法拉曼德，纽约大学萨洛蒙中心管理者玛丽·加菲尔和罗宾·范特波尔。当然还要感谢从头到尾读过此书，并给出很多宝贵评论以帮助此书改进的莱斯·利维、安加雷恩·施梅茨和迈伦·斯科尔斯。

维拉尔·V·阿查亚

马修·理查森

关于作者

罗伯特·F·恩格尔（Robert F. Engle），Michael Armellino 金融学教授，金融计量经济学和市场波动的专家，因其在分析随着时间变化的经济时间序列（自回归条件异方差［ARCH］）的方法方面的工作，获得了 2003 年诺贝尔经济学奖。

维拉尔·V·阿查亚（Viral V. Acharya），金融学教授，银行和金融机构监管、公司金融、信用风险与公司债务估值，以及关注流动性风险影响的资产定价方面的研究专家。阿查亚教授任职于纽约斯特恩商学院和伦敦商学院。

爱德华·奥特曼（Edward I. Altman），Max L. Heine 金融学教授，公司破产、高收益债券、问题债务和信用风险分析的研究专家。

大卫·K·巴克斯（David K. Backus），Heinz Riehl 国际经济和金融学教授，国际经济周期、外汇、固定收益证券、通货和利率衍生品的研究专家。

梅纳赫姆·布伦纳（Menachem Brenner），金融学教授，衍生品市场、对冲、期权定价、震荡指数、通胀预期和市场效率的研究专家。

史蒂芬·J·布朗（Stephen J. Brown），David S. Loeb 金融学教授，对冲基金、共同基金、日本股票市场、经验金融和资产配置，以及投资管理的研究专家。

安德鲁·卓别林（Andrew Caplin），纽约大学艺术与科学学院的经济学教授，经济波动、宏观经济理论、微观经济理论和房地产市场的研究专家。

詹妮弗·N·卡朋特（Jennifer N. Carpenter），金融学副教授，高管股票期权、基金管理者薪酬、生存偏差、公司债和期权定价的研究专家。

吉安·卢卡·金文泰（Gian Luca Clementi），经济学副教授，公司金融、公司动态、契约理论和金融市场缺陷的宏观影响的研究专家。

托马斯·F·库利（Thomas F. Cooley），Richard R. West Dean and Paganelli-Bull 经济学教授，宏观经济利率、货币理论与政策和公司金融行为的研究专家。

史蒂芬·菲格鲁斯基（Stephen Figlewski），金融学教授，衍生品、风险管理和金融市场的研究专家。

泽维尔·加贝克斯（Xavier Gabaix），金融学副教授，主要研究资产定价、高管薪酬、非理性行为的起因和后果，以及宏观经济中标度定律的起源。

德怀特·贾菲（Dwight Jaffee），纽约大学斯特恩商学院客座教授，Willis Booth 银行业、金融和房地产的教授，房地产和城市经济学费雪中心的副主席，金融学和房地产的研究专家。

科斯·约翰（Kose John），Charles William Gerstenberg 银行业和金融学教授，公司治理、公司破产、高管薪酬和公司信息披露的研究专家。

马欣·卡克伯茨（Marcin Kacperczyk），金融学副教授，机构投资者、经验资产定价、共同基金、社会责任基金和行为金融学的研究专家。

亚历山大·永奎斯特（Alexander Ljungqvist），金融学研究客座教授,金融中介、投行、首次公开发行、企业金融和风险投资、公司治理,以及行为公司金融的研究专家。

安东尼·W·林奇(Anthony W. Lynch),金融学副教授,资产定价、共同基金和资产组合选择的研究专家。

莱斯·H·佩德森(Lasse H. Pedersen),金融学教授,流动性风险,保证金,卖空,螺旋效应,流动性危机,以及股票、债券、衍生品、通货和场外(OTC)证券估值的研究专家。

托马斯·菲利蓬(Thomas Philippon),金融学副教授,宏观经济学、风险管理、公司金融、经济周期、公司治理、盈余管理和失业的研究专家。

马修·理查森(Matthew Richardson),Charles Simon 应用金融经济学教授,兼金融机构研究的萨洛蒙中心主任,资本市场效率、投资和经验金融的研究专家。

努里埃尔·鲁比尼(Nouriel Roubini),经济和国际商务教授,国际宏观经济和金融、财政政策、政治经济学、增长理论和欧元问题的研究专家。

史蒂芬·G·莱恩(Stephen G. Ryan),会计学教授,会计测算、以会计为基础的估值、风险管理、金融机构提供的关于金融工具的财务报告的研究专家。

安东尼·桑德斯(Anthony Saunders),John M. Schiff 金融学教授,金融机构和国际银行业务的研究专家。

菲利普·斯那波尔(Philipp Schnabl),金融学副教授,公司金融、金融中介和银行业的研究专家。

罗伊·C·史密斯(Roy C. Smith),Kenneth Langone 企业和金融学教授,国际银行业务和金融、企业金融和机构投资实践,以及职业道德和商业道德的研究专家。

马蒂·G·萨布拉曼亚姆(Marti G. Subrahmanyam),Charles E. Merrill 金融学和经济学教授,公司证券估值、期权期货市场、资产定价(特别是在与流动性、市场微观结构、利率期限结构和固定收益市场有关的方面)、家族企业和实物期权定价的研究专家。

拉加拉安·K·桑德拉姆(Rangarajan K. Sundaram),金融学教授,代理人问题、高管薪酬、公司金融、衍生品定价、信用风险和信用衍生品的研究专家。

史丁·范·纽威伯格(Stijn Van Nieuwerburgh),金融学副教授,

金融、宏观经济学、一般均衡资产定价和宏观经济中房地产角色的研究专家。

保罗·沃奇特尔（Paul Wachtel），经济学教授，货币政策、中央银行和经济转轨中金融部门的改革的研究专家。

英戈·沃尔特（Ingo Walter），金融学，Seymour Milstein 公司治理和道德规范教授，国际贸易政策、国际银行业务、环境经济学和跨国公司运营经济学的研究专家。

劳伦斯·J·怀特（Lawrence J. White），Arthur E. Imperatore 经济学教授，金融中介的结构、规范和业绩，以及金融企业的风险管理的研究专家。

罗伯特·E·赖特（Robert E. Wright），经济学 Clinical 副教授，银行和银行业史、证券市场、公司金融和治理、公司债和保险的研究专家。

埃坦·泽莫尔（Eitan Zemel），W. Edwards Deming 质量和产量教授，供应链管理、运营策略、服务管理和运营管理的激励问题的研究专家。

目 录

导论 2007—2009 年金融危机概述：起因与解决方法 …………… 1

第 Ⅰ 部分　2007—2009 年金融危机的原因

第 1 章　抵押贷款的起源和金融危机中的证券化 …………………… 57
第 2 章　银行如何操纵杠杆游戏？ …………………………………… 79
第 3 章　评级机构：监管是答案吗？ ………………………………… 96

第 Ⅱ 部分　金融机构

第 4 章　怎样对待政府支持企业？ …………………………………… 117
第 5 章　加强对大型复杂金融机构的监管 …………………………… 133
第 6 章　金融危机后的对冲基金 ……………………………………… 151

第 Ⅲ 部分　治理、激励和公允价值会计综述

第 7 章　现代金融部门的公司治理 …………………………………… 175

第8章 反思金融企业的薪酬 ………………………………… 186
第9章 公允价值会计：信贷紧缩引出的政策问题 …………… 203

第Ⅳ部分 衍生品、卖空和透明度

第10章 衍生品：终极金融创新 ……………………………… 220
第11章 信用衍生品的集中结算 ……………………………… 235
第12章 卖空 …………………………………………………… 252

第Ⅴ部分 美联储的角色

第13章 监管系统性风险 ……………………………………… 265
第14章 公共银行业的私人教训
——最后贷款人工具中贷款条件的例子 ……………… 285

第Ⅵ部分 救助

第15章 对金融部门的救助：为下一次危机播种？ ………… 306
第16章 抵押贷款和家庭 ……………………………………… 318
第17章 救市何时停止？ ……………………………………… 327

第Ⅶ部分 国际合作

第18章 金融监管部门的国际合作 …………………………… 339

译后记 …………………………………………………………… 349

导论 2007—2009年金融危机概述：起因与解决方法

维拉尔·V·阿查亚、托马斯·菲利蓬、
马修·理查森、努里埃尔·鲁比尼

全球金融市场的整合通过提高静态与动态效率——实体资源的配置和经济增长率——已经实现了巨大的福利收益。然而，当前的金融危机也证实了这些成就的实现是以日趋明显的系统脆弱性为代价的。现在我们必须面对的挑战是：重新设计一个覆盖全球金融系统的监管体系，以使得这个体系更为稳健，同时又不会削弱其创新和刺激经济增长的能力。

0.1 2007—2009年的金融危机

金融部门已经带来了巨大的经济效益。金融机构在经济中扮演着独一无二的角色，在需要借款的一方和需要贷款或投资的一方之间充当媒介。如果没有这个媒介，公司业务运转将变得十分困难。因此，系统性风险可认为是金融机构全面崩溃或资本市场冻结，其会导致实体经济的资本供给大幅减少。美国在 2007 年到 2008 年间经历了这种系统性冲击，并在我们进入 2009 年之际，不得不继续竭力和冲击所造成的后果作斗争。

2 这场金融危机始于何时？又在何时扩展为了整个系统的危机？

金融危机是 2006 年第一季度住房市场的急转直下触发的。大量为市场上信用等级较差的人设计的抵押贷款——次级抵押贷款——为浮动利率付款，这意味着抵押贷款能够在短时间内再融资，从而避免抵押贷款利率的下跌。抵押贷款的再融资是以房价持续上涨为前提的。因此，住房市场的崩溃必然意味着一波次级领域的未来违约事件的发生——系统性事件也就到来了。实际上，2006 年年底欧尼特抵押贷款公司（Ownit Mortgage Solution）的破产和随后 2007 年 4 月 2 日第二大次贷供应商新世纪金融公司（New Century Financial）的破产，很清楚地告诉人们，次贷游戏已经结束了。

虽然次级贷款违约是根本原因，但导致系统性崩溃的最易识别的事件极有可能是发生在 2007 年 6 月 20 号的贝尔斯登（Bear Sterns）旗下两家高评级的投资于次级资产支持证券的对冲基金的被迫关闭。特别地，由于债务抵押债券（CDO）的价格随着次级贷款的违约开始下跌，基金贷款人也开始要求更多的抵押品。事实上，基金债权人之一美林（Merrill Lynch）试图拍卖掉其持有的该种资产中的 8 亿美元。当美林发现这些资产只能卖出 1 亿美元时，这种资产流动性不足的本质及其价值下跌的趋势便显露无遗了。试图将以超低价出售资产的拍卖控制到最少的过程，很可能落入死亡螺旋。两天后贝尔斯登（Bear Sterns）注资价值 32 亿美元的贷款，以使对冲基金继续流通。

这一事件生动说明了典型的金融危机的特征——信贷繁荣（导致了金融机构的杠杆化，在此例中为贝尔斯登对冲基金）和资产泡沫（增加了大幅价格冲击的可能性，在此例中是房地产市场）。最后，当冲击导致资产泡沫破裂（即房价下跌）而引发去杠杆化的过程时，不可持续的资产泡沫和信贷繁荣就会破裂，并会引发以下三个后果：

1. 高杠杆支持的资产价值下降导致增补保证金的要求提高，迫使借款人出售泡沫资产，而这反过来又会使得资产价值进一步下降。

2. 资产价值的下降减少了支持最初杠杆化信贷繁荣的抵押品的价值。

3. 随后，增补保证金的要求和被迫以超低价出售资产的行为，进一步拉低了资产价格，使其甚至低于现在已经较低的基础价值，从而产生了瀑布般下坠的恶性循环，即下跌的资产价格、增补保证金的要求、超低价出售、去杠杆化和进一步的资产贬值。

虽然贝尔斯登试图挽救这两只基金，但损失已经造成。在接下来的数月中，这两只基金损失了90%的价值而被迫关闭。据我们现在所知，这一事件在当时只是冰山一角。

另外一些产品的命运与这两只基金类似，如次级债券、高收益债券、基于贷款信用违约掉期指数（LCDX）的杠杆贷款、基于商业抵押贷款指数（CMBX）的商业抵押贷款支持的债务抵押证券（CDO）和基于次级房屋贷款债券价格综合指数（ABX）的次级抵押贷款支持的债务抵押债券等，这些产品的信贷利差的扩大，导致所有信用工具被彻底重新定价。这几乎是在一夜之间导致了债务抵押债券发行的终结。作为例证，图0.1描绘了高收益利差在2007年6月中旬到7月末之间超过200个基点的增长和杠杆贷款市场几乎彻底的崩溃。

尽管很难将信用变动和其他市场直接联系起来，但是2007年7月25日，最大也是最知名的投机交易——投资者买进高收益通货而卖出低收益通货的套利交易——却发生了多年以来最大的震动。具体而言，在一天内分别做多50%的澳元和新西兰元，并做空100%的日元，会导致3.5%的损失。过去三年这一交易的日常标准差仅为0.6%。简而言之，这是六倍之多的标准差的震动。现在人们普遍认为，正是对冲基金在套利交易中的损失，或是风险规避的转变导致了下一件大事的发生——在2007年8月6日的一周里，定量多空对冲基金策略（价值、动量和统计套利）崩溃。之前一个星期这些策略的大量平仓很可能开启了对冲基金损失（含杠杆）一泻千里的大门。直至8月9日回补之前，对冲基金已经损失了25%到35%。

次级抵押贷款的危机已经真正变成系统性的了。

然后接下来的事都自然发生了。不过一周，法国巴黎银行的三种结构性投资工具就发生了资产挤兑。挤兑是如此严重，以至法国巴黎银行在8月9日不得不停止赎回。这一事件提醒了投资者，资产支持商业证券和结构性投资工具并不一定是安全的短期工具。相反，这些渠道业务是由次级抵押贷款和其他信贷质量可疑的资产支持的，而这些资产实质上已经没有了折现或转售的选择。

法国巴黎银行的声明导致了资产支持商业票据市场的冻结，这一事

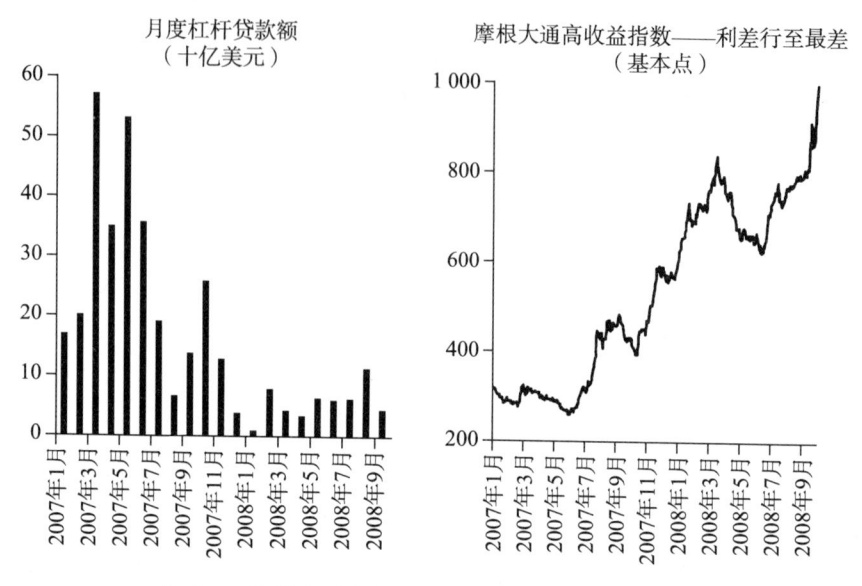

图 0.1　杠杆金融市场（2007 年 1 月到 2008 年 9 月）

这两张图描述了从 2007 年 1 月到 2008 年 9 月每月杠杆贷款额和摩根大通高收益指数的收益利差波动到最差的过程。指数中每种债券收益的最差状态是指每种债券所有付息期内的最低收益。

资料来源：标准普尔杠杆评论与数据公司、摩根大通。

件最简洁地标明了金融危机发展的下一个主要阶段，即缺乏透明度及其导致的交易对手对风险的担忧。

想想法国巴黎银行，数年以来，其结构产品的发展一直顺风顺水，资产支持商业票据和结构性投资工具只是其结构产品的两个例子。不管怎样，一旦定价随着次贷违约被质疑，这个渠道业务市场就面临着：

- 新的金融工具流动性不足，且很难估值和定价。
- 越来越复杂的衍生工具。
- 这些工具的大部分在场外交易而非在交易所交易。
- 关于这些工具及其持有者的信息很少披露。
- 很多新的金融机构是不透明的，很少有，甚至根本没有管制（对冲基金、私募股权、结构性投资工具和其他表外渠道业务）。

由于几乎无法区别法国巴黎银行渠道业务和其他金融机构的渠道业务，加上在金融机构持有什么、多少渠道业务损失需要发起机构承担等方面缺乏透明度，整个市场关闭了。所有的短期市场（如商业票据和回购协议）都开始冻结，直到中央银行向系统注入流动性它们才

导论　2007—2009 年金融危机概述：起因与解决方法

重新开启。

如果没有市场参与者及有关管理者和监督者两方面的足够的信息、报告和披露，私人金融市场就不能正常运行。如果投资者不能恰如其分地为复杂的新证券定价，那么他们也不能恰当地估计金融机构面临的总损失，而如果他们无从得知是谁在为所谓的有毒垃圾承担风险，那么这就会演变成为系统的不确定性。其后果是风险厌恶群体过度增长，对交易对手缺乏信任，从而对金融市场流动性造成极大损害。因此，一旦金融市场缺乏透明度，且这种不透明持续下去并不断增加，直到成为一个问题，那么这就为成熟的系统性危机播下了种子。

在这次市场冻结之后，接下来的数月充斥着一系列接踵而至的公告，如次级贷款放款机构破产、金融机构大幅减记资产账面价值、单一金融业务面临破产等。这一章前言末尾的附录给出了这次危机所有重大事件的时间轴。

虽然市场正在获悉受波及公司的情况，但其却仍不清楚影响范围能有多大，以及在交易对手破产中谁会遭受风险。到如今，银行已经不再互相信任，而是囤积重要的流动性作为缓冲；三月期的无担保银行同业拆借已经大部分转换为有担保的隔夜拆借；而实体经济借贷已经开始受到负面影响。

这一时期紧接着的两桩标志性事件——救助贝尔斯登和雷曼兄弟（Lehman Brothers）的破产——使人们确信了对交易对手风险的担忧是有确实根据的。接下来我们依次讨论这两起事件引起的对系统性风险的担忧。

在 2008 年 3 月 10 日所属的一周里，身为第五大投资银行的贝尔斯登发生了挤兑。贝尔斯登是出现挤兑的首选对象：它是主要投资银行中最小的一个，有着最高的杠杆率，并且在次级抵押贷款市场的风险敞口非常大。在那个周末，政府帮助、引导、策划了摩根大通对贝尔斯登的收购，对 290 亿美元次贷支持证券提供担保，从而避免了崩溃。由于与金融系统的其他部分有着高度的相关性，贝尔斯登有着实质性的系统性风险。特别地，由于它是 2.5 万亿回购市场（证券购买短期基金的主要来源）的主要玩家、华尔街上领头的主要对冲基金经销商和信用违约掉期市场双边的重要参与者，它的获救使市场得以暂时平静下来。

相对地，作为实际体现系统性风险的例子，还应考虑第四大投资银行雷曼兄弟。雷曼在 2008 年 9 月 12 日星期五接下来的一个周末签署了破产文件。事后看来，雷曼含有相当大的系统性风险，并导致金融体系几乎崩溃。可以认为，是随后一个星期政府宣布的全面紧急救助才阻止了这一事件的发生——再一次，仅仅是暂时的。

与雷曼兄弟破产相联系的系统性风险可分为三类：

1. 市场可能意识到，既然雷曼兄弟并没有大到不能倒闭，那么其他投资银行也就可能面临相同的困境。这就会导致其他机构发生典型的挤兑现象，尽管比起雷曼兄弟来，它们很可能有着更强的偿付能力。所以就有了美国银行对美林的收购。在9月12日星期五到9月15日星期一短短几天内，另外两家机构摩根斯坦利和高盛目睹了它们五年期的信用违约掉期保护分别从250基点到500基点及从200基点到350基点的上升，然后在9月17号又各自升到了997点和620点。

2. 整个系统缺乏透明度。

■ 对美国国际集团（AIG）的抵押偿付要求导致其在9月15日接受了政府紧急救助。如果没有救助，它面向金融部门的价值约5 000亿美元的AAA级债务抵押债券的信贷违约掉期保险就会给大量公司造成迅速的且很可能是灾难性的损失。

■ 作为最大的货币市场基金之一的美国货币市场基金拥有雷曼兄弟7亿美元的短期票据。雷曼兄弟破产后，其债务实质上毫无价值了，这使得美国货币市场基金跌破净值。这是十多年来从未发生的，进而引发了系统的大规模挤兑。由于货币市场基金是融资回购和商业票据的主要来源，这可以说是此次危机中最严重的系统性事件。随后政府不得不为所有货币市场基金担保。

3. 雷曼的交易对手风险。

■ 先看一个例子，即雷曼的大宗经纪业务。与它在美国的运营形成对比，在雷曼宣布破产之后，它在英国的大宗经纪业务也破产了。这意味着任何投资于被雷曼担保的证券的对冲基金现在都成了无担保债权人。这导致许多对冲基金发生了巨大的损失，因它们本来作为担保品入账的证券在系统中消失了。

■ 另一个例子是，随着雷曼的破产，银行同业拆借市场真正冻结了，因为没有哪家银行信任其他银行的偿付能力；整个金融中介行业面临着完全崩溃的风险。

雷曼兄弟事件所传达的信息是金融机构"大而不倒"的标签确实存在。我们将讨论这一称号带来的令人难以置信的高昂成本。因为它有些自相矛盾地引导道德风险以赛跑的速度变为系统性的，并且当危机到来之时，财富最后的归宿不过是从纳税人手中转移到了系统机构手中。

下一节将展现影子银行业的安魂曲——挤兑是如何从非银行抵押贷款贷方传播到独立的经纪自营商,然后一直蔓延到货币市场基金和依靠短期筹资的企业的。第三节详细讨论了此次危机的根源。第四节和第五节分别探讨了在监管基本原则和危机来临时的救助原则这些方面的可能建议,即类似美国这样的经济体一旦出现系统性失灵,如何加以有效防范。第六节阐述了如下观点:只要不同的国家监管机构在原则和执行上进行适度的合作,这样的规章就能够奏效。

0.2 影子银行业的安魂曲

在我们继续了解 2007 年到 2009 年金融危机的根源前,很有必要强调这是一场传统银行业的危机,而且更为重要的是,这也是一场所谓的影子银行业——那些看起来极像银行的金融机构——的危机。这些机构在滚动还债的市场上借入有着显著高杠杆的短期债券,然后贷款或投资于长期流动性较差的资产。不管怎样,与银行不同,它们直到 2008 年才有了安全保证——存款保险,和最终贷款人(LOLR)中央银行——这些是建立起来以备银行挤兑的。在 2007 年和 2008 年,我们有效地观察到了影子银行系统的一次挤兑,这次挤兑直接导致了(那时)无担保的金融系统很重要的一部分的终结。

这场在 2007 年年初开始的挤兑到终结时,共造成了几百家非银行房地产抵押贷款机构的崩溃,其主要集中在次贷和 Alt-A 级贷款领域,其后又接连依次发生了一系列在下面几页中列出的事。当市场意识到这些机构发放的大部分贷款是不良贷款之后,这些非银行机构的全部批发金融业务都消失了。一个接一个地,数以百计的非银行机构破产、倒闭或被更大的金融机构吞并。考虑到不健全的承保标准的范围,抵押贷款贷方的崩溃甚至包括了一些有存款保护伞的机构,如全国房屋贷款公司(Countrywide)——全美最大房贷抵押贷款机构——在困境之下被美国银行收购。

影子银行体系覆亡的第二阶段是结构性投资工具整个系统和渠道业务的崩溃。这一过程始于投资者意识到他们投资了高风险的和/或流动性不足的资产——基于房贷抵押贷款和其他信用衍生品的不良债务抵押债券,因此引发了他们的短期资产支持商业票据渠道业务筹资的挤兑。因为很多结构性投资工具和渠道业务有着发起金融机构——主要是银行——提供的信用增级和暂时流动性，所以虽然它们在法律上是这些银行的表外工具，但是当它们的融资问题迫使发起银行在资产负债表中列入这一项时，它们也在事实上进入了资产负债表。

影子银行体系覆亡的第三阶段是全美主要独立经纪自营商的终结，这发生在作为杠杆操作基础的回购融资失败而出现债务挤兑之后。贝尔斯登是头一个受害者。在贝尔斯登事件过后，美联储对货币政策做出了自大萧条以来最彻底的变革——最终贷款人支持的准备金通过一级交易商信用工具（PDCF）[1]借款给体系中举足轻重的经纪自营商（那些是美联储一级交易商的自营商）。这个最终贷款人甚至没有阻止雷曼发生的挤兑，投资者也意识到了这一支持不是无条件和无限制的——最终贷款人能够可靠地阻止任何银行类机构的挤兑，但必然附有一定条件。听任雷曼破产的决定迫使美林，即下一个发生挤兑的公司，与美国银行合并。接下来，另外两家继续存在的独立经纪自营商，在一级交易商信用工具被发明后，已经处在美联储的有效监督之下，它们被迫转变为银行控股公司（允许它们——如果愿意的话——获得更多稳定而已投保的存款）并因此正式被纳入美联储的监督和管理范围。事实上，华尔街独立经纪自营商系统在短短七个月内就寿终正寝了。

影子银行体系的终结过程随着货币市场基金的挤兑在继续。这些基金并没有过高的杠杆率，但是和银行一样依赖其投资者的短期融资。这些投资者如果对基金的流动性或偿付能力有所担忧就会撤离。对于偿付能力的担忧率先由美国货币市场基金跌破净值这一事件触发，因其投资了雷曼的债务。和美国货币市场基金一样，很多货币市场基金一直为投资者存款进行着激烈的竞争，它们通过将其资产的一小部分放进不可变现的、有陷阱的且高风险的证券，并在宣称的流动性和安全投资的基础上，承诺了比市场报酬率更高的回报率。一旦美国货币市场基金跌破净值，投资者就恐慌起来，因为他们不知道也不可能知道任何一只基金是否持有和到底持有多少不良资产。考虑到银行类机构债务的短期性和存款保险的缺失，货币市场基金的挤兑紧跟着迅速发生了。这次挤兑牵涉价值3万亿美元的产业，如果不被制止，其后果将会是毁灭性的——因为货币市场基金是公司商业票据市场资金的主要来源。因此，挤兑开始后，美联储和财政部被迫向所有货币市场基金提供存款保险以制止挤兑，这是银行安全网向非银行金融机构的又一次重要延伸。

影子银行系统覆亡的随后一个阶段是数以百计的对冲基金的挤兑。与其他机构相似，对冲基金融资周期非常短，投资者能够在短暂锁定期后赎

导论　2007—2009 年金融危机概述：起因与解决方法

回在这些基金上的投资；不仅如此，因其杠杆的基础是短期回购融资，在主要经纪人消失或者削减他们对对冲基金的融资后，基金融资虎头蛇尾般的失败不可避免。这些挤兑被大量对冲基金策略聚集扎堆的天性放大了。

影子银行系统覆亡的下一个阶段可能要算是即将到来的私募股权再融资危机了——融资的杠杆收购（LBOs）。私募股权和杠杆收购在其操作中是高杠杆的，但它们倾向于拥有更长的融资周期，这会降低但不能消除再融资危机的风险；这只能使挤兑放慢脚步。低门槛贷款合约和以实物抵债的套索的存在进一步允许杠杆收购公司推迟再融资危机的到来。但是为数极多的将在 2010 年和 2011 年到期的杠杆贷款——那时信贷利差很可能大规模扩大——暗示一旦再融资危机形成，这些杠杆收购可能会完蛋。虽然一些杠杆收购公司可能只需要财政体制改革，但很可能改革的过程在某些情况下也会导致实质上的经济损失。

流动性枯竭和财务困境没有放过其他金融机构，如保险公司和单一险种债务保险商，它们中很多都大胆地为各种不良信贷衍生品提供了保险。特别是美国国际集团（AIG）售出了超过 5 000 亿美元的此类保险，因而濒临破产而必须接受政府救助。其他金融机构如单一险种债务保险商，最后则失去了 AAA 评级。虽然因其有着保险费这样较长期的融资而避免了遭遇正式的挤兑和破产，但是失去 AAA 评级意味着它们必须在现有的很多合同上加上必要的附加抵押品，并且无法提供新的保险。因此，它们的商业模式瓦解了。

短期债务挤兑甚至给传统银行和非金融公司也带来了问题。到 2007 年夏天，以及雷曼破产之后，传统银行发生的挤兑给可能无偿付能力的银行机构如独立国家房贷公司（IndyMac）、华盛顿共同基金（Wa Mu）和美联银行（Wachovia）带来了巨大的压力，因为在那个阶段，全美的存款保险最多只有 10 万美元的，仅仅大约 70% 的存款是已投保的。在联邦储蓄保险公司（FDIC）这一存款机构的 7 万亿美元存款中，未投保存款占了约 2.6 万亿美元。在 2008 年夏天，继独立国家房贷公司、华盛顿共同基金和美联银行的倒闭或濒临倒闭后，对美国金融机构偿付能力的担忧达到了顶点。活跃的银行拆借不见了踪影，极高的伦敦银行同业拆借利率差和银行流动性囤积清楚地表明了这一点，而且未投保存款（包括大量跨境种类）的风险导致了对系统性银行挤兑的担忧。政策机构对银行挤兑的可能性做出了回应，其正式将存款保险从 10 万美元拓展到了 25 万美元，并且通过分解困境中的银行这种不会造成未投保存款的任何损失的手段，甚至有效地向未投保存款（仍有 1.9

万亿美元，占据重要地位）提供了隐性担保。创造新政府工具的目的是为一段时间内金融机构发行的任何新债务提供担保，同时也提供重要的公共安全网，以防范金融部门到期债务滚动清偿的风险。

美联储创造的其他工具进一步间接扩展了其最终贷款人的支持范围，它甚至覆盖到了外国银行和不在美国经营的一级交易商（因此也就无缘贴现窗口和新工具）。特别地，在大型掉期业务上，美联储与大量其他中央银行高效地达成了一致，允许其他中央银行从美联储处借出美元流动性，并以此缓解它们本国因美元债务滚动还债而面临流动性短缺的金融机构的困境。这些掉期业务既是对非美银行最终贷款人支持的形式，也是外汇干预的一种形式，以便预防在外国银行对美元流动性有如此大需求的情况下，美元可能发生的过度升值。

最后，短期债务的挤兑风险甚至没有放过公司部门。2008年秋，特别在雷曼破产之后，公司制企业，尤其是那些使用商业票据筹资的，对短期债务滚动还债的能力被严重削弱了。信贷紧缩和货币市场基金（这些商业票据的主要投资者）最初挤兑的加深导致了这类为公司部门流动资本需求进行短期融资的主体的急速减少。风险现在成为了一种可偿付但不可变现的企业短期债务违约的风险，这是前面描述过的市场冻结致使企业无法对短期债务滚动还债的后果。面对这次空前的风险，美国政策机构再次用空前的行动回应：为美联储创造一种新的工具来从公司部门购买商业票据。

由于这次在影子银行、商业银行，甚至公司制企业发生的短期债务的挤兑或近似挤兑，政策制定者扮演了大量新的而且迄今未经验证的角色，如向广大机构提供流动性。通常中央银行是最终贷款人，但是在2007年金融危机中，美联储成为了首要而且唯一的贷款人，因为银行停止了互相贷款，也停止了向非银行金融机构贷款，而金融企业甚至不对公司部门贷款，最后美联储挡下了银行、非银行金融机构和非金融公司的短期债务问题。

很难对2007年夏天金融危机带来的经济衰退进行定量估计，这次衰退在2007年12月开始，而一直持续到2009年。考虑到在2006年房价开始有了陡峭的下降趋势后，大量家庭就失去了它们大部分的财富，金融危机的影响更加难以估计。换句话说，即使金融危机没有生根，衰退也很可能照样会发生。但是大多数人都认为2008年秋天金融系统近乎崩溃给经济带来了严重的后果。高杠杆金融机构遭受的损失引发了显著的信贷紧缩，加剧了资产价格下跌，并导致了对资本品——耐用消费品和投资品——更低的实际需求，因此触发了整体经济萎缩。无论怎样，这是一个恶性循环。去杠杆化和信贷紧缩造成了虚拟经济和实体经济的双重后果：它们触发了经济损失，并引起了经济衰退，这将使借贷双方进一步遭受经济损失。

在影子银行部门（事实上是金融部门的绝大部分！）的安魂曲过后，有必要整理一下我们的思路，找出造成金融体系根本上的不稳定性的多种原因，因为正是这种根本上的不稳定性导致了金融部门的恶性循环。

0.3 原因

人们几乎一致赞同这次危机的根本原因是信贷繁荣和房产泡沫的有机结合。到2006年中期，这些所谓的泡沫存在两个最常见的特点：信用工具的利差和房价与租金收入的比率都达到了历史上的最高点。图0.2和图0.3分别描绘了这些现象。

人们对泡沫存在两种颇为不同的看法。

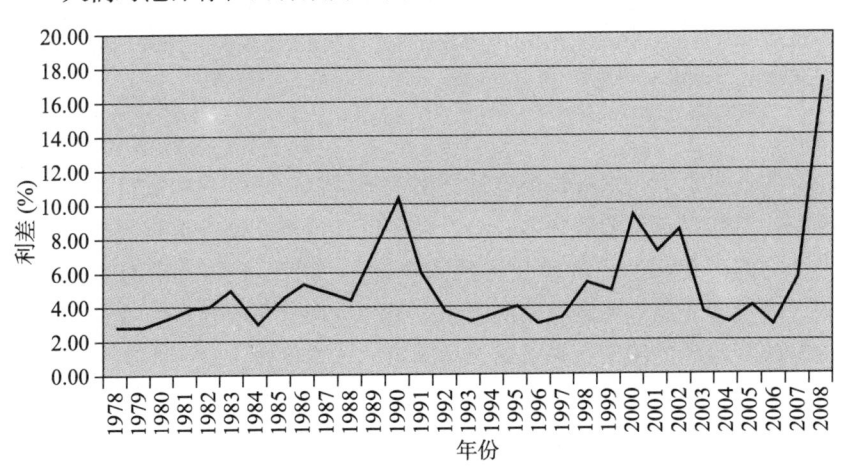

图0.2 高收益债券利差的历史轨迹，1978—2008年

该图显示了在1978年到2008年间美国财政部年度高收益债券利差的数据。因为数据的年度性质，从2006年6月1日算起的最低点不可见，该最低点是6月12日的260个基点。

资料来源：纽约大学斯特恩商学院萨洛蒙中心。

第一种看法是资本市场刚好有一个基本的错误定价——风险溢价太低，而长期波动反映了一个错误的信念，即将来的短期波动会停留在它

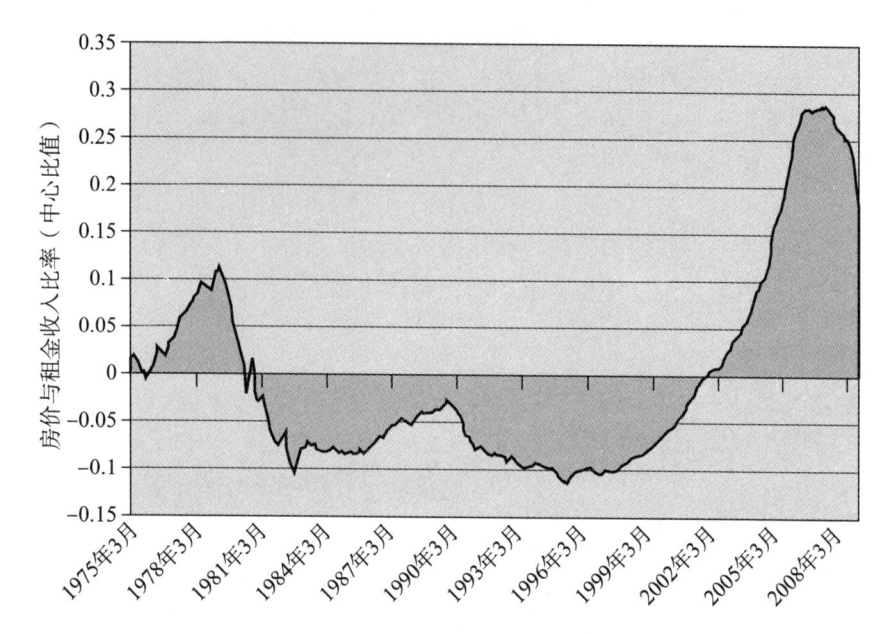

图 0.3 房价与租金比率，1975—2008 年

该图描绘了美国联邦住房企业监察局（OFHEO）二手房房价价格指数与劳工统计局（BLS）的住房指数（即总租金加上消费物价指数的公用事业部分）的比率的中心化值（观测值－平均值）。因为是计算中心化值，故这一比率的平均值为零。

资料来源：作者自己的计算、美国联邦住房企业监察局、劳工统计局。

现有的低水平上。这一错误定价必然意味着低信贷利差和风险资产价格虚高。对错误定价的解释之一是，在印度和欧洲东部等地集团新资本主义社会的出现和惊人的增长导致了全球不均衡。一方面，有美国、西欧、澳大利亚等消费者导向的国家；另一方面，也有这些快速增长、投资与储蓄驱动的国家。来自第二类国家的资本涌进了第一类国家的资产中，导致了流动性过剩、较少的波动和低信贷利差。

第二种看法是，美联储（和一些其他央行）在过去几十年中犯下的错误可能也需要为此承担部分责任。特别是，美联储所做的在过长时间里保持过低的联邦基金利率的决定（一直到 2004 年都低至 1%）创造了信用泡沫和房地产泡沫。换句话说，因为把人为的低联邦基金利率作为目标，所以银行贪婪地利用廉价基金，而使廉价贷款成为了现实。除了廉价货币，美联储和其他管理者犯的另一个错误是在抵押市场上没能控制蹩脚的承销标准。蹩脚的承销实例，如没有首付，没有收入、资产或工作的证明［无文件或少文件贷款，或三无（无收入、无资产、无工作）

抵押贷款〕，付息抵押贷款，负摊销抵押贷款和引逗利率，这些现象都广泛存在在次级、准优（Alt-A）及优质抵押贷款中。而美联储和其他管理者普遍支持这些金融创新。

两种观点可能都有一定真实性。一方面，在所有市场上信用都易于获得——抵押市场、消费市场和企业贷款市场——并促使贷款质量越来越差。另一方面，信贷繁荣和房地产泡沫都是全球性现象，这使得人们更难仅仅将问题归咎于美联储的政策、正确监督和抵押贷款的管理的缺失。

就如我们现在所知道的，对资产市场——最突出的房地产市场——的巨大冲击导致了抵押贷款部门的一波违约浪潮（预计还会更多）。就数字来看，房价从2006年第一季度的顶点到今天降了23%（见图0.3）。因此乍一看，有人可能认为单纯的财富损失能够解释这次危机的严重性。然而，虽然未造成同样的系统性影响，美国近来也经历过相对而言相似的大震动：20世纪90年代末，美国股票市场的高科技泡沫导致了非凡的回报率，而在2000年3月泡沫破灭。结果，纳斯达克指数（NASDAQ）在接下来18个月中跌落了70%之多（直到9·11事件）。接踵而至的是互联网公司破产、公司部门实体投资的大幅下降、2001年美国衰退触发的大部分高科技股票最后的崩溃和2002年罕见的高收益债券违约浪潮。然而那时并未发生系统性金融危机。

为什么2007年房地产市场的崩溃会比2001年互联网泡沫的破灭严重得多？或者说比1987年泡沫破灭或任何其他影响金融历史的泡沫破灭（也许除大萧条之外）都要严重得多？

就这次现有的危机而言，有四点主要的不同。

第一，和互联网泡沫不同，家庭在这次危机中的财富损失源于基础资产（即房产）的高杠杆。事实上，考虑到现在的价格下跌，据估计30%以抵押贷款购买的自住房屋，其资产净值为负，而如果房价再下跌15%，这个数字有可能达到40%。因为对大多数家庭来说，房屋是其基础资产，这就意味着大量家庭实际上破产了，因而导致了抵押贷款违约的浪潮，这在次级和Alt-A级贷款市场尤其明显。

图0.4给出了对房产财富作为总家庭资产一部分的重要性的估计。从图中可以看出，这个数字具有相当大的经济重要性，1975年到2008年这个比率在30%和40%之间波动，在2008年第三季度这个比率为35%。图0.5加上了消费杠杆，并表明了作为房屋价值一部分的消费债务的大幅下跌。

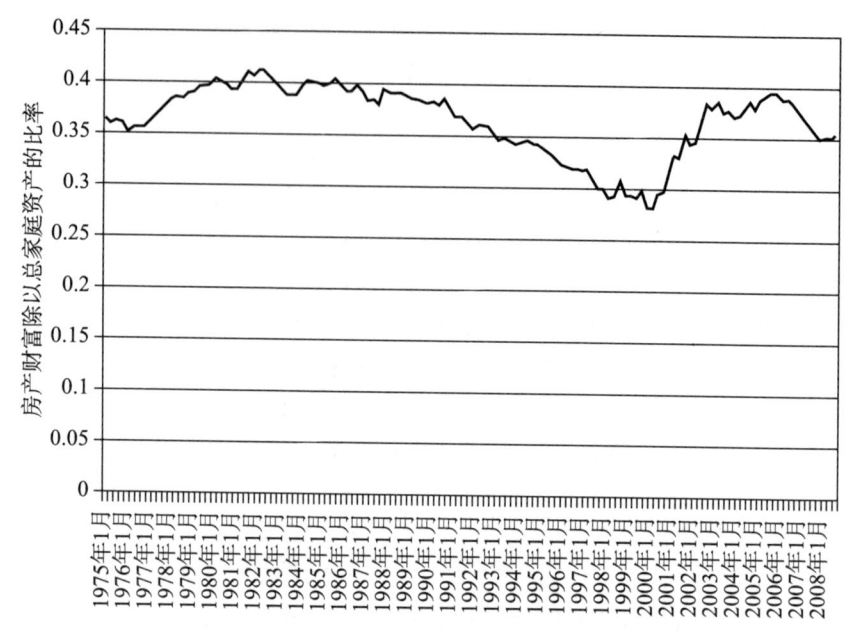

图0.4　房产财富/总家庭资产，1975—2008年

该图绘制了房产财富（家庭拥有的自住或出租的房屋）除以总家庭资产的比率。

资料来源：美联储资金流量表。

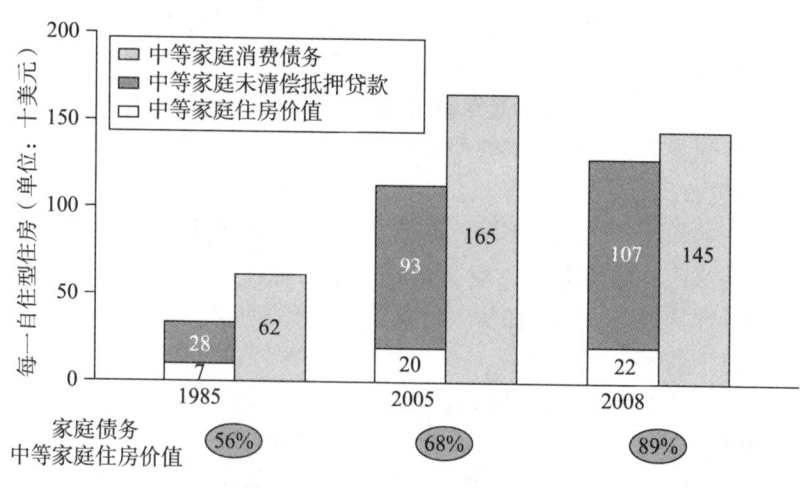

图0.5　家庭负债/住房价值，1985年，2005年，2008年

该图描绘了家庭债务与中等家庭的住房价值比率的估计值。特别地，自住单位未偿还抵押贷款的本金数额和每个家庭的消费信贷的平均值来自于美国人口普查局和美联储资金流量表。2008年房价平均值是使用2005年第四季度以来标准普尔/凯斯—希勒国内房价指数调整而得的。

资料来源：美国人口普查局、美联储资金流量表、标准普尔/凯斯—希勒指数。

导论　2007—2009年金融危机概述：起因与解决方法

特别地，这一比率在1985年达到了56%，在2005年达到了68%，而在2008年年末最终达到了89%。我们正处在悬崖边上。

抵押贷款的主体，2/28和3/27的可调利率抵押贷款，对问题的解决并无帮助。它们本来是构造出来分别以备再筹资或两三年内的违约的，这使得它们完全依赖于房价变动的轨迹，因此其本身具有系统性。无论如何，独立于金融部门其他活动，家庭财富遭到的冲击必然对实体经济有着比2000年技术泡沫破裂更大的影响。

此外，虽然焦点起初一直集中在抵押部门，特别是在次级抵押贷款市场上，但所牵涉的问题实则更为深远。整个经济中个人和机构滥用信用。图0.6显示，在2007年，有超过38.2万亿美元的民间债务，只有其中的3%是次级的。其他细分部分包括3%的杠杆贷款和

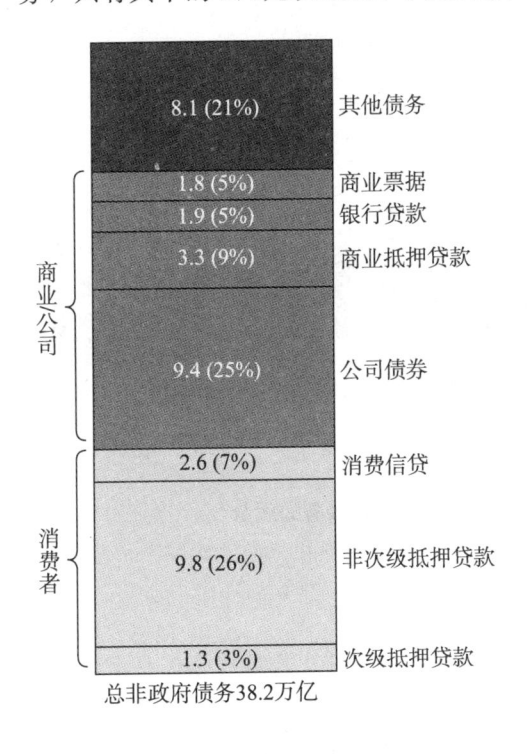

图0.6　美国非政府债务总量，2008年（单位：美元）

这幅图先表明了2008年美国非政府债务总量的构成。特别地，该计算排除了政府发行的债务，如国债、市政债券和机构支持债务。

资料来源：美联储资金流量表、国际互换和衍生产品协会（ISDA）、证券业和金融市场协会（SIFMA）、高盛，美国财政部。

高收益债券、25%的公司债券、7%的消费信贷、9%的商业抵押贷款和26%的优质住宅抵押贷款。与过去15年相比，就经济的潜在资本结构来看，其杠杆率更高了，而其资产的健康性大大降低了。例如，2008年12月，所有高收益债券的63%以低于票面价值70%的价格买卖，与之前2002年井喷中高达约30%的折价形成了鲜明对比。这一联盟当下并没有懦弱者的一席之地。

第二个与之相关的区别在于，过去数年中一系列市场上贷款的数量和质量都在两个重要方面被削弱了。在数量上，从2004年到2007年评级较低的贷款的发行量有显著上升。作为一个例子，图0.7描绘了在过去15年中评级为B−或者更低的贷款的发行量占所有新发行贷款的百分比。从2004年起的接下来四年中，其平均数为43.8%，比起之前11年的27.8%有了大幅上涨。

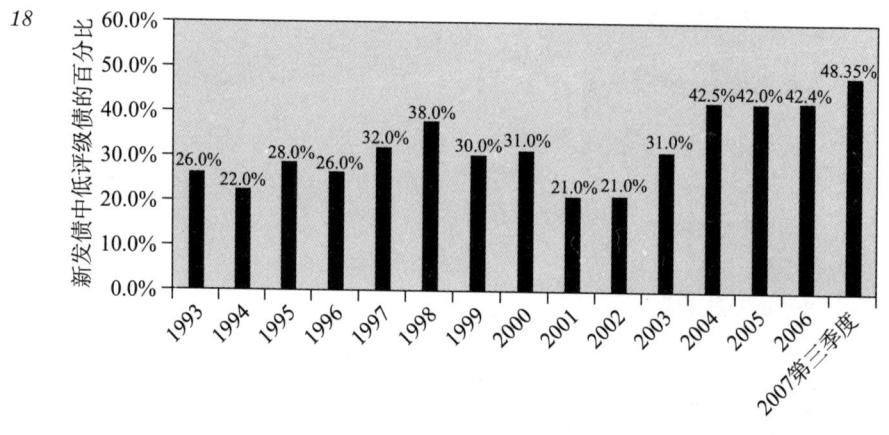

图0.7　1993—2007年新发行债务的质量

这张图绘制出了从1993年到2007年第三季度评级在B−或以下的新发行债务占所有新发行债务的百分比。

资料来源：标准普尔全球固定收益研究。

大概更令人惊恐的是，历史上安全的杠杆化贷款在今天是实质上不同的资产类别。这是因为历史上这些贷款在资本结构方面有实质性债务作为基础。但是在过去几年中杠杆化贷款在发行时几乎没有资本结构方面的支持。其贷款回收率将大幅下降。为了阐明这一点，图0.8描绘了从2007年5月底直到2009年1月杠杆贷款指数（LCDX）系列8的价格。这一指数最初对五年期的债券支付120个基点的利息，并包含100个权重相等的以财团优先留置权放款为基础的贷款信用违约掉期合同。2007年年底危机爆发，杠杆贷款指数价格即开始下跌，至2009年1月

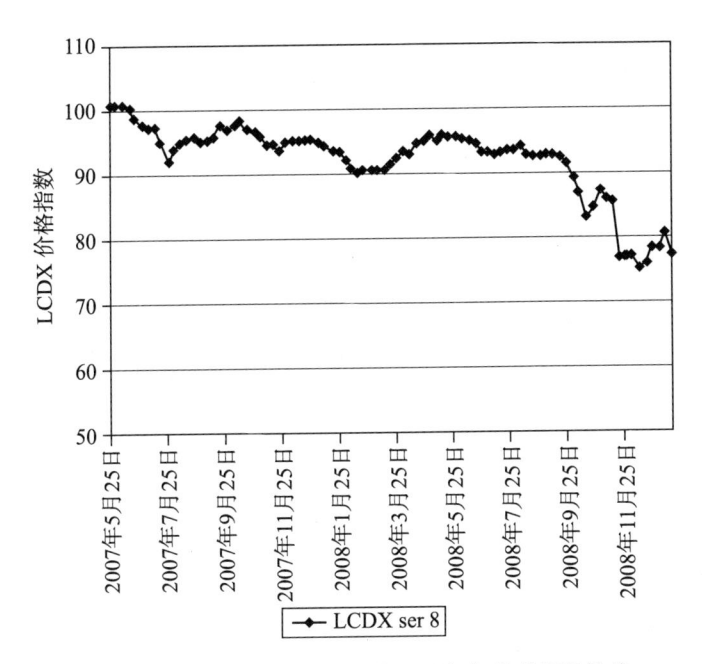

导论 2007—2009年金融危机概述：起因与解决方法

图0.8 2007年5月到2009年1月杠杆贷款指数价格

该图显示了从2007年5月22日到2009年1月22日杠杆贷款指数系列8的价格。杠杆贷款指数是信用违约掉期的一个资产组合产品，由涉及联合担保的第一留置权贷款的100种贷款信用违约掉期合同组成。

资料来源：彭博。

达到了史无前例的低水平，即在75美分左右盘旋。

此外，这些贷款中的很大一部分是为杠杆收购融资而发行的。在同一时期，平均债务杠杆率迅速增长到了前所未见的水平。因此，即使在平常时候，很多公司也会奋力满足这些债务的要求。在衰退的环境中，这些努力更将被放大。图0.9通过绘制在过去十年间美国和欧洲杠杆收购的杠杆率说明了这一点。

从质量角度来看，完全不审查个人信息且高按揭成数的次级抵押贷款、"低门槛"贷款和实物支付债券切换杠杆贷款也有普遍增长。作为一个例子，图0.10将次贷领域各种衡量贷款质量的方法制成图表。从图中可见，在从2001年起直至2006年这段时期贷款质量有着戏剧性的改变。

对恶化的贷款质量的解释之一是证券信用的巨大增长。这是因为贷款并证券化模式降低了发起人监督借款人的信用可靠程度的激励，因为发起人在该游戏中只有很低的参与度，甚至没有。例如，在美国抵押贷

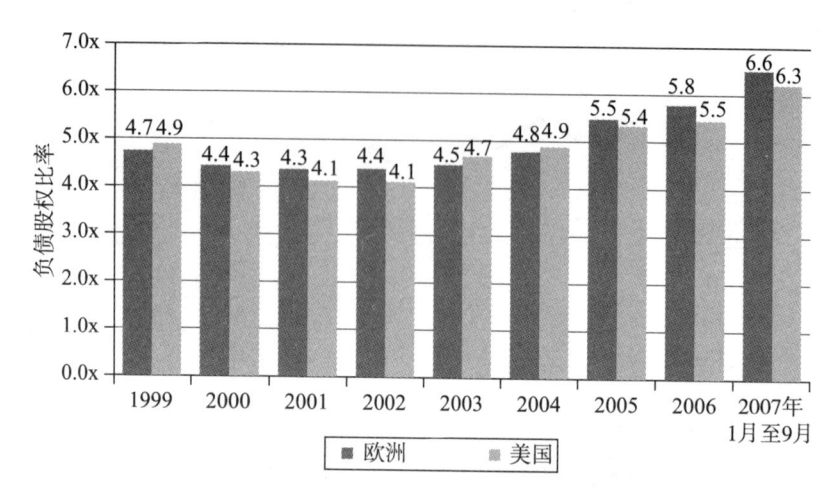

图 0.9 1999—2007 年杠杆收购的杠杆比率

该图绘制了美国和欧洲杠杆收购的平均总债务杠杆比率,杠杆收购扣除利息、税项、折旧及摊销前盈利(EBITDA)在美元和欧元方面分别都达到了 5 000 万甚至更多。

该图涵盖了从 1999 年到 2007 年这一段时期。

资料来源:标准普尔杠杆贷款。

款的证券化食物链中,每一个中间人都会捞一把利润;最后信用风险被转移到一个结构产品中,它是如此不透明,以至于即使最老练的投资者也不能真正知道他们持有的是什么。抵押贷款经纪人,住房评估师,发行抵押贷款并将它们重新打包进抵押贷款支持证券(MBSs)的银行,将抵押贷款支持证券重新打包进 CDO(债务抵押债券)、CDO 的再包,甚至 CDO 的三包的投行,以及给予这些工具 AAA 级评价的信用评级机构,这些中间人中的每一个都通过对它们的中介过程(同时也是将信贷风险转移的步骤)收费而获得收入。贷款质量的下降和证券化结构的缺乏透明度进一步增加了系统的脆弱性。

对房地产(和导致的违约)的冲击和前述证券化贷款的系统脆弱性确定地预示了投资者持有的投资组合的重大损失。但是准确地说,证券化的总体要点是把风险从贷款人处转移到投资者处,风险会在整个经济中传播,且有着最小限度的系统性影响。这就导向了第三个也是最重要的触发金融危机的原因。

信用转账没有在抵押贷款市场发生,而且,即使在杠杆贷款市场有此打算,在 2007 年 7 月底市场崩溃时,银行也因持有高达 3 000 亿美元的杠杆贷款而被困住了。事实上,银行和其他金融机构还面临着大量抵押贷款、抵押贷款支持证券和债务抵押债券的压力。确实,美国主要银行所有资产中的大约47%是与房地产相关的；小型银行的这个数字接近67%。因此，银行和经纪自营商没有继续采用将抵押贷款信贷风险转移到资本市场投资者处的贷款并证券化模式，它们反而通过各种各样的工具，使它们自己保留了很大一部分信用风险。确实，如果信贷风险被完全或者至少相当多地转移了，那么这些银行和其他金融中介就不会招致它们到目前为止遭受的数万亿美元的损失了，在将来它们也很有必要认清这一点。

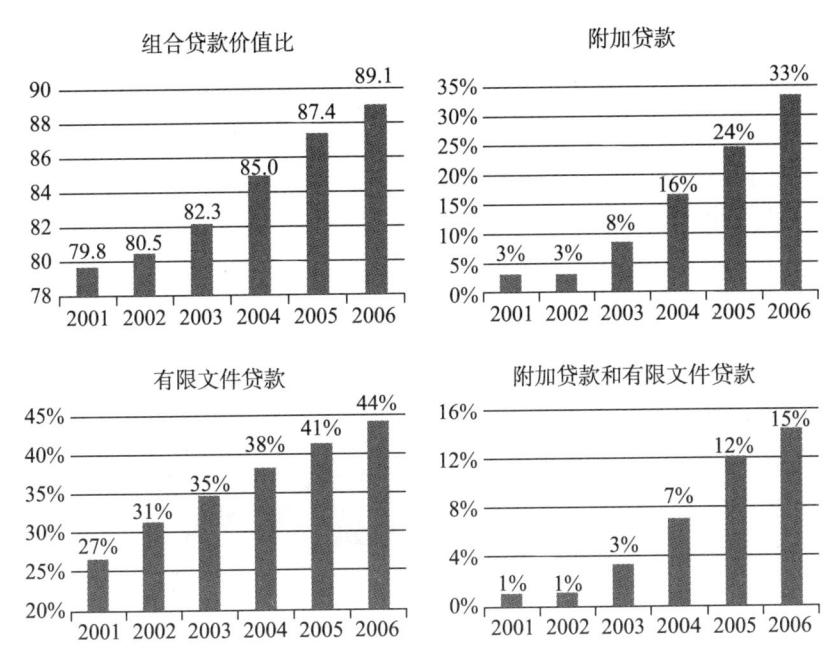

图0.10 次级抵押贷款的信用质量恶化情况

这四幅图描绘了对次级抵押贷款质量的不同度量标准，包括贷款—价值比率、附加贷款百分比以及有限文件贷款的百分比[①]。这些是基于2001—2006年的数据统计得出的。

资料来源：第一美国贷款评估公司、鲍尔森公司。

为什么银行下如此高风险的赌注？在2006年6月房地产泡沫达到顶点时，人们可以比较次级抵押贷款支持证券的收益与相似的中等美国公司的评级债务的利差。具体来说，利差在AAA级证券上是18个基

[①] Piggyback Loan可译作"附加贷款"，指购房时除了获取80%的抵押贷款外，再额外借剩下20%的那部分款项。而Limited Documentation贷款则是指无须收入证明的贷款，译者据此译为"有限文件贷款"。——译者注

本点比 11 点，AA 级为 32 点比 16 点，A 级为 54 点比 24 点，而在 BBB 级上是 154 点比 48 点。

考虑 AAA 级证券层级。根据来自雷曼兄弟的估计，美国金融机构（如银行和互助储蓄银行、政府支持企业［GSE］、经纪自营商和保险公司）共持有价值 9 160 亿美元的该层级证券。值得注意的是，这些金融企业大多数时候都会获得收益，只有在 AAA 级债务抵押债券部分下跌这样罕见的事情发生时才会遭受损失。然而如果这一偶发事件发生了，几乎可以肯定这会是影响所有市场的系统性冲击。金融企业本质上是在市场上开出了一项非常大的无价期权。当然，像这样承保大量系统性保险的问题在于，当冲击发生时企业无法赔偿——因此有了这次金融危机。简单地说，金融企业在房地产市场上打了一个巨大的不对称的赌。

让我们试着理解下这一层级证券受到了多么严重的冲击。图 0.11 描绘了各种 AAA 级 ABX 指数系列从它们最初出现到 2008 年年底的变化。具体来说，我们绘制出了 2006 年和 2007 年的 AAA 级 ABX 指数价格上半年和下半年系列从 2007 年 1 月 1 日到 2008 年 12 月 31 日的变

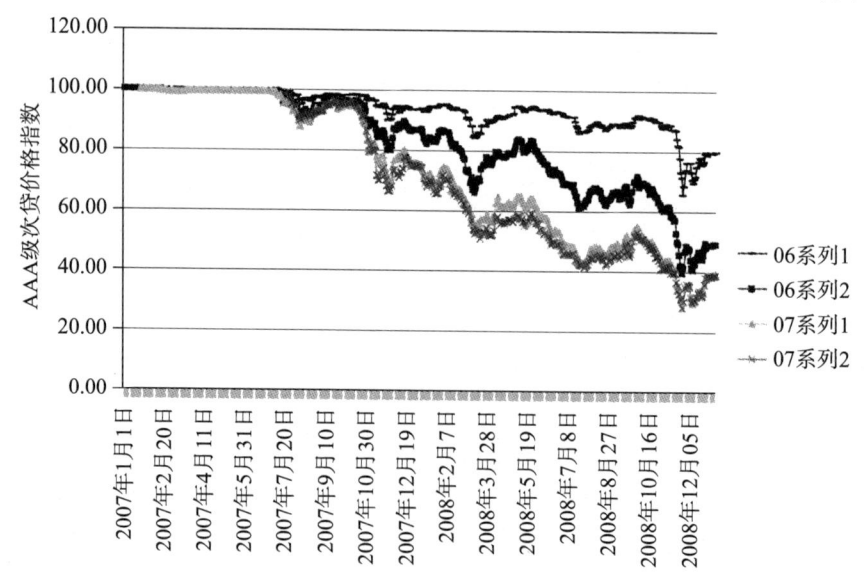

图 0.11　AAA 级次贷价格指数

该图显示了 AAA 级次贷的 ABX 指数（次级房屋贷款债券价格综合指数/次贷衍生债券综合指数），即 2006 年和 2007 年的上半年和下半年系列指数，时间为 2007 年 1 月到 2008 年 12 月。ABX 指数是各种次贷产品中 20 种代表性 CDOs 的价格指数，每个 AAA 级产品代表了每个 CDO 的同等级产品的等权重组合。

化。ABX 指数是包含 20 种代表性的、作为次级抵押贷款而存在的债务抵押债券（CDO）的指数，而 AAA 级证券层级代表着同处于这一层级的 CDO 的等权重的资产组合。这些指数最开始按票面价值定价，可以看出 2006 年的系列一直停留在那一水平，直到 2007 年 7 月底危机开始。依系列而异，这一档如今在每美元 40 美分到 80 美分的价格区间出售。将针对 ABX 指数的定价发行放到一边，考虑到图 0.11 中的现有价格和前述的 9 160 亿美元，金融部门单在持有 AAA 级抵押贷款支持证券上的损失就在 1 830 亿美元到 5 500 亿美元之间。

最后，第四个重要的不同是这些赌注的潜在损失通过金融企业对越来越高的杠杆的使用被显著放大了。这些企业用各种各样的方式规避资本要求。对商业银行而言，其建立了资产负债表外的资产支持商业票据（ABCP）渠道业务和结构投资工具（SIV）——同时通过流动性和信用增级活动对其资产负债表进行追索——允许它们以此种方式转移所谓的AAA 级资产，而不会违反大部分资本充足要求。

投资银行在守旧的方式上加上了杠杆，其在 2004 年 8 月说服了美国证券交易委员会（SEC）修正了 1934 年《证券交易法》的净资本规则。这一修正案允许大型经纪自营商使用自愿的方法来计算净资本扣减。这一可选方法使得投资银行能够使用内部模式计算与市场相关和与衍生物相关的信贷风险的净资本。在理论上，修正案也需要证券交易委员会实施更有力的监管。它有效地使大型投资银行得以随心所欲地提高杠杆。

然而，为什么要打这个高风险且不对称的赌呢？

我们认为有三个可能：

首先是治理。金融系统中银行家和代理人的报酬系统具有"赎回博弈型"的道德风险的特点。一家金融企业的股东和经理/银行家/交易商之间典型的代理问题因后者的薪酬制度加剧了。因为薪酬的很大一部分是以与短期利润相联系的现金红利的形式发放的，因此这些红利是不均衡的（顺境时很多，而当收益少时几乎为零），因而经理/银行家/交易商有巨大的激励去冒更大的风险，而不是与股东长期利益最大化的目标保持一致。

其次，金融系统中明确和隐性的政府担保导致了道德风险。这些担保移除了存款人对商业银行施加的约束和债权人对政府支持企业及"大而不倒"的金融机构施加的约束。因为这些索赔者相信政府担保的功能，因此他们要求的债务成本很低。因此，隐性的担保如果被政府错误定价,将会赋予企业冒险和提高杠杆的激励。

最后,即使有着好的治理且没有政府担保,金融企业也可能还是会打高风险且非对称的赌。每一个企业都可能最大化其风险/收益,即使这些表现在金融系统中会对别处造成实际上负面的冲击。换句话说,考虑到不同水平金融合约的不完全性,金融企业的决策会对系统其他部分和整个经济产生影响,但这些企业并没有将所有这些影响内在化。

不管原因为何(不同企业中原因也可能不同),我们相信杠杆和金融企业选择不转移信贷风险(即使它们假装这样做了)的事实结合起来就是金融危机的根本原因。

将现在的危机放在一旁,假如向前看,很清楚的是,对一个国家金融发展的评价来说,金融稳定性的问题仍处于中心地位,并非仅就现在的经历而言。确实,过去的几十年间,新兴市场和发达经济体的经验都表明了金融危机的普遍性。这些危机——金融不稳定和金融系统正常运行失灵的信号——有着严重的经济和金融后果,且经常导致严重的经济衰退,其可能是短期的,也可能会持续相当长一段时间。如果对实体经济的影响持续下去,那么一个经济体长期发展的潜力和实际增长率可能会有极大的降低,长期福利也会受到负面影响。

金融危机同样也是代价高昂的,因为它们与深深影响家庭、公司和金融机构的破产相联系,并会带来所有接踵而至的债务重组和偿付导致的社会纯损失。这些危机的额外成本使它们不能被私下解决;也就是说,危机需要政府的干预。由于政府必然会干预,这就产生了道德风险,使得原有的问题恶化。救助的财政成本使借款人(家庭、企业和金融机构)烦恼,其最后数额也非常高——经常超过国内生产总值(GDP)的10%。因此,由金融危机的扩散和猛烈程度所衡量的持续而严重的金融不稳定性,是金融系统崩溃的一个信号:其无法适当地为有价值的投资项目分配储蓄,并且无法有效地进行公司治理。

当然,在市场经济中,一定程度的破产是承担风险的健康信号。一个金融系统太过稳定以至没有破产发生,则表示其风险承担不足并且企业家精神薄弱。有一些风险的——但潜在高收益的——项目的缺失最终会降低长期经济增长的速度。不管怎样,偶尔的公司、家庭或银行的破产——这些破产是一个灵活且生机勃勃的市场经济必备的健康因子——和系统性的银行或公司危机之间存在着本质差别,后者是因大量金融机构或公司在风险承担方面不受约束,从而激励其去盲目冒险而导致的自身破产。

因此，监管需要在风险承担和预防系统性危机的创新间找到平衡。我们认为，监管系统性风险的一个主要原因是机构间存在外部性。理所当然地，系统性风险是每一金融企业加于系统的负外部性。因为每个独立的企业明显有动力避免自身破产，而不是避免作为整体的系统的崩溃，自由市场可能无法解决这个问题。类似的例子是一个公司污染环境，可能产生针对那些被影响的对象的负外部性。这样的公司通常会被勒令限制污染，或者由相关部门根据其产生的外部性对其征税。

所以当一家金融公司考虑持有大量不能变现的证券（即债务抵押债券），或者将其风险集中于某种特定证券（如基于次贷的资产），或者大规模地使用财务杠杆（一种被认为可以获得安全超额收益的方法）时，假如决策者被给予合适的薪酬，那么这家公司就有激励去权衡它自己的风险与收益。但是即使在这种不太可能的情况下，企业也没有特别的动机去考虑其自身的杠杆和冒险行为强加于其他金融机构上的溢出风险。这一外部性在很多金融公司面临相似的问题时被进一步放大。当然，如果个别公司失败了，其他健康的公司会很乐意收购它们，或者甚至用别的方式接管其大部分的借贷及其相关业务。因此，实际损失最初出现是因为多家公司同时崩溃，而又不能被欣然接收，这具有重大的经济意义——正如银行因其中介活动而生。在这些共同崩溃的例子中，金融公司明白它们可能得到救助，而这就给了它们率先在此结束努力的动机。

为了在将来最小化这些事件的影响，在下一部分中，我们将就监管改革给出一系列的原则和建议。

0.4 有效监管：原则与建议

为了在合理的经济原则之上给金融部门有效监管提供一个框架，我们需要重申在引发这次严重危机的过程中四个互相交织的重要主题。虽然下面的讨论与之前的内容有一部分重复，但它的目标是提出一组核心问题及其联系，并强调它们是如何聚集成致命的混合物，威胁着金融稳定性和我们经济的实体部门的产出的。这四个主题分别是：

1. 银行和金融机构承担风险的动机。
2. 给金融部门的错误定价以担保。
3. 金融部门的不透明现象日趋严重，并由此导致交易对手的风险外部性。

4. 关注机构层次风险的监管，而非总体的或系统性风险的监管。

银行和金融机构承担风险的动机

由于内在的高杠杆，以及不用费力就能改变金融资产的风险状况，因而银行和金融机构有足够的动机去承担过大的风险。通常，人们会预期市场机制会对风险正确定价，并因此确保经济中风险承担是有效的。然而，存在着一些因素——有些是新的，有些是传统的——排除了有效率的结果。

在新领域，金融机构已经成为庞然大物，且其行为日渐复杂和不透明。这削弱了由资本市场（准确的价格）、公司控制权市场（接管）和董事会所构成的外部治理机制。与此相一致，在某种程度上作为必然结果的是，这些机构的金融风险现在逐渐集中在少数高性能的收益/风险中心的手中。管理这些中心的员工（银行家、交易员）掌握了创造、打包和再打包、按市值计价和对冲金融证券的技能。由于这些技能在机构中大部分是可以互相替代的，这些员工得以运用其机构巨大的议价实力，为他们自己提供至关重要的现金分红，这些分红由短期业务和已经证明是有效率的"虚假 α"（fake alpha）所带来，这就使其能通过高吸引力的短期薪酬方案得到丰厚的回报。

因此，金融机构需要强有力的内部治理，这作为原则被采纳要比付诸实施更为容易。没有一个机构或其董事会能够单独改变薪酬期望。如果它们建立起新的激励方案，且该方案包含更合适且更有力的风险控制管理，那么其最好的交易员将转到竞争对手公司就职。这一无效率是由金融机构中的协调问题引起的，并在一系列形式中得以体现：薄弱的风险控制、单纯以监管套利为目标的创新活动、过度杠杆和所谓的为投资收益进行的研究——这只是以下行为的一种委婉的描述方式，即将资产转移到风险更高且流动性不足的种类上面。

给金融部门的错误定价以担保

治理失灵本身足以引起我们所见到的如此严重的危机吗？答案很可能是否定的。这些事件因错误设计和错误定价的监管担保等传统因素而恶化了——与对大型复杂金融机构（LCFIs）大而不倒（TBTF）的担保相一致，这种错误设计已经导致了各种金融活动集中处在同一保护伞下，并且导致在大而不倒这样的担保下，金融活动无法被正确定价，这和存款保险所带来的错误定价类似。

政府担保是一柄双刃剑。它们的目标是弱化机构破产所带来的系统风险。政府设计出 TBTF 和存款保险，目的是防范可能会在金融机构间蔓延的挤兑风险。然而，事前它们就模糊了这些挤兑所体现的市场规则的边界。因此，为了替代这样的市场规则，对担保正确定价，并将其作为监管的补充是十分重要的。然而，事实并非如此。

例如，政府支持企业能得到隐性的政府担保，而且还大到不能倒闭（至少在短时期内如此，特别在危机中），但这些企业一直沉溺在证券金融投资中，如对基于次级和次优级抵押贷款的债务抵押债券的投资。只要考虑到政府担保带来的道德风险，就根本无法获知真相。在同样重要的另一个例子中，大型存款机构在过去数年里没有向联邦储蓄保险公司支付任何存款保险保费，因为其有着经济上的拙劣借口：自从 2000 年以来，联邦储蓄保险公司的基金相对于其保险的存款规模就一直处在过度资本充足的状态。这就意味着众多的银行在过去数年中为存款保险支付得很少，并且众多银行正好用多出的资金为各种各样的证券活动提供支持，比如为信用违约掉期合同造市。

金融部门的不透明度日益增强，并导致交易对手的风险外部性

虽然存在着四种类型的机构（即商业银行、经纪自营商（投资银行）、资产管理公司和保险公司），分别提供不同水平的监管和担保，但对任何一种机构的错误定价的担保都可能带来现代金融业的浩劫。这是因为交易对手的风险外部性很大程度上没有得到监管。有三个方面造成了这一外部性。

第一，为了取得"大而不倒"的资格，机构有动力向大型的复杂金融机构发展，但这种机构的监管结构还不够系统，还有待完善。对这些机构监管的粗线条纵容了事实上的无监管部门——最初，是所谓的影子银行业和对冲基金——的繁荣。金融机构积极创新，从而能够承担无监管的风险（例如通过大宗经纪活动），且能够将其资产暂时移出资产负债表（例如以资产支持渠道业务和结构投资工具的形式），以便获得监管资本宽减，进而去承担更多的风险。这一活动的巨大规模——特别是考虑到影子银行业——和其对金融部门的追索权，意味着对系统来说举足轻重的钱包可以轻易地在金融系统中鼓起来，而不用接受任何监管或检查。

第二，分担信用风险的创新产品，如信用违约掉期（CDSs）、债务抵押债券（CDOs）和贷款抵押债券（CLOs）等，都有潜力在经济中充当基本的风险分担和信息传递的角色，但它们是为在不透明的场外交易

（OTC）市场中交易而设计的。虽然这些基本交易工具通常会让大型玩家受益，并且有助于匹配交易对手，但是它的不透明——特别是就交易对手的身份来说——在系统性危机中，从金融稳定性的角度来看，则是一个严重的缺陷。如果金融机构在这些市场与相关机构有着大量的联系（例如，有着错误定价的存款保险的商业银行会鼓励大型保险公司发展业务，从而为其提供信用担保），那么由于机构间联系的不透明，一家大型机构的倒闭就可能引起对所有其他机构的可偿付能力的担忧。

第三，被监管的机构与它们未被监管的同行一样有着脆弱的资本结构：它们持有长期或低流动性的资产，但其债务在本质上是高度短期的。虽然有存款保险和中央银行最终借款人的支持，商业银行不用面对大规模挤兑的风险，但其他机构（确实是它们中的大多数），在危机中却经历了大规模的挤兑，最著名的例子如贝尔斯登和雷曼兄弟，许多在货币市场上和对冲基金领域的管理基金也一样。而且，重要的是，如果商业银行与经历大规模挤兑的机构有业务联系，那么在大规模资金市场和银行同业市场上也会出现局部挤兑。

因此，金融机构规模的增长和它们相互间的关联性以及脆弱性一起，引起了对交易对手风险前景的过度担忧。当这些担忧已经表现出来时，金融机构已无法完全了解一家大型机构的倒闭通过复杂的与其相关联的业务链条波及它们自身，会带来怎样的损失。结果是这些机构原本持有的证券（如信贷衍生物）完全不可变现，银行同业市场会瘫痪，从而，整个经济的信用中介市场也会瘫痪。很有必要意识到，表面上看，这是一类资产和市场的丧失流动性的问题，但其本质上很可能是过度杠杆和风险承担的深层次问题的征兆，而其导致的金融机构的不可偿付至少要部分归咎于对错误定价的担保，这类担保实际上起着火上浇油的作用。

金融机构，因为只有私人动机，所以没有（也不会）内部化这一潜在的、严重的交易对手风险外部性。

关注机构层次风险的监管，而非总体的或系统性风险的监管

人们可能认为，审慎的银行监管（主要是资本充足率要求）是用来抑制金融杠杆和风险的，监管应着眼于这些外部性，以规避其给金融部门和整个经济带来的风险。然而，现有的监管并未关注系统性风险，而是关注个别机构的风险。这一设计有着严重的缺陷。这样的监管鼓励金融机构自由地将其风险转移到未被监管的实体以及整个金融系统中。由于金融机构减少了自己的个体风险,它们得到的奖励是更低的资本要求,这就给它们提供了创造更多风险的条件,这些风险本质上很可能是总体风险。这一新风险同样也被转移到了金融系统中。而我们最后得到的是这样一个金融部门:在这个部门中,任何个体机构的破产风险在监管机构看来都是很低的,但其实潜在的风险很大,这些风险或者隐藏在未被监管的部门,或者以总体风险的形式存在——任何一种情况,其本质上都是系统性的风险。因此,对于那些导致过度系统性风险的行为,现有的监管并没有给予处罚,反而似乎是在鼓励这一行为。

虽然交易对手风险外部性本身很可能足以创造出系统性风险,但给错误定价担保以及审慎监管设计上的错误会进一步强化这种可能。即使只是一种类型的机构(例如政府支持企业)上的监管缺位,也可能导致这一类型机构在和金融部门其他机构的交易中对风险错误定价。考虑到金融风险现在能被轻易地转移,引起系统性危机爆发的根源可能来自系统的任何部分。

从这个角度来看,为了救助整个系统,政府采用了一揽子计划,但如果这个计划也存在错误定价,那么就会鼓励机构变得大而不倒,结果之前描述的各种致命元素就会合力发作,触发系统性风险。

改革金融系统的原则

概述了有关金融系统的问题之后,接下来我们将提出相关的改革建议,其中我们将重点考虑对审慎监管起核心作用的原则,它们由上述四个主题引发,每一项都有最典型的事例。后续的各章将会深入全面讨论这些建议及其意义;同时它们也涵盖了更为特殊的没有列在这里的监管议题(如抵押贷款贷方合同、评级机构、对冲基金和公允价值会计);而且表1总结了我们所提出的全部主要建议。

1. 改进治理和薪酬制度,以抑制过度杠杆和过度承担风险的行为。为了改进大型复杂金融机构(LCFIs)的内部治理,监管机构应该让其做到长期业绩评估和薪酬方案设计并重,该过程不能仅仅涉及高级管理层,还要包含高效能的(承担风险的)利润中心。具体来说,监管机构需要坚持:

■ 一揽子薪酬方案与评估标准要有更高的透明度和更完整的信息披露。

■ 更长的股票持有期和更严格的没收规则。例如,因破产而被辞退的高级主管和交易员所持有的股票可能面临最短持有期。

表1　系统性风险的成因和对监管改革的建议

	系统性风险和透明度	
	事件	解决方法
金融危机的成因		
贷款发放	次级贷款被不明智地构建成混合的可调利率抵押贷款（ARMs），以致它们会在调息日前后发生系统性违约或再融资。	尽管成本高昂，但是确保没有系统性违约的唯一方法只能是确保每个借款人应该能够付息。因此我们支持近来对Z条例（诚信贷款）的修正案。
贷款证券化	（1）市场的成长和次级贷款的质量依赖证券化，导致贷款人不再参与游戏，并且（2）金融机构忽视了信用风险转移的证券化商业模式，并继续持有大量资产支持证券（ABSs）。	涉足证券化而又有着政府担保的机构应该强迫贷款人参与到游戏中来。我们对此给出了数项建议。
杠杆游戏	银行创造了表外渠道业务来增加其杠杆比率；管制的放松使经纪自营商也可以做同样的事。	监管应该（1）关注多个方面，使得资本比率不那么容易操作，并（2）留意总风险。
评级机构	没有嵌入的义务，使得其可能在证券化链条中不恰当地认可AAA级资产支持证券。	我们提供两个建议，以增加竞争，并减少评级机构和公司之间的利益冲突。
治理	对投资银行和商业银行相似的治理实质上允许资产支持证券以系统性事件为标的出售大量的价外卖权。	明确的/隐性的担保需要被正确定价。通过劝说，让最重要的大型复杂金融机构一致同意薪酬设计的一些基本原则。
公允价值会计	在流动性缺乏和无秩序的市场上，公允价值会计可能会产生增加系统总体风险的反馈效应。	保持公允价值会计。疗法本身比疾病更糟糕。我们提出几项建议来处理流动性缺乏的问题。
场外交易衍生品	场外交易中的双向担保措施和边际要求并没有考虑到每一交易加于系统其他部分的交易对手风险的外部性，致使重要的系统性风险暴露出现，却没有充足的资本来减轻相关风险。	大型标准化的市场产品（如信用违约掉期和相关指数）应该在集中化的交易对手结算中心或交易所进行交易。小型的，不那么标准化的市场产品（如债务抵押债券和贷款抵押债券）应该有一个可面向监管机构的集中结算机制。

续前表

	系统性风险和透明度	
	事件	解决方法
卖空	卖空应该为金融公司股价迅速下跌、继而导致银行类挤兑承担责任吗?	卖空一般来说不应被禁止。它对价格发现是决定性的。
金融机构 明示的担保(存款机构、政府支持企业)	因为一些机构拥有政府担保,所以它们面临道德风险。其表明这些机构对信用,特别是房地产市场,下了不对称的大赌注。	尽可能仔细地在市场上对担保定价,并且如果事件未发生,那么不要返还保费。如果担保没有被定价(如政府支持企业那样),那么监管机构应该消除这些现象。
隐性的担保(大而不倒的大型复杂金融机构)	大而不倒导致了相似的道德风险问题。此外,组织的复杂性使得透明度问题变得显著,并因此导致交易对手风险。	针对大型复杂金融机构创建一个系统性风险监管机构。而且,系统性风险应该被定价,并作为外部性而征税。
未被监管的管理基金(对冲基金)	这些基金扮演着金融中介的角色,却面临着银行类挤兑的风险,这引发了系统的不稳定性。在危机中,挤兑在渠道业务和货币市场上都发生了。	如果对冲基金没有落入大型复杂金融机构一类,轻度监管就足够了,本质上应采取对监管机构增加透明度的形式。我们为预防银行类挤兑提出了建议。

带着对将来金融部门审慎监管方针的讨论,我们现在转入与危机管理和公共干预相关的话题。

■ 改进薪酬中的奖励方案,设计一种多年度结构的奖惩模式,好的业绩将在奖金池中积累,未来的糟糕业绩则在发生期扣除,这就意味着奖金池扩大时,高管不能立即兑现,而是要经过一段较长时期才能兑现,这就可以用来平滑未来可能出现的业绩滑坡期。

而且,为了使这些改革措施生效,监管机构应该采用护航的方式,通过劝告促使最重要的大型复杂金融机构在设计薪酬方案时采取前述原则,使得双方就薪酬的最佳基本模式达成一致,并且在实施的过程中,监管机构应督促其他大型复杂金融机构跟进实施。随着改革措施的落实,监管机构可以放心地应对金融部门现有的杠杆(其因为救助一揽子方案而上升)。

2. 对明确的政府担保公平定价,并在一些情况下对政府担保设置防火墙。向一组机构提供未定价或错误定价的担保,这一举动可能很快会通过合同链传播到金融部门未受监管的部分，并提升整个金融系统的系统性风险。为了避免这样的结果，监管机构应该对担保正确定价，并且在担保可能被公然滥用之处，限制被担保机构的范围。具体来说：

■ 当联邦储蓄保险公司基金的资金分外充足时，有关减少（或者不收取）存款保险保费的举措，监管机构应该重新审视。这样的担保应该被公平定价——以机构层次风险和健康（杠杆、资本化）为基础，通过定价限制与担保相联系的道德风险，保费的收取应基于连续性原则。

■ 考虑到政府支持企业（GSEs）的庞大规模，以及和风险扩散机制相关联的特征，政府支持企业的投资功能应该被关闭。隐性被担保的政府支持企业最初的功能是证券化资产；这是它们所应该做的事。换句话说，它们的范围应该被限制在证券化活动内，如此一来，担保就不会被需要冒险的活动（在抵押贷款支持资产中的投机活动）滥用了。在这些巨大机构中消灭监管套利很可能是走向金融稳定性至关重要的一步。

3. 以更高的透明度减少交易对手的风险外部性。首先，监管机构应该将金融交易和衍生品所扮演的经济角色与它们交易基础设施的缺陷相分离。即使在危机中，完全关闭这些市场（例如，卖空市场）也几乎无伤大雅。不管怎样，交易对手风险的上升是由于场外交易衍生品的不透明。具体来说：

■ 大型标准化的市场〔如信用违约掉期（CDSs）和相关指数〕应该在集中化的交易对手结算中心或交易所（centralized counterparties-cum-clearinghouses or exchanges）进行交易。

■ 小一些的、标准化程度低一些的市场，如债务抵押债券和贷款抵押债券，也引起了不容忽视的交易对手风险，这种市场应该至少有一个集中结算登记中心，以便监管机构可以通过结算登记中心评估和控制传染效应以及大型机构的困境。

■ 场外交易市场可以继续作为金融产品创新的平台；但是，为了激励这些市场向集中化登记中心转移，并最终转移到登记结算中心，应该有明确的监管机构负责（1）提升场外交易市场的透明度，其形式可以是双边信息或者略有时滞的净头寸，和（2）为内幕交易和市场操纵监管提供制度和技术基础。

■ 为了实施这些对策，监管机构可能仅仅需要扮演协调角色——比如要求一些大型玩家保持稳定——将交易向集中化交易场所转移。不仅如此，针对这些市场的全球性，可能要求监管机构之间在一定程度上进行国际协调，特别是当需要适时的交易对手信息时。

其次，监管机构应该要求银行和金融机构以更透明的方式报告它们的资产负债表外的业务，特别是要包含这些业务活动可能出现的或有事项和追索特性的细节。

更一般地，监管工作需要拓宽关注范围。具体来说：

■ 如果监管仅仅着眼于银行的某一种单一绩效，那么它就很容易失灵。现有的监管正是将注意力仅仅集中在一个单一的比率上（资产与合适的风险加权资产之比）。监管应该做得更加全面，如检查银行资产负债表，因为权益或信用分析会依赖于多个方面（如贷款对存款的比率、已投保存款对资产的比率、流动国债和经济合作与发展组织相关政府债券持有量对资产的比率等）。通过使用这一范围更宽的数据，监管机构应该建立一个预警系统，以在需要进一步调查时拉响警报，同时一旦监管套利活动在表外交易中出现，并且这种活动采取不同的组织形式，那么监管机构就可以适时予以警告。

4. 对大型复杂金融机构的审慎监管需建立在它们对金融部门或经济造成的系统性风险的基础上。现有金融部门监管力图限制每一家机构的风险，但其视角却是孤立的，没有将注意力集中于系统性风险。结果，虽然单个公司的风险在通常情况下会得到恰当的处理，但是系统本身却保持着，或者说被引导着产生某种脆弱性，以致其难以面对大型宏观冲击。我们主张金融监管应将注意力集中在限制系统性风险上，为实现这个目标，我们为审慎监管提出了一组新的建议。具体来说：

■ 需要有一个监管机构负责监督大型复杂金融机构（比如美联储），其主要负责系统性风险的审慎监管。该监管机构应负责执行我们前三个建议中所概括的主要任务。

■ 监管机构应该首先评估每一家公司造成的系统性风险。评估将基于个体特征（比如杠杆、资产质量等）、对复杂性和关联性的度量（以此定义大型复杂金融机构）以及各种统计指标而做出。

■ 我们建议监管机构应估计每一公司对整个经济带来的负面风险，并在宏观水平上应用标准风险管理工具来管理这些风险，这些工具在金融企业管理公司层面的风险时经常使用。这些工具包括风险估值、预期损失、压力测试和宏观环境分析。这些工具使监管机构能够察觉一个机构或者一组机构的系统性风险。

■ 在总体上评估系统性风险后，才能够决定施加在单个公司上的具体监管措施。特别地，每一公司将为其自身造成的系统性风险付费。这一收费可采取资本要求、税收和要求购买总体风险保险的形式。

- 根据公司对系统性风险的贡献，对公司资产进行收费。这将是"巴塞尔协议Ⅲ"的方式。
- 税收可在公司对系统性风险贡献的基础上征收，并可用它来创立一个系统性基金。这类似于联邦存款保险公司的方式，不过这是建立在系统水平上的。它还会有额外的好处：降低金融机构成为大而不倒企业的动机。
- 系统性公司可以被要求购买保险——部分来自私营部门——以防止它们自己的损失给经济或金融部门带来累积的压力。为了降低道德风险，在保险上的支出将归入政府救助基金，而不是直接进入公司的金库。这将使私营部门的价格发现成为可能，这使得监管机构能够在提供其余的保险的过程中，使保险的价格与私营部门的要价相关联。同时，这可以减轻相应的监管负担，因为这样监管部门就不需要针对不同的金融公司计算相关的系统性风险价格了。

0.5 对稳定金融系统的公共干预的描述和对其功效的评估

当信贷泡沫和资产价格泡沫破裂时，它们将导致重大的实体经济损失，且能引发或加剧衰退。面对超乎想象的庞大的借方和/或贷方群，它们也给政府带来了沉重的救助成本。这些救助会导致更高的财政赤字和公债。然而，金融危机在一定程度上是不可避免的。无论我们将来的监管多么健全，金融危机都很可能以更新的面貌发生。因此至关重要的是，在一些代表了大多数危机的宽泛原则的基础上制订应急计划。在那方面，我们还需要从现在的危机和相应的监管中学习很多。

对这次危机做出的监管回应能被分解为两个阶段，这可以说是按逻辑划分的，也可以说是按时间先后顺序划分的：第一阶段，中央银行提供流动性供给；第二阶段，政府实施一揽子救助或援救计划。我们为美国重新审视这些，然后提供一个评价它们功效的框架，最后，给出我们对未来干预的建议。

对美联储自 2007 年 8 月以来贷款的概述

表 2 描述了美联储自 2007 年 8 月以来为应付危机第一阶段使用的各种流动性工具。

导论 2007—2009年金融危机概述：起因与解决方法

表2　自从2007年秋以来美联储使用的流动性工具

工具	缩写	目标	运作	受众	利率或价格	数量	抵押品或合格资产	频率	到期日	历史
公开市场业务，系统公开市场帐户	OMO, SOMA	实施货币政策	回购，贷款或直接购买一般抵押证券	一级交易商	由拍卖决定	由系统公开市场帐户SOMA的管理者决定	一般抵押（GC）：美国财政部和一些机构债务，以及一些机构的过手证券（pass throughs）（抵押支持证券MBS）	每天（长期回购为每周）	隔夜（长期回购为14天）	正常情况下的货币政策工具
贴现窗口（主要信贷方案）	DW	向存款机构提供短期流动性	在抵押基础上直接借出准备金	存款机构	超过目标联邦基金利率的固定溢价（自2008年3月以来为25个基本点）	只受可用抵押品的限制	非常广泛：州和政府的债务，政府支持企业（GSEs）；抵押贷款担保证券（CMOs）；资产支持证券（ABS）；公司债券；货币市场工具；房地产，消费，商业和农业贷款	每天	最多达90天（最初是隔夜）	在2007年8月被修改

· 33 ·

续前表

工具	缩写	目标	运作	受众	利率或价格	数量	抵押品或合格资产	频率	到期日	历史
定期拍卖工具	TAF	向存款机构提供中期流动性	在抵押基础上直接借出准备金	存款机构	由拍卖决定的止停利率(最小出价利率隔夜指数掉期利率)	预先固定(自2008年10月以来为1 500亿美元)	非常广泛;州和政府的债务,政府支持企业;抵押贷款支持证券;资产支持证券;公司债券;货币市场工具;房地产,消费,商业和农业贷款	两周一次	28天和84天	于2007年12月引进
一级交易商信用工具	PDCF	向一级交易商提供短期流动性	直接出借证券	一级交易商	与贴现窗口相同	只受可用抵押品限制	一般抵押品(GC)加上投资评级以上	每天	隔夜	于2008年3月建立
定期证券借贷工具	TSLF	向一级交易商提供中期流动性	用一般抵押证券从押证券系统账户处交换可用公债	一级交易商	由拍卖决定	事先固定	公开市场业务抵押品加AAA级住房抵押贷款支持证券、商业抵押贷款支持证券、机构抵押贷款担保证券,以及其他资产支持证券	每周	28天	于2008年3月建立
资产支持商业票据货币市场共同基金流动性工具	AMLF	恢复资产支持商业票据货币市场的流动性	从AMLF处贷款为购买可用的资产支持商业票据筹资	储蓄机构(DI,银行控股公司(BHC)、外国银行支行	贷款发放日的贴现利率	依赖资产支持商业票据(ABCP)规模	资产支持商业票据必须至少两家全国认可的统计评级机构(NRSROs)给出的不低于A1,F1或P1的评级	必要时	120天	于2008年9月建立

导论 2007—2009年金融危机概述：起因与解决方法

续前表

工具	缩写	目标	运作	受众	利率或价格	数量	抵押品或合格资产	频率	到期日	历史
商业票据融资工具	CPFF	向美国商业票据发行机构提供流动性最后担保	为购买未担保资产支持商业票据融资	美国商业票据发行机构	100个基点利差的未担保商业票据的隔夜指数掉期(OIS)率；300个基点利差的资产支持商业票据的隔夜指数掉期利率	发行机构未付的票据不能超过其2008年的最大值	商业票据必须有主要全国认可统计评级机构的至少A1/P1/F1的评级	商业票据的到期日	2009年4月30日	于2008年10月建立
货币市场投资者融资工具	MMIFF	向美国货币市场投资者提供流动性	向特殊目的机构提供高级担保资金	货币市场投资者	贴现利率	对单一机构，数量不应超过15%，总限制是5 400亿美元	美元计价的大额存单和高评级金融机构到期日不超过90天的商业票据	7～90天	2009年4月30日	于2008年10月建立
从政府支持企业处购买债务		减少美国借款人的抵押贷款成本	购买房利美、房地美和联邦住房贷款银行通过创造准备金而产生的债务	一级交易商	拍卖	购买项目最多不超过1 000亿美元		每周		于2008年11月发布

· 35 ·

作为第一步，美联储扩大了其对存款机构的贷款。符合条件的存款机构过去从贴现窗口借款，以隔夜为基础，并使用惩罚性贴现率。美联储在2007年8月将借款的最长期限延长到了30天，然后在2008年3月又延长到了90天，并且其将惩罚性利差从100基点降到了50基点，然后又降到了25基点。因为这不足以提供长期流动性，所以美联储在2007年12月创造了定期拍卖工具（TAF），以便将定期基金拍卖给存款机构。

在2008年3月末，紧跟着贝尔斯登的破产，美联储扩大了可使用其工具的机构的范围。它创造了一级交易商信用工具（PDCF）为一级交易商提供隔夜贷款，以及定期证券借贷工具（TSLF）和定期证券借贷工具期权项目（TOP）来提高财政部和其他抵押市场的流动性。一级交易商信用工具在其设计上与贴现窗口相似，而定期证券借贷工具与定期拍卖工具相似。

随着2008年9月雷曼兄弟倒闭，危机进入了它最深的阶段（迄今为止），美联储发布了资产支持商业票据货币市场共同基金流动性工具（AMLF），把贷款范围扩大到了银行类组织，以让其从货币市场共同基金中购买资产支持商业票据。

在2008年10月，美联储引进了货币市场投资者融资工具（MMIFF）以向美国货币市场投资者提供流动性，并引进了商业票据融资工具（CPFF）为美国商业票据的发行者提供流动性最后担保。货币市场投资者融资工具为一系列具有特别目的的工具提供高级担保资金，以便私营部门主动从货币市场共同基金中购买定期大额存单（CDs）、银行券和金融商业票据。与其相对，商业票据融资工具为购买高评级无担保的资产支持商业票据融资。

最后，在2008年11月，美联储创造了定期资产支持证券贷款工具（TALF），通过支持学生贷款抵押的资产支持证券（ABSs）、汽车贷款、信用卡贷款和小企业管理局（SBA）担保贷款的发行或发放，来帮助市场参与者满足家庭和小型企业的信用需求。它也发布了从房利美、房地美和联邦住宅贷款银行购买合约的项目。

自从2008年9月以来的紧急救助概述

自贝尔斯登倒闭（3月中旬）六个月以来，经济的前景日益恶化。产出和消费都下降了。房价崩溃，抵押贷款支持证券的质量恶化。逐渐清楚的是，流动性工具，至少仅凭它们自己，未能消除金融危机。2008

年9月7日，联邦住房金融局（FHFA）宣布接管房利美和房地美。政府在9月16日救助了大型保险公司美国国际集团（AIG）。[2]这标志着此次危机成熟的救助阶段的开始。

9月19日美国财政部为货币市场基金提供了临时保险，并提出了不良资产救助计划（TARP），政府借此可从金融机构购买不可变现的资产。救助计划，更名为《2008年经济稳定紧急法案》，最初在9月29日星期一被众议院否决（205票赞同，228票反对）。参议院版本的救助计划[3]在10月1日以74对25的票数通过，而最后众议院以263对171的票数通过了《2008年经济稳定法案》。最初的救助计划从未被实施，而是在2008年11月被实质上放弃了。还没有清楚的计划被制定出来以应付房地产危机。

救助（2008年12月）的三个主要内容是：

1. 联邦储蓄保险公司管理的贷款—担保方案。
2. 美国承诺的强制的银行再资本化方案。
3. 之前描述过的作为美联储工具一部分的商业票据融资工具和定期资产支持证券贷款工具。

评估监管干预的框架

我们怎样评估这些监管对策的功效？在纯经验主义的角度来看，新监管法案应该让冻结的货币和信贷市场解冻。但它们没能做到。因此，它们并不成功。当然，考虑到问题涉及的深度，可能还找不到一个可行的解决方案。然而，下列框架有助于人们理解这次失败背后的原因，它同时也向人们发出警告：新法案可能还没有在经济中展现其效果。

一般在严重的危机中通过政府干预稳定金融系统的步骤可以被分解为不同的组成部分。简明地将其分为两阶段十分有用。

1. 系统流动性阶段。在这一阶段，央行，经济中唯一可信的最后贷款人，为抵押品提供流动性，以阻止流动性问题演变为普遍的财务困境。所有的流动性危机共有三个基本属性，这些基本属性驱使央行做出反应：

（1）金融机构和贷方的期限缩短了，所以长期借款变得更困难。

（2）贷方可供抵押的证券更少了。

（3）对贷方来说，作为交易对手的机构更少了，甚至对有担保的贷款也是如此，因为它们自己持有流动性的预防动机更强了。

在这个阶段，任何非系统性的无力偿付状况都能顺利应对，只要按标准程序走即可，比如采用私营部门解决方案，或遵循存款保险提供者（如联邦储蓄保险公司）的纠错程序。

2. 系统偿付阶段。如果流动性危机有可能转变成系统偿付危机（在这种危机中，贷方除了提供隔夜贷款外拒绝对任何其他机构贷款，而隔夜贷款也有着特别高的利率），那么更大的干预——救助——就是挽救系统所必须的了。

救助本身有着两个阶段：

（1）短期的稳定阶段。这里的焦点在金融部门。目标是快速行动，以避免金融系统的完全崩溃。在过去和现在的危机中，使用的工具一般说来是贷款担保（或者更宽泛的债务担保）和再资本化。这些工具如何运行？这一重要问题与担保定价、注资以及自愿还是强制参与的决定相联系。

（2）进行长期解决的阶段。这里的焦点在宏观经济，而不仅仅是金融部门。所提的计划必须用来限制经济萧条，而不只是针对财务困境，并且该计划要使得系统回归正常。在现在的危机中，解决方案包括限制取消抵押品赎回权（foreclosures）带来的无谓损失和处理债务抵押债券（CDOs）和金融机构（它们有可能无力偿付）资产负债表上其他工具的债务巨额交易部分。

在实践中，各种阶段有所重复，而且有时也不可能在提供流动性和救助系统之间清楚地分界，但是刚描述过的区别在讨论设定框架方面是很有用的。确实，重要的一件事是，向金融机构提供过度流动性可能会延长偿付问题，而且如果基础恶化，这一延迟可能会引发更深层次的金融和经济危机。

在这一框架下，针对现在的危机下每一阶段的监管对策，我们将提供评估。

美联储对流动性阶段反应的评估

新贷款工具的数量（以及它们缩写的复杂程度！）看上去似乎是美联储临时决定的。确实，考虑到这次危机的复杂性、速度和未被预料到的特点，临时决定大概是不可避免的，同时，在某种程度上也是必要的。尽管复杂，但无论怎样，在各种工具的创造背后，仍然存在着一些连贯的逻辑。通过参照在这一节开头概述的流动性危机的特点，这一逻辑可以清楚地被看出来：投资者与贷方界限的过度模糊，以及可接受的抵押品和交易对手范围的急剧减少和缩小。

导论 2007—2009年金融危机概述：起因与解决方法

确实，我们可以对美联储为增加流动性而采取的行动在三个维度上进行描述：时间、抵押品和交易对手。从它将短期准备金贷款给存款机构的核心活动开始，美联储逐渐引进新的工具，以在一个较广的范围提供流动性，这扩大了作为抵押品的证券可接受的范围，并扩大了可以从流动性供应中受益的机构的范围。

提供流动性是美联储作为最终贷款人角色的一部分，但是这并不意味着它能够解决系统性偿付危机。实际上，不管怎样，流动性供应和完全的救助的界限很难清楚地划分出来。在2008年3月即是如此，纽约联邦储蓄银行为贝尔斯登提供了紧急贷款，并代理了摩根大通对其的收购。相似地，商业票据融资工具（CPFF）和定期资产支持证券贷款工具（TALF）是救助的一部分，正如它们是流动性供应的一部分一样。

对健全的机构提供流动性，以及人为使不可偿付的公司得以存续，这两者的边界模糊了，这使得美联储应对危机的盔甲出现裂缝。确实，提供太多的流动性可能会造成延长偿付危机的负面效果。在这一方面，美联储的新策略缺少必需的制约机制，以阻止资本不足的银行（或公司）使用它的工具。[4]

我们建议，为了将不可偿付的问题和不可变现的问题分离开来，最后贷款人工具，很像银行给借款人制定的贷款额度，应采用重大不利变化条款（MAC）。有了这样的条款，美联储的监管角色就会对它的贷款角色起到制衡作用，那些没有及时筹措充足资本的或者显然不可偿付的银行/公司将得不到流动性，并且它们将被以恰当的方式整顿或重组。

总的来说，美联储看上去已经对这次流动性危机做出了适度的反应。

政府一揽子救助计划的评价

相对来说，更困难的是找出美国财政部的行动和一揽子救助计划背后隐含的一致逻辑。显然，考虑到问题之大和给出解决方案之迫在眉睫，财政部的行动很大程度上同样包含着临时决定的成分。逐渐地，不管怎样，这些行动采取了酌情处置的方式（即针对单个事例或单个机构的），而非基于准则的方式。而且，最终的计划似乎是将财富从纳税人那里大范围地转移到金融部门，这些金融机构没有明显的回报，手头也没有信贷紧缩的解决方案。

简洁地说，在接下来的分析中，我们识别出了几种关键因素。第一个是就救助而言政府行动的恰当顺序。第二是当这一部门快要无力偿付时，需要巨大规模的再资本化，我们必须以将银行累积的不良资产与其正在进行的业务分离的方式处理这件事。此外，高危借贷者必须比其他人支付更高的利率。最后，对金融系统救助的最终目标应该是使那些可持续的银行壮大，并迅速处置那些已经破产的银行。

最初，不良资产救助计划（TARP）建议使用复杂的拍卖方法回购抵押贷款支持证券，并保证短期稳定性。虽然本质上其诉求有合理的部分，但是这一建议在其具体实施中仍有几个缺点：

第一，因为实施的具体细节并没有清楚地被说明，不良资产救助计划花了一个月的时间才公布贷款担保（更普遍意义上说，债务担保）和再资本化。虽然正常来说四周并不是决定性的时间，但是在每一天情况都变得更糟的系统性危机中，这就是十分严重的延误了。

第二，不良资产救助计划最初的不成功导致了错误结论，包括来自大量学者的意见——不良资产救助计划并不是必要的，或者只是在最初阶段不可行［即使资产重组工具或者良好的银行／不良银行的分离过去已经在大多数（如果不是全部的话）严重的金融危机中起了重要作用］。当财政部在2008年11月声明完全放弃最初的计划时，它重新引起了金融混乱，因此，这也说明了人们本来的期望：他们希望这个计划能是长期救助计划的重要一部分。

第三，虽然不良资产救助计划最初关注的是不可变现的问题，但是银行资产负债表上难以估值的资产使危机的解决向长期性的方向又迈进了一步。它忽略了最根本的原因，即抵押贷款违约和取消抵押品赎回权。原则上，这两件事似乎包含着同等的困难——不良资产难以估价和抵押贷款难以合法化。

第四，一个战略性的机会被错过了。如果财政部已经迅速地实施了短期解决方案（贷款担保和再资本化），那么提供长期计划的具体细节也不会变得如此迫切。公布一个可信的长期计划很可能足以恢复投资者对金融系统的信心，而且更重要的是，也能恢复投资者对政策制定者的信心，只要这个计划能够展现正确的诊治方法。

对政策制定者和市场参与者来说，两者都很难预测到危机会在2008年9月迅速展开。一旦雷曼兄弟破产变成现实，人们就会更多地指控财政部，因为它潜在地点燃了信任危机。在这种情况下，对后来监管的反应可能注定要打上惊恐的烙印，这是所能给出的最好的描述了。然而，从客观角度来看，明确指出前述财政部行动策略上和技术上的局限还是很有用的，因为这能有助于阻止这些错误在将来再次发生。

财政部修正过的计划确实有适当的短期目标。不管怎样，这一计划似乎在两个方面功亏一篑了。

第一个方面是采用了一种"包治百病"的方法，这种方法对金融机构而言太过慷慨（特别对一小类机构而言，例如，高盛和摩根斯坦利，它们的信贷风险实际上比其他机构更高），而对纳税人而言成本太过高昂了，并且缺乏退出计划。我们的估计表明，贷款担保项目通过征收每年75个基本点的固定费用给银行，而不考虑它们的信贷风险，实质上将纳税人130亿美元到700亿美元的财富转移到了银行手中。

第二个方面是强制担保贷款和再资本化的做法使得市场更难辨别健全的机构和陷入麻烦的机构。美国的方案因此鼓励银行逐渐加大对政府担保的依赖，直到危机真正减轻。同时，缺乏足够的市场信息很可能减缓从政府担保过渡的步伐。而且，由于这些担保存在了三年，人们也担心存在新一轮道德风险问题，特别是因为担保并未被公平定价。

有趣的是，所有这些特征与英国的方案形成了强烈的对比。英国的方案看起来有着公平定价，自愿性更强，依赖市场信息，并且很适合及时地从担保向市场转换。

遗漏的一块：房地产市场

作为长期解决方案的一部分，应对房地产危机是非常关键的，这至少有两个原因。房地产危机的福利损失是巨大的：在流离失所的家庭的困境达到顶峰时，取消赎回权的平均成本是一座房子价值的30%到35%，而被取消赎回权的房屋对其邻居有着负外部性。此外，抵押贷款违约损失处于金融危机的心脏地带，因为违约损失主要集中在首先损失权益（first loss equity）和债务抵押债券（CDOs）上——这里的风险是银行从未转移到市场的。抵押贷款和金融企业的联系如此紧密，以至于稳定房地产市场也就意味着稳定整体经济。

不幸的是，用以克服抵押贷款危机的计划并未被恰如其分地设计好。我们认为现有的修改房屋贷款的方法——例如，联邦住房管理局（FHA）的房主意愿法（the Hope for Homeowners），或者联邦储蓄保险公司计划——并没有平衡对借款人与贷款人的激励。一方面，有一些计划对行为不良的借款人太宽大了，给予他们停止还款的错误激励。另一方面，有一些项目建议以不减记的原则重组贷款，并在最后气球型地偿还（balloon payment），这充其量只是一个临时解决方法。

而我们提倡使用增值分享抵押贷款（联邦住房管理局计划的一部分）。增值分享重组提供了债权转股权的方式，作为修改贷款的回报，借款人必须放弃财产价值未来增值的一部分。如果设计得好，这将阻止借款人在能够继续偿还其抵押贷款的情况下，寻求修改原先的房屋贷款。另外，国会应该通过法律壁垒来修改证券化贷款——例如，通过实行一种类似"努力提高持有者的集体利益的诚信"的标准。

而且，救助该在何处停止？

美国政府的大型救助最初只针对金融企业，而现在则延伸到了非金融部门，政府正在救助汽车生产商。金融救助本身就存在部分过错，因其对金融企业太过慷慨。不幸的是，从历史和政治经济的视角都会得出一个结论，以救助企业的方式来展现政府的特定干预，未必是治理长期经济停滞的良方，因为它们阻止了经济系统中的达尔文进化过程，该过程体现为好公司存活而坏公司被淘汰。然而，这并不意味着政府应该袖手旁观。

我们认为政府干预应该以一致的原则为基础，以避免变得过度政治化，或者被利益集团控制。我们提出了四项宽泛的原则：

首先，必须识别市场失灵。

其次，干预应该使用有效工具。

再次，纳税人承担的成本应该最小化。

最后，政府干预不应制造道德风险。

考虑通用（GM）的案例。基于以上四项原则，这确实是一个有利于GM的政府干预案例，但是这一干预不应该是一项捐赠救助。我们识别的市场失灵是，由于金融危机，占有债务人（debtor-in-possession，DIP）市场消失了。这提供了政府干预的一项基本原则（第一原则）。为了有效率，重组应该彻底，因此可能会持续较长时间。这正是干预应该在遵守《破产法》第11章（第二原则）的前提下进行之理由。为了最小化纳税人的成本，政府应该只提供DIP融资（直接或通过私人金融机构），因为DIP贷款有很好的保护（第三原则）。最后，破产重组不应该以糟糕的管理作为回馈，以此最小化道德风险（第四原则）。[5]

对未来干预的总体建议

我们将对未来危机中短期和长期监管干预的建议概括在了表3中。

导论 2007—2009 年金融危机概述：起因与解决方法

表 3　　　　　　　　　对政府干预的监管建议

目标	提供流动性	预防崩溃	提供长期解决方法
期限	非常短（天）	短（周）	长（月）
工具	贷款工具，但是依赖银行质量	缓解缺乏流动性的银行之困境 担保银行债务 向健康的银行注入权益	回购风险资产 重组贷款（例如，这次危机中的抵押贷款）
角色	美联储	美联储、联邦储蓄保险公司、财政部	财政部、联邦储蓄保险公司、私人买家

下列原则对实施直接政府干预的监管机构可能有帮助：
- 通过明确短期和长期目标以及一致的监管工具，实现效率最大化。
- 在一揽子救助计划中避免"包治百病"的方法，并且作为该原则的推论可以得到下列原则，即
- 只要可行，就依靠市场价格。
- 和表现稍逊的机构相比，给予表现良好的机构更多的奖励。

而且，最后，应利用救助提供的杠杆来重新审视机构内部的激励系统，该激励系统可能首先导致了这次危机；特别地，只要可行，可以更换管理层，并将损失转嫁给股东和未投保的债权人。

0.6　国际协调的需要

很明显，如果没有中央银行和金融稳定监管机构之间的国际协调，我们提出的政策建议可能就会无效，或者会使两者的边界变得模糊。这一事项非常重要；尽管跨境银行业和资金流在规模上已经扩大了，但是很多银行监管仍然局限于国内。而且，虽然在资本要求及其计算等审慎监管方面有一些共同意见，但是很少有监管机构能在以下问题上达成一致：该给国内银行多大的宽容？该如何分担救助全球金融机构的负担？

可能导致各国监管机构之间协调的复杂性的原因有很多。下面是六个例子。

1. 假定存款保险担保在美国被公平定价，但英国的商业银行相对应的这部分却不用付任何保费，那么这将影响美国银行的竞争力——至少影响与那些英国银行有联系的全球玩家——并且因此激励其为更低的保费游说，迫使美国监管机构也变得宽容一些，从而在两个国家都增加

了道德风险。

2. 虽然美国为场外交易信用衍生品建立了集中化交易结算平台,但是如果欧洲的监管机构不实施这样的要求,那么大玩家只需把其交易部门移到这样的信用港,就可以享受场外交易的好处了。其结果是当将来危机冲击金融部门时,现在危机中作为交易对手风险外部性而表现出的透明度的缺乏将再次成为一个问题。

3. 假定美联储对其最后贷款人便利附加了条件,要求高杠杆机构筹集充足的资本,以便能够有资格为不可偿付的抵押品借款,但是世界其他地方的中央银行并未要求必须达到这些标准。那么,一家全球性的原本以美国为据点的金融公司就可以轻松地从其他中央银行获得流动性,而使美联储最后贷款人便利附加条件的目的归于无效。

4. 类似地,如果大型复杂金融机构因系统性风险受到处罚(例如,更高的资本要求),那么在实施处罚时,司法协调就十分必要。一个全国的监管机构如何才能对一家不在其管辖范围内的金融机构拥有征税权利?如果每个国家都对其大型复杂金融机构征收一些形式的税收,那么结果出现的扭曲将会比其他情况少得多。

5. 接下来,考虑在2008年10月推出的一揽子救助计划。美国的一揽子计划,如同我们讨论过的,对贷款担保采用了"包治百病"的定价方式,然而英国的一揽子计划,在总体上更重视市场,它依赖于每家机构在之前的12个月的信用违约掉期市场中的风险认知。这迅速导致了英国银行游说它们的监管机构放宽一揽子救助计划的条款,虽然从稳健的经济原则角度来看,英国的项目更值得期待。

6. 最后,一个历史上极具冲击力的例子是美国《格拉斯—斯蒂格尔法案》的废除(实际上,它自从20世纪60年代起就逐渐失效了),这就允许了商业银行、投资银行和保险公司在一把保护伞下运行。虽然美国自从1933年起就实施了这一法案,但是很少有其他国家这样做。这意味着随着金融市场变得更全球化,美国的商业银行与欧洲的全能银行相比,逐渐开始显得缺乏竞争性了。游说出现了,而法案撤销在所难免。此前,许多学者曾经就基于贷款和承销活动的协调效应而质疑这一法案。

事后想来,不管怎样,假如一个金融体系只对商业贷款和证券承销提供存款保险,而不牵扯到高风险的证券投机活动,那么该金融体系就会具有以下几个优点:它限制了监管范围,因此也就减少了可能出现的蠢事;它限制了未被监管的部门和被监管的(已投保的)部门之间的联系,并减少了交易对手的风险外部性;并且它减少了监管机构的事后压

导论　2007—2009年金融危机概述：起因与解决方法

力，使之得以审慎救助未被监管的机构，因为它们将不再"联系太紧密而不可能倒闭"。像这类金融活动的分离再一次被英格兰银行重新使用了，而在欧洲更为普遍的是，通过这种分离，可以把证券活动与信贷中介、支付和清算系统隔离开来。但是它可能在全球金融体系中无法维持，除非在各国监管机构之间能有妥善的协调，因为采取分离后最可能出现的结果是，分立的实体所得的利润要比其境外交易对手的全能机构少很多。

所有这些例子都表明，各国中央银行和金融稳定集团的监管常常采取"以邻为壑"的竞争模式，也常常会协调失灵，并且没有任何明确的竞争激励，这都可能导致监管标准上出现"竞赛到底"（a race to the bottom）的局面。这将导致以下结局：尽管每一个国家都实施了具体的监管，但监管当局还是赋予了银行和金融机构实质性的担保，并加重了其过度杠杆化和过度的风险承担。这样的结果需要避免。

在我们看来，大多数监管机构会发现，全局性的原则（对担保和救助公平定价，要求与金融机构相联系的衍生品具有透明度，避免向不可偿付机构提供流动性）相当有说服力。一旦达成这样的协议，很可能单个国家会在每一原则上做些轻微的改变。但是总体方法的协调将最小化金融机构的监管套利机会，这些机构原本打算通过购买最有利的管辖权来套利。这相应地又可以保证每个国家有效实施各自的金融稳定性计划，使得预期目标不会全然打折。

这样的协调会必然出现吗？如果答案是肯定的话，它将采取什么样的形式？

不幸的是，各国迄今还没有一个拥有相当大的国际力量的国际政策的制定者。某种程度上，要立即成立一个在市场和机构方面拥有巨大的权力的国际金融部门监管机构，几乎是不可能的；各个国家并不希望其国内管理机构屈服于一个国际机构的决策，特别是在危机中。完全集中化并不必要，而且可能也是不可企及的，特别是因为在过去20年中国际协调已经逐渐增加了，而且很可能会继续增加。巴塞尔协议Ⅱ提供了一个重要的先例。无论人们怎样看巴塞尔协议Ⅱ的成效，巴塞尔委员会精巧地就一套普遍规则达成了国际一致意见，并使各国遵守这些规则（它们之上没有任何直接的管理机构），这一过程已经是一项重要的成就了。国际清算银行（BIS）——包含巴塞尔委员会——在为金融机构建立标准化规则和规定方面已经获得了很有价值的经验。事实上，在舞台上也有了一个新演员——1999年G7国家建立的金融稳定论坛（也属于国际清算银行）。它已经发布了数份报告，详细描述了加强和推进金融监管标准化的特别建议。

我们应为达成这些国际协调而提出建议。在充分利用以上经验的基础上,我们建议采取下述三个步骤:

1. 最大金融市场（如G7）的中央银行应首先就一组银行监管方面的宽泛原则达成一致。每一中央银行应扮演监管机构的角色,监督和管理大型复杂金融机构的系统性风险。通过扮演这一角色,中央银行将能够就识别大型复杂金融机构的共同步骤达成一致。

2. 中央银行应在大会上就一套全局性的原则达成一致,这些原则应包括对大型复杂金融机构的审慎监管、危机管理与干预。我们在此书中展现的原则框架可能是一个有效的起点。

3. 接下来,各国中央银行应给出共同的建议,并附上对它们各自的财政当局或国家管理机构的明确建议,寻求政治上的共识,以建立国际性论坛,如金融稳定论坛或国际清算银行的委员会,来协调讨论过程中的争议,落实一致同意的监管原则,并监控成员国接受和采用这些原则。

对这一过程的承诺将促进认真对待其结果的意愿,并如人们所希望的那样,在修复国内金融体系的努力下,对这一过程的承诺也可以为国际协调铺路,以全面平衡增长与金融稳定。

附录：危机的时间表

日期	事件
2007年3月5日	汇丰控股有限公司宣布,已购买的次级抵押贷款资产组合的违约率比这些产品定价所体现的高得多。
2007年4月22日	第二大次级房贷公司新世纪金融公司宣布破产。
2007年6月22日	贝尔斯登向它的一只对冲基金提供有担保的抵押贷款,但是并没有向另一只提供支持。
2007年7月25日	套利交易经历了一次六倍标准偏差移动。
2007年8月6日	众多时髦的金融工程类对冲基金开始倒下
2007年8月9日	法国巴黎银行（BNP）暂停对三只面向次贷的货币市场基金资产价值的计算,并暂停赎回。法国安盛人寿（AXA）早先就宣布救助其基金。
2007年8月9日	欧洲中央银行（ECB）一夜之间注资950亿欧元以提升流动性。其他中央银行也有注资。

导论　2007—2009 年金融危机概述：起因与解决方法

续前表

日期	事件
2007 年 8 月 17 日	萨克森银行（Sachsen LB）接受德国储蓄银行协会的救助。全国房屋贷款公司（Countrywide）发生挤兑。
2007 年 8 月 17 日	美联储批准贴现窗口借款利率临时减少 50 个基本点，延长融资期限，并强调其将"接受更广范围的抵押品"。
2007 年 9 月 14 日	英格兰银行宣布向北岩银行（Northern Rock）提供流动性支持工具。
2007 年 9 月 17 日	在小额存款发生挤兑之后，英国总理声明为北岩银行现有存款提供政府担保。
2007 年 10 月	花旗、美林和瑞士银行报告了重大减记。
2007 年 11 月 8 日	穆迪宣布将重估美国单一险种保险公司/金融担保人或机构的资本充足率。
2007 年 11 月 20 日	房地美宣布了 2007 年第三季度的损失，并声称正在考虑降低股息并筹集新资本。
2007 年 12 月 10 日	瑞士银行宣布在进一步减记后消除资本担忧的措施。
2007 年 12 月 12 日	英格兰银行、美联储、欧洲中央银行、瑞士央行和加拿大银行联合宣布缓解短期基金市场压力的措施。美联储的行动包括建立临时的定期拍卖工具（TAF）。
2007 年 12 月 20 日	贝尔斯登宣布预期的 2007 年第四季度减记。
2008 年 1 月 11 日	美国银行确认收购全国房屋贷款公司。
2008 年 1 月 14 日—18 日	花旗和美林宣布 2007 年第四季度重大损失。
2008 年 1 月 15 日	花旗宣布将筹集 145 亿美元的新资本。
2008 年 1 月 24 日	法国兴业银行公布了因单个交易员的欺诈交易导致的损失。
2008 年 2 月 7 日	拍卖利率证券的拍卖开始凋零。六天之后，80% 的拍卖失败了，这些市场开始完全冻结。
2008 年 2 月 11 日	美国国际集团宣布其审计师已经发现了内部控制中的"重大缺失"，这一内控是针对美国国际集团金融产品公司最高等级信贷违约掉期资产组合的估值的。
2008 年 2 月 17 日	英国政府宣布对北岩银行进行临时国有化。
2008 年 3 月 11 日	美联储宣布引入定期证券借贷工具，并且英格兰银行宣布将延展更广泛的高质量抵押品的三个月长期回购协议。
2008 年 3 月 14 日	摩根大通宣布已经同意联合纽约联邦储备银行为贝尔斯登提供有担保的为期最长 28 天的融资。

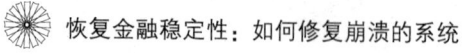

续前表

日期	事件
2008年3月16日	摩根大通同意收购贝尔斯登。美联储提供300亿美元的无追索权融资。
2008年3月16日	美联储宣布建立一级交易商信用工具。
2008年4月21日	英格兰银行开启了特别流动性计划,允许银行暂时用其高质量抵押贷款支持证券及其他证券交换英国财政部的支票。
2008年5月2日	美联储、欧洲中央银行和瑞士央行就进一步的流动性措施发表联合声明。
2008年6月	美国城市债券保险(MBIA)和安巴克金融集团(Ambac)失去了全国认可的统计评级机构(NRSROs)的AAA评级。
2008年6月16日	雷曼兄弟确认了第二季度28亿美元的净亏损。
2008年7月11日	美国盈泰银行(IndyMac)倒闭。
2008年7月13日	美国财政部宣布对房利美和房地美的救助计划。
2008年7月15日	美国证券交易委员会发布紧急指令,加强投资者保护以应对"无担保卖空"。
2008年7月30日	美联储宣布在其限期28天的贷款之外,附加引进限期84天的定期拍卖工具。欧洲中央银行和瑞士央行宣布,除了现有的限期28天的操作之外,附加提供限期84天的美元流动性。
2008年9月7日	房利美和房地美被托管。
2008年9月15日	雷曼兄弟签署了破产文件。美国银行宣布收购美林证券。
2008年9月16日	美国政府为美国国际集团提供850亿美元的紧急贷款,并得到79.9%的股份和股息分配投票权。
2008年9月16日	第一储备基金(Reserve Primary Fund)由于其持有雷曼兄弟的债务而"跌破净值",触发货币市场基金的挤兑。
2008年9月17日	英格兰银行延长了特别流动性计划的持续时间。
2008年9月18日	中央银行协调行动方案公布,以缓解美元短期基金市场上持续加大的压力。英格兰银行和美联储达成货币互换协定。
2008年9月18日	联邦社会保险局(FSA)宣布禁止金融股票卖空。
2008年9月19日	美国财政部宣布对美国货币市场共同基金的暂时担保项目。联邦储备委员会宣布将延长对银行的无追索权贷款,为货币市场共同基金的资产支持商业票据的购买融资。
2008年9月19日	美国证券交易委员会禁止金融公司的卖空。禁令紧随多个欧洲监管机构之后出台。

导论　2007—2009 年金融危机概述：起因与解决方法

续前表

日期	事件
2008 年 9 月 20 日	美国财政部宣布购买高达 7 000 亿美元不良资产的草案（不良资产救助计划）。
2008 年 9 月 21 日	美联储批准高盛和摩根斯坦利实施业务转型，转为银行控股公司。
2008 年 9 月 23 日	伯克希尔哈撒韦公司宣布向高盛投资 50 亿美元。
2008 年 9 月 25 日	摩根大通购买华盛顿互惠银行的存款、资产和特定贷款。
2008 年 9 月 29 日	布拉德福德—宾利银行（Bradford&Bingley）被英国政府接管。阿比国民银行（Abbey）收购了其分公司和小额存款部分。
2008 年 9 月 29 日	比利时、荷兰和卢森堡政府宣布将对富通银行（Fortis）注资 112 亿欧元。
2008 年 9 月 29 日	美联储增加了对外国中央银行的互换额度。
2008 年 9 月 29 日	花旗宣布打算在联邦储蓄保险公司的促成下获得美联银行（Wachovia）的银行业务，保护所有存款人（在 1991 年《联邦储蓄保险公司促进法》中系统性风险豁免条款下）。
2008 年 9 月 30 日	爱尔兰政府宣布存款担保。其他政府紧跟着扩展存款担保。
2008 年 10 月 3 日	美国众议院通过了 7 000 亿美元的对美国金融部门的政府救助计划（早先的版本在 2008 年 9 月 29 日投票中未被通过）。
2008 年 10 月 3 日	联邦社会保险局提出将存款担保限制在 50 000 美元（自 2008 年 10 月 7 日开始生效）。
2008 年 10 月 3 日	富国银行（Wells Fargo）和美联银行同意合并，不要求从联邦储蓄保险公司获得金融帮助。
2008 年 10 月 3 日	荷兰政府接管富通银行荷兰分行。
2008 年 10 月 6 日	德国当局宣布救助德国不动产融资银行（Hypo Real Estate）的一揽子计划。
2008 年 10 月 7 日	冰岛政府接管格利特勒银行（Glitner）和拥有网络银行 Icesave 的冰岛国家银行。
2008 年 10 月 7 日	美联储宣布商业票据融资工具诞生。
2008 年 10 月 8 日	经协调利率下调 50 个百分点（包括英格兰银行、美联储和欧洲中央银行）。
2008 年 10 月 13 日	英国一揽子救援计划进一步的细节被披露。
2008 年 10 月 13 日	欧元区成员宣布为银行提供资本融资，且打算进一步协商行动，为美元提供流动性。

续前表

日期	事件
2008年10月14日	美国政府宣布高达2 500亿美元的资产购买计划。
2008年10月21日	联邦储备委员会宣布货币市场投资融资工具诞生。
2008年11月/12月	由于史无前例的赎回通知大量涌现,许多对冲基金筑起围墙并暂停提款。
2008年11月10日	美国政府修改了对美国国际集团的救助方案,因为其情况随着市场状况恶化而变得更糟了。
2008年11月13日	美国财政部宣布不良资产救助计划的资金将不会用于购买不良资产,这一宣布对美国大型复杂金融机构构成负面冲击,股价大幅跌落。
2008年11月23日	美国财政部和联邦储蓄保险公司宣布对花旗集团的救助计划,包括对3 060亿美元的受损的住房抵押贷款支持证券与商业抵押贷款支持证券的担保。
2008年11月25日	美联储宣布将购买高达5 000亿美元的代理资产抵押债券,同时也购买高达1 000亿美元的代理无担保债务。
2008年11月25日	美联储宣布定期资产支持证券贷款工具诞生,据此消费贷款和小型商业贷款支持的"新近发明的"AAA级资产支持证券持有者将获得最多2 000亿美元的贷款。财政部将通过不良资产救助计划基金向纽约联邦储备银行提供200亿美元的信贷保护,这将动用定期资产支持证券贷款工具。
2008年12月12日	伯纳德·麦道夫因在美国麦道夫证券公司实施庞氏骗局而被捕。投资者报告骗局带来的损失可能总共大约达500亿美元。
2008年12月16日	联邦基金目标利率从1%减少到0%到0.25%的范围,达到其有记录的最低水平,上一次还要回溯到1954年。
2008年12月19日	布什当局同意向通用和克莱斯勒提供134亿美元的不良资产救助计划基金贷款,以换取重组计划的通过。

资料来源:英格兰银行。

注释

[1] 一级交易商是指在美国政府证券框架内、美联储系统中进行交易的银行和证券经纪人。到2008年9月,一级交易商有19个。雷曼兄弟和贝尔斯登过去也是一级交易商。

［2］美联储创造了一种信用工具，其规模高达 850 亿美元，用以交换 80% 的权益和暂停股息的权利。

［3］这个计划被修改以将银行存款担保扩大到 250 000 美元，并包括 1 000 亿美元用于商业和替代能源的减税。

［4］约束如此缺乏的一个可能的理由是，相关监管部门对偿付危机缺乏持续的反应，迫使美联储扮演最后贷款人和偿付能力监管机构的双重角色。

［5］特别地，我们倡议为濒临破产的通用提供大额破产保护贷款。现在的救市计划将不足以为通用提供足够的喘息空间，并且比起我们所建议的破产/破产保护融资计划，现行计划在短期实施了更多的职位削减措施。破产保护贷款将能够使 18 个月到 24 个月的重组成为可能，然而救助仅仅足以避免 2009 年的清算。为了进一步限制通用破产的连锁反应，即使重组失败了，政府也应该考虑提供担保和备用方案的即时性。

恢复金融稳定性

第Ⅰ部分

2007—2009 年金融危机的原因

马修·理查森

普遍的看法是，这次金融危机的根本原因是信用泡沫和房地产泡沫的结合。然而，为什么这一结合会引致如此严重的危机，迄今尚不清楚。

现在一致认为，贷款无约束的证券化的模式触发了这次危机，并导致低质量贷款被神奇地转移到了评级机构给予高评级的证券中。不幸的是，在某种程度上，这一特征是真实的。即

■ 次级贷款增速迅猛。这些贷款中很大一部分是高风险的，而且只有在巧妙地发明了如2/28和3/27可调利率抵押贷款（ARMs）这样的产品的情况下次级贷款的存在才成为可能。

■ 此外，正是因为证券化具有将贷方所面对的信贷风险转移到作为资产支持证券最终使用者的投资者头上的能力，才使得次级贷款的增长变为可能。

■ 最终使用者乐意投资，也只是因为机构发明了一系列复杂结构的产品，评级机构未经审查就给这些产品中的大多数以AAA的评级。

第1章"抵押贷款的起源和金融危机中的证券化"仔细审视了这些事件，并提出了对未来监管的原则和建议。当然，虽然这一章主要关注抵押贷款市场和次级贷款，但是其讨论的内容更为宽泛。整个经济制造了过剩的廉价贷款，而其中很多在其他市场上正上演着质量恶化的戏份。信用卡债务、汽车贷款、"低门槛贷款合约"公司债券和用以杠杆收购交易的杠杆贷款，所有这些在历史上都是在无风险债券基础上以低利差进行交易的。和次贷市场经历的命运一样，现在这些贷款中大部分面临着逐渐升高的违约率。例如，信用卡债务的违约率在2009年升到了10%，是过去的两倍，过去10年的平均违约率为5%。汽车贷款违约率也在上升，而且金融经济学家（如纽约斯特恩商学院的爱德华·奥特曼）预测，公司债券违约率会从2008年的4%上升到2009年的8.5%到9%，会足足翻一倍有余。第1章同样指出，证券化的增长弱化了对抵押贷款市场中贷款机构的审查和监督，在其他市场同样也能观察到这些现象。

不管怎样，次级贷款市场与其他信贷市场相比，具有一个独一无二的特征。这些贷款被不知不觉间构造成了具有天生系统性的产品。为了理解这一点，请注意次级贷款的大部分都被构造成了2/28和3/27的可调利率抵押贷款。这些贷款在头几年提供了一个固定引逗利率（teaser rate）（两年或三年），而其后就改成了可调节利率，并有着足够大的利差以引起利率的大幅下跌。因此蓄意地，这些抵押贷款意在几年内违

约，或者在抵押品价值（即房价）升高的情况下得到再融资。因为这些抵押贷款大致都在同一时间发行，抵押贷款贷方偷偷地创造了一个可能引致系统性的一波再融资或者违约的环境。

在这段时间华尔街结构化金融产品的增长令人吃惊。与住房抵押贷款相关的产品是很大的一个组成部分，同样，使用商业抵押贷款、杠杆贷款、公司债券、学生贷款等的资产支持证券也是如此。例如，根据资产支持警报（Asset-Backed Alert），全球证券化规模从2001年年底的7 670亿美元增长到2004的1.4万亿美元，到2006年12月泡沫达到顶点时，足足有2.7万亿美元。它在过去的短短几年中戏剧性地下跌了，从2007年第三季度到2008年第三季度跌幅超过了60%。大多数结构化金融产品的共同特点是，评级机构通过为这些证券内不同的档次提供评级来鼓励这些产品（以及它们的信贷风险）。显然，AAA级档的发明，激发了人们对这些产品的巨大需要，因为该评级将引起大量潜在投资者的兴趣。因为评级机构将档次评级以与其他评级分类相比的方式进行描述，所以它们在这一过程中的作用不能被忽略。为此，第3章"评级机构：监管是答案吗？"描述了评级机构形成的历史、它们在现在危机中的角色和关于未来监管的建议。

然而，我们相信，尽管证券化过程中贷款无约束证券化的模式和评级机构显然是重要的因素，但是金融危机发生却是因为金融机构没有遵从证券化的商业模式。这些机构没有担任中介的角色，将风险从抵押贷款发放机构转移到资本市场的投资者处，而是自己扮演起了投资者的角色。但是不像一只典型的养老基金、固定收益共同基金或者主权财富基金，金融企业是高杠杆的机构。考虑到监管的总体情况，主要的金融企业是如何做到这点的？大概更重要的是，它们为什么会这样做？

第2章"银行如何操纵杠杆游戏？"提出了之前的问题。特别地，为了拓宽资本要求，商业银行建立了表外资产支持商业票据（ABCP）渠道和结构投资工具（SIVs），通过这些，它们将部分本来需要记在账上的资产转移了。资产支持商业票据渠道和结构投资工具的资金来自少量的权益和短期债务的滚动还债。这些渠道可进行信用增级，即有回流银行的追索权。投资银行，不管怎样，不必如此聪明。紧跟着2004年春天投资银行要求的出台，同年8月《证券交易法修正案》修正了《1934年证券交易法案》的净资本规定。这一修正案有效地容许投资银行提高杠杆率，尽管会有潜在的更多来自证券交易委员会的监管。

面对现在高得多的杠杆比率，金融企业必须在有风险的情况下实现其价值提升。通过将贷款转换成 AAA 级担保债务权证（CDOs）和贷款抵押债券（CLOs）形式的投资，这些公司发现了解决之道。这些高评级的担保债务权证和贷款抵押债券有着显著的低资本要求。事实上，大约所有 AAA 级资产支持证券中的 30% 保留在了银行系统中，而且如果包括有追索权的资产支持商业票据和结构投资工具，这一比例将升到 50%。

为什么是资产支持证券？在 2006 年 6 月房地产泡沫达到顶点时，就一个公司典型的 AAA 信贷违约掉期来说，AAA 级次级担保债务权证能提供两倍的保费。因此，金融企业将在大多数情况下赚得更高的保费；通过正确建构，损失只有在 AAA 级担保债务权证遭遇价格下跌时才会发生。如果这一小概率事件发生了，不管怎样，它将几乎肯定成为影响所有市场的系统性冲击。实际上，金融企业正在房地产市场上经营着大量的价外卖权（out-of-the-money put options）。当然，承担大量像这样的系统性保险引致的问题是，当这件事情变得严重时，公司无法良好运行——因此，就有了金融危机。

第1章 抵押贷款的起源和金融危机中的证券化

德怀特·贾菲、安东尼·W·林奇、
马修·理查森和史丁·范·纽威伯格

1.1 介绍：美国抵押贷款市场

有三种主要的抵押贷款：固定利率抵押贷款（FRMs）、浮动利率抵押贷款（ARMs）和混合抵押贷款（hybrids）。可调利率抵押贷款有着和一个指数相捆绑的利率，然而典型的混合抵押贷款会提供一个可保持预先指定年限不变的固定利率，之后余下的贷款利率变为浮动的。抵押贷款分为两类，即优质和非优质。我们将依次讨论每一种类。

优质抵押贷款

优质抵押贷款有三种主要类型。遵从房利美和房地美制定的购买贷款指引的贷款叫做合格贷款。该指引包括贷款限制（现在对每个家庭的贷款限额为417 000美元）和基于信用分数［信用局（FICO）评分模型］的承销标准（该标准将贷款—价值比率和负债收入比率结合了起来）。勉强符合除了贷款限制外对合格贷款的所有指引的贷款被称为巨额贷款。对超额抵押贷款征收的利率普遍比合格贷款的高，这主要是由于在没有低额抵押贷款支持证券（MBSs）所有的隐含的政府担保的情况下，这些贷款证券化成本稍高。第三种优质抵押贷款是联邦住房管理局/退伍军人管理局（FHA/VA）贷款。联邦住房管理局贷款是有联邦住房管理局保险的，而且可能是获得联邦资格认证的贷款机构发行的。联邦住房管理局抵押贷款最初是向无法承担传统分期付款的首付或没有获得私人抵押贷款保险资格的人提供的。退伍军人管理局贷款有着退伍军人事务部的担保，退伍军人和军职人员可用。联邦住房管理局/退伍军人管理局贷款也被看做合格贷款。

非优质抵押贷款

非优质抵押贷款也主要有三种。尽管没有标准定义，但次级贷款通常在美国被这样分类：借款人的信用分数（信用局评分）低于特定水平，而其利率远远高于优质贷款。次优级贷款被认为比优质贷款的风险高，但比次级贷款的风险低。次优级贷款借款人所付利率高于优质贷款借款人的利率，但远远低于次级贷款借款人的利率。借款人如果申请次优级贷款，说明其信用分数并没有高到足以申请合格贷款，或者在交易中有一些事略微超出了常规。次优级贷款机构的标准十分多样，其中对信用分数的要求是最常见的多样化的领域。最后，房屋净值贷款（HEL）或房屋净值信用额度（HELOC）是典型意义上的第二留置权（second-lien）贷款。房屋净值信用贷款与传统抵押贷款的不同之处在于，借款人并不是一次性贷款并得到全部贷款总额，而是使用一个信用额度来借款，得到总数不超过协定数量的金额，与信用卡相似，而且经常带有浮动利率。相反地，房屋净值贷款是一次性付款贷款，经常是固定利率。

证券化

抵押贷款市场的证券化涉及将抵押贷款变为抵押贷款支持证券（MBSs）的过程，在该过程中这些证券的持有者有权享有所有利息中的一部分和对贷款资产组合所付的本金。一些证券是直接过手证券，然而其他的是抵押贷款债务（CMOs）或担保债务权证（CDOs），而且现金

第1章 抵押贷款的起源和金融危机中的证券化

流根据一些优先权结构进行支付。美国住房抵押贷款市场的规模已经超过10万亿美元,而其中55%以上的贷款都已证券化。有趣的是,20世纪80年代,在随着抵押贷款支持的过手证券和抵押贷款债务发展而来的爆发性增长后,证券化的部分自从20世纪90年代初以来就保持着相对稳定状态,在50%到60%之间盘桓。

政府支持企业(GSEs)购买抵押贷款并将其证券化。虽然政府支持企业是私下集资的,但它们的政府资助却暗示了一个推测,即它们担保的效力是有着美国政府充分支持的。有三家政府支持企业:联邦国民抵押贷款协会(房利美)、联邦住宅贷款抵押公司(房地美)和联邦住房贷款银行(FHLB)系统——它由12家地区银行组成。政府支持企业对抵押贷款证券化的贡献是令人吃惊的。在20世纪80年代初,机构抵押贷款支持证券(MBSs)代表了大约50%的证券化市场,到1992年则是64%,而到2002年则占了73%。

然而,在2002年之后,抵押贷款市场和证券化市场戏剧性地改变了,非机构抵押贷款支持证券在总的已发行证券中的比例在2003年是15%,2004年是23%,2005年是31%,而在2006年则为32%。事实上,从新发行的抵押贷款支持证券的角度而言,非机构抵押贷款支持证券的比例在2006年达到了56%,首次超过了机构支持证券化的比例。发行量中相当大的一部分是由次级贷款和次优级贷款组成的,图1.1说明了这一点。

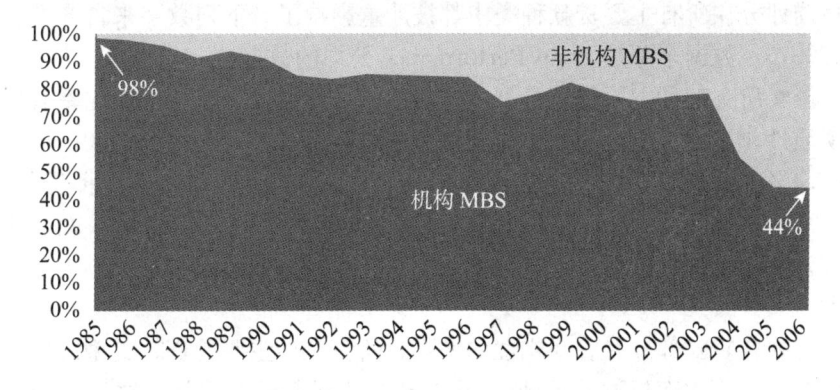

图1.1 1985—2006年非机构证券化抵押贷款发行

这幅图展示了非机构抵押贷款支持证券(MBSs)中证券化发行的百分比。非机构抵押贷款支持证券包括自有品牌巨额贷款(private-label jumbo)、次优级抵押贷款和与抵押贷款相关的资产支持证券。

资料来源:联邦储蓄保险公司(FDIC)、瑞银集团(UBS)、太平洋投资管理公司(PIMCO)。

1.2 一些显著的事实

在这一部分中，我们将描述抵押贷款市场的一些重要特点和这个市场在 2001 年到 2007 年这个时段的证券化。

抵押贷款市场

非优质抵押贷款有着巨大的增长。表 1.1 报告了从 2001 年到 2006 年美国抵押贷款市场规模的数据。非优质抵押贷款的发放（次级贷款、次优级贷款和房屋净值信用额度贷款）在 2004 年、2005 年和 2006 年每年都超过了 1 万亿美元。作为总发放额的一部分，它们的占比从 2001 的 14% 增长到了 2006 年的 48%。这些次级贷款中的很多是浮动利率贷款，其利率在 2007—2009 年间被重新设定，这也可能是取消抵押品赎回权危机的原因的一部分。

抵押贷款的质量在过去五年中大幅下降。从 2002 年到 2006 年，贷款—价值比率在所有三个主要的贷款种类中都戏剧性地上升了（优质、次优级和次级），同时有着完整文件的贷款普遍地引人注目地下降了。同时，负债收入比率只在优质贷款这一块引人注目地上升了，然而，信用局评分在所有主要贷款种类中都被严重影响了。下列数字来自齐默曼（2007），数据来源是 Loan Performance 公司的数据。

- 所有三种主要贷款类型中，贷款的平均组合贷款—价值比率有着实质性增长。对于优质浮动利率抵押贷款，这一比率从 2002 年的 66.4% 上升到了 2006 年的 75.3%，而对于次优级浮动利率抵押贷款，这一比率从 2002 年 74.3% 上升到了 2006 年的 85.0%。最后，就次级浮动利率抵押贷款而言，其比率从 2002 年的 81.2% 上升到了 2006 年的 86.7%。

- 在贷款部分有着戏剧性的增长，所有三种主要的贷款类型的组合贷款—价值比率超过了 80%。对优质浮动利率抵押贷款，这一部分从 2002 年的 4.1% 上升到了 2006 年的 26.2%，而对次优级浮动利率抵押贷款，这一比率从 2002 年的 20.8% 上升到了 2006 年的 55.5%。最后，对次级浮动利率抵押贷款而言，其比率从 2002 年的 46.8% 上升到了 2006 年的 64.0%。

第1章 抵押贷款的起源和金融危机中的证券化

表1.1　2001—2006年美国抵押贷款市场发行量

	合格贷款(十亿美元)	巨额贷款(十亿美元)	联邦住房管理局/退伍军人管理局贷款(十亿美元)	次级贷款(十亿美元)	次优级贷款(十亿美元)	房屋净值抵押信用贷款(十亿美元)	总计(十亿美元)	可调利率抵押贷款(十亿美元)	再融资(十亿美元)	优质(十亿美元)	非优质(十亿美元)	非优质百分比(%)
2001	1 280	450	175	120	60	130	2 215	355	1 298	1 905	310	14
2002	1 711	576	176	185	67	170	2 885	679	1 821	2 463	422	15
2003	2 460	650	220	310	85	220	3 945	1 034	2 839	3 330	615	16
2004	1 210	510	130	530	185	355	2 920	1 464	1 510	1 850	1 070	37
2005	1 090	570	90	625	380	365	3 120	1 490	1 572	1 750	1 370	44
2006	990	480	80	600	400	430	2 980	1 340	1 345	1 550	1 430	48

资料来源：抵押金融内情(Inside Mortgage Finance)。

- 在所有三种主要贷款类型中，无本金贷款也有戏剧性的增长。对于优质浮动利率抵押贷款，这一部分从2002年的46%上升到了2006年的91%，而对于次优级浮动利率抵押贷款，这一比率从2002年的26%上升到了2006年的87%。最后，对次级浮动利率抵押贷款而言，其比率从2002年的1%上升到了2006年的20%。

- 在所有三种主要贷款类型中，拥有完整文件的贷款部分却有着实质上的下降。对于优质浮动利率抵押贷款，这一部分从2002年的56.0%下降到了2006年的33.6%，而对于次优级浮动利率抵押贷款，这一比率从2002年的29.3%下降到了2006年的19%。最后，对次级浮动利率抵押贷款而言，其比率从2002年的66.9%下降到了2006年的54.6%。

- 家庭持有的优质浮动利率抵押贷款的平均负债收入比率有着实质性增长，但是对那些持有次优级和次级浮动利率抵押贷款的家庭来说，这一增长更为温和。优质浮动利率抵押贷款的这一比率从2002年的31.0%上升到了2006年的37.2%，而对次优级浮动利率抵押贷款而言则是从2002年的35.4%上升到了2006年的38.3%，而次级浮动利率抵押贷款的这一比率从2002年的40.0%上升到了2006年的42.1%。

- 在所有三种贷款类型中信用局评分少于700的贷款部分几乎没有变化。对于优质浮动利率抵押贷款，这一部分在2002年是20.7%，在2006年是19.5%，而对于次优级浮动利率抵押贷款，这一比率在2002年是46.4%，在2006年是44.2%。对于次级浮动利率抵押贷款，其比率在2002年是93.4%，而在2006年是91.8%。德姆杨克和范·赫尔默特的研究表明，次级贷款信用局评分实际上上升了。

在同样的五年时间中，固定利率抵押贷款的模式是相似的，除了优质固定利率抵押贷款，该产品包括了更大比例的完整文件贷款。

贷款质量在2007年继续下降。根据美国房地产协会的调查，房屋购买中平均分期付款的首付从1989年的20%下降到了2007年的9%。从1996年6月到2006年6月，在美国10个最大的大都市地区，凯斯—希勒房价指数从77.8上涨到226.3，几乎涨了两倍，年均增长率为17%。从2006年6月的顶点直到2008年9月，该指数从226.3跌到了173.3，跌幅为23.4%。来源不同的范围更大的20城指数和全国指数显示了类似的下降，跌幅分别为21.8%和21.0%。最初下跌是温和的，集中在少数地区市场如迈阿密和拉斯维加斯。然而，在最近12个月，下跌加速了(18.6%)，而且扩散到了全国。20个最大地区中不止一处在过去一年中

第1章 抵押贷款的起源和金融危机中的证券化

见证了其房价上涨,而只有夏洛特市和达拉斯市见证了低于5%的房价下跌。房价现在返回了2004年的数值。联邦储备资金流数据为这一局面提供了数据支持,该数据表明,总计住宅房地产财富在1996年到2006年间从10万亿美元增加到了21.8万亿美元,平均每一房主的房地产财富有几乎200 000美元的增长。住宅财富此后在2007年第三季度达到了顶点——22.4万亿美元,而自那以后到2008年第三季度跌回到了21.4万亿美元。

由于房价下跌,贷款发放的数量在2007年和2008年也减少了。根据《家庭房贷披露法》(*The Home Mortgage Disclosure Act*)披露的数据,贷款发放数量在2007年下跌了25%,具体为350万美元。而据抵押贷款银行家协会的数据,比起2007年11月,贷款发放在2008年11月下跌了22%。

同时,抵押贷款拖欠率和违约率也开始增长。政府发起企业的资产组合(房地美和房利美)的拖欠率从1999年0.48%上升到2007年的1.15%,几乎涨了两倍。抵押贷款银行家协会的数据表明,在2007年年底,所有优质固定利率抵押贷款的2.56%和所有优质浮动利率抵押贷款的5.51%被拖欠。相对应的没收房屋拍卖率则从2002年年底的0.40%和0.88%上升到了0.55%和2.59%。而根据信用概览(CreditSights)的数据,次级贷款拖欠率(拖欠天数为60天到90天)则要高得多,2007年年底为11.6%。

最后,根据抵押贷款银行家协会的数据,表1.2列出了2007年最大的抵押贷款发行机构及它们的市场份额。在过去10年中抵押贷款发行行业有实质性的合并。前三名发行机构的份额从1998年的19.4%上升到了2007年的36.6%,几乎涨了一倍。这一趋势在2008年加速了,几家大型抵押贷款发行机构如全国房屋贷款公司、华盛顿互惠银行和美联银行分别被美国银行、摩根大通和富国银行接管,而其他几家,如盈泰银行(IndyMac),则彻底消失了。

表1.2   最大的抵押贷款发行机构

名称	2007年排名	2007年市场份额(%)
全国房屋贷款公司	1	16.8
富国银行	2	11.2
大通房屋金融	3	8.6
花旗/花旗抵押贷款公司	4	8.1
美国银行	5	7.8
华盛顿互惠银行	6	5.7

续前表

名称	2007年排名	2007年市场份额（%）
美联银行	7	4.0
住房资金公司	8	3.9
盈泰银行	9	3.2
太阳信托银行	10	2.4
前10名总计		71.7

资料来源：抵押贷款银行家协会数据。

证券化

与非优质抵押贷款（特别是次级抵押贷款）的基本增长（见表1.1）相一致，一波次级抵押贷款的证券化浪潮出现了。表1.3描述了从2001年到2006年次级抵押贷款的发行和证券化市场相关规模的数据。在这一时期，次级抵押贷款发行量从每年1 900亿美元上升到6 000亿美元，增长到了原来的三倍有余，市场份额也从8.6%增加到了20.1%。对现在金融危机更重要的事实是，不管怎样，证券化的比例从50.4%上升到了80.5%。换句话说，几乎所有的次级抵押贷款都变成了结构化产品。

表1.3 2001—2006年次级贷款发行和证券化规模

	总计（十亿美元）	次级贷款（十亿美元）	份额（%）	次级抵押贷款支持证券（十亿美元）	证券化（%）
2001	2 215	190	8.6	95	50.4
2002	2 885	231	8.0	121	52.7
2003	3 945	335	8.5	202	60.5
2004	2 920	540	18.5	401	74.3
2005	3 120	625	20.0	507	81.2
2006	2 980	600	20.1	483	80.5

资料来源：抵押金融内情、戈登（2008）。

证券化的好处很容易理解。它允许信贷风险从贷款发行者转移到资本市场愿意持有风险的投资者手中，因此允许信用的特殊市场扩张。在理论上，银行的资产负债表或抵押贷款发行机构不再是包装贷款的障碍。如果（在很大程度上如果）潜在的发行机构、证券机构和投资者之间的激励问题通过订立契约得以最小化，那么证券化的数量之大正是资

第1章 抵押贷款的起源和金融危机中的证券化

本市场实际上起作用的证据。

表1.4列出了担保债务权证（CDOs）最大的发行机构，最初从2004年到2008年是由非优质住房抵押贷款支持证券（RMBSs）和商业抵押贷款支持证券（CMBSs）组成的。这张表包含了2007年的头12家公司，并列出了它们数十亿美元的总发行量及市场份额。其中的几项观察结果很有规律。首先，在所有主要的担保债务权证玩家中，在2007年担保债务权证的发行有显著的增长，反映出了表1.3给出的总结果。第二，在每一时期，前五名的公司占据了大概40%的市场份额，以致发行主要集中在几家机构。第三，公司列表是现在金融危机的名人录：许多公司不是破产了（如贝尔斯登、雷曼兄弟和美联银行），就是遭受了巨大资产减记而导致必要的政府干预（如美林、花旗和瑞银）。第四，虽然2007年夏天担保债务权证市场的崩溃被很好地记录了，但是2008年一栏表明了市场崩溃的结果是多么严重。在这12家公司中，担保债务权证的发行从2006年的3 140亿美元上升到了2007年的2 950亿美元，而到2008年，这一数字则下降到了550亿美元。

表1.4　　　2004—2008年世界范围担保债务权证的承销簿记人
（美元：单位为十亿/%：市场份额）

	2004 美元/%	2005 美元/%	2006 美元/%	2007 美元/%	2008 （至9月） 美元/%
花旗集团	7/5.6	27/12.5	40/8.3	40/9.7	5/6.9
美林	16/12.5	27/12.4	54/11.3	38/9.3	5/6.4
德意志银行	12/9.4	9/4.6	31/7.5	31/7.7	12/15.7
巴克莱银行	0/0.0	17/7.9	18/3.7	28/6.8	2/2.6
美联银行	11/8.3	15/6.8	24/4.9	24/5.9	2/2.8
高盛	7/5.7	13/6.0	33/6.9	24/5.8	5/6.1
荷兰银行	0/0.0	3/1.3	5/1.0	23/5.6	1/1.9
瑞银	8/6.3	7/3.2	22/4.6	20/4.8	0/0.0
雷曼兄弟	6/4.5	11/4.9	17/3.6	18/4.5	18/23.6
摩根大通	7/5.4	9/4.1	22/4.5	18/4.4	3/3.7
贝尔斯登	7/5.5	12/5.8	25/5.1	16/3.9	0/0.0
美国银行	4/3.4	10/4.6	23/4.7	15/3.8	2/2.0

资料来源：资产支持警报。

从表 1.4 中可以看出，商业银行和投资银行是以次级贷款为基础的结构产品（如担保债务权证）的证券化市场中最初的金融中介。以这一部分为基础，担保债务权证的费用在 0.4% 到 2% 之间变动。显然，这是一项盈利巨大的产业。在证券化的商业模式中，不管怎样，证券机构扮演了中介而非投资者的角色，否则这就有悖于证券化基本原理中信贷风险转移的目的。这将在下一部分讨论。

1.3　哪里出错了？

金融危机的主要替罪羊之一是"贷款无约束证券化"的证券化模式，即证券化允许抵押贷款发行机构（抵押贷款银行或者为其自身利益而工作的经纪人）将贷款转移，并因此降低了它们审查和监督抵押贷款的动机。这减少了它们共担的风险（Skin in the game）。如之前的部分说明过的，贷款标准在危机预备阶段的五年中发生了巨大的下滑。有大量谨慎的学者的论文认为，证券化确实导致了贷款质量的下降——例如，戴尔阿里西亚等（Dell'Ariccia, Igan 和 Laeven, 2008）、米恩和苏菲（Mian 和 Sufi，即将出版）、本特和古谱塔（Berndt 和 Gupta, 2008），以及凯等（Keys, Mukherjee, Seru 和 Vig, 2008）。

虽然这一证据不能被忽视，但是针对证券化的争论并不是直截了当的。抵押贷款发行机构确实在某种程度上有着共担的风险，它们收入的很大一部分来自抵押贷款服务。例如，当危机扩散时，全国房屋贷款公司（表 1.2 所示的最大的抵押贷款发行机构）因抵押贷款服务权的损失而承受了巨大的资产减值（戈登，2008）。在证券化方面，虽然银行获得了大量证券化的费用，但它们也面对着在证券化过程中附着在所有贷款上的风险。这一过程持续了二到四个月。最后，在契约这一方面，如戈登（2008）指出的，抵押贷款承销标准灾难性的降低将导致首付违约的上升。这些违约，不管怎样，趋向于被推回发行机构。

另一个普遍被提名的罪魁祸首是掠夺性贷款。毫无疑问，抵押贷款发行机构向并不复杂的投资者售卖非常复杂的产品，而投资者可能并不理解他们买了什么。期权调整的浮动利率抵押贷款只是提供给家庭的许多复杂产品中的一个代表。更复杂的产品是那些使抵押贷款经纪人从中

第1章 抵押贷款的起源和金融危机中的证券化

获得最高的收入但创造负面激励的产品。被广泛报道的是,这些贷款人通常不会解释一个最初很低的引逗利率在期末支付时会增加的风险,或者由于变动的市场利率,该利率需重新设置的风险。有时它们甚至没有告知抵押贷款客户其可以申请政府补助的房屋贷款——此贷款提供比机构提供的次贷产品更低的利率,即使客户是有资格申请的。这些复杂产品有时是掠夺性的。抵押贷款发行机构经常不要求文件的完整性。未能获得完全的文件这一现象通常伴随着这些抵押贷款的掠夺性特征,其中包含对借款人付款能力的诸多让步。人们并不清楚现在有多大比例的次级贷款已经陷入了这一掠夺性的目录,但很明显,总的来说它会起作用。

对2007年和2008年一连串违约和没收房屋事件的直接解释是,大量贷款是2/28和3/27的混合型浮动利率抵押贷款。这些贷款在最开始的两年(2/28)或三年(3/27)将利率固定在引逗水平,低于借款人需要为固定利率抵押贷款支付的利率。在最初的阶段过后,利率将根据基准利率(即伦敦银行同业拆放利率、国库券利率等)的浮动再加上一个可观的边际利差(比如6%)。这一利率调整激励借款人在调息日之前对他们的抵押贷款再融资,尽管这需要承担提前偿还罚息的损失。否则,若没有借款人收入的上涨,借款人将很难付款。而抵押贷款再融资,不管怎样,只在房屋增值的情况下可行。因此,次级贷款的大部分是基于房屋价格会增值(见戈登,2008;Ashcraft 和 Schuermann,2008)的假定而存在的。因此,当房价在2006年夏天开始下跌时,违约浪潮的出现并不令人惊讶。如何导致违约在同一时间发生?掠夺性贷款怎样创造出系统性危机?这一事例说明了以上问题。

就此而论,两个没有得到回答的问题是:

1. 如果证券化不可行,贷款机构会制造出这些高风险的贷款吗(也就是说,次级贷款市场会存在吗)?

2. 借款人清楚他们自身在房地产市场的所作所为本质上是短视的吗?

这些问题很重要,但是它们的答案不会自动解释金融危机。随着大量次级抵押贷款违约的产生,人们可能认为会有两个重要的结果。第一个是全球投资者的资产组合价值将缩水。然而,如果这些资产组合被充分多样化了,那么其受到的影响只会是少数几个百分点。毕竟,次级贷款和次优级贷款市场的规模大约为2万亿美元,这是一个相当大但并非压倒性的数字。第二个影响是经济低迷。因为一个家庭的财富的大部分都与杠杆资产（即它们的房屋）紧密相连，房地产市场的冲击本质上是对房主权益（特别是非优质贷款种类的）的毁灭。这一财富冲击大概会影响消费态势，连带影响整个经济。但是全球投资者财富的减少和正在进行的衰退并没有解释金融危机。

金融危机发生是因为金融机构没有遵守证券化的商业模式。它们没有扮演中介的角色，将抵押贷款发行机构的风险转移到资本市场的投资者处，而是自己成为了投资者。它们共担了风险。但是不像典型的养老基金或者固定收益共同基金，金融企业是高杠杆机构。在理论上，仅仅因为它们的基本资产的风险很低，它们就能通过对冲和中介加大杠杆。

表1.5列出了在2008年年初持有多种类型抵押贷款债务的实体和它们分别持有每种债务的数额。这张表说明了金融机构是怎样通过几种途径成为投资者的。第一，金融部门（即银行、经纪自营商、单一金融业务公司和保险公司）总体上拥有价值5.8万亿美元的以房地产为基础的抵押贷款。这是抵押贷款市场的主体。第二，虽然一部分可以用银行持有所有的贷款解释，但是银行持有价值1.325万亿美元的证券化贷款这一事实还是让人惊讶。包括经纪自营商和政府支持企业在内的高杠杆机构持有其中的2.644万亿美元。第三，抵押贷款支持证券中只有1.642万亿美元有着机构支持，也就是说，属于优质贷款类型。第四，AAA级担保债务权证（被非优质贷款支持）的大部分由银行、政府支持企业和经纪自营商所持有，具体的价值为7 910亿美元，大约占48%。这恰恰与应和证券化一道发生的情况相反。第五，大部分担保债务权证的次级部分也被银行、经纪自营商和单一金融业务公司持有，这占总数4 760亿美元中的3 200亿美元。总数可能更大，因为这些数字并未包括场外交易衍生品。这些衍生品也可能导致了单边的风险，美国国际集团的例子就是如此。

表1.5　　　　　　　　　2008年抵押贷款债务持有者

	贷款（十亿美元）	房屋净值抵押信用贷款（十亿美元）	机构抵押贷款支持证券（十亿美元）	非机构AAA级（十亿美元）	担保债务权证次级（十亿美元）	非担保债务权证次级（十亿美元）	总计（十亿美元）	
银行和互助储蓄银行	2 020	869	852	383	90		4 212	39%

第1章　抵押贷款的起源和金融危机中的证券化

续前表

	贷款（十亿美元）	房屋净值抵押信用贷款（十亿美元）	机构抵押贷款支持证券（十亿美元）	非机构AAA级（十亿美元）	担保债务权证次级（十亿美元）	非担保债务权证次级（十亿美元）	总计（十亿美元）	
政府支持企业和联邦住房贷款银行	444		741	308			1 493	14%
经纪自营商			49	100	130	24	303	3%
金融担保机构		62			100		162	2%
保险公司			856	125	65	24	1 070	10%
海外的			689	413	45	24	1 172	11%
其他	461	185	1 175	307	46	49	2 268	21%
总计	2 925	1 116	4 362	1 636	476	121	10 680	
	27%	10%	41%	15%	4%	1%		

资料来源：雷曼兄弟和 Krishnamurthy（2008）。

为何这么多的金融机构在房地产市场上如此冒险，而将它们自己的公司和——如事实所证明的——整个系统都置于风险之中？其原因还是个谜。通过持有大量 AAA 级非机构支持的担保债务权证，这些公司纯粹为了经济原因在房地产市场上发行了大量的价外卖权。那就是说，发行这些期权会在世界上绝大部分地区都得到保费，而在极度罕见的大量违约事件发生时（换言之，严重的房地产冲击和/或衰退），公司将被套住。当然，如果这样的事件发生，公司能否填补大约 1 万亿美元的缺口并不确定。这并非马后炮。市场确定地对 AAA 级证券如此定了价。例如，在 2006 年 6 月房地产市场达到顶点时，比较次级抵押贷款支持证券（如次贷衍生债券综合指数所描述的）和给定评级的一般美国公司证券，其利差比较结果为，AAA 级是 18 基本点对 11 点，AA 级是 32 点对 16 点，A 级是 54 点对 24 点，BBB 级是 154 点对 48 点（Ashcraft 和 Schuermann 2008）。

为什么金融企业如此冒险？我们给出了三个可能的解释。第一个可能性是金融企业内部缺乏有效的治理。结构产品群的创造，以及通过把费用和由保有这些产品而得的持续保费相结合,给这些产品群带来迅速的成功,这都激励这些产品群有更大的自由去冒险下不对称的赌注。[1] 第二个可能性是因为许多公司的短期债务有明确的担保(即存款保险),并享有大而不倒的隐性担保,所以和没有这些担保的情况相比,它们对这些类型风险投资的资金成本要低。因此,考虑到(1)其资本和风险约束和(2)人为的廉价资金来源,AAA级证券是最具吸引力的投资机会。第三个可能性是金融企业没有充分理解它们证券化的贷款的特性,因为(1)它们没有充分意识到证券化是怎样侵蚀贷款质量的,而且(2)贷款质量缺乏透明度意味着它们没有意识到自己的错误。结果,当房价开始下跌时,这些机构没有意识到它们的抵押贷款支持证券的价值也会开始戏剧性地下跌,所以它们没能及时地在损失变得太大之前调整它们的持有量。

那么证券化因此就真的是个错误吗?显然,通过这个工具,房地产风险从那些提供贷款的机构处转移到了金融机构的资产负债表上。但是这是对其本来应该起作用的方式的背离。

可以认为,以这种(背离其本来方式的)方式进行的证券化引起的危机比本来因银行倒闭而引起的危机更为糟糕。证券化产品是如此复杂,因而如此缺少透明度,以致危机的影响被放大了。为了理解复杂性,考虑图1.2,该图进一步在细节上展示了次级贷款是怎样在结构化过程中运行的。在这里一个次级抵押贷款的资产组合被注入到了一个住房抵押贷款支持证券(RMBS)中。住房抵押贷款支持证券有五个部分;各部分的优先级以分配违约损失的多少为基础,从最受保护的种类AAA,一直到保护最少的BBB。在结构中的每一点,以每种贷款违约的可能性,以及理论上和违约相关的各种评价为基础,评级机构决定评级。请注意,现金流的前96%都流向了高评级担保债务权证,并且高评级的担保债务权证又分为不同评级的六部分,然而最后的3%的现金流流向了中间层的担保债务权证,其又分为不同层级的六类。但是事情并未在此处停止。中间层担保债务权证中部的14%被纳入了另一个担保债务权证的结构,其再次分解为六类,顶端60%是高级AAA档。这个游戏试图产生尽可能多的AAA级证券。在这个例子中,最初住房抵押贷款支持证券中AAA级证券的部分为81%,然而在证券化过程结束时,这一比例达到了91.93%。知道了现在有极大的广泛违约的可能性后,问题是市场是否能够理解AAA级CDO再包的高级和初级级别或者对其进行定价?

第1章 抵押贷款的起源和金融危机中的证券化

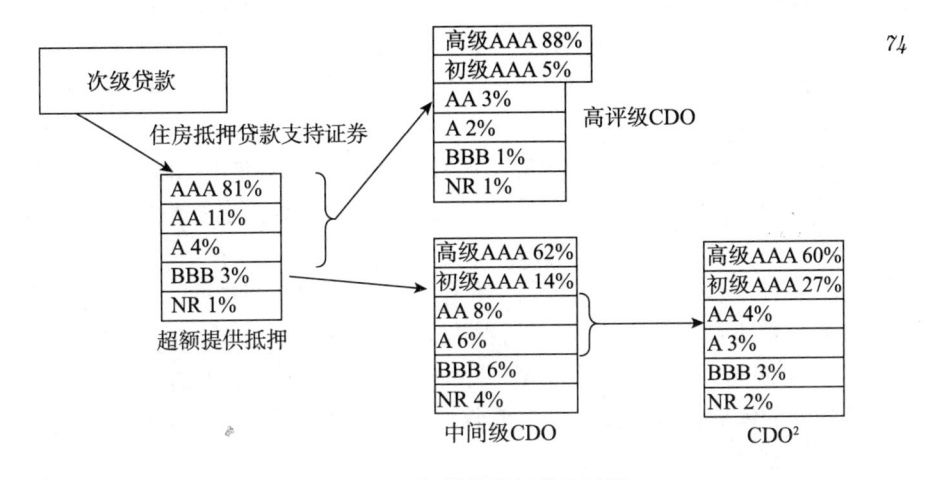

图1.2 次级抵押贷款的证券化过程

资料来源：瑞银（2007）、戈登（2008）。

在金融危机最激烈的时候，如果缺乏流动性，金融市场想要运行是很困难的。这是因为（1）代理人无法为这些复杂的担保债务权证定价，并且（2）不确定谁持有它们。不能评价系统内金融企业的偿付能力，也就出现了对交易对手完全缺乏信任和信心的情况，这是在总体风险厌恶水平中的一颗钉子，而且因为没有任何流动性来源，所以它造成了整个市场冻结。

1.4 原则

抵押贷款发行和证券化市场的监管改革背后的原则应该是什么？我们提出了一系列可以指向有效监管的原则，而它们将会指引我们在下一部分提出的建议。

选择是好的，但是掠夺性贷款是糟糕的。家庭能够继续享有一系列抵押贷款产品十分重要。不同的家庭，由于它们在生命周期中所处的位置和劳动收入风险的属性不同，将偏好不同的合同。它们应该至少有这个选择。但是如果复杂合同不能带来好处，只有迷惑人的作用，那么这些合同就需要被禁止。显然，在增加抵押贷款客户的选择和创新与保护他们免受掠夺性贷款危害之间，存在着某种权衡。在提出实在的建议来增加选择的同时，限制掠夺性贷款的措施应该是政策优先考虑的。

标准化很好；它提高了抵押贷款支持证券市场的流动性，因为标准化使得证券更易被估值。所以当我们需要选择时，对抵押贷款支持证券市场流动性的需求可能是限制可被证券化的贷款目录的一个理由。规则应该是：如果一种给定类型的贷款没有大到足够创造一个流动性市场，那么这种抵押贷款支持证券就不该被创造出来。标准化也限制了滥用。产品的激增使得抵押贷款产品的有效监管更为困难。小一些的选择目录可能便利监管者更及时和有效率的监管。

同时，非标准合同可以增加价值，这是因为抵押贷款顾客具有与生俱来的异质性，如劳动收入情况和财务深度等的不同。在 2002 年到 2006 年期间创造的低首付新产品的基本原理是，它们促进了先前无条件购房的家庭自置房屋。这对低收入家庭和没有常规薪水（例如自由作家）的家庭是尤其真实的。

自置房屋有许多优点，如促进稳定和安全的邻里关系的发展。但是它也有代价，如家庭流动性的降低，这会使劳动市场效率降低。富含争议的话题是，在现有自置房屋的比例为三分之二的基础上，增加这个比例的好处是否超过了它的成本。但不管答案是什么，一个家庭获得抵押贷款的能力应该以其总人力资本为依据，而不应仅仅以它现有的劳动收入为依据。关于银行该怎样提供非掠夺性质的非标准产品，而不对抵押贷款支持证券市场的流动性做出妥协，提出建议十分必要。

违约和取消抵押品赎回权会带来无谓损失，这一损失会产生外部性，贷款发行机构和抵押贷款经纪人需要有激励去内部化这种外部性。确保抵押贷款客户充分理解提供给他们的所有贷款产品的条款，可以帮助这些客户将他们在违约或取消抵押品赎回权的事件中承担的成本内部化。在违约事件中对贷款进行有效的重新审查和重组，设置这样的条款可以减少取消抵押品赎回权的无谓损失，但是也可能使得将贷款证券化更为困难。[2] 所以这里有一个权衡。这些条款很可能十分重要。

1.5 建议

考虑到之前关于抵押贷款发行和证券化是怎样引起危机的讨论（1.3 节），以及 1.4 节中为将来监管提出的原则的讨论，我们建议采纳如下的政策。

第1章 抵押贷款的起源和金融危机中的证券化

掠夺性贷款

在保护消费者在次级市场上免受抵押贷款银行和经纪人掠夺性贷款侵害的正确方向上,近来联邦储备委员会针对Z条例(诚信贷款)的修正案迈出了一大步。根据美联储理事会2008年7月14日的新闻公告,修正案对新定义的"定价过高的抵押贷款"类别增加了四点关键的保护措施。规则表明,关于"定价过高的抵押贷款"的定义将实质上囊括次级贷款市场的所有贷款,但是一般排除优质贷款市场上的贷款。为了提供一个指数,联邦储备委员会将在房地美近来公开的调查数据的基础上,公布"平均最优惠提供利率"。如果一种贷款是第一留置权抵押贷款,而且有着1.5%或以上的年利率,或者是第二留置权抵押贷款,有着3.5%或以上的年利率,那么这种贷款就是定价过高的。新的保护方案被描述如下:

- 禁止贷款机构不考虑借款人用收入和资产而非房屋价值偿还贷款的能力而发放贷款。其中,贷款机构必须做到,在贷款的头七年最高计划付款的基础上评估偿还能力。为了表明贷款机构违反了这一禁令,借款人无须证明这是"模式或常规"的一部分。
- 要求债权人证明其所依赖的收入和资产以判断其偿还能力。
- 如果偿还数量在头四年可变,那么任何提前偿还罚金的行为都是禁止的。对其余定价过高的贷款,提前偿还罚金期限不能持续超过两年。
- 对于所有第一留置权抵押贷款,要求债权人为财产税和房屋保险建立代管账户。

因为灵活性和选择是宝贵的,所以前两条保护方案在字面上得到解释很重要,而不是用来限制债权人在允许的范围内被认为可接受的收入和资产组合的。

标准化

应该提供给家庭一系列标准化产品。合格贷款应该至少包括一种30年期的浮动利率抵押贷款,带有每年重新设定的利率,一种15年期的固定利率抵押贷款,一种30年期的固定利率抵押贷款和一种5/25的混合型抵押贷款——前五年为固定利率,然后在剩余的25年变为浮动利率。除了现有的合格贷款标准,对系统性金融稳定性有着最大好处的是,对这些贷款的贷款—价值比率设定一个上限(例如80%)。

对家庭来说，那些办法并不足以使它们获得合格贷款的资格，因为贷款数额太大（超额抵押贷款），或者它们的信用分数太低了（次优级和次级抵押贷款）。家庭应该也能够得到非标准化的产品。这些产品应被设计，以使一系列广泛的在其年龄（生命周期的阶段）和劳动收入风险方面各异的家庭获益。这些非标准化的产品应该得到额外的监管，以便确保没有掠夺性贷款。

证券化

如同它们在过去那样，贷款发行机构应该能够对任何标准化合格贷款产品以抵押贷款支持证券的形式[3]进行证券化。这些抵押贷款支持证券的市场在期望中应是富含流动性的。证券化的便捷将使这些产品对发行机构更具吸引力。其好处是将带来比家庭抵押贷款更低的利率，以及普遍意义上更易获得的抵押贷款信用。不允许贷款发行机构对任何非合格贷款进行完全的证券化（并将风险转移到其他人手中）。此外，非标准化产品的异质性使得它们不可能具有证券化的资格，因为人们担心这些产品支持的抵押贷款支持证券市场中将缺乏足够的变现能力。

问题是监管是否应该推动非合格贷款发行机构共担风险，这可能在现在的危机中是一个因素。有几种方法可以统一对发行机构、证券化机构和投资者的激励：

■ 可以促使抵押贷款发行机构在其资产负债表上持有每种贷款的一部分，这样就可以给予它们合适的激励审查和监督借款人。或者，为了减少发行机构必须持有的贷款数量，可以随机地决定贷款机构必须全部持有哪一种贷款。任何一种方法都减少了必须被持有的贷款部分，从而减少了发行机构的成本，这反过来又降低了借款人必须支付的利率。

■ 许多抵押贷款发行机构并不是银行类机构，可能并没有如存款这样持久的资金来源。另一个可能性是使发行机构的发行费用在贷款的某一段时期分期偿还。因此，如果在一定时期内（即在分期偿还时期结束之前）违约发生了，发行机构将只得到一部分费用。

■ 抵押贷款发行机构不能出售抵押贷款服务权利。抵押贷款服务一般会获得0.5%的服务费用，因此这使发行机构有动机选择好的贷款，并相应地监督它们。现在，大部分主要发行机构实际上是在为贷款服务。

当然，证券化公司和资产支持证券（ABS）投资者有足够的动机与实现这些目标的发行机构签订合同。一般地，在加于贷款发行机构及利

第1章　抵押贷款的起源和金融危机中的证券化

率之上的规章数量和流向投资者的贷款本金的部分之间会有权衡。乍看起来，为何政府需要参与进来并不是十分清楚。一个理由是可能低质量贷款的全部成本没有完全被这些贷款支持的抵押贷款支持证券的持有者承担（因为它们持有的这些抵押贷款支持证券产生了系统性风险）。

政府干预的另一个理由是，证券化产品（至少是抵押贷款相关的证券）市场中许多群体有着来自美国政府的某种类型的担保：政府支持企业隐性的担保、联邦储备保险公司对存款机构的存款明确的担保，或者大型复杂金融机构所拥有的极其隐性的大而不倒的担保。只要这些受担保对象的任何一家积极参与证券化过程——作为贷款发行机构、证券化机构或投资者，激励就会被扭曲。例如，有着政府支持企业担保的优质抵押贷款支持证券的投资者本质上不关心贷款的质量，因为不管怎样本金都能被付清。或者，如果投资者是联邦储蓄保险公司担保的机构，那么禁止从事风险贷款的外部规章也就不复存在了。因此，一个可能的建议是，有着政府担保的金融企业只能证券化或购买前述有着风险共担性质的机构发行的不合格贷款。如果贷款不符合这一标准，那么只要在任何证券化的环节都不包括政府担保公司，将它证券化还是可能的。

合格贷款限制

根据2008年的《房市及经济复苏法案》（HERA）的条款，合格贷款限制（the conforming loan limit）每年根据前一年平均房价变动来制定，但是不能逐年下降。我们支持合格贷款限制的这一推算。今天想购买房子的人不应该仅仅因为房价上涨了就相对那些去年想买房的人获得更多的处罚。

同时，有一个例子可以用来说明完全废除合格贷款限制是可能的。特别地，只要现有的政府支持企业满足了综合的贷款—价值比率、信用分数和负债收入比率，那么一份巨额贷款大概未必比一份合格贷款风险更大，这是因为巨额贷款的典型利率只比合格贷款的稍高一点，这个事实支持该论断。不管怎样，与合格贷款支持的抵押贷款支持证券相联系的不明确的政府担保使得合格贷款比非合格贷款更容易证券化。在这个意义上，政府支持企业收取的费用比隐性担保的全部价值要少，合格贷款的借款人能得到补助金。而且如此取消贷款限制改变了作为调节借款数量功能的补助金的数量。因此，合格贷款限制的使用可能有着福利政策方面的理由，该限制不与任何系统性风险相联系，因此这也为合格贷款限制的存在提供了合理性。

即使考虑到对合格贷款限制的福利政策方面的理由，我们也支持政府支持企业的如下要求：在政府一揽子经济刺激计划下，超出合格贷款限制，在高成本区域购买贷款。人们不应仅仅因为他们居住在高房价的地区而受惩罚，特别是由于那些区域是一些产出最高的区域。在一揽子经济刺激计划下，2008年和2007年下半年发行的贷款面临着与合格贷款限制最大值相等的贷款限制，其现在的数值为417 000美元，而"高成本"区域限制为本地中等房价的125%，最大值达729 750美元。在2009年，联邦住房金融局（FHFA）为高成本区域设置了相当于本地中等房价115%的贷款限制，而借款数量不能超过625 500美元，其为合格贷款限制的150%。因此，2009年的合格贷款限制被设置为以下三项的最大值——现在一般贷款417 000美元的限制、在那些大城市区域中等房价的115%，或者更少的625 500美元。我们认为政府支持企业不受合格贷款限制购买贷款的要求为成为永久的指令。我们同样赞成将低额高成本区域限制与区域房价指数结合起来。因为中等房价的125%看起来相当保守，我们支持下一年的更令人信服的115%的数字。最后，我们赞成贷款最高上限的废除，因为它惩罚了居住在高成本区域的人们。

抵押贷款经纪人

独立的抵押贷款经纪人出售抵押贷款并收取佣金，其应该有向抵押贷款客户披露信息的信托责任，这样就能迫使这些经纪人披露家庭有资格获得的政府补助型房屋贷款的全部信息，并且详细描述他们提供给客户的所有产品的条款和条件。像之前讨论的，需要强迫经纪人只预先接受其销售费用的一部分。剩下的费用应该在接下来几年中陆续付清，只要贷款偿付是现时的。类似的原则已经适用于保险经纪人了。对特许经纪人的认证需要实施更加严格的监管，该认证可能要求额外的金融教育和关于道德准则的培训。

家庭

虽然这涉及联邦法律和州法律在应用中的较量，但关于家庭在违约或取消抵押品赎回权的情况下是否应该承担严厉处罚的问题的对话还是应该开启。特别地，违约或取消抵押品赎回权对一个家庭信用的冲击可能更为严重。第一条冲击渠道是增加违约或取消抵押品赎回权在借款人信用报告上停留的时间长度。另一条让处罚更严厉的渠道是，在违约

第1章 抵押贷款的起源和金融危机中的证券化

和/或取消抵押品赎回权（追索权）的情况下，加强贷款机构从家庭的其他资产收回债款的能力。虽然加强追索权将显著增加抵押贷款的抵押品的价值，但它可能对基本的抵押贷款支持证券有负面影响，特别是在非优质领域。给予贷款机构对借款人其他资产的追索权可能会使非合格贷款由于还款率增长的不确定性而更难以被估值，而还款率在取消抵押品赎回权的情况下是以借款人的财富为依据的。

贷款协议

贷款协议应该包括在违约事件中对贷款进行有效的重新审查和重组的条款。条款设计应该注重其对贷款证券化便捷性的影响。[4]

1.6 结论

现在的金融危机的主要催化剂之一是2007年和2008年违约和取消抵押品赎回权事件的泛滥。而违约和取消抵押品赎回权的两个主要理由是房价的低迷和抵押贷款质量戏剧性的下降。贷款质量大幅下降是由于证券化未预期到的后果——也就是，抵押贷款发行机构没有承受贷款质量下降的损失，所以也对此并不关心。金融危机的出现是因为金融机构没有遵守证券化的商业模式。它们没有扮演中介的角色，将风险从抵押贷款发行机构转移到资本市场投资者手中，而是自己成为了投资者。我们认为证券化对抵押贷款市场仍然是一个非常有价值的工具，因为它允许贷款在比原来更低的利率水平上被提供。作为结果，标准化是宝贵的，因为它使证券化更便捷。

同时，激励抵押贷款发行机构将与违约和取消抵押品赎回权相联系的无谓损失内生化，这一点也很重要。这能够通过跨时分摊费用和让它们持有贷款来实现。为了最小化发行机构需要持有的贷款部分，持有的贷款可以被随机挑选。同样重要的是，抵押贷款发行机构有义务帮助借款人准确理解任何提供给他们的贷款，以使借款人内在化这些无谓损失。最后，非标准合同允许抵押贷款行业适应借款人的异质性，这是极其宝贵的，不管怎样，非标准合同并不是证券化的好的候选对象，因为非标准合同支持的证券难以被估值，所以这些证券很可能不可变现。此外，非标准合同需要额外的监管，以确保它们不是掠夺性的。

参考文献

Ashcraft, Adam, and Til Schuermann. 2008. Understanding the securitization of the subprime mortgage credit. Federal Reserve Bank of New York staff reports.

Berndt, Antje, and Anurag Gupta. 2008. Moral hazard and adverse selection in the originate-to-distribute model of bank credit. Working paper.

Dell'Ariccia, Giovanni, Deniz Igan, and Luc Laeven. 2008. Credit booms and lending standards: Evidence from the subprime mortgage market. Working paper.

Demyanyk, Yuliya, and Otto Van Hemert. Forthcoming. Understanding the subprime mortgage crisis. *Review of Financial Studies*.

Gorton, Gary. 2008. The panic of 2007. Yale working paper.

Keys, Benjamin, Tanmoy Mukherjee, Amit Seru, and Vikrant Vig. 2008. Did securitization lead to lax screening? Evidence from subprime loans. EFA 2008 Athens Meeting Paper.

Krishnamurthy, Arvind. 2008. The financial meltdown: Data and diagnoses. Northwestern working paper.

Mian, Atif, and Amir Sufi. Forthcoming. The consequences of mortgage credit expansion: Evidence from the 2007 mortgage default crisis. *Quarterly Journal of Economic*.

UBS. 2007. Market commentary (December 13).

Zimmerman, Thomas. 2007. How didi we get here and what lies ahead? UBS Lunch and Learn.

注释

[1] 见第7章和第8章。

[2] 证券化未能预料到的问题是，它禁止了家庭和银行重新审查贷款，因为到那时贷款已经在系统中被肢解了。

[3] 见第4章。

[4] 关于什么样条款需要被包含，见第16章。

第 2 章 银行如何操纵杠杆游戏?

维拉尔·V·阿查亚、菲利普·斯那波尔

如果有一个结论是金融危机的分析者一致同意的,那么这就是高银行杠杆使得这次危机大大恶化了。但是在如此严密的监管下,一个部门中过度的杠杆是怎样建立起来的呢?在这一章我们将说明,银行能够使用信用风险转移机制来绕过监管要求。信用风险转移机制能够把资产从资产负债表转移到经济中的其他投资者处,但与此相反,银行利用信用转移机制来进行监管套利,并通过利用这种机制,提高其有效杠杆和总体风险暴露。在这一过程中,它们使自己面对这样的风险,以致一起重大的经济冲击将足以迅速荡平其资本基础。

银行进行的监管套利采用两种基本形式。首先,银行建立表外资产支持商业票据(ABCP)渠道和类似的工具,如结构投资工具（SIVs）。资产支持商业票据渠道持有资产，银行本来会把这些资产记在其账册上，而且银行为这些渠道提供流动性增级及信用增级。这些增级暗示渠道投资者在资产质量恶化的情况下有着对银行的追索权。这些增级被看做现有资本要求中的轻资本（light capital），其允许比资产负债表中杠杆率高五倍的表外杠杆率。

其次，银行可以通过AAA级担保债务权证和贷款抵押债券简单地把贷款转换为投资，它们充分利用了这个优势，而这些投资品又有着相当低的资本要求。结果，大约所有AAA级资产支持证券的50%停留在了银行系统中。确实，在资产支持商业票据渠道方面有更大动作并有更多的轻资本投资的银行，在危机中也承受了更多的损失和股票价格的下跌。

这样的监管套利在将来能被避免吗？对这个问题至少有两个简单的建议。首先，任何仅仅着眼于银行一种绩效维度的监管都很容易被对付。现有的关注单一比率（资本与适当的风险加权资产）的监管需要通过扩展才能变得更全面和更健全，如检查银行的资产负债表中的权益部分，或使信用分析依赖几个关键指标（如贷款对存款比率、已投保存款对资产比率、流动国债和经济合作发展组织政府债券相关持有量对资产比率等）；其次，银行监管必须更注意经济的总体风险，而不是单个机构倒闭的风险。对总体风险的关注应该确保信用风险真正被转移到了银行系统之外的投资者处，而不是在银行系统内的机构间转移。

2.1 信用风险转移和银行杠杆

如果有一个结论是所有次贷危机的分析者都同意的，那么这就是金融机构杠杆的影响不容忽视。从2003年到2007年这段时间以宽松的货币政策和发达国家极易获得的流动性（部分是因为世界其他国家的大量储蓄）为特点。在这一时期，银行建立了重要的高水平杠杆，并贷款给"质量曲线之下的人"。有稳健的理论依据表明，正是资产证券化的能力导致了次级贷款决策的恶化。[1]从字面上理解，信用风险转移机制（如证券化）应该仅仅将资产从银行的资产负债表转移到经济中的其他投资者手中，而并不会必然导致银行杠杆或风险的增加。然而，似乎在次级贷款危机的增强过程中，银行正是通过利用这些机制，提高了其有效杠杆和总体风险暴露。在这一过程中，它们使自己面对这样的风险，以致一次重大的经济冲击就足以迅速荡平其资本基础。确实，这一风险从

第 2 章　银行如何操纵杠杆游戏？

2006 年和 2007 年次级抵押贷款的延迟率的上升上开始展现出来，随后房价崩溃了。随之而来的是一个痛苦的去杠杆化的过程，这使几个数年前看起来还具有相当大的流动性并被认为在金融系统中特别适合风险转移的市场（如资产支持证券市场、滚动债务融资市场和信用衍生品市场）流动性不足了。

从（显然的）信用风险转移到有过短期流动性爆发的市场的冻结，这一系列的事件提出了一个问题，即在一个拥有如此多的监管的金融部门中，过度杠杆和总体风险是怎样建立起来的？特别地，据称资本充足要求能够限制银行杠杆和风险，但它是怎样以及为什么失败的？答案很简单：虽然信用风险转移可能作为风险转移工具有着经济上的优点，但它的黑暗面则是，其许多具体体现形式被金融部门用来监管套利，其可看做以监管套利为目的巧妙创新。这些监管套利采用两种基本形式：首先，银行建立资产支持商业票据渠道（以及并行的发明，如结构投资工具）；其次，银行保留相当数量的 AAA 级资产支持证券。

对第一点，银行建立表外资产支持商业票据渠道，以此转移部分本来在账册上的资产；渠道资金来自于一小部分权益，其余部分以资产支持商业票据的形式滚动融资。此外，银行为这些渠道提供流动性增级和信用增级。这些增级意味着渠道投资者在资产质量恶化的情况下对银行有追索权。简单地说，投资者一旦遭受损失，就将把资产返还给银行。重要的是，这些增级被认为是现有的计算风险加权资本要求的巴塞尔规则中的轻资本，更显著的是，比起资产在银行资产负债表上的情况，少于一年成熟期的流动性工具只有少于 20% 的资本要求。当银行推出越来越多的资产支持商业票据渠道时，它们也增加了短期债务，但是其有效的或可能发生的杠杆保持在影子银行系统中。更甚的是，它们释放资本来生成更多资产，一般情况下还是低质量的。

对第二点，银行充分利用了这一事实：通过 AAA 级担保债务权证和贷款抵押债券的形式，它们也可以轻易地将贷款转换为投资以获得资本释放，而这些投资品又有着显著的低资本要求。确实，大概所有 AAA 级资产支持证券的 30% 留在了银行系统中，而且如果资产支持商业票据和结构投资工具都被有效地算作银行系统的组成部分，那么这个比例会上升到 50%。虽然 AAA 级证券应该有着绝对的低风险水平，但实际情况却是银行发行的新资产是"低于质量曲线的"，这一事实被忽略了，因为它们的评级过于慷慨。即使没有这些评级的失误，在追求资本监管放宽的过程中，银行也承担了大量的总体风险。例如，一种

AAA级抵押贷款支持证券将会再次成为与账册上持有的抵押贷款相关的重要的轻资本。所以银行将它们的抵押贷款打包在系统内传送。银行真的不懂房地产资产AAA级部分是"经济灾难债券"（借用近来的学术短语）吗？虽然这是可能的，但持有这些部分可获得短期监管套利，这更可能诱使银行忽视它们基本的经济风险。

并不令人惊讶的是，在资产支持商业票据渠道中有着更大行动并有着更多的轻资本投资的银行（矛盾的是，按平均监管标准，这些是更安全的银行），在危机中遭受了最大的损失和股价的下跌。这些套利可以被避免，或者它的发生率可以被降低吗？从影子银行系统的突然出现和崩溃以及信用风险转移中，可以学到什么样的政策课，如果有的话？

我们至少可以学到简单而且新奇的两课。第一，任何仅仅着眼于银行一种绩效维度的监管都将落入逐项核查的陷阱，进而很容易被戏弄。现在的监管关注单一比率（资本与合适的风险加权资产之比），它需要更健全，它需要将监管扩展到更全面的范围，检查银行资产负债表的权益项目或者使信用分析依赖多个指标（如贷款对存款比率、已投保存款对资产比率、流动国债和经济合作发展组织政府债券相关持有量对资产比率等），建立早期预警系统，当需要进一步调查时，这个系统就会报警。第二课是需要理解风险转移工具的总体风险组成，更广泛地，需要了解银行资产负债表的总体风险组成。孤立的信用中介的倒闭对经济本身不是一个问题；但是许多信用中介的系统性倒闭就是严重问题了。这一直觉的观察表明，被设计出用以确保单个银行安全的监管可能鼓励过度的信用风险转移，这将使总体危机更严重。银行监管需要改革，并需要更多地关注经济的总体风险，而不是与单个银行风险相联系的单一资本比率。

本章剩下的部分更详细地讨论了如下问题：在不减少风险暴露的前提下，银行是怎样使用信用风险转移机制来减少监管资本的？2.2节关注资产支持商业票据渠道，而2.3节析了证券化的使用。2.4节最后讨论了怎样改革银行监管，以避免未来的监管套利，并给出了具体的建议。

2.2 资产支持商业票据渠道

资产支持商业票据（ABCP）渠道是银行使用信用风险转移机制增加杠杆的一个例子。资产支持商业票据渠道是持有金融资产的空壳公司，这些资产包括公司贷款、应收账款、学生贷款、信用卡贷款担保证券或抵押贷款。典型地,渠道只持有 AAA 级证券或类似质量的未评级资产。渠道没有雇员或总部,而渠道的管理则被外包给管理机构,通常是首先建立渠道的商业银行。管理机构运行渠道的日常业务,其业务包括根据预先指定的投资方针管理资产组合,并发行资产支持商业票据为渠道融资。管理机构经常投资其自身生成的资产或由管理机构的客户生成的资产。

渠道最重要的特点之一是对银行资产负债表延展的追索权。这一特点将渠道和其他持有金融资产但是对银行资产负债表没有追索权(例如担保债务权证)的空壳公司区别了开来。追索权意味着什么?其最简单的形式是这样一种制度性安排,即渠道的风险经此可被转移回建立渠道的商业银行;因此,在渠道资产遭受损失的情况下,商业银行表外资产将有效地再次回到资产负债表上,撤销渠道建立的信用风险转移。这种对资产负债表的追索权是以渠道和大型商业银行或其他大型金融机构之间的分离为基础的。

首先,渠道与银行订约为流动性风险投保。这一保险被称为流动性增级,并且提供备份的信用额度或回购非违约资产的承诺,以防万一渠道无法为到期的商业票据(CP)[2]滚动还债。在大多数情况下,信用增级是由渠道管理机构自身提供的。其次,渠道与大型金融机构订约以为信用损失投保。这一信用保险被称为信用增级,并覆盖了渠道资产的信用损失。通常信用保险由渠道管理机构单独提供,或与其他金融机构联合提供。另外,渠道设计参照了破产隔离公司的结构,在此意义上,在渠道未利用可用的流动性和信用增级的情况下,这一法律规定可防止它们宣告破产。专栏 2.1 解释了 Solitaire 融资有限公司的总体渠道结构,这是一个由汇丰银行持有的公众有限公司建立的渠道。

专栏 2.1

Solitaire 融资有限公司

Solitaire 融资有限公司是一家渠道,由汇丰银行控股公司建立并管理。在 2007 年 1 月,Solitaire 拥有价值 205 亿美元的资产。渠道资产中的 98 亿美元(48%)都在资产支持住房抵押贷款中,30 亿美元(15%)在资产支持商业抵押贷款中,28 亿美元(15%)在资产支持学生贷款中,而剩下的部分在担保债务权证和其他资产支持证券中。渠道资产的 141 亿美元

（69%）有在美国的资产做担保，49亿美元（24%）有英国的资产担保，并且剩下的有在其他国家的资产担保。大约资产组合中98%的资产有着AAA评级，而其余的资产没有被评级。

在债务方面，Solitaire发行了价值208亿美元的资产支持商业票据（ABCP）。商业票据的141亿美元（68%）在美国发行，而剩下的67亿美元（32%）则在欧洲发行。这些商业票据的到期结构和收益不可知，但是市场数据表明商业票据有着平均30天的到期日，且平均收益比联邦基金利率稍微高出几个基本点。渠道没有公布权益的数据，但是对这个规模的渠道，估计的权益为6 200万美元，只相当于总渠道资产的0.3%。

与Solitaire相关的主要风险还和汇丰及其他金融机构联系在一起。如果Solitaire没能顺利地对商业票据滚动还债（流动性增级），那么汇丰将提供回购非违约资产的流动性担保。违约的定义并不可知，但是行业标准是，如果资产被降级到投资等级以下，其就被认为是违约了。关于资产价值，渠道有着高达18 500万美元的信贷损失担保（信用增级）。保险者的身份不详，但是相关文件表明，信贷保险是由汇丰和债券保险公司阿姆拜克（Ambac）联合提供的。

～～～～～～～～～～～～～～～～～～～～～～～～～～

从商业票据投资者——渠道的债权人——的角度看来，这个结构提供了应对无法偿付的三种独立方法。首先，渠道拥有高评级资产，以满足投资者要求。其次，如果渠道资产没有违约，但资产却不足以满足投资者的要求，那么渠道可利用流动性增级来偿付投资者。最后，如果发生资产违约，渠道可利用信用增级来弥补信用损失。此外，商业票据的期限很短，所以商业票据投资者可相对迅速地对渠道资产价值的变化做出反应。如果商业票据投资者认为无法偿付的风险上升，那么他们只需不再用到期的商业票据滚动投资即可。在这种情况下，渠道或者利用其流动性和信用增级（即银行将资产放回资产负债表上），或者和银行协定额外的流动性或信用增级。只有在两个选择都失败的情况下，才会发生渠道违约，而那时商业票据投资者就会通过出售渠道资产满足他们的索赔请求。

在监督渠道时，商业票据投资者经常依赖评级机构。几乎所有渠道发行的商业票据都有来自至少两家评级机构的最高的优质1级评级。当渠道被建立后，评级机构与渠道管理机构会协商，以确保渠道有着足够

第 2 章　银行如何操纵杠杆游戏？

的流动性和信用增级以满足最高评级的标准。当市场状况在近来的危机中恶化，而商业票据投资者开始变得不情愿滚动投资到期商业票据时，评级机构就会对渠道施加压力，以提高商业票据的流动性和信用增级，否则其就会面临降级。如之后要讨论的，大多数处于压力下的渠道是那些拥有最少流动性和信用增级的渠道。

建立渠道的经济基本原理在于，其能够减少银行监管所强加的资本要求，从而引发了一次金融创新，这是经典的银行倡导的放松监管的案例。如果高质量资产留在资产负债表上，那么根据巴塞尔协议Ⅰ的资本管制要求，银行最少要持有资产价值 8% 的权益资本，这是准确的基于资产风险加权的资本要求。从银行的角度，权益资本的发行成本十分昂贵，同时也降低了有效杠杆率和风险承担，因此银行追逐各种策略来减少监管所需的资本要求。渠道是节约权益资本的一个方法，因为银行无须持有渠道资产的权益资本，相反它们需要持股，以给渠道提供流动性和信用增级。然而，对流动性增级的资本要求仅仅是前述资产价值的 0.8%——那就是说，在最好的情况下仅仅是前述要求的十分之一。对信用增级的资本要求要稍微高一些，但还是十分低的，所以比起在银行资产负债表上的持有资产而言，这样银行通过渠道为高质量资产融资就可以享受较低的总资本要求了。近来的巴塞尔协议Ⅱ资本管制降低了表内和表外融资的资本要求的区别，但是并没有完全消除它。

作为资本管制的结果，许多商业银行建立了渠道。图 2.1 绘出了从 2006 年 1 月到 2008 年 12 月发行的总的资产支持商业票据。在最近的危机之前，美国商业票据的总发行量从 2006 年 1 月的 8 660 亿美元增长到了 2007 年 8 月的 12 220 亿美元。在 2007 年 8 月 9 日，法国巴黎银行暂停了三种投资于资产支持商业票据的货币市场基金的净资产价值的计算。这对市场的影响是灾难性的。它引起了资产支持商业票据市场的迅速冻结。现在大量资产支持商业票据渠道和结构投资工具本来因追索权而应该被移回资产负债表中，而前述影响导致的加于它们之上的滚动还债风险引起了银行同业拆借利率的飞涨。两个方面导致了以下极端的影响：首先，银行将这么多的或有负债放在渠道和结构投资工具的影子银行世界中；其次，这些结构的不透明，意味着银行自己也不确定如果资产支持商业票据市场经受持久的滚动风险，那么谁会承受损失？承受什么样的损失？作为危机的结果，资产支持商业票据到 2008 年 1 月下跌到了 7 970 亿美元，而且在银行通过提供进一步的信用增级而增加对银行资产负债表的明确的追索权后，商业票据才稳定下来。在 9 月 17 日，雷曼破产，结果许多渠道再次经历了发行商业票据的困难。美联储提出了几种政策作为对稳定市场的回应。9月18日，美联储担保了货币市场共同基金的投资，而货币市场共同基金是资产支持商业票据的主要投资者。10月27日，美联储开始使用一种新的流动性工具直接购买资产支持商业票据。

图 2.1　资产支持商业票据的下降

备注：数据不包括欧元资产支持商业票据，包括担保债务权证发行的资产支持商业票据。

资料来源：联邦储备委员会。

这次资产支持商业票据下跌对银行的冲击依赖于提供给渠道的流动性和信用增级的结构。在这方面，从广泛意义上说，有三种类型的渠道可考虑。第一类是充分支持的渠道，其有着足够付清所有商业票据未清账款的流动性增级和包括渠道中所有资产的信用增级。因此，充分支持的渠道对银行资产负债表有着完全的追索权。在2007年1月，有79个充分支持的渠道，其持有总计2 450亿美元的商业票据未清账款，这个数字占总的资产支持商业票据的19.9%。据我们所知，还没有一个充分支持的渠道在经济危机中宣告破产。要么充分支持的渠道继续发行商业票据，要么管理机构将它们的资产收回到了资产负债表中。

第二种类型是部分支持渠道，它有着付清所有商业票据未清账款的流动性增级和包括固定比率资产的部分信用增级。部分信用增级的范围依赖基础资产，并平均占总资产的7%到10%。此外，许多资产有着资产专属信用增级，其形式为超额提供抵押或信用保险。因此，如果渠道

第2章 银行如何操纵杠杆游戏?

的信用损失超过了总的信用增级,而使资产经历了突然的下跌,那么可能渠道就没有足够的资源来偿付商业票据的投资者了。2007年1月,有234个部分支持的项目,其持有总计8 890亿美元的商业票据未清账款,其占总的资产支持商业票据的72.4%。据我们所知,只有四家部分支持渠道在经济危机中宣告破产,进而无力全部偿付它们的投资者。相反的是,部分支持渠道的管理机构通常要么将资产移回资产负债表,要么通过提高信用增级延长资产负债表追索权。无论哪一种,部分支持渠道都有效地享有银行资产负债表的完全追索权。专栏2.2通过苏格兰银行(HBOS)建立的大型渠道嘉林基金(Grampian Funding)的追索权履行案例说明了这一点。

✳ 专栏2.2

嘉林基金

嘉林基金是一个大型渠道,由苏格兰银行(HBOS)管理,到2007年1月其有着总计270亿美元的商业票据未清账款。苏格兰银行为所有商业票据未清账款提供了流动性支持。2008年2月,嘉林声明其增加了回购工具以提供进一步的流动性支持。2008年6月,嘉林声明苏格兰银行将信用增级从12亿美元提高到了40亿美元。重要的是,在危机中,嘉林持有的至少98.6%的资产有着A3或更高的评级。只要资产评级在投资等级之上,苏格兰银行就会被要求提供流动性支持,这意味着在危机中商业票据投资者对苏格兰银行的资产负债表有着充分追索权。然而,渠道资产的平均信贷质量随着时间恶化了,所以嘉林不得不减少其资产持有量。可能嘉林在发行商业票据方面有困难,因此苏格兰银行决定将部分资产移回资产负债表,同时为留在渠道的资产增加更多的信用增级。因此,嘉林的流动性和信用增级有效地变得充足了,所以商业票据投资者在危机中对苏格兰银行的资产负债表有着充分追索权。

第三种类型是结构投资工具(SIVs),它只有部分的流动性和信用增级。流动性和信用增级的范围依赖基础资产而变化,平均占总资产的四分之一。商业票据投资者对银行资产负债表有部分增级数量的追索权。为了弥补较小数量的流动性和信用增级,结构投资工具通常发行其他债务,如中期票据(MTN)和次级资本票据。商业票据的数量通常勉强与流动性增级数量相等。2007年1月,有55种结构投资工具,其持有总计930亿美元的商业票据未清账款,即总资产支持商业票据的7.4%。与其他渠道相反,因为有其他债务,如中期票据和次级资本票据,该渠道的商业票据未清账款比总渠道资产要少得多。在2007年1月,总渠道资产大约有4 000亿美元。

结构投资工具受经济危机的影响极大。到2008年6月,要么结构投资工具违约了,管理机构将资产移回到了资产负债表中,要么管理机构正在重组资产的过程中。重要的是,即使结构投资工具只有部分增级,结构投资工具中的主要资产也被移回到了资产负债表中。这一结果是惊人的,因为部分增级本来是用来限制银行流动性和信用风险暴露的。相反,似乎部分信用增级足以迫使银行收回渠道资产。因此,即使结构投资工具被构造出来以限制对银行的冲击,这些工具也有效地提供了银行资产负债表的追索权(一个基本的例子是超过500亿美元的此种投资在危机中被花旗集团移回到了其资产负债表中)。

简而言之,所有渠道都有效地对银行资产负债表享有追索权。重要的是,对流动性和信用增级的限制在很大程度上无效,因为在所有渠道的结构中,银行都会被迫收回资产,或通过加强信用增级延长对银行资产负债表的追索权。不管是哪一种,商业银行投资者都会从对银行资产负债表的延展的追索权中获益。

为了评价银行资产负债表追索权对银行的冲击,表2.1提供了渠道管理机构的数据。渠道管理机构的身份近似于一个为渠道提供流动性和信用增级的金融机构。这张表列出了10家最大的渠道管理机构,数据来自2007年1月总商业票据未清账款。这一列表局限于银行类的渠道管理机构,因为非银行管理机构缺乏支持渠道,也缺乏从银行购买流动性和信用增级的金融实力(在2007年1月,10家最大的金融机构中有8家是银行)。

表2.1　　　　　　　　十家规模最大的渠道管理人

	渠道		管理人			
#	商业票据(十亿美元)	资产(十亿美元)	权益(十亿美元)	商业票据/资产(%)	商业票据/权益(%)
花旗银行	23	93	1 884	120	4.9	77.4

第2章 银行如何操纵杠杆游戏？

续前表

	渠道		管理人			
	#	商业票据（十亿美元）	资产（十亿美元）	权益（十亿美元）	商业票据/资产（%）	商业票据/权益（%）
荷兰银行	9	69	1 000	34	5.3	201.1
美国银行	12	46	1 464	136	3.1	33.7
苏格兰银行	2	44	1 160	42	3.8	105.6
摩根大通	9	42	1 352	116	3.1	36.1
汇丰银行	6	39	1 861	123	2.1	32.1
法国兴业银行	7	39	1 260	44	3.1	87.2
德意志银行	14	38	1 483	44	2.6	87.8
巴克莱银行	3	33	1 957	54	1.7	61.5
西德银行	8	30	376	9	8.0	336.6

注：2007年1月，管理人将所有与银行管理者相联系的子公司合并了，不一定是流动性/信用风险提供者。在银行概览中各银行差别很大；该表挑选出了隶属于某银行集团的大银行（通常是银行控股公司），而剔除了非银行和公司。

如图2.2所示，在2007年8月之前资产支持商业票据渠道有着更多风险暴露的银行在危机后经历了更大的股价下跌。资产支持商业票据风险暴露是由2007年8月之前总的银行管理的渠道的相关资产支持商业票据与总银行权益的比率衡量的。例如，摩根大通、美国银行和汇丰银行（比其他大多数银行实质上更好地度过危机的银行）这一比率的平均值低于40%，相比之下，荷兰商业银行、巴克莱银行和比利时联合银行该比率相对较高；而花旗银行、苏格兰哈里法克斯银行（HBOS）和富通银行该比例非常高。简单地说，该比率较高的银行有效地通过这些渠道利用了经济杠杆，因为考虑到它们渠道的商业票据/权益比率，其可能触发对它们资产负债表追索权的这种偶然事件发生的可能性更大；这一杠杆，不管怎样，并没有被监管杠杆或风险加权资产所反映，因为这些渠道是高评级的，所以一直到危机之前，人们都没特别留意渠道的追索权特征或资本结构。

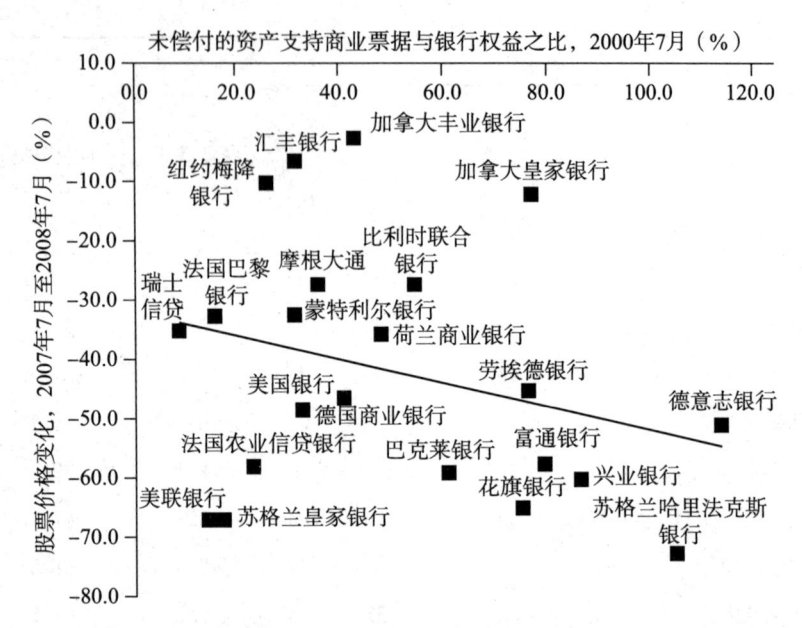

恢复金融稳定性：如何修复崩溃的系统

图 2.2　银行股票价格变化和资产支持商业票据渠道的风险暴露

资料来源：作者自己基于穆迪、银行概览和彭博数据的计算。样本限制在 35 家最大的资产支持商业票据渠道的银行管理者，其股票价格和资产负债表数据都可获得。风险暴露由银行资产支持的商业票据与银行权益的比率来衡量；超过 200% 风险暴露的银行被排除了（那些几乎都是德国州立银行）。股票价格的变化由 2007 年 7 月到 2008 年 7 月的相对变化来衡量。

2.3　银行资产负债表和风险加权资产

图 2.3 显示了前 10 名公开交易的银行资产规模趋势和它们风险加权资产规模趋势的对比，其中风险权重是基于巴塞尔资本要求计算的。简要地说，大多数美国银行采用了巴塞尔协议 I 的权重来达到资本充足要求，然而欧洲银行则采用巴塞尔协议 II 的方案。这两者之间的区别稍后会变得更加清楚，到现在为止风险加权资产能够被简单地理解成对银行资产风险的监管评价。图 2.3 所显示的是，虽然银行资产负债表在 2004 年和 2007 年第二季度之间增长了一倍，但是风险加权资产的监管评价却以缓慢得多的步伐增加。换句话说，在监管评价看来，银行在这段时期是在投资相对更安全的资产。

在总资产和风险加权资产之间的鸿沟的扩大，反映了根据巴塞尔银

第 2 章　银行如何操纵杠杆游戏？

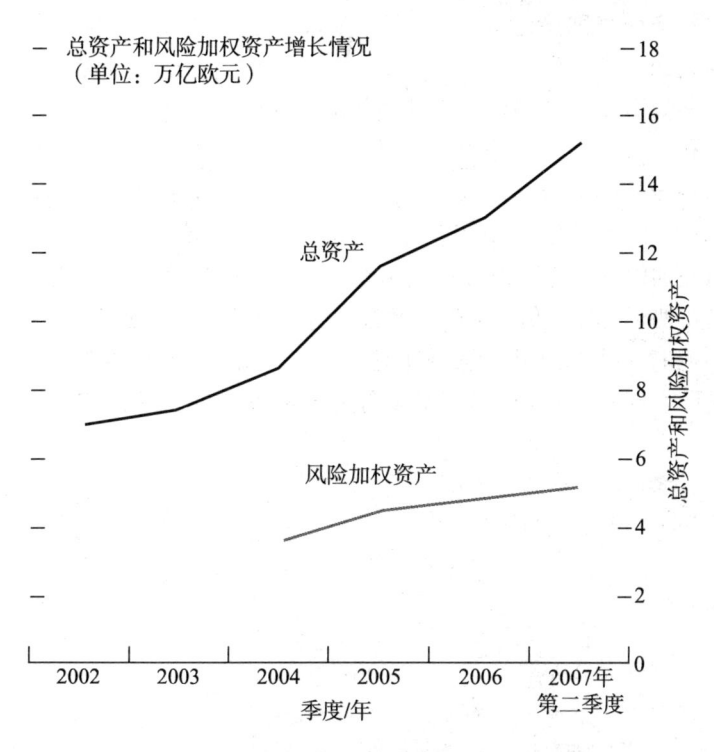

图 2.3　银行资产，资产性质和杠杆的趋势

资料来源：国际货币基金组织（2008）。

行监管要求，带有更低风险权重的资产份额扩大了。两个关键因素导致了鸿沟的扩大。首先，银行在这段时间增加了其交易和投资活动（例如，资产支持证券、对冲基金）。这些工具的资本权重通常比贷款低，因为其通常有着更高的机构评级。

其次，在国际财务报告准则（IFRS）之下，一些银行开始合并一部分资产支持商业票据渠道。由于银行继续计算资本要求时，将这一部分资产当成了表外资产，所以合并将导致总资产比风险加权资产更迅速地增长。总的来说，巴塞尔协议Ⅰ和巴塞尔协议Ⅱ的监管要求没有约束这一资产增长，事实上，根据标准银行资本比率，大多数银行看上去都是资本充足的。银行展示了平均 7% 到 9% 的一级资本对风险加权资产的比率，这大约是监管最小值 4%（国际货币基金组织，2008）的两倍。

我们是怎么知道这些趋势反映了监管套利的呢？这是以图 2.4 中的证据为依据的。考虑根据银行总资产与风险加权资产的比率对其进行排名。风险权重对相对高风险的资产（如公司贷款）而言接近 1，而对更安全的资产而言则接近0,这些资产如政府抵押贷款、抵押贷款支持资产和为公司和其他借款人(包括银行自身的渠道和结构投资工具,如我们马上将要看到的)提供流动性增级的短期信贷额度。因此,总资产对风险加权资产的高比率是银行相对安全的信号。重要的是,这只有在风险权重适合不同投资的真实风险的前提下才是正确的。

图2.4绘出了在2007年7月到2008年3月,不同的银行股价对总资产和风险加权资产比率的反应的函数。不过,令巴塞尔资本要求略显奇怪的是,两者是显著负相关的。摩根大通、美国银行、桑坦德银行(Santander)和富国银行等事后被证明是最强大的银行,反而有着接近1的比率,然而表现最糟糕的银行(最著名的如瑞银)却有着最高的比率。

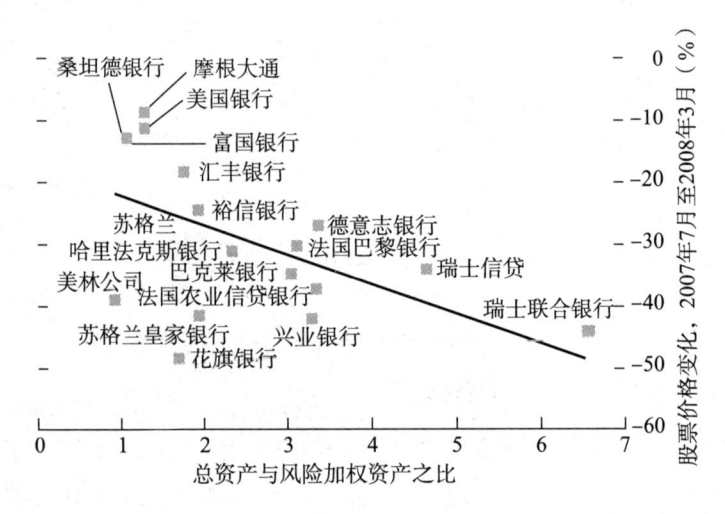

图2.4 银行股票业绩和监管杠杆

资料来源:国际货币基金组织(2008)。

通过资产支持商业票据风险暴露或高评级证券投资可以实现监管套利,如何解释股价下跌和这种套利程度之间的关系?一个解释是,这只是一个糟糕的选择,其中相对安全的资产却承受了最大的损失。从这个角度看,摩根大通之类的银行确实是风险更高的银行,但它们事后却被证明是幸运的。第二个解释,我们发现迄今所显示的证据能支持的是,巴塞尔资本要求被有着高的总资产对风险加权资产比率的银行轻松地玩弄了。它们确实比它们的资本要求所显示的更不安全,最后它们以持有比适合它们真正风险状况的资本要少的资本作结局,而因此在危机中遭受了最多的损失。

第 2 章　银行如何操纵杠杆游戏？

事实上，从银行系统的总体风险角度来看，在银行系统之外，几乎没有风险转移给投资者。表 2.2 显示了所有在风险转移过程中创造的 AAA 级资产支持证券，多达 30% 的证券被银行简单打包之后互相出售；大约 20% 留在渠道和结构投资工具中（但考虑到追索权，这些大部分也属于银行）；而剩下的则分散在其他市场参与者手中，主要包括货币市场基金、对冲基金和信贷基金。因此浮现在我们眼前的画面如下：作为纯监管套利出现的让银行监管资本实质性放宽的策略，经时间推移变成了银行偏爱的投资策略。只要资产价格（主要是房价）持续上升，风险转移的股权缓冲工具就会保持不受侵蚀，甚至会扩张，而银行，其资本预算本质上已经逐渐成为了短期的[3]，它用释放出的资本持续产生额外的利润，这一商业策略的真正风险在房地产泡沫破裂时清楚地呈现了出来——而剩下的就是人所共知的了。

表 2.2　资产支持证券风险暴露集中度

机构类型	AAA 级资产支持证券买家百分比（%）
银行	30%
渠道	12
结构投资工具	8
对冲基金	2
货币市场基金	26
信贷基金	17
其他	5

资料来源：金融时报，2008 年 7 月 1 日。

为什么这样的冒险行为一直无拘无束？虽然有着无数理由，但是其中两个比其余的理由更重要。首先，如同先前解释过的，在巴塞尔资本要求被戏弄的过程中产生了监管无效的结果，而且这一套利活动的危险性没有被政策制定者识别出来。这是很重要的，因为在一个充满存款保险和其他隐蔽津贴的世界里，因担心挤兑而施加给银行的市场约束有效地外包给了监管。当其失败时，杠杆化的机构就会采取价值毁灭的风险策略。

其次，我们认为，对风险的监管评价需要重新定义。到现在为止，巴塞尔要求一直以对一项资产总的风险征税为目标。仔细考虑一下我们就会明白，监管者所需关心的是一项资产（或银行资产负债表，更广义的）对总体风险的贡献。AAA级风险转移资产和工具是对总体风险下赌注的一种方式。用学术说法，这些现在被称为"经济灾难债券"[4]：它们总体上是低风险的，但是它们的风险本质上是累加的；事实上，其只在总体崩溃时才出现。使用这些资产对银行极富吸引力，因为在加总的或系统性的压力中，当它们的风险具体化时，银行会得到明确的或隐蔽的担保："大而不倒"的担保一直存在，而且即使它们不是明确的，在这样的时刻也很难出于政治经济和效率的原因而放弃救助银行部门。

2.4 反击监管套利和总体风险转移的方法

我们会在这本书的别处[5]讨论应该怎样基于银行对总体风险的暴露来对银行承担的总体风险收费。这将依赖于它们的规模、杠杆率和暴露的集中度。在下结论之前，我们列出了有助于最小化监管套利风险的政策建议。

总体原则很简单：监管不应仅仅着眼于银行资产负债表的单一比率，如资本要求。一个分析员，投资私人资金，很少会仅仅基于资产负债表的一个数字就评价一家机构的健康程度。监管者需要在资产负债表各个不同方面的基础上和市场指标的基础上，更谨慎而有规律地评价单个和所有银行的健康程度。额外需要检查的比率包括贷款存款比率、存款资产比率、流动性资产比率（只通过非常时期的流动性来衡量，即财政部和经济合作发展组织的政府债券）等。如我们之前说明过的，近来的监管套利不仅降低了风险权重，而且也降低了存款资产比率，并使贷款存款比率相对平稳地增加。这一组合警告人们，需要保证对导致此局面的行为做进一步的仔细检查。至于市场指标，近来的证据已经表明，信用违约掉期在2007年年初以来大多数都经历着稳定的上升。这些都是宝贵的市场信号，在没有政府保险的情况下，这预示存款者将依赖于对银行施加的纪律规范。监管者需要有效地扮演市场纪律维护者的角色，并以此避免其片面的逐项核查措施。银行很明显已将杠杆游戏玩得得心应手，这给经济带来了严重的损失，甚至在一些情况下对它们自身也是如此。是重新思考和重新设计政策的时候了。

参考文献

Coval, Joshua, Jakub Jurek, and Erik Stafford. Forthcoming. Economic catastrophe bonds. *American Economic Review*.

Dell'Ariccia, Giovanni, Deniz Igan, and Luc Laevan. 2008. Credit booms and lending standards: Evidence from the subprime mortgage market. Working Paper 08/106, International Monetary Fund.

Demyanyk, Yuliya, and Otto Van Hemert. Forthcoming. Understanding the subprime mortgage crisis. *Riview of Financial Studies*.

Keys, Benjamin, Tanmoy Mukherjee, Amit Seru, and Vikrant Vig. 2008. Did securitization lead to lax screening? Evidence from subprime loans. EFA 2008 Athens Meeting Paper.

Mian, Atif, and Amir Sufi. Forthcoming. The consequences of mortgage credit expansion: Evidence from the 2007 mortgage default crisis. *Quarterly Journal of Economics*.

注释

［1］关于信贷繁荣中资产质量下降的经验证据，见 Dell'Ariccia, Igan 和 Laevan（2008）；Keys, Mukherjee, Seru 和 Vig（2008）。

［2］流动性增级与备份信用额度相似，是提供给发行未被担保的商业票据的公司的。

［3］见第 7 章。

［4］见第 1 章的讨论；第 8 章和 Coval, Jurek 和 Stafford 即将发表的论文。

［5］见第 13 章。

第 3 章 评级机构：监管是答案吗？

马修·理查森、劳伦斯·J·怀特

3.1 背景

美国三家主要的信用评级机构——穆迪、标准普尔和惠誉——在近来的房地产泡沫和之后 2007—2008 年次级抵押贷款崩溃中扮演了关键角色。抵押贷款相关债务证券包括次级住房抵押贷款和其他债务，它们和这些债务的基础抵押品一样，其成功出售的关键在于上述三家机构对这些证券的初始评级。当房价停止上涨并开始下跌时，这些初始评级被证明太过乐观了——特别是对在 2005 年和 2006 年发行的抵押贷款尤其如此，抵押贷款债券崩溃了，其也带动了剩下的美国金融部门的倒塌。评级机构扮演

第3章 评级机构：监管是答案吗？

着这样一个关键的角色，其后果是近来大量的政策讨论集中到了评级机构及其监管的改变上，人们担心，这些改革是否能在将来预防历史的重演？

信用评级机构是为债券的信用可靠程度——特别是它们违约的可能性——提供判断的公司。评级机构评价各种各样的机构所发行的债券，这些机构包括公司、政府以及（近来最多的）抵押贷款和其他债务的证券化机构。[1]这些判断以评级的形式给出，通常是字母评级。最广为人知的是标准普尔和一些其他评级机构使用的标准：AAA，AA，A，BBB，BB等（同样带有加号和减号）。[2]

信用市场中的贷方，包括债券投资者，总是试图确定借款人的信用可靠程度。信用评级机构是债券投资者获取这类信息的一个潜在来源——但是它们远远不是唯一的潜在来源。然而，随着金融监管历史的变迁，评级机构逐步占据了债券信誉信息市场的中心位置。只有对那段历史加以理解，才能理解信用评级机构如今是怎样获得这样的关键角色的。

1909年约翰·穆迪对公司债券开出了第一份公开的评级。[3]普尔公司在1916年紧跟其后；标准统计公司在1922年开始发布评级。[4]惠誉公司在1924年开始了它的评级。[5]这些评级机构的标准商业模式是，它们将评级卖给投资者（即一个"投资者支付"模式）。

在20世纪30年代，银行监管者开始要求银行在进行债券投资决策时留意机构对那些债券的评级。最重要的是，在1936年货币监理署（OCC），受特许的国家银行管理机构，要求银行持有的债券必须是"投资等级"的[6]，而"投资等级"由评级机构决定。[7]这一规则在今天依然适用。

在接下来几十年中，50个州的保险监管机构开始将保险公司的资本要求和保险公司在其资产组合中持有的债券的评级联系起来。

请注意，这些监管要求在本质上是外包——委托，即将监管机构对安全性的判断委托给一组第三方的评级公司。同时也需注意到，这些外包活动极大地提高了评级机构在债券市场中的地位，因为债券市场的主要参与者——银行和保险公司——被迫留意它们的评级；而且因为这些主要参与者被要求关心这些特殊的评级，所以其他债券市场的参与者也想要知道这些机构的评级。

在20世纪70年代初，评级机构的标准商业模式从1909年以来的"投资者支付"模式变成了"发行者支付"模式，自此发行者为评级向评级机构支付费用。[8]

在1975年证券交易委员会要求经纪自营商维持充足的资本水平，并且，像其他金融监管机构早些的要求一样，这些资本水平应该调整到与经纪自营商资产组合中的债券评级一致的程度。不管怎样，关于应该遵从哪一家信用评级机构的评级，证券交易委员会意识到，从来没有一个监管机构对该问题给出清楚的陈述。当然，假评级机构的评级也可能会被用于监管目的，为了提前杜绝这一可能性，证券交易委员会建立了一整套（作为其对经纪自营商资本的要求的一部分）新的监管目录——全国认可的统计评级机构（NRSRO）——并迅速地将穆迪、标准普尔和惠誉列入了目录。其他金融监管机构很快便采用了全国认可的统计评级机构的目录，并将其作为它们对债券评级及所监管的金融机构的要求。[9]信用评级机构在债券市场上的地位再一次提高了。

在接下来的25年中，证券交易法仅仅新指定了一家公司作为全国认可的统计评级机构。[10]但是新进入者之间的合并及其与惠誉的再合并，使得全国认可的统计评级机构数目在2000年年底下降到了原有的三家。很明显，证券交易委员会为进入信用评级行业设置了障碍，因为信用评级机构若要获得债券市场参与者的广泛注意，被认定为全国认可的统计评级机构是至关重要的。

随着2001年11月安然破产，媒体发现这三家全国认可的统计评级机构一直到安然破产的五天之前，还对安然的债务评级维持在投资级别。接下来是国会的听证会，之前人们普遍认为评级机构是对的，比起这种看法，听证会引发了对全国认可的统计评级机构更为广泛的认知过程。作为2002年的《沙宾法案》的一部分，证券交易委员会被要求发布一份关于信用评级行业的报告。它当然这样做了，但是报告仅仅提出了一系列问题，而不是移除证券交易委员会设定的进入信用评级机构行业的障碍，或适当降低评级机构在债券市场中被过分拔高的地位——自20世纪30年代起，金融监管机构就一手造就了评级机构的这一地位，并且证券交易委员会的全国认可的统计评级机构框架加强了这一地位。

在2003年年初证券交易委员会指定了第四家全国认可的统计评级机构［多美年（Dominion）债券评级服务公司，一家加拿大公司］，在2005年年初，它又指定了第五家［贝氏评级公司（A. M. Best），保险公司债务方面的专业评价机构］。国会对证券交易委员会在全国认可的统计评级机构指定上的迟缓和不透明已经不耐烦了，因此其通过了《信用评级机构改革法案》（CRARA），该法案在2006年9月被签署并成为

第3章 评级机构：监管是答案吗？

法律。该法案特别命令证券交易委员会停止扮演进入壁垒的角色，细化了证券交易委员会应该在指定新的全国认可的统计评级机构中使用的标准，明确了其在指定过程中应该坚持的透明度，并赋予了证券交易委员会一些监督现有全国认可的统计评级机构的有限能力——但是特别禁止证券交易委员会影响评级或该产业的商业模式。

自从立法通过以来，证券交易委员会又指定了五家全国认可的统计评级机构——两家日本评级公司［日本信用评级机构（Japan Credit Rating Agency）和评级及信息公司（Rating and Information, Inc.）］和三家小一些的美国公司［伊根—琼斯（Egan-Jones）、雷斯金融公司（Lace Financial）和实点公司（Realpoint）］，所以全国认可的统计评级机构的总数现在是10家。表3.1提供了全国认可的统计评级机构的完整名单以及它们获得认证的日期。

表3.1 现有的全国认可的评级机构（NRSROs）和证券交易委员会（SEC）对其指定的年份

现有的全国认可的评级机构	指定年份
穆迪	1975
标准普尔	1975
惠誉	1975
多美年债券评级服务公司	2003
贝氏评级公司	2005
日本信用评级机构	2007
评级及信息公司	2007
伊根—琼斯	2007
雷斯金融公司	2008
实点公司	2008

资料来源：怀特（2006）、证券交易委员会资讯发布。

3.2 问题出在哪里？

如刚刚详述的历史所表明的，金融监管（开始于20世纪30年代）

已经委任评级机构作为美国金融市场提供债券信誉信息的主要来源。证券交易委员会在1975年对全国认可的统计评级机构目录的创造，以及接下来对现有的全国认可的统计评级机构设置的保护性的进入壁垒，加强了评级机构角色的关键性，有效地保证了穆迪、标准普尔和惠誉的统治地位。[11]最后，20世纪70年代初[12]产业向"发行者支付"商业模式的转变意味着，利益冲突的潜在问题必然要浮出水面了。

在发行者有了可替代的全国认可的统计评级机构之后，"发行者支付"模式潜在的利益冲突通常会浮现出来。因此，比起评级机构Y来说，如果一家债券发行机构认为评级机构X将对它的债券给出一个更不利的评级（而债券买家认为两家评级机构有同样的可信度），那么发行机构将让后一家评级公司承接它的债券评级业务；反过来，前一家评级公司将有激励放宽评级标准来重新吸引发行机构。[13]此外，即使没有这一更高评级的轮转，对全国认可的统计评级机构也没有太多的市场问责。它们彼此竞争并因此提供最好而最容易理解的分析（对它们而言成本很高）的激励减弱了。换句话说，可推想评级机构对次级证券化抵押贷款池（例如，担保债务权证）肯定会给出初级的和低质量的分析。有任何激励让机构中的一家脱离常规，对人才投资并提升分析质量吗？没有任何清楚的证据证明这种激励的存在。

金融监管把评级机构推到了债券市场的中心，这个事实加剧了本来的问题。如果要求一个债券购买者（如一家银行）留意全国认可的统计评级机构的评级，那么它寻找其他关于债券信誉的信息来源的动力就被极大地削弱了。更进一步地，如果（紧接着发行）债券市场意识到，全国认可的统计评级机构提供的太过乐观的评级，会引起市场对债券进行较低的重新定价，并会因此增加它的收益，那么希望增加风险头寸的银行可以投资于更高收益（但也更高风险）的债券，但由于全国认可的统计评级机构的（过度乐观的）评级，使得银行的高风险投资依然可以看上去遵从监管机构的安全标准。

尽管这个问题从20世纪70年代以来就在评级机构行业中得以展现，但是被评级的公司和政府的相关透明度和评级机构对它们长期名誉的考虑显然有助于控制这个问题。抵押贷款相关证券的复杂性和不透明性，不管怎样，提供了新的机会和不可抗拒的诱惑。[14]进一步，评级机构被更深层地卷入了这些抵押贷款相关证券的创造中，因为何种抵押贷款和其他抵押品在这些证券的何等规模上可以得到什么层次的评级，完全由机构决定，而评级结果决定了这些证券的收益水平。

第3章 评级机构：监管是答案吗？

为了更好地理解这些，考虑图 3.1 展示的典型的担保债务权证结构。

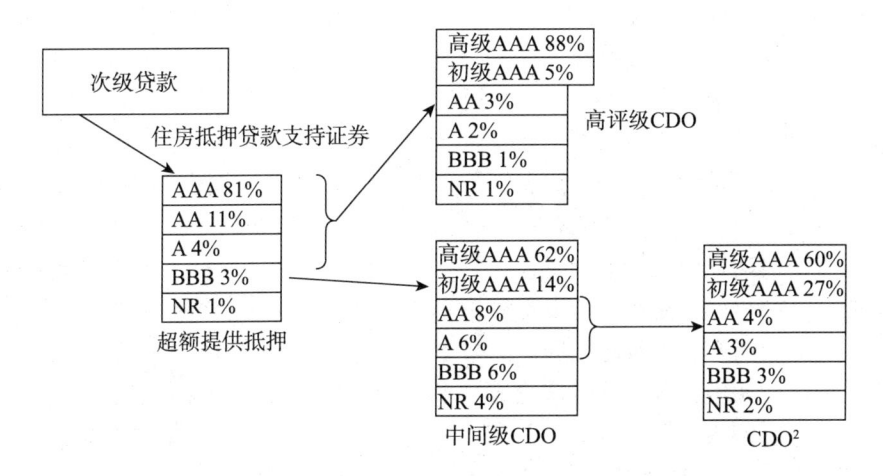

```
次级贷款
   │
   ▼
住房抵押贷款支持证券
┌──────────┐
│ AAA 81%  │──┐      ┌──────────────┐
│ AA 11%   │  │      │ 高级AAA 88%  │
│ A 4%     │  ├─────▶│ 初级AAA 5%   │ 高评级CDO
│ BBB 3%   │  │      │ AA 3%        │
│ NR 1%    │  │      │ A 2%         │
└──────────┘  │      │ BBB 1%       │
超额提供抵押  │      │ NR 1%        │
              │      └──────────────┘
              │      ┌──────────────┐      ┌──────────────┐
              │      │ 高级AAA 62%  │      │ 高级AAA 60%  │
              └─────▶│ 初级AAA 14%  │─────▶│ 初级AAA 27%  │
                     │ AA 8%        │      │ AA 4%        │
                     │ A 6%         │      │ A 3%         │
                     │ BBB 6%       │      │ BBB 3%       │
                     │ NR 4%        │      │ NR 2%        │
                     └──────────────┘      └──────────────┘
                       中间级CDO              CDO$^2$
```

图 3.1 次级抵押贷款证券化过程

资料来源：瑞银（2007），戈登（2008）。

理论上，原有住房抵押贷款支持证券的各级只是违约损失期权的组合，其执行利率由优先级决定。因为这些期权对违约相关的事件非常敏感，所以住房抵押贷款支持证券的各级很难（但不是不可能）被估值。然而，一旦这些要求被重组进额外的担保债务权证，其就成为了组合期权（即期权上的期权）和规模巨大的杠杆。广为人知而且易于示人的是，这些组合期权对基本的模型假定要敏感得多。那就是说，模型错误的设定可以认为至少和及时意识到违约发生同等重要。考虑到 AAA 级的含义，从监管角度和投资者角度来看，评级机构尝试为中间层担保债务权证（CDO）和担保债务权证的再包（CDO^2）进行评级都是令人惊讶的。因此评级机构成为金融危机的替罪羊也就必然是恰当的了。

还有第二个关于主要评级机构的普遍现象：在应对被评级证券或其发行机构所处金融环境之变化并适时调整评级时，这些机构反应迟缓。已经被广泛注意到的是，只在债券市场的环境变化已经被识别后，评级机构才倾向于调整评级，特别是涉及向下的调整时（之前提到的安然评级就是这一现象的代表）。

同样的冲突——评级机构对发行机构疏远的担忧，即发行机构可能不再请评级机构对下一组债券进行评级——可能也是故事的一部分。但是至少有另一个组成部分：评级机构总是公开宣称"在周期中评级"——也就是说，它们并不试图提供每分每秒的评价，而是提供一个长期看待过去的周期性变化的视角。[15]就此而论，一家评级机构识别长期趋势的速度将很慢，因为认识到以下这一点肯定是一个缓慢的过程，即任何具体的运动过程都不只是一个可逆循环的最开始的那部分，而是一个持续的运动（向上或向下）过程。

就"发行者支付"模式而言，看起来垄断评级架构会比竞争架构好，因为正是竞争性的替代者给予了发行机构诱使几家评级机构鹬蚌相争的机会。[16]然而，即使是在垄断结构中，发行机构仍然有激励用更高的费用引诱评级机构给出对自己更有利的评级结果。同样，一个垄断结构会有抽租（特别是因为发行机构需要评级来使它们的债券进入金融机构的资产组合）等常见问题，同样也存在垄断评级机构维持评级精确性或发展和实施关于评级方法论或技术的新点子的激励问题。

在它们为"发行者支付"模式辩护的过程中，主要的评级机构认为（例如，在国会听证会上），"投资者支付"模式也有潜在的冲突。在发行时，投资者会更喜欢更低的评级（因为他们会得到较高收益），发行公司的任何其他证券的卖空者也是如此。当一种证券评级可能有后续的改变时，已经持有该债券的投资者会偏爱升级而厌恶降级，然而卖空者则相反。虽然如此，这些潜在的冲突看起来比"发行者支付"模式潜在的冲突轻微得多。

主要信用评级机构也指出，"发行者支付"模式有着迅速传播评级信息的优点，而"投资者支付"模式在一般机构评级传播的过程中会有一定延迟。不管怎样，如果评级的精确度打折了，那么迅速传播的优点也会被削弱。

3.3 原则和监管建议

对于信用评级机构来说，什么是最基本的问题？合适的公共政策建议严重依赖于人们对该问题的看法，同样也依赖于人们对监管者设计出有效方案的能力的信心。如果认为问题在于"发行者支付"的商业模式，并且相信证券交易委员能够给出精细的补救规章，那么合适的行动方向可能是更多的管制。然而，如果认为把一小部分信用评级机构置于债券市场的中心地位的监管模式有问题，那么合适的行动方向可能是撤销那些给予这些评级机构突出地位的规章。

第3章 评级机构：监管是答案吗？

修补发行者支付模式

在3.2节中的讨论认为，"发行者支付"模式的潜在冲突激励评级机构对一家公司或一个结构化产品评级的评价过高，并且会导致不那么严谨的、低质量的工作。如果认为"发行者支付"模式才是问题所在，而人们又对证券交易委员会制定补救规章的能力有信心的话，那么合适的行动方向是更多的管制。[17]例如，2008年12月，证券交易委员会创立了许多新规则，传达了利益冲突的禁令，包括不能对参与设计的债务进行评级，不允许分析师卷进费用协商，并且不能从被评级的机构处接受超过25美元的礼物。附加条款还强调了评级的披露和归档，以及评级的构建。不管怎样，新规则没有关于发行机构付给评级机构的费用的规定，更没有禁止发行机构向评级机构支付费用——如果将这些规定付诸实施，就可以有效地取缔"发行者支付"的模式。[18]

迄今的管制是否触到了问题的关键还不清楚。人们可以期待更多的管制，但是似乎不可避免的是，这些管制将降低评级产业的灵活性，并且可能阻碍商业模式的革新和创造，以及评价债券违约可能性的更好方法的设计。

评级机构之间的竞争应该是一件好事，它能带来创新和更高质量的研究。然而，将这一竞争付诸实施有一个问题。一方面，在"发行者支付"模式中，这种竞争可能会导致过度评级，因为公司将选择对其证券评级最高的机构。在另一方面，在"投资者支付"模式中激励应该一致，这一模式存在免费搭便车的问题，而自由市场如何解决它尚不清楚。

为了在"发行者支付"模式下改进这一竞争问题，证券交易委员会可以对评级机构之间的竞争设限。例如，它可以建立一个中央评级机构，由它所评级的公司向其付费，但是它并不被公司控制。因为评级机构是唯一的游戏者，公司将对机构付一些指定的费用，而机构将对债券或结构化债务产品进行评级，此后投资者就可以根据信息行动。当然，缺乏竞争会扼杀创新，哪一条才是通向高质量研究的道路也并不清楚。

一个可选的、看上去也更有前景的结构是，证券交易委员会创建一个部门，以容纳评级机构的中央结算平台。它将以如下的方式工作：第一，一个想要对其债务进行评级的公司前往中央结算平台。根据证券的属性（即，债券类型、公司和发行的复杂性、其他债券是否已经被评级了等），将会有一个平台费用。第二，中央结算中心在一些被批准的评

· 103 ·

级机构中选择谁将对债务评级。虽然这一选择将会是随机的,但是一个更系统性的选择过程能够提高竞争程度。选择将基于机构对这种债务评级的经验。比起其他机构来,某家评级机构对这种债务的评级有多好,可通过对评级机构质量过往的审核结果进行判断。第三,为了固定费用,评级机构将出面对债务评级。

这一模型有几个优点:第一,由于仍由发行者支付,"投资者支付"系统的免费搭便车问题就被避免了。第二,因为评级机构是监管方挑选的,所以其与被评级的公司没有利益冲突。第三,因为这一选择能够以评级质量为依据,所以这就给了评级机构投资资源、创新并开展高质量工作的激励。当然,问题是人们必须相信官方机构(那就是,中央结算平台)可以准确地选择评级机构。在这一过程中将会出现第一类错误和第二类错误,因为鉴别出次等评级机构需要时间,而偶尔好的评级机构也可能被漏掉。

全国认可的统计评级机构的放宽管制

回忆一下,是金融监管机构——银行监管机构、保险公司监管机构、养老金监管机构和证券交易委员会——通过要求评级机构成为债券市场信誉信息的来源,将评级机构推到债券市场的中心的。证券交易委员会的全国认可的统计评级机构具体指定哪些特定评级机构应该成为债券市场关注的焦点;而且证券交易委员会将全国认可的统计评级机构目录作为债券评级行业的进入障碍使用,以迫使债券市场参与者只留心很少的——本质上,三家——主要的评级机构的评级。

并不令人惊讶的是,在这个安全的市场中,三家主要的评级机构可以变得自满而懒散;而全部三家机构采用的"发行者支付"模式会导致潜在冲突,现有的监管对此的确于事无补。尽管——由于来自国会的压力和之后2006年《信用评级机构改革法案》的通过——证券交易委员会停止扮演进入壁垒的角色,并且现在有10家全国认可的统计评级机构,而不是八年前的三家,但是三家公司的寡头垄断的影响却一直持续到了今天。在过去八年中的新进入者中,一家立足于加拿大,两家立足于日本,一家是保险公司评级专家,还有三家是小型美国公司。穆迪、标准普尔和惠誉继续统治着这一行业。

比起试图通过证券交易委员会的监管(和冒着可能随之而来的错误和顽固性)修复商业模式的方法,另一可选的道路是撤销强制评级机构居于债务市场中心的规章。本质上,金融监管机构应该撤销金融机构在

第3章 评级机构：监管是答案吗？

债券资产组合决策中留意全国认可的统计评级机构的要求，即撤销过去那种对安全判断的授权。相反，监管机构应该直接将使金融机构维持一个安全的债券资产组合作为责任。

监管目标应该仍然是受监管的金融机构持有安全的债券资产组合，但是应该直接让金融机构向其监管机构证明它的债券选择。这一防线可以存在于最初的调查中。不管防线的形式如何，监管机构都应该要求机构对其债券选择有着健全合理的基础。[19]

受监管的金融机构因此将能自由地从它们认为最可靠的来源获得建议——基于顾问的业绩记录、顾问的商业模式（包括利益冲突的可能性）[20]，顾问的其他活动（可能引起潜在冲突）[21]和任何别的机构认为相关的方面。再一次，机构必须向监管机构证明其对顾问的选择的合理性。但是，在此约束的影响下，债券顾问信息市场将对新观点——关于商业模式、方法论和技术——和新进入者以一种自从20世纪30年代以来一直没有成为现实的方式开放。

尽管"发行者支付"和"投资者支付"商业模式对评级机构而言是现成的两个竞争者，但它们也许并非是唯一的可能。因为金融安全监管和证券交易委员会的全国认可的统计评级机构的构想的结合，能够有效地迫使债券市场参与者仅仅留心现有的少数评级机构（原本在"投资者支付"模式中得以体现，而其后在20世纪70年代早期转换成"发行者支付"模式）的评级，债券市场并没有真正有机会去寻找替代者。

下面给出额外的潜在模式的列表，它们可能会被认为是不切实际的，也许这正是有创造性的企业家所祈求的未来可能的机会：

- 混合模式，发行者和投资者都对评级机构付费。[22]
- "广告方支付"模式，所提供的评级信息附加广告，而广告就涵盖了信息内容的成本。
- 赔本赚吆喝的模式，生产多重信息产品，廉价，甚至免费提供基本评级信息，引诱用户购买其他增值信息服务。
- 合资企业模式，即主要的买方金融公司（如主要的投行）共同出资组建一个机构，由该机构来提供评级。

随着监管机构对这种机构负担监管模型的采用，证券交易委员会可以废除全国认可的统计评级机构目录，因为评级公司的弄虚作假问题将是单个金融监管机构的责任范围。

尽管这一系可能会产生大量创新以及高质量的研究，但问题是免费搭便车者仍然可能会出现。此外，没有全国认可的统计评级机构的指定，那么公司雇用一家评级机构来评级可能是不值得的，或者，如果它雇用了这么一家公司，那么系统可能会回到旧的均衡，即，发行者支付，而投资者仅仅使用那些评级来向监管机构证明其持有行为的合理性。此外，与第一个建议类似，让机构阶段性地向监管机构陈述其选择该评级调研顾问的理由，可能对监管组织是一个负担。银行和其他存款机构现在面临着监管机构阶段性的强制性审查，然而，对银行债券投资组合的常规审查可能也应该与对其贷款组合的审查一起进行。对其他受监管的金融机构的债券投资组合的审查似乎正在自然地发展起来（除非有人会满足于停留在将安全决策授权给全国认可的统计评级机构的模式内，该模式现在正处于困境的中心）。

时间问题

如前面所提到的，评级机构提供周期性的评级，所以它们的调整会比较迟缓。这是一个问题吗，如果是，是否需要监管？当然，对于一些次级市场的证券，这有些无关紧要。例如，在现在的危机中，次级贷款市场第一个麻烦的信号是通过次贷衍生债券综合指数（即，次级抵押贷款担保债务权证的组合）的定价显露的，而信贷违约掉期市场非常有先见之明地预判了金融公司破产的前景。大概，对于高度不可变现的、没有价格发现功能的证券来说，刚刚提出的解决方法将会有助于提高发现违约的概率。

将评级的低质量放在一边，不管怎样，在现在的危机中，关于评级调整的时机方面，评级机构确实扮演了重要的角色。对大量的次级贷款支持的担保债务权证进行低评级后，各种各样的金融机构，因为契约的或监管的需要，而被要求追缴保证金。这也许更有助于推动流动性螺旋的产生，并会加大这些证券的价格压力。[23]这反过来又使得评级机构质疑金融机构自身的潜在偿付能力。例如，人们通常认为预期的美国国际集团降级会提高对公司的资本要求，而这一要求是无法被满足的；因此，有了政府干预。评级对追缴保证金数额的确定非常重要，在此环境下，评级的连续调整很显然会引发灾难性的后果。任何改变"周期评级"方法论的建议都必须从总体上看待金融环境，并且不要让监管导致始料未及的后果。因此，现在的来自证券市场的价格发现的模式，尽管其评级调整缓慢，但它实际上可能是合理的。

3.4 结论

评级机构的难题并不容易解开。其核心问题是竞争,这种竞争状态或者表现为在"发行者支付"模式下竞相给出最高评级,或者表现为在更开放的商业模式下由于 NRSRO 占有特殊地位而极其缺乏创新。

有一个明显的修复举措,即通过将评级机构与发行机构匹配,给予证券交易委员会更大的监管控制权。发行机构仍然支付所有的费用,而评级机构现在没有利益冲突了,而如果监管机构基于业绩选择机构,竞争也能很好地开展。监管机构通过修补明显有缺陷的"发行者支付"商业模式,来解决评级机构问题,这是可理解的。然而,意识到评级机构过去一直以来在债券市场上扮演着中心且被拔高的角色,监管当局很可能对此负有责任,这就导向了另一个可能的行动:撤销原有的、迫使债券市场几乎专门依赖几家评级机构的规章,并随后开放债券信息咨询市场,为新想法的产生和为自从 20 世纪 30 年代以来就没有成为现实的新进入方法提供可能。只要让金融机构直接承担债券选择的责任,金融机构持有安全的债券组合的管制目标依然可以达到。

政策制定者在行动前应该认真考虑备选方案。

参考文献

Altman, Edward I., and Herbert A. Rijken. 2004. How rating agencies achieve rating stability. *Journal of Banking & Finance* 28 (November): 2679–2714.

Altman, Edward I., and Herbert A. Rijken. 2006. A point-in-time perspective on through-the-cycle ratings. *Financial Analysts Journal* 62 (January-February): 54–70.

Cantor, Richard, and Frank Packer. 1995. The credit rating industry. *Journal of Fixed Income* 5 (December): 10–34.

Gorton, Gary. 2008. The panic of 2007. Yale working paper.

Partnoy, Frank. 1999. The Siskel and Ebert of financial markets: Two thumbs down for the credit rating agencies. *Washington University Law Quarterly* 77 (3): 619–712.

Partnoy, Frank. 2002. The paradox of credit ratings. In *Ratings, rating agencies, and the global financial system*, ed. Richard M. Levich, Carmen Reinhart, and Giovanni Majnoni, 65–84. Boston: Kluwer.

Skreta, Vasiliki, and Laura Veldkamp. 2008. Ratings shopping and asset complexity: A theory of ratings inflation. Working Paper #EC-08-28, Stern School of Business, New York University, October.

Sylla, Richard. 2002. An historical primer on the business of credit ratings. In *Ratings, rating agencies, and the global financial system*, ed. Richard M. Levich, Carmen Reinhart, and Giovanni Majnoni, 19–40. Boston: Kluwer.

UBS. 2007. Market commentary (December 13).

White, Lawrence J. 2002. The credit rating industry: An industrial organization analysis. In *Ratings, rating agencies, and the global financial system*, ed. Richard M. Levich, Carmen Reinhart, and Giovanni Majnoni, 41–63. Boston: Kluwer.

White, Lawrence J. 2002—2003. The SEC's other problem. *Regulation* 25 (Winter): 38–42.

White, Lawrence J. 2006. Good intentions gone awry: A policy analysis of the SEC's regulation of the bond rating industry. Policy Brief #2006-PB-05, Networks Financial Institute, Indiana State University.

White, Lawrence J. 2007. A new law for the bond rating industry. *Regulation* 30 (Spring): 48–52.

注释

[1] 对信用评级产业的概述可以在许多文献中找到，如 Cantor 和 Packer（1995）、Partnoy（1999，2002）、Sylla（2002），以及 White（2002，2002—2003，2006，2007）。

[2] 对短期债务，如商业票据，会使用单独的评级。

第 3 章 评级机构：监管是答案吗？

［3］穆迪公司被邓百氏咨询公司于 1962 年收购；2000 年穆迪被分离，成为一家独立的公司。

［4］1941 年，两家公司合并了，成为标准普尔公司；1966 年公司被麦格罗·希尔公司兼并，该公司持续到今天。

［5］惠誉于 1997 年并购了一家英国评级公司 IBCA，它现在是一家法国商业服务大型联合企业 FIMILAC 的子公司。

［6］在标准普尔评级表中，投资等级是 BBB－或更高。

［7］如果评级机构有不同的观点，那么至少需要两家评级机构对债券给出投资等级，见 Partnoy（1999，688；2002，71）。

［8］商业模式发生这一改变的理由还没有被明确给出。一些候选的解释包括：(1) 20 世纪 70 年代初是高速复印机变得普及的时代，而评级机构可能担心债券投资者复印评级机构手册，这会极大地减少它们的收入。(2) 机构可能延迟了些才意识到，发行机构需要评级以便让其债券进入银行和保险公司的资产组合，而复印不会干扰对发行机构的收费。(3) 1970 年宾夕法尼亚中央铁路公司的破产使债券市场产生了恐慌，并可能激发了发行机构对信用评级者付费以担保其信誉可靠程度的意愿（虽然投资者付费来发现哪一家发行机构更可靠的意愿同样应该被提高）。(4) 在双边市场上，如债券信息市场，决定哪一边市场付费是一件不同寻常的事。

［9］劳工部作为 1974 年《雇员退休收入保障法案》（ERISA）规定的固定福利养老基金监管者，从 20 世纪 70 年代开始，要求使用全国认可的统计评级机构的评级。而证券交易委员会从 20 世纪 90 年代早期开始依赖全国认可的统计评级机构目录，就是在这时全国认可的统计评级机构为货币市场共同基金持有的商业票据建立了安全标准。

［10］此外，证券交易委员会在其指定过程中非常不透明。它从未建立标准说明什么样的机构能构成一家全国认可的统计评级机构，也从未建立一个正式的申请和复审的流程。

［11］我们应该尽快补充一句，规模经济和品牌信誉也推动了三家主要的评级机构的规模和市场份额的扩大。评级产业从未成为过度竞争的产业——这种竞争市场中有着数百家（或数千家）小的生产者，近似于小麦种植或纺织业。然而，从之前的小节中详述的金融监管的历史可以看出，监管部门的行为必然是三家主要评级机构获取统治地位的一个极其重要的原因。

［12］不管怎样，三家小型美国全国认可的统计评级机构维持着

"投资者支付"模式。

[13] Skreta 和 Veldkamp（2008）表明，即使没有评级机构深思熟虑的评级作假，在复杂（即难于评级）证券评级中的随机误差和发行机构在评级机构呈现给它们的评级中选择最有利评级的能力，这两者也可能导致过度乐观的评级。发行机构选择最有利评级的这一能力可能被认为是利益冲突的一种诱因。

[14] Skreta 和 Veldkamp（2008）的模型预言，抵押贷款相关证券复杂性的上升将足以产生评级机构更广泛的（相称的）错误，并会因此激励发行机构选择更乐观的评级。

[15] 看一个例子，其来自 Altman 和 Rijken（2004，2006）。投资者显然更偏爱稳定的评级，所以他们不会对随后证明是临时的变动做出重新组合资产的反应。但是他们也想要及时的评级，因其有助于对文中提到的周期和趋势进行权衡。周期中评级的政策同样会导致产生一种情况——评级机构将被视为在判断中出了错。并且该政策降低了评级机构对分析来源的需求。

[16] 同样，在 Skreta 和 Veldkamp（2008）的模型中，更多的竞争者引致了更宽范围的估计，并进一步创造了发行机构挑选更乐观评级的更大机会。

[17] 2008 年 6 月证券交易委员会在这些限制上提出了一系列管制建议；见证券交易委员会文件 S7-13-08 号，其于 2008 年 6 月 16 日发布。

[18]《信用评级机构改革法案》禁止证券交易委员会采取影响评级机构商业模式的行动，而上述行动将要求新的立法。

[19] 证券交易委员会基于这些限制，在 2008 年 7 月提出了管制建议；见证券交易委员会文件 S7-17-08 号、S7-18-08 号和 S7-19-08 号，其于 2008 年 7 月 1 日发布。

[20] 在这一可选途径中，评级机构的"发行者支付"模式仍然是可能的。如果投资者能够确定哪家机构可以提供可靠的债券评级，那么他们将乐意对这些机构给予高评级的债券支付更高的价格（并接受较低的产出）。反过来，发行者应该想要雇用被认可为可靠的机构，因为发行者将因此能够对其发行的债券支付较低的利率。

[21] 在这一途径下，我们可以设想一种可能性：主要投资银行向投资者提供关于债券信誉的建议，并建立非常有弹性的职能分管制度来使投资者（如果投资者是一家受监管的金融机构，则是投资者的监管

第3章 评级机构：监管是答案吗？

者）确信建议的可靠性。

［22］终究，评级市场像其他信息市场一样，是一个双边市场。如果报纸能够获得广告者和读者的支付，为什么评级机构不能从发行者和投资者两边都得到费用呢？

［23］见第9章。

恢复金融稳定性

第Ⅱ部分

金融机构

马修·理查森

在大萧条时期，国会通过了《格拉斯—斯蒂格尔法案》（正式被称做《1933年银行法案》）。这一法案有两个特点，即创造了联邦储备保险公司（FDIC）为银行存款提供保险，及银行功能的分离——其中最著名的是商业银行业和投资银行业的分离。这一分离的主要原因是投资活动可能风险很高，并会因此威胁到一家机构的存款基础。直到约50年后《格拉斯—斯蒂格尔法案》才被废除，因为商业银行认为在更为全球化和更少监管的资本市场上有对全能银行业的需要。事实上，《格拉斯—斯蒂格尔法案》在1999年11月正式被《金融现代化法案》替代。

即使有了《金融现代化法案》，商业银行也还是面临着比非存款机构更为严厉的监管。银行寻求监管套利的结果是，大量金融中介机构现在位于所谓的影子银行系统中。影子银行系统包括投资银行、保险公司（包括专业保险公司），以及管理基金，如对冲基金、货币市场基金、结构投资工具（SIVs）、资产支持商业票据（ABCP）渠道等。不管怎样，当前的危机已显示，影子银行系统并非没有其自身的风险。例如，贝尔斯登、雷曼兄弟和美国国际集团（AIG），因为这些金融机构投资于用流动的短期票据集资的长期非流动证券，所以它们面临资产挤兑。事实上，商业票据市场在2007年8月关闭，贝尔斯登在2008年3月濒临破产，并且2008年9月货币市场系统发生挤兑。所有这些都分别通过一家特定机构的资产挤兑引发，它们分别是贝尔斯登、法国巴黎银行结构投资工具以及第一储备基金。

然而，因为当前的危机引起的问题可能是由这一事实导致的，即一些机构接受了政府担保（如存款机构和政府支持企业），争论可能需要回溯到《格拉斯—斯蒂格尔法案》时期。也就是说，通过严格限制被担保的机构和其权限，市场的许多扭曲会恢复正常。投资银行将不再和政府支持机构竞争。如果更进一步看，可将金融机构分解为四组：商业银行、交易商、资产管理和保险。这需要一些思考。先把政策考虑放在一边，无论如何，这其中有三个阻碍：（1）在全球金融系统中，这可能需要国际合作（似乎是不可能的）；（2）在复杂的金融体系中，人们经常不清楚什么产品属于哪一组；（3）且不说政府担保会扭曲参与者的行为，当前危机的许多问题事实上正是出自影子银行系统。

在本书的这一部分，我们将考察三种不同类型的金融机构，每一种都有着不同程度的政府担保。我们得出的两个主要结论是：

1. 政府担保（如存款保险和被认为大而不倒），在必要的程度上，需要被正确定价，不然会发生整个系统的严重扭曲。

2. 系统性风险需要被监管和定价，以最小化其对系统造成的外部性。

对第一个结论，考虑对一组机构的担保未被定价或错误定价，它会迅速通过合约链条传播到金融部门未被监管的部分，因未预料到的部分的冲击而加剧危机。为了避免这种情况，监管机构应对担保正确定价，并在被滥用之处限制被担保机构的范围。对这一点最清楚的说明见第4章"怎样对待政府支持企业？"，具体来说，因为 FDIC 很少对其担保定价，我们关注一组机构，即房利美和房地美，它们接受了政府担保，而政府担保没有任何真实价格。这些担保造成了系统的巨大成本，最主要是因为它们创造了道德风险。这些成本在当前金融危机中得以展现。因此，GSEs 的投资者功能应被关闭。当下的设置导致了部分市场的冻结，如对弱 Alt-A 和次级贷款的支持，以及——甚至更为严重的——由于 GSEs 承担高风险而导致的道德风险问题所引起的系统性风险。GSE 公司应继续低额贷款的抵押贷款担保和证券化项目。为了降低道德风险，无论如何，这些项目应在政府代理下运行，以采取与当下联邦住宅管理局（FHA）和成功的政府国有抵押协会（GNMA 或 Ginnie Mae）项目平行的形式。

对于第二个结论，当前金融部门监管寻求限制每一家机构的个体风险；它们没有充分关注系统性风险。结果，虽然个别公司的风险在平时被适当地处理了，系统自身仍然，或被诱导，面对大型宏观冲击时变得十分脆弱。在第5章"加强对大型复杂金融机构的监管"中，我们考虑可能有或没有明确担保、但肯定因"大而不倒"而拥有隐性担保的金融公司。这一章追溯了大型复杂金融机构（LCFIs）的历史、当下的监管环境和美国近来建议的监管结构。我们提出了一个框架，即创造一个全心全意监管 LCFIs 的机构，并赋予其相应的权力。这要求人们能够明确鉴别 LCFIs，并使其面对较高级别的监管，以确保其安全性和声誉。使用这一角色所搜集的信息，LCFI 监管机构将能够更准确地为 LCFIs 不可避免地会拥有的政府担保定价。这样可以设置一个公平的基准保险成本或费率，让其和资产规模以及单个 LCFIs 的机构特性的风险属性相联系，并基于可衡量的系统性风险的风险暴露对其追加收费。

如前所述，2007—2009 年间的金融危机不仅是传统银行的危机，而且也是影子银行系统的危机——影子银行是看起来很像银行的金融机构，因其借入流动性高且短期的资产，杠杆率高，并贷出及投资于长期非流动资产，但是和银行不同，它们没有安全网（存款保险和中央银行作为最后贷款人的角色），这一安全网直到 2008 年都在阻止银行挤兑。

因此，2007—2009 年间我们有效地观察到了影子银行系统的挤兑，该挤兑导致了这一系统很重要的一部分的死亡。这些挤兑发生在非银行抵押贷款的贷方、结构投资工具（SIVs）和资产支持商业票据（ABCP）渠道、货币市场基金，以及属于 LCFI 类别的主要经纪自营商。最近对冲基金也出现了挤兑现象。

本部分的最后一章"金融危机后的对冲基金"，将这些机构作为影子银行系统的例子来研究。也就是说，我们关注对冲基金，是因为它们大多未被监管，也很少或几乎没有得到美国政府的支持。我们认为对冲基金在金融市场上扮演了举足轻重的角色，它主要是流动性提供者。因为它们没有担保，所以我们并不清楚为什么对冲基金需要被监管。有一些例外：（1）一些对冲基金可能大到（或关联度高到）足以产生系统性风险；（2）对足够大的对冲基金应有一定程度的透明度，以使得监管机构看得见其资产仓位和杠杆水平的信息；（3）更具争议的是，监管机构应试图降低系统挤兑的可能性。

第4章 怎样对待政府支持企业？

德怀特·贾菲、马修·理查森、
史丁·范·纽威伯格、劳伦斯·J·怀特、
罗伯特·E·赖特

4.1 背景

联邦国民抵押协会（FNMA），俗称房利美，建立于1938年大萧条时期，目的是为抵押市场提供流动性和帮助。它在1968年成为了政府支持企业（GSEs），并将其纯粹的政府责任转移给了政府国有抵押协会（吉利美，GNMA，Ginnie Mae）。之后不久，联邦住房抵押贷款公司（FHLMC，房地美）成立以和房利美竞争，创建一个更为有效的抵押贷款二级市场。虽然没有明说，但一直存在这样的假定，即这些政府支持企业——房利美和房地美——的担保者功能具有美国政府的全力支持。确实，联邦住房金融局（FHFA）在2008年9月的金融危机中将 GSEs 置于其监护之下,这一隐性关系进一步加深了。

问题是:长期中政府该如何对待 GSEs?

GSEs 提供基本的功能,即购买并证券化抵押贷款。有了这个功能,证券化的抵押贷款就能够被出售给外部投资者了。此外,GSEs 持有一些抵押贷款作为投资,而且在理论上,通过回购抵押贷款支持证券(MBSs)有助于为二级市场提供流动性。它们的规模和对住房抵押贷款市场的重要性是无可争议的。图 4.1 描绘了抵押贷款市场从 1980 年到 2006 年的增长情况。该图将每一年分解为证券化的抵押贷款——GNMA(吉利美,Ginnie Mae)、FHLMC(房地美)、FNMA(房利美)——和非机构抵押贷款,加上一到四人家庭住宅的非证券化抵押贷款。

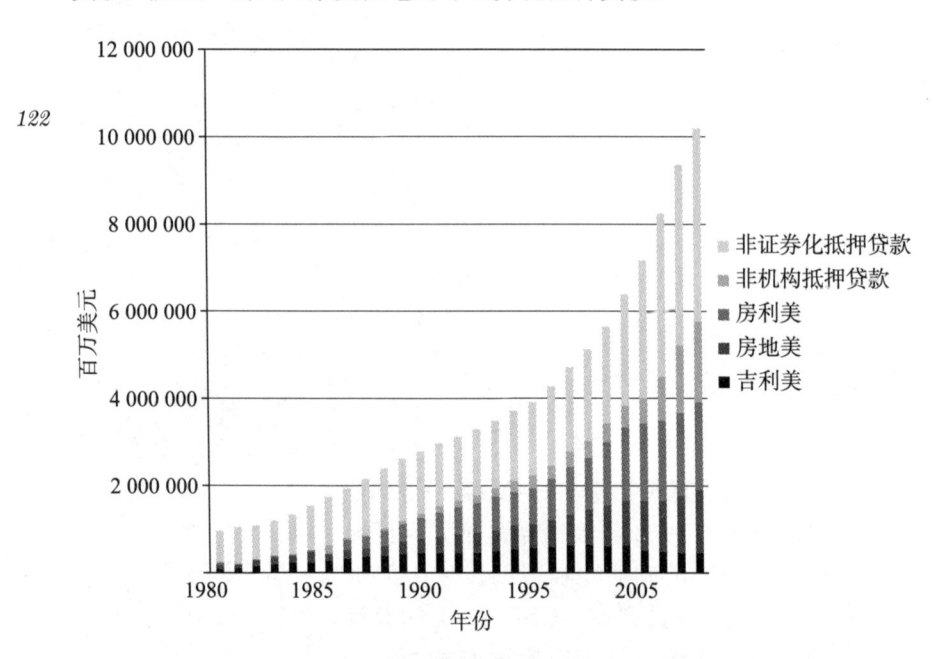

图 4.1 抵押贷款市场和政府支持企业

这幅图呈现了过去 25 年住房抵押市场的规模变化。其中对非证券化抵押贷款和抵押支持证券做了区分,也对非机构抵押贷款和各种机构抵押贷款做了区分。

资料来源:PIMCO。

4.2 证券化

住房抵押贷款市场的规模已然超过了 10 万亿美元,其中超过 55%

第 4 章　怎样对待政府支持企业?

的部分已被证券化。有趣的是,在 20 世纪 80 年代抵押贷款支持证券和抵押贷款债务(CMOs)爆发性的增长过后,证券化的比例自 20 世纪 90 年代早期以来就保持相对稳定,在 50%至 60%之间盘桓。GSEs 在抵押贷款支持证券(MBS)市场对证券化的贡献是惊人的。在 20 世纪 80 年代早期,它们代表了证券化市场大约 50%的部分,其他 50%是吉利美,总的未清偿数额在 1982 年达到 1 240 亿美元。到 1992 年,这一数额增加到 9 820 亿美元,占 64%(其他 27%是吉利美,9%是非机构公司);到 2002 年,未清偿数额达到 2.774 万亿美元,占 73%(14%是吉利美,13%是非机构公司)。

抵押贷款市场的证券化是金融创新历史中值得称颂的部分。在证券化之前,抵押信用更本地化。[1]社区银行和其他本地贷款人根据其借款人的丰富信息发行抵押贷款,但发行对象仅限有抵押品的对象。此时的抵押贷款市场无法分离个体的和地域的风险,也很难将存款从国家的其他地方吸引过来,因此其会受到规模的限制。这很不幸,因为在一个良好运转的资本市场中,借款人应支付恰当的抵押贷款利率,这一利率可反映期限结构、提前还款期权、抵押贷款违约的概率和与违约相联系的市场风险溢价——而非可分散的风险溢价。[2]证券化的作用正是确保通过将风险出售给更为广阔的市场,使风险溢价刚好反映总风险(由于总房价崩溃和/或经济低迷)。MBSs 的市场本质上面临水平的需求曲线,因此,重要的只是其现金流和定价风险。

具体来说,在 GSEs 的证券化世界中,抵押贷款发行者可提供最新发行的、有质量保证的抵押贷款池,这些抵押贷款由 GSEs 用自营贷款估值工具进行过估值。作为对担保的报酬,GSEs 对未清偿贷款征收 1%的费用,而历史上这一费用为每年 0.20%(即 20 个基点)。之后 MBSs 被出售给第三方投资者,第三方将持有这些 MBSs 直至到期。如果任何底层的抵押贷款出现拖欠或违约,那么 GSEs 就要为所有的利率和本金提供及时支付。GSEs 进一步要求公司持有相当于其未清偿 MBSs 的 0.45%(45 个基点)的资本来支持其担保。在历史上的绝大多数时候,有担保的抵押贷款的担保费从未达到 20 个基点,所以 MBS 业务既安全又有利润,其每年会产生约 15%的股权回报率。

当然,证券化并非没有潜在成本。[3]具体来说,证券化过程中的贷款面临贷款人的逆向选择问题。因为贷款人比投资者拥有更多关于贷款质量的信息,他们将有激励持有好贷款,并将质量差的贷款打包出售。由于缺乏一些较好的合约类型,投资者意识到激励扭曲,并会要求更高的抵押贷款率。进一步地，即使贷款人并不拥有关于贷款的更多信息，他们也没有激励干预，无论是估值，还是监督贷款，投资者都会这样。有广泛的证据表明这对次贷市场是一个严重问题。[4]特别地，这一证据将非中介化的较低贷款标准，如新的大型贷款人的存在，和市场证券化紧密联系了起来。

无论如何，我们并不清楚这些滞后的标准是否会跟随与GSEs相关的贷款直到最后。抵押贷款率是不可观测的。有了GSEs支持的抵押贷款，投资者对这个问题就相对不关心了，因为GSEs拥有政府的隐性担保。因此，成本就被转嫁给了纳税人。为了降低这一成本，GSEs会对抵押贷款违约的贷款人进行评估。而且，抵押贷款必须符合一定的质量标准，如规模、贷款—价值比率、支付—收入比率和借款人信用质量，这将使得逆向选择问题只有微小的效应。贷款的逆向选择是否是GSEs的一个问题？对于这一问题仍没有标准答案。

像前面所提到的，GSEs虽然在证券化中占了大头（2006年未清偿数额达到3.5万亿美元），但非机构证券化（排除GSEs和吉利美）近来也出现了爆发性增长，其增长率从2002年的13%提高到了2006年的32%。这一增长大部分要归因于把次级和Alt-A抵押贷款（即未达到GSE标准的抵押贷款）重新证券化，打包成担保债务权证（CDOs）。[5]图4.2显示次贷证券化从20世纪90年代中期的1%增长到了10年后的13%。虽然金融危机通常可归咎于大量看起来廉价的房地产信用、消费者以及公司市场，但很明显的是危机的根源在于房价的冲击、次贷市场实际的和期望的违约率，以及大量金融机构所持有的（令人惊讶的事实）次贷支持CDOs的崩溃。该图表明市场在很短的时间内大大增长了。

4.3 GSEs的抵押贷款投资策略

乍一看，很难看出GSEs在当下危机中扮演了决定性角色。虽然这在证券化的问题上肯定是事实，但关于它们的其他基本功能，如投资于抵押贷款并在资产负债表上持有这些贷款，就不那么明显了。

GSEs热衷于购买抵押贷款的动机是为MBSs提供流动性和支持。以下数据有助于理解它们在抵押贷款市场上是多么大的一个投资者：GSEs的资产组合占了美国抵押贷款证券未清偿总额的20%，两家公司

第4章　怎样对待政府支持企业？

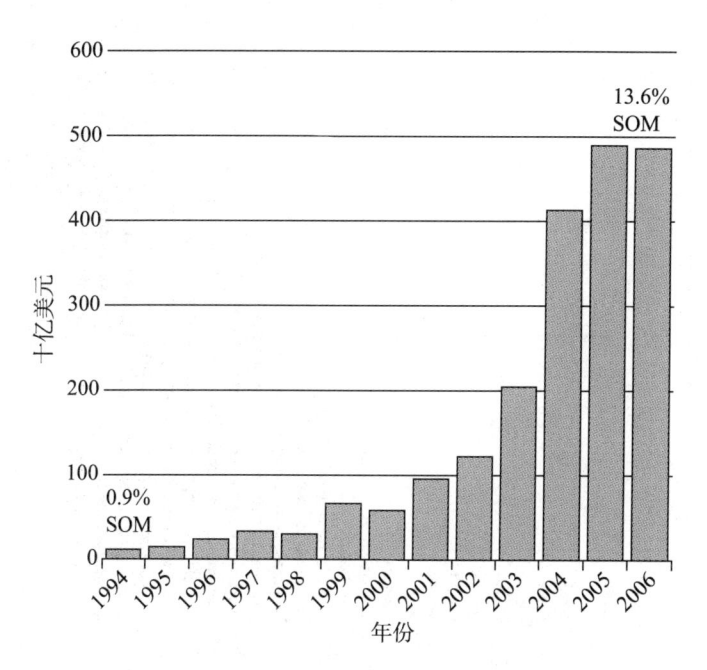

图4.2　1994—2006年次贷证券化情况

这幅图展示了抵押贷款市场次贷证券化所占的百分比。

资料来源：雷曼兄弟。

当下的规模约为1.4万亿美元。图4.3描绘了GSEs的抵押贷款资产组合随着时间变化的情况，其中包括了2004年开始的优质和非优质资产（即次级和Alt-A）的分隔。正如可从图中看到的那样，在20世纪90年代，GSEs的抵押贷款账面数据上有巨大的增长。虽然GSEs在这一阶段勉强维持了20∶1的债务—权益比率，但资产组合的规模给系统带来了更多的系统性风险。该图显示，GSEs的非优质持有量从2004年到2007年分别为1 900亿美元、2 470亿美元、2 590亿美元和2 170亿美元。而非优质市场的规模大约为2.2万亿美元，这意味着GSEs占了整个非优质市场的10%，这是个令人警惕的比例。

GSEs是怎么能够拥有如此大的抵押贷款资产组合的呢？

这些资产组合最初是通过发行GSE债券提供资金的——其被叫做"机构债券"，投资者认为其有财政部的隐性担保。金融市场因此将其债务看做几乎零风险的，所以它们得以用比其独立融资能得到的利率还低0.40%的利率进行借款。考虑到它们面临保留资产组合的资产的2.5%的法定资本要求，这意味着GSEs 1美元的股本支持着40美元的资产，

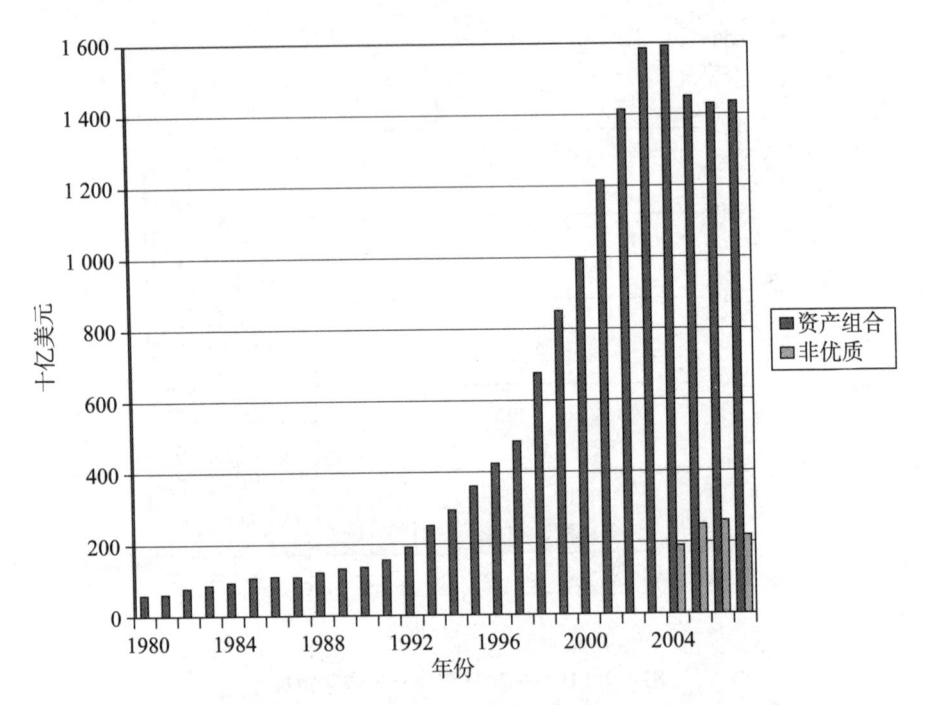

恢复金融稳定性：如何修复崩溃的系统

图 4.3　政府支持企业保有的抵押贷款资产组合

该图报告了政府支持企业在过去 25 年中保有的抵押贷款资产组合的情况，包括自 2004 年起细分出来的非优质抵押贷款。

资料来源：政府支持企业对国会的报告。

这么高的杠杆率，即使是最激进的投资银行和对冲基金也会嫉妒。无论如何，除了承担所有可能的抵押贷款借款人违约的风险，保有的资产组合额外创造了不可忽视的利率和流动性风险，因为公司在管理这些资产组合时使用了特殊策略。

从 GSEs 的视角，因为能够因隐性政府担保得到便宜的债务，它们的激励是尽可能高地提升杠杆率，以利用"监管套利"。保留资产组合的利润率来自于抵押贷款资产所赚得的利率减去机构债券所付的利率的利差。这一利差通常每年超过 1%，创造了大约 25% 的年度资本收益率，这是大多成功的金融公司的两倍。考虑到高利润边际效应，公司有激励快速提高资产组合的保留量，并渐渐这样做了，如从图 4.3 中可看到的那样。它们也有激励通过提高高风险的资产组合的仓位来扩大利润边际。

一个基本的策略是，使用短期债务来为长期抵押贷款资产提供资金，它会使得公司面临大幅利率变动或流动性危机的损失，后者会在资

第 4 章　怎样对待政府支持企业？

本市场投资者不愿为公司的到期债务滚动还债时出现。GSEs 试图通过掉期市场对冲其利率风险。然而，即使它们的模式匹配了其资产和负债的期限，但在高杠杆率的背景下，其对模式的错误设定和大幅利率变动的风险暴露也会将其置于风险之中。第二种也是最近使用的策略，同样可以很明显地从图 4.3 中看到，是投资于次级和 Alt-A 抵押贷款。这些抵押贷款提供了非比寻常的高利率，但是不出意外地也创造了更高的信用损失的风险。不仅如此，为了降低这种信用风险，GSEs 买入了所谓的 AAA 级次级和 Alt-A 贷款支持 CDOs，并将利差收入囊中，但这仍然会使其面对流动性冲击和突然的经济低迷的风险暴露。将非优质持有量暂且放到一边，在大幅房价下跌导致的、即使是优质贷款都会沉没的借款人违约灾难中，并不清楚 GSEs 是否有足够的资本幸存下来？[6]

GSEs 的结构导致了传统的道德风险问题。政府以这种方式支持私人机构会导致灾难的发生。[7]考虑到对 GSEs 投资策略的描述，这可能从其自身角度来看是乐观的，但毋庸置疑，GSEs 最后会崩溃。正常情况下，在运转良好的资本市场中，债券所有人会迫使市场自律，而股东将不能承受这样高风险的（和可能的）负净现值的赌注。在这里，因为债务在本质上是有担保的，所以债券持有人对 GSEs 的投资政策漠不关心。此外，政府支持也放大了贷款的逆向选择问题，因为投资者比起在一般情况下对贷款质量更为漠然。这导致了 GSEs 成为不良贷款的巨型工具。

4.4　2007—2009 年间的金融危机

现在我们已经清楚 GSEs 对金融系统有两方面清晰的负面影响。首先，也可能是最具争议的，是它们对次级和 Alt-A 贷款的投资。如图 4.3 所示，到 2007 年，其自身未清偿抵押贷款资产组合的部分，超过 15% 投资到了非优质资产中。这一数量占了这些资产整个市场的 10%。虽然 GSEs 并不是唯一应该被责怪的机构，但是我们有理由认为 GSEs 的规模本身就创造了 MBS 市场的泡沫和过度流动性，特别是涉及 2005 年—2007 年这一时期时。这段时期正是 GSEs 大幅扩张其资产组合的时候（即从 2004 年的 1 900 亿美元发展到 2006 年的顶峰 2 590 亿美元）。道德风险使得 GSEs 有激励购买 CDOs，即使其他投资者并不大愿意这么做。图 4.4 表明了在这一时期抵押贷款 CDO 市场每一季度的增长情况。

其次，也是更为重要的影响，是引发了系统性风险，并因此加速了

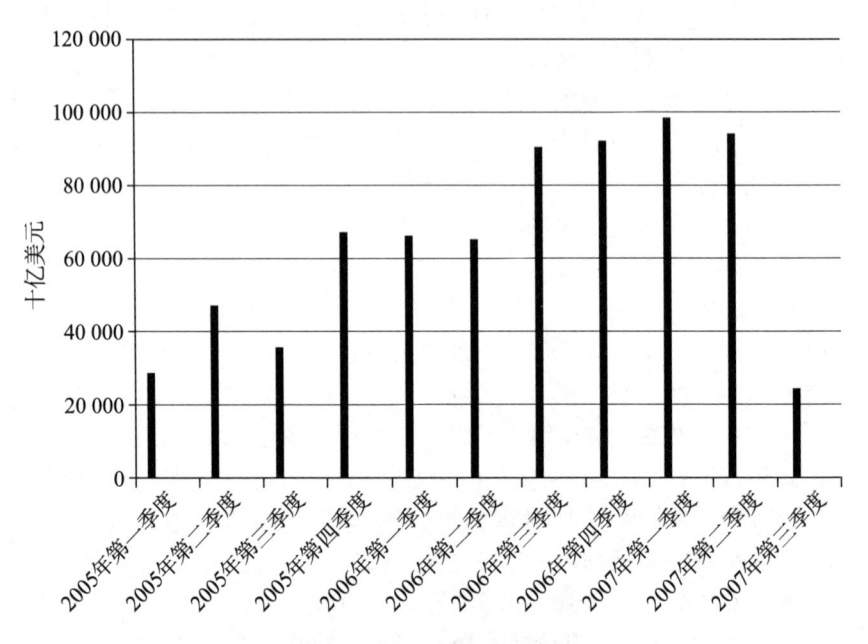

恢复金融稳定性：如何修复崩溃的系统

图 4.4　抵押贷款 CDO 市场

该图描绘了 2005 年以来抵押贷款支持 CDOs 的发行情况。

资料来源：证券业和金融市场协会（SIFMA）。

金融危机的发生。这一系统性风险以三种形式出现。

第一，通过持有如此大的（而且高杠杆的）、相对缺乏流动性的 MBSs 的资产组合，GSEs 的崩溃会导致这些资产价格的大幅下降，这又会影响到持有相似资产的金融系统中的其他方。MBS 市场是最大的债务市场之一，资产甩卖会引起其他机构的崩溃，类似于次级 CDOs 那样。

第二，作为资本市场最大的投资者之一，GSEs 给系统带来了巨大的交易对手风险，类似于长期资本管理（LTCM）在 1998 年夏天所做的那样，而且在当前的危机中 GSEs 也给投资银行和一些保险公司带来了这样的风险。虽然经常被批评没有充分对冲资产组合利率的风险暴露，但 GSEs 仍然是利率掉期市场的主要参与者。图 4.5 显示了近年来掉期和衍生品的增长。如该图所示，到 2007 年，掉期和场外衍生品的总名义金额分别为 1.38 万亿美元和 5 230 亿美元。GSEs 的崩溃将导致大量掉期如多米诺骨牌一样倒下——通常作为系统性的后果。

第三，GSEs 的崩溃会扰乱公司正在进行的 MBS 发行/担保业务，其主要会牵连到美国抵押贷款市场。就演变的次贷危机而言，实际上已

第 4 章 怎样对待政府支持企业?

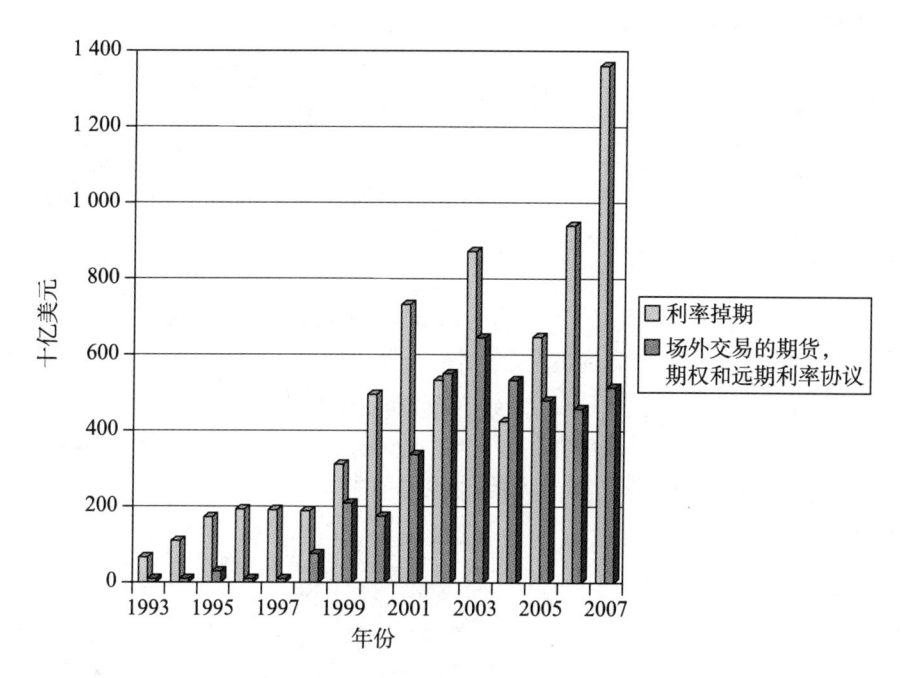

图 4.5 政府支持企业对金融衍生品的名义持有额
该图报告了政府支持企业自 1993 年以来持有金融衍生品的情况。
资料来源：政府支持企业对国会的报告。

经没有正在进行的私人抵押贷款投资活动了，其结果可能是美国抵押贷款系统的系统性崩溃，并且这会对实体经济带来明显令人担心的后果。因此，政府别无选择，只能接管公司，并根据刚通过的《2008 年房地产和经济复苏法案》在其权力范围下使用不同的财政部贷款和权益给予支持。

2008 年 9 月 7 日对 GSEs 的接管，扩大了其保留的抵押贷款资产组合的信用损失和预期损失，这些损失主要来源于次级和 Alt-A 贷款仓位。作为损失的结果，公司违反了或很快就会违反其资本要求，而它们不可能再筹集到新资本。进一步的结果是投资者会逐渐不愿意为公司的到期债务滚动还债，并会使得两房面临迅速破产的威胁。

4.5 GSEs 的监管改革

GSEs 的监管改革在公司历史上的大部分时间内都在持续，而一直明显的，甚至令人瞩目的是，其一直未能成功。监管改革需要应对的最基本的问题是公司因自身存在的道德风险问题而对美国抵押贷款和金融市场造成的系统性风险。但是只要不发生实际的危机，公司就总是拖延，拒绝采取任何认真的行动。GSEs在这方面的游说能力堪称传奇。

当然，现在清楚的是，对系统性崩溃的担忧分毫不差，而GSE模式——结合了公共任务和隐性担保，以及利润最大化的策略——无法再维持下去了。

结合之前的陈述，思考合适的GSEs改革方案时，很有必要考虑抵押贷款接触到外界投资者的途径。图4.6列出了一系列抵押贷款发行后的问题：（1）它应该被证券化吗？（2）如果被证券化了，本金和利息应被担保吗？（3）如果被担保，担保人应该是政府还是私人机构？这些问题的答案有助于提出适当的改革方案。

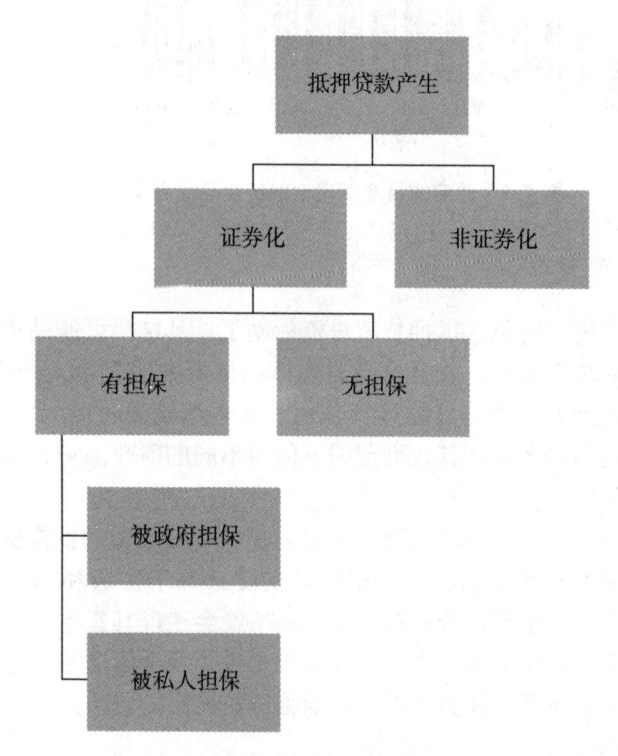

图4.6 抵押贷款路径

该图追踪了抵押贷款从产生到可能的证券化、被担保以及被政府或私人担保的可能路径。

对于第一个问题，由图4.1得出的计算结果表明，当前未清偿抵押

第4章　怎样对待政府支持企业?

贷款的56%被证券化了,约有5.7万亿美元。这意味着价值5.7万亿美元的违约和利率风险在全世界范围的经济中传播着。似乎很难相信,如此大数量的资产能够整个在银行业和抵押贷款部门化成贷款。证券化并不是没有成本的。无论如何,如前所述,证券化导致了逆向选择问题,因为贷款人有激励保留好贷款而将质量较差的贷款交给证券化公司。GSEs通过跟踪其贷款人的违约率而缓解了这一问题。这些行为重复的特点降低了内在的逆向选择。当然,如果经济向好,房价也持续上升,从而违约率很低,那么很难估计在不同经济情况下或房价下跌时这一审计结果是否仍然适用。一个替代方案是,证券化公司要求贷款人参与这个游戏,可以通过要求它们或者持有部分其资产负债表上的抵押贷款,或者根据贷款期限对其收取发行费,或在违约的情况下回补来实现。此外,人寿保险行业通过将付费期延长至五年或以上,解决了相似的问题,并因此提供给发行机构评估信用风险的激励。

对于第二个问题,对有担保或无担保的证券化都还有空间。图4.1的计算表明,大约MBS市场的68%是有机构支持的,然而32%是非机构的。当然,一些非机构抵押贷款债务有私人抵押贷款保险商的担保,但是另一些则没有。对于机构担保市场,存在4万亿美元的投资集团,这一集团是在过去40年中建立起来的,它关注利率和预付款风险,而非违约风险。这一投资集团是在抵押池有隐性政府担保的假定下发展起来的。实质上大量人力资本(即,知识和训练)和大量投资网络都被投入到了这一产品中。撤掉担保将导致所有这些一直以来投入的资本的致命损失。

在无担保市场上,借款人从贷款人处获得抵押贷款,而贷款人把贷款传给证券化公司,公司将其打包,然后通过CDOs卖给外部投资者。这些贷款可能会被分级,对所有意图和目的,都会有一个担保的部分和一个无担保的部分,而投资者可选择任意一种。当然,这是在当前危机中次级贷款和Alt-A贷款的CDOs身上所发生的。当前阶段的一个问题是,由于市场增长如此迅速,以至于一个类似于机构支持市场的投资集团还没有充分发展起来。为了更好地理解今天非优质贷款的CDO市场,我们有必要提到抵押贷款证券化发展过程中创新的顺序。吉利美在1968年引入了第一个单一种类的MBS。抵押贷款的现金流传递到了持有总抵押池按比例分配的份额的投资者手中。在20世纪80年代中期,非政府的因而高风险的抵押贷款证券化开始了。关键的创新是多级结构——期限结构金融,最低级面临着抵押贷款违约后首先遭受损失的风

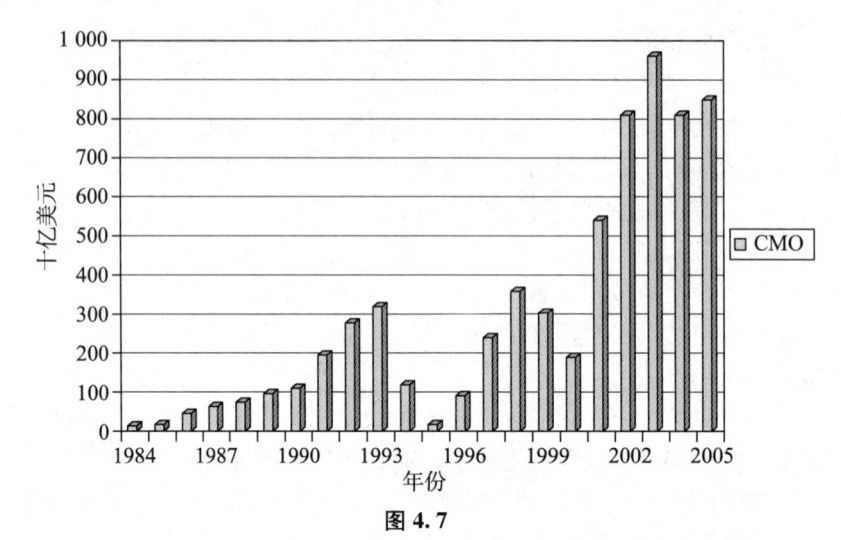

恢复金融稳定性：如何修复崩溃的系统

图 4.7

该图显示了从 1984 年到 2005 年机构抵押贷款支持证券发行抵押贷款债务的历史。

资料来源：内部抵押贷款金融。

险。这些证券最初被称为抵押贷款债务（CMOs）。CMO 市场采用单一种类的 MBS 通道，并将其分解为不同档的预付款和利率风险。如从图 4.7 中可以看到的那样，市场得到了迅速的扩张。只是在 20 世纪 90 年代中期增长趋势突然消失了。和当前危机非常相似，两点解释了 CMO 的崩溃。第一，有大的市场冲击——这次是预付款。第二，市场变得过于复杂，一些 CMOs 拥有 100 档或更多。从图中可见，不管怎样，CMO 市场逐渐恢复，并成为了 MBS 市场重要的一部分。我们从中得到的教训是金融创新需要时间来充分发挥其潜力。重要的组成部分是一个拥有经验和新技能的投资集团，这个集团能够充分理解新市场。

最后的创新是 CDO，这是一个在已经发行的多级 MBSs 的一系列分档上建立起来的。例如，一个 CDO 可能由现有 20 种 MBSs 的 B 级中间档组成。这提供了多样化的潜在好处，这也正是 CDO 能够拥有 AAA 评级的原因，即使底层资产全都是，比如说 B 级。这一多样化的好处严格依赖于底层档损失的相关度。例如，如果相关度为 1.0，那么根本就没有多样化的好处，整个产品的评级应是 B。CDOs 是在相对低相关度期望的基础上发行的，但是事实结果恰恰相反。

然而，即使 MBS 市场的成长是通过无担保证券化实现的，但超过 4 万亿美元的担保市场也已经太大而难以进行挑选了。最后的一个问题，则是担保市场是否能完全私有化。私有化存在几个障碍。

第4章 怎样对待政府支持企业？

首先，私人机构并不是系统性风险的好的保险商。系统性风险很少发生。也就是说，大多数时候保险赔偿额是零或很少，但是在小概率情况下，保险赔偿额非常大。而保险商必须能够弥补损失，所以这要求它们为相对小的期望价值持有大量资本。第二，考虑到这一点，是否有任何可信的信号表明，政府在危机时不会救助这些私人机构呢？如果答案是否定的，那么这些私人机构也就落入了现存的GSEs道德困境的陷阱。第三，如果政府可以确信不予救助，那么这些私人机构就落入了讨论过的监管环境。具体而言，政府可能会提出依时间而不同的资本要求（通过对系统性风险收费实现），而这些要求可能会降低私人机构的进取心。当然，在减少而非根除交易对手风险方面，这一举措是否足以满足充分发展的市场对政府支持抵押贷款的需求？一个交易对手的崩溃和引致的担保部分的损失（即抵押贷款证券的投资者所可能遭受的）是否会引起其他资产价格的系统性崩溃，导致系统中的死亡螺旋？是否会导致抵押贷款市场的崩溃和信誉度良好的房屋买主的信贷紧缩？环境证据表明在严重的危机中，可能只有政府支持的贷款能够被出售。

之前的分析表明了三点：

1. 当前的GSE模式在当前的危机中失败了，如果对剩余部分听之任之，很可能会再次失败。失败会给金融系统和实体经济造成严重损失。

2. 需要维持当前有担保的MBSs的投资者基础。理由是需要很多年才能建立一个投资者客户群，需要营销或有经验和知识的人力资本的建立，而这些都是难以复制的。

3. MBSs私人市场对于发展未来的创新十分重要，特别是在条件改变的时候。

4.6 特别建议

在这一节中，我们针对GSE的证券化、担保人和抵押贷款市场的投资角色提出了特别建议。

证券化

显然GSE公司的解决方法是对低额贷款继续进行抵押贷款担保和证券化。为了减轻道德风险问题，无论如何，项目现在需要在政府机构下运行，并采取与当前联邦住宅管理局（FHA）和GNMA项目平行的形式。这是因为，现有的 FHA/GNMA 项目提供了高度有效的模式，因为它们拥有长期稳定而成功的框架，以通过抵押贷款担保和 MBS 支持房地产市场。新项目将根据保险费向借款人收费，正如 FHA 所实行的那样。贷款将需要符合与当前 GSEs 相同的标准（即抵押贷款规模、分期付款的头款、偿付利息能力、信用得分等）。就像 FHA，这一项目的目标是使其能够自食其力，而不需要政府拨款。这样一来，担保抵押贷款的证券化，在所有投资者到位的情况下，将几乎在没有系统性风险的环境下运行。

一个合理的问题是政府机构怎样解决抵押贷款贷方的逆向选择问题。确定无疑的是，政府机构比私人市场的激励要少，并因此发现市场问题及设计解决方案的能力较差，因而政府可以采用次优的方案。在这些方案中，FHA 已经对其抵押贷款贷方实施了审计，这在重复的环境中能降低逆向选择。更进一步，对那些参与这一项目的银行和抵押贷款贷方，政府实体可以要求银行/抵押贷款贷方持有其自身账册上贷款的一部分，并/或将抵押贷款费用在贷款的生命期内摊销，或在贷款违约时只接受一小部分。

私人担保机构

和政府市场平行，将会有私人市场的存在。特别地，很像现在的情况，将会有三种不同的证券化市场，它们分别由巨额、Alt-A 和次级抵押贷款组成。这些抵押贷款可能也可能不会被私人公司担保。如果被证券化公司或被像摩根担保保险公司（MGIC）、AIG 联合担保公司之类的私人保险商担保，这些公司将面临资本要求约束，以规避系统性风险。[8]因为系统性风险负外部性的存在，可以预期无担保市场最后会占统治地位。尽管在当前阶段，投资者还在学习和提高专业技能，但这一证券化抵押贷款市场将会创新，并会为改变条件提供解决方法。

私人担保市场将面临一条艰难的道路。一方面，人们可能期望私人市场占据统治地位，因为它可能在解决证券化内在的逆向选择问题上更有效率。另一方面，为避免系统性风险，资本要求可能过于严厉，或者将担保MBS 市场过度细分，特别是对低额贷款来说。只有时间能证明一切，过去一个半世纪担保抵押贷款私人证券化的经验预示着其前景并不太妙。

抵押贷款资产组合

最后的行动是基本关闭 GSEs 的投资者功能。如前文所讨论的，当前的设置会导致市场泡沫，如对弱 Alt-A 和次级贷款的支持和（甚至更为严重）因 GSEs 承担高风险的道德困境问题引起的系统性风险。明显的解决方法是剥离保有的抵押贷款资产组合——抵押贷款资产、债权债务和资产净值——转给 GSE 股东，并将这些等量转化为抵押贷款 REITs 或对冲基金。这些资产也会接受 GSEs 的智力资本，以帮助开发其自营软件，用以评估贷款质量、对冲利率风险的技术和类似的项目。这一剥离因此充分尊重了 GSE 投资者的财产权。新私人部门实体将不再和联邦政府有任何形式上的联系。脱离联系是可信的，因为将不再有安全性和信誉的问题，也没有监管监督的形式，除了对可能引起系统性风险的资产管理公司的新监管规定。更进一步，新公司不再受 GSE 许可限制的约束，因此它们将被允许——第一次——直接发行抵押贷款。相似的私有化理念曾经被学生贷款营销协会采用过——学生贷款政府支持企业，而且基于其新的发行学生贷款的权力，它繁荣了很多年。

参考文献

Berndt, Antje, and Anurag Gupta. 2008. Moral hazard and adverse selection in the originate-to-distribute model of bank credit. Working paper.

Dell'Ariccia, Giovanni, Deniz Igan, and Luc Laeven. 2008. Credit booms and lending standards: Evidence from the subprime mortgage market. Working paper.

Frame, W. Scott, and Lawrence J. White. 2005. Fussing and fuming over Fannie and Freddie: How much smoke, how much fire? *Journal of Economic Perspectives* 19: 159–184.

Jaffee, Dwight. 2003. The interest rate risk of Fannie Mae and Freddie Mac. *Journal of Financial Services Research* 24: 5–29.

Keys, Benjamin, Tanmoy Mukherjee, Amit Seru, and Vikrant Vig. 2008. Did securitization lead to lax screening? Evidence from subprime loans. EFA 2008 Athens Meetings Paper.

Luca, Deborah, and Robert L. McDonald. 2006. An options-based approach to evaluating the risk of Fannie Mae and Freddie Mac. *Journal of Monetary Economics* 53: 155–176.

Mian, Atif, and Amir Sufi. Forthcoming. The consequences of mortgage credit expansion: Evidence from the 2007 mortgage default crisis. *Quarterly Journal of Economics*.

Snowden, Kenneth. 1995. Mortgage securitization in the United States: Twentieth century developments in historical perspective. Chapter 8 in *Anglo-American financial systems: Institusions and markets in the twentieth century*, ed. Michael Bordo and Richard Sylla. New York: Irwin Professional Publisher.

注释

[1] 美国抵押贷款证券化并不是从1970年（或更晚）才开始发展的。相反，在1870年到1940年对系统证券化曾有过六次尝试。大多数尝试是私人项目，基本上都失败了，因为（1）如果违约没有被担保，那么就会产生贷款层次的逆向选择问题和由此而来的低贷款承销标准，或（2）如果提供担保，那么违约后保险商资本可能会不足。见Snowden(1995)。当然，这些理由在当前的次贷危机中都再次得到了证实。

[2] 虽然确定保费可能很难，但还是应指出，5.7万亿证券化抵押贷款相当于两倍多的所有公开交易的金融机构总市场资本化规模，并相当于FDIC商业银行和储蓄机构的7.1万亿美元存款的80%以上。

[3] 见第1章。

[4] 例如，见Dell'Ariccia, Igan和Laeven（2008）；Berndt和Gupta（2008）；Keys, Mukherjee, Seru和Vig（2008）；Mian和Sufi（即将发表）。

[5] Alt-A抵押贷款通常被认为处于前述的GSE低额贷款优质贷款标准和次级贷款标准之间。虽然次级贷款通常的借款人有以下特点（1）低信用和低债务——收入比率，（2）有高贷款——价值比率的抵押贷款，和（3）可能较少的文件，Alt-A的借款人通常有更为完备的档案，尽管不能完全达到GSE标准。

[6] GSE优质贷款拖延率在1985年到1995年间在0.60%上下盘桓，在1999年达到最低点0.48%，而之后逐年上升，在2007年达到1.16%，而在2008年可能要更高。

[7] 这一点已经在学术刊物中被反复论证；例如，Jaffee（2003），Frame和White（2005），以及Lucas和McDonald（2006）。

[8] 见第13章。

第 5 章 加强对大型复杂金融机构的监管

安东尼·桑德斯、罗伊·C·史密斯、英戈·沃尔特

5.1 什么是大型复杂金融机构？

大型复杂金融机构（LCFIs）可以定义为从事商业银行业、投资银行业、资产管理和保险等综合业务的金融中介机构，它的崩溃会给金融系统整体带来系统性风险或者外部性。这一外部性可能会以多种形式产生，包括其他金融机构的信息传染效应、资产价格的负面效应和/或总体市场流动性的下降。定义 LCFIs 的关键因素是规模、复杂性和金融关联度。LCFIs 越过了传统的（历史上的）和功能上的界限，因而带来了特别的边界问题，并在许多情况下在金融和监管领域都超出了本国的范围。LCFIs 总是会被认为

大到不能倒闭，因为它们的崩溃会引发系统外部性。

这一章讨论 LCFIs 的演化，考察了对其监管的其他可行方法，并建议采用单一、独立的 LCFI 监管机构形式，而对所有其他金融机构使用分离的、功能性的监管机构形式。我们认为 LCFI 监管者应特别关注那些对金融系统造成系统性风险的机构。

5.2　大型复杂金融机构是怎么来的？

大型复杂金融机构（LCFIs）在 1984 年州际伊利诺伊银行信托公司（Continental Illinois Bank & Trust Co.）崩溃之后开始出现。1984—1994 年这十年，美国的主要银行处于严格的运营约束之下。1994 年《里格尔—尼尔州际银行和分支机构效率法案》（Riegle-Neal Interstate Banking and Branching Efficiency Act）的通过，加上 1933 年的《格拉斯—斯蒂格尔银行业法案》第 20 章的监管豁免，拓展了银行的权力，其将证券活动一应囊括，场上形势自此逆转。这些监管变革使银行力量明显增强，使其在地理上和功能上都扩张了行动范围。结果，许多银行和其他银行合并，提供了更为稳定和有效的商业平台，该平台自身也拥有了更多的市场份额。这样的平台被认为十分必要，其使得美国商业银行能够和欧洲及日本的对于竞争。在美国银行的资产和非银行业务的增长还受到严格限制的时期，这些外国公司的市场份额就已经开始提升了。它们曾经也并非总是有效率地在资本市场上竞争，而有效率的竞争是美国和全球公司的流动资本和长期资金的基本来源。表 5.1 展示了全球资本市场的非政府融资情况——包括所有批发金融中介机构必须竞争的交易流，时间段为 1997—2007 年。

为了增强银行在提供资本市场服务方面的竞争能力，1933 年的《格拉斯—斯蒂格尔法案》在 1999 年被废除，并被《金融服务现代化法案》替代，后者不仅赋予了银行更大的证券权力，而且还赋予了其进入保险业和其他金融服务业务的权力。一些最大的美国银行生机勃发地发展起来，并通过提供受欢迎的贷款及服务，换取了客户在承销和企业并购咨询业务方面的承诺，由此成功地占有了投资银行业的巨大市场份额。同时，一些大型保险公司［公平人寿（Equitable Life）、谨慎保险公司（Prudential）］建立了参与资本市场活动的投资银行部门（随后在不能有效管理那些部门时将其出售），而其他保险公司［AIG、安联

第 5 章　加强对大型复杂金融机构的监管

表 5.1　1997—2007 非政府资本市场活动（单位：十亿美元）

	1997	1998	1999	2000	2001	2002	2003	2004	2005	2006	2007
美国国内新发行											
美国 MTN	284.7	308.6	397.9	372.8	429.2	357.0	370.6	143.6	56.0	159.4	0.0
投资评级债务	726.1	504.2	1 195.8	1 579.6	1 851.5	1 944.1	2 323.6	2 086.8	1 828.2	2 056.6	2 235.9
抵押证券	378.0	560.9	559.0	479.0	841.1	1 154.2	1 359.1	1 394.8	1 812.4	1 690.1	1 274.0
高收益债券	125.3	149.9	108.7	70.3	109.0	77.1	147.5	141.0	100.8	95.5	119.3
互惠债券	214.8	279.7	219.3	204.0	320.8	346.1	331.5	264.4	201.6	248.3	349.3
债券合计	1 728.9	1 803.3	2 480.7	2 705.7	3 551.6	3 878.5	4 532.3	4 030.6	3 999.0	4 249.9	3 978.3
优先股 & 可转换股票	91.3	74.5	68.3	87.6	137.9	66.5	93.1	52.1	44.5	72.0	98.8
普通股票	120.1	114.8	171.9	206.9	128.6	117.8	121.1	170.1	161.3	155.4	188.1
股票合计	211.4	189.3	240.2	294.5	266.5	184.3	214.2	222.2	205.8	227.4	286.9
美国国内合计	1 940.3	1 992.6	2 720.9	3 000.2	3 818.1	4 062.8	4 764.5	4 252.8	4 204.8	4 477.3	4 263.4
国际发行											
欧元 MTN	420.0	598.0	607.8	440.2	484.0	390.9	514.2	609.9	600.4	872.1	32.9
欧元投资评级债务	573.4	553.4	815.5	779.8	910.3	1 044.5	1 641.6	1 979.2	2 269.2	3 436.4	3 274.8
欧元抵押证券	65.6	60.6	103.4	78.9	130.8	146.8	243.7	341.6	505.8	1 066.0	1 107.5
欧元高收益债券	40.7	41.0	46.1	50.6	34.0	32.6	66.4	102.6	101.9	179.7	148.3
国际股票	75.0	74.1	181.0	98.9	82.7	53.7	59.4	151.9	114.2	209.4	415.3
国际合计	1 174.7	1 327.1	1 753.8	1 448.4	1 641.9	1 668.5	2 525.3	3 185.2	3 591.5	5 763.6	4 978.8
全球合计	3 115.0	3 319.7	4 474.7	4 448.6	5 460.0	5 731.3	7 271.8	7 483.0	7 796.3	10 240.9	9 244.2
全球综合银行贷款	1 265.8	1 223.0	1 750.0	1 789.2	2 359.0	1 860.2	2 166.3	3 076.0	4 008.8	4 531.9	5 246.1

资料来源：托马森金融证券数据，投资交易员分析，作者计算。MTN——中期票据。

（Allianz）〕则参与了信用和其他衍生品合约的承销和销售活动。

大型银行的活动——包括和其他银行的大规模合并，以及通过商业银行并购投资银行业务——导致全球资本市场的竞争愈演愈烈，并导致美国银行在承销债券和股票方面的市场份额逐渐上升（最后处于领先地位，见表5.2）。这些活动逐渐变得有侵略性，并受到获得公司授权的需要所驱使，大幅提升了银行在其自身账册上所愿意接受的风险暴露。更进一步，像它们的投行竞争者一样，随着竞争压力侵蚀中介的保证金，银行逐渐依赖自营交易收入。一些银行也拓展了掉期和其他衍生品的表外投资，以及特别目的的表外结构投资工具（SIVs）——作为一种利润更高的方式，那时被认为可规避监管资本保证金要求并提高总体杠杆度。

5.3　大资产负债表商业模式

最大的银行（进化成 LCFIs 的）说，它们承诺"大资产负债表"的商业模式，且这种模式能使它们统治批发金融，掌管大型市场份额，并实质上增加对非借贷业务总利润的贡献。LCFIs20年来的扩张努力本质上的目标是让投资者相信它们能够拥有高利润增长率（每股收益年增长率达15%到20%），而这样的增长率能够充分证明其股票的高股票价格收益乘数（收益的 15 到 20 倍）的合理性。

然而，LCFIs 显然没能履行这些诺言。在 2000—2002 年间，安然、世界通讯公司和不计其数的高科技公司倒闭之后的衰退中，领头的银行报告了贷款和证券减记，以及集体诉讼的惨重损失，同时也包括监管机构的罚款和处罚。这些损失大幅抵消了 LCFIs 的批发和投资银行业的盈利，这些盈利是其自从 1999 年《格拉斯—斯蒂格尔法案》撤销以来所积累的。结果，其价格收益比率跌到了个位数，这一压力迫使 LCIFs 从任何可能的源头提升收益，以便向市场证明这个商业模式仍然是完整的，而其股价会回到高位。数家 LCFIs 强烈地追逐抵押贷款支持证券、公司债以及信用衍生品的发行、承销、辛迪加和囤积，将其作为刺激收益的方法。结果，当市场在 2007 年和 2008 年发生转折时——大多数 LCFIs 认识到这一点时都太迟了——招致了实现的和未实现的损失，这要求 LCFIs 大幅追加资本（见表5.3）。

第5章 加强对大型复杂金融机构的监管

表5.2　2006—2007年全球批发金融联盟表

公司	2007年排名	2006年排名	综合银行贷款（美元）	全球债券（美元）	全球股票（美元）	并购顾问（美元）	合计（美元）	市场份额（%）
花旗	1	1	614 544.9	222 046.1	26 790.7	1 371 842.0	2 235 223.7	15.3
摩根大通	2	2	599 466.2	172 753.6	31 312.4	1 354 604.3	2 158 116.5	14.8
高盛	3	3	187 192.8	95 668.8	26 194.6	1 641 452.4	1 950 508.6	13.4
摩根斯坦利	4	4	83 464.7	136 896.8	27 010.3	1 453 944.3	1 701 316.1	11.7
瑞银	5	8	89 240.7	134 809.1	38 534.9	1 322 059.6	1 584 644.3	10.9
德意志银行	6	6	197 044.7	277 988.5	20 998.3	988 123.9	1 484 155.4	10.2
瑞士信贷集团	7	7	145 659.2	130 356.5	57 489.2	1 085 771.9	1 419 276.8	9.7
美林	8	5	85 686.9	169 870.2	52 340.5	1 101 362.8	1 409 260.4	9.7
雷曼	9	9	101 722.8	108 987.4	25 748.0	991 082.5	1 227 540.7	8.4
法国巴黎银行	10	11	197 258.8	118 376.3	3 712.0	396 048.6	715 395.7	4.9
瑞德集团	11	16				713 105.1	713 105.1	4.9
美国证券有限责任公司	12	10	366 496.6	70 605.9		258 230.7	695 333.2	4.8
罗斯柴尔德	13	18				654 769.3	654 769.3	4.5
荷兰银行	14	15	110 289.9	129 810.3	9 738.3	380 848.8	630 687.3	4.3
苏格兰皇家银行	15	14	244 486.0	163 799.4		145 032.5	553 317.9	3.8
汇丰控股有限公司	16	12	88 142.1	119 900.1	4 804.5	314 931.3	527 778.0	3.6
法国兴业银行	17	21	103 468.4	98 365.8		259 393.7	461 227.9	3.2
巴克莱资本	18	13	193 040.8	220 179.4			413 220.2	2.8
东方汇理银行	19	20	131 430.6	72 118.8		114 910.2	318 459.6	2.2
RBC资本市场	20	24	54 886.9	36 404.9	5 302.5	214 715.6	311 309.9	2.1
格林希尔有限责任公司	21	—				292 111.4	292 111.4	2.0
麦格理银行	22	—			7 300.3	282 265.6	289 565.9	2.0
美联银行	23	19	119 960.1	31 973.9		74 005.2	225 939.2	1.6
格雷欣银行	24	—				209 412.5	209 412.5	1.4
桑坦德银行	25	—	31 801.3			168 260.2	200 061.5	1.4
行业总计			5 246 054.9	3 148 618.0	458 424.7	5 722 739.6	14 575 837.2	100

资料来源：托马森金融证券数据、投资交易员分析、作者计算。

表 5.3　2008 年第二季度主要批发银行减记和敞口

	瑞士联合银行		瑞士信贷集团		德意志银行		摩根大通	
	2Q08	12/31/06	2Q08	12/31/06	2Q08	12/31/06	2Q08	12/31/06
股东所持股本	43.5	40.5	35.8	21.3	50.3	43.3	127	115.8
减记（十亿美元）	2Q08	累计	2Q08	累计	2Q08	累计	2Q08	累计
杠杆贷款[a]	0.2	0.5	0.1	2.8	0.3	3.9	0.7	3.1
次贷总计[b]	1.1	22.4	(0.5)	4.4	0.3	0.3	0.4	2.2
其他 MBS/ABS	3.4	18.7	0.5	1.9	2.9	5.9		1.4
MBS/ABS 减记总计	4.5	41.1	(0.1)	6.3	3.2	6.2	0.4	3.6
总计	4.7	41.6	0.0	9.1	3.5	10.0	1.1	6.7
敞口（十亿美元）	2Q08		2Q08		2Q08		2Q08	
杠杆贷款	6.8		14.0		38.3		18.9	
美元次贷敞口[c]	6.7		1.9		2.9		1.9	
美元 Alt-A 敞口	6.4		1.1		5.9		10.6	
美元优质敞口	6.1		0.7				8.9	
其他 MBS/ABS 敞口	11.8		2.7					
CMBS 敞口	6.5		14.7		16.7		11.6	
MBS/ABS 敞口总计	37.5		21.1		25.5		33.0	
总计	44.3		35.1		63.8		51.9	

注：[a] 净对冲和承销费用。
[b] 净对冲。
[c] 净对冲（LEH 除外）或单一保险敞口。
资料来源：竞争者第二季度结果公告和预告、抄本、经纪人的笔记、10-Q 文件。

第 5 章　加强对大型复杂金融机构的监管

花旗		美林		摩根斯坦利		高盛		雷曼	
2Q08	12/31/06	2Q08	12/31/06	2Q08	12/31/06	2Q08	12/31/06	2Q08	12/31/06
109	118.8	21.1	35.9	33.4	34.3	39.7	32.7	19.3	18.1
2Q08	累计	2Q08	累计	2Q08	累计	2Q08	累计	2Q08	累计
0.4	4.2	0.3	1.9	0.5	2.3	0.8	2.8	0.4	1.3
6.0	32.5	6.9	34.2	0.4	8.8			2.0	3.6
0.9	2.5	0.7	2.3	0.3	2.1		1.0	1.7	2.8
6.9	34.9	7.6	36.5	0.7	10.9	0.0	1.0	3.7	6.4
7.3	39.1	8.0	38.3	1.2	13.2	0.8	3.8	4.1	7.7
2Q08		2Q08		2Q08		2Q08		2Q08	
24.2		7.5		22.3		11.0		11.5	
22.5		8.3		0.3		1.8		3.4	
16.4		1.5		2.4		4.7			
		33.7				8.5		10.2	
		7.4		4.3				11.3	
45.1		14.9		6.4		17.0		29.4	
84.0		65.8		13.4		32.0		54.3	
108.2		73.3		35.7		43.0		65.8	

这一次，LCFIs 的范围扩展到了一直专业化的投资银行（如美林）和保险公司（如 AIG），所有这些都以竞争者的身份在衍生品、批发贷款和证券市场相遇。像银行类的 LCFIs 一样，非银行的 LCFIs 也变得非常大而复杂。图 5.1 在不考虑行业起源和历史的情况下描述了可以作为 LCFIs 特征的复杂程度。

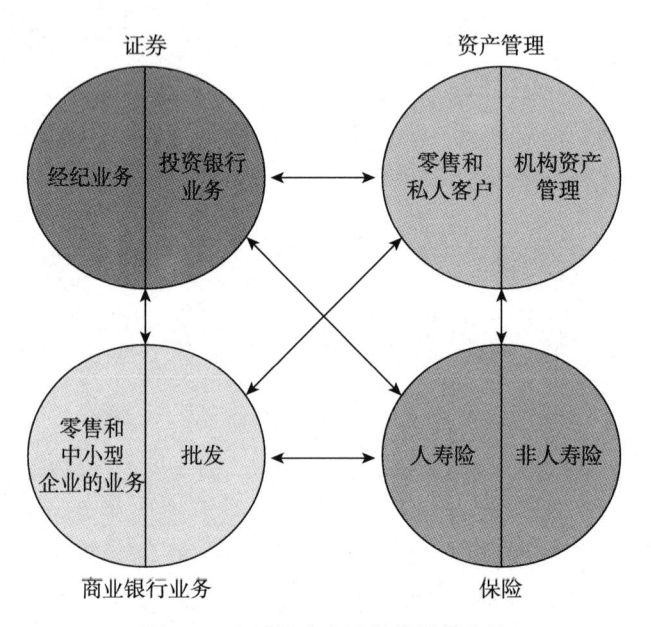

图 5.1 大型复杂金融机构的复杂性

2007—2009 年的全球金融危机再一次展示了 LCFIs 失去了对风险管理的控制的实例，在它们投身于非比寻常的杠杆度和其他表内或表外业务以提高收益的同时，机构的安全性和声誉却被毁坏了，并最终给金融系统带来了很高的总体风险。这一概述同样适用于起源于商业银行、保险和投资银行业的 LCFIs。基于最近与资产相关的损失数据，并没有证据表明，在当前金融危机中有哪一支部队表现得比其他人好。对于将金融系统和其后的实体经济置于严重的危险之中这件事来说，所有类型的 LCFIs 都难辞其咎。然而，特别依赖于批发市场为其交易头寸融资的中介机构，比起那些能够获得零售存款的机构，就不占优势了，因此银行类 LCFIs 对与融资相关的挤兑的抵抗力更强。

5.4 LCFIs 有价值吗？

LCFIs 在全球市场作为竞争对手而出现这暗示了从股东私人利益的角度来看，盈利规模、运营效率和范围效应，超出了其相应的成本。然而相反的是，各种学术研究表明，虽然 LCFIs 可能有着重要的效率优势，但几乎没有证据表明，规模更大或业务范围更大的银行和金融公司存在规模或范围经济。然而，有确切的证据表明，比起多样化业务各自的价值，在涉猎宽泛的 LCFIs 中存在着显著的控股公司贬值，这在企业集团中很常见。

关键问题在于，LCFIs 的风险暴露可能会触发金融系统其余部分的外部性，并造成令人咂舌的社会成本，这可能会远远超出私人成本。但是，因为所有的 LCFIs 位于"大而不倒"的行列，所以隐性的救助担保很可能足以按其希望的那样扭转竞争格局，因此支持其在美国金融系统中日益增长是相当重要的。

5.5 LCFI 救助担保范围的拓宽

2008 年 LCFI 救助担保范围的拓宽包括了美联储吸收由摩根大通并购贝尔斯登和华盛顿互惠银行以及对 AIG 公开注资产生的风险。[1]它也包括使用首批不良资产救助计划（TARP）的 1 250 亿美元注资，来获得政府在花旗、高盛、富国银行、摩根大通、美国美林银行、摩根斯坦利、道富（State Street）和纽约梅隆银行（New York-Mellon）的股权，所有这些都是 LCFIs。摩根斯坦利、高盛、美国运通、CIT 金融集团以及其他可能向银行控股公司转变的企业，都明显地被设计为了"大而不倒"的类型，并拥有政府提供的、可能是低价的、隐形或明确的担保。富国银行对美联银行（Wachovia）的收购、美国银行对美国国家金融服务公司（Countrywide）和美林的收购，以及 PNC 金融服务集团对克利夫兰国民城市银行（National City）的收购，都表明了美国金融系统中 LCFIs 角色的进一步强化，尽管有着明确的政府担保的零售存款总是作为资本结构的一部分。[2]最后，2008 年 11 月对花旗 3 060 亿美

恢复金融稳定性：如何修复崩溃的系统

元的救助再次说明，LCFIs 是不可能倒闭的。

美联储和财政部似乎很积极地鼓励美国金融中介机构之间的合并，以及扩大 LCFIs 的规模，并以此作为正在进行的金融稳定努力的一条基本途径。在这个过程中，它们似乎是在促进小型金融中介机构和现有 LCFIs 的合并。事实上，它们在操纵金融系统，以使其赋予 LCFIs 更大的权力，并且这可能会扩展到未来对大而不倒企业的担保池。在美国金融系统中对稳定性与效率及竞争的平衡过程中，这是否代表着一种实质性的进步，或者它是否代表着创造了大型金融寡头，以至于更难以管理、更难以监管？——所有这些都有着明确或隐性的大而不倒的担保和风险大批社会化的特点，一切都还有待观察。

5.6 监管的挑战

到目前政府不计其数的紧急行动一直都是相对特别的，并且是针对可能会恶性循环的金融危机的。这些行动有财政部提出的长期监管改革建议（"蓝印"）作为补充。这一建议还没有成为法令，它代表了金融系统的关键监管问题以及可能的监管和结构解决方法的研究视角。其他建议来自多种多样的源头，包括 G7 和 G20 的国家和欧盟金融部长的建议和声明。

似乎逐渐成为共识的是，和 LCFIs 相联系的严重监管缺陷亟须被矫正。其挑战在于鉴别需要矫正的监管基础设施而不削减全球资本市场和金融系统整体的竞争和创新效率。

考虑替代方法

有六种监管替代方法可行。

1. 保留历史上的监管结构。该监管结构基于行业细分（商业银行业、投资银行业、保险业和资产管理行业）而建立。在美国，其主要包括美联储、货币监理署（OCC）、商品期货交易委员会（CFTC）和证券交易委员会（SEC），同时还有州保险监管机构，无论何时，所有机构都应执行银行业、保险业和证券业的法律规章。

2. 按活动类型进行功能监管。监管结构可以改为创建一个商业银行业监管机构（包括对存款保险负责）、一个证券监管机构、一个全国

第 5 章　加强对大型复杂金融机构的监管

保险业监管机构和一个资产管理行业监管机构。LCFIs 将基于其特定的活动范围而被交叉监管（见图 5.2）。

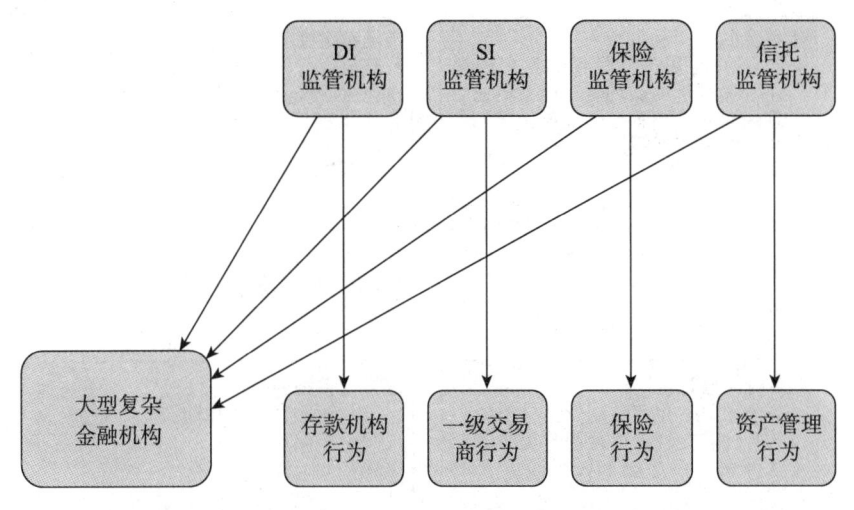

图 5.2　按功能或行为划分的监管

3. 单一监管机构。统一的监管模式存在于英国（金融服务监管局——FSA）、新加坡（新加坡货币监管局——MAS）和其他地区。在前一种情况下，货币当局（英格兰银行）在理论上（如果不是实际上）被严格限制在货币政策的行为上，但其工作和监管机构有紧密联系。单一监管机构可以根据金融功能、商业实务或其他标准来组织。

4. 根据对象监管。监管的基本目标（如，市场稳定性监管，为了最小化市场风险；审慎监管，为了预防机构崩溃）可被定义为使用市场自律、保险和担保（在实际中如在澳大利亚和荷兰的情况）的组合，加上商业行为监管，以确保通过金融市场透明度和机会均等的场所来保护消费者和投资者。

5. 根据对象改进的监管。最好的代表是 2008 年美国财政部的计划。它包括现有美国监管结构后续的创造，其包括五家机构——一个审慎金融监管机构、一个市场稳定性监管机构、一个公司金融监管机构、一个商业行为监管机构，以及一个覆盖银行存款和保险合约的担保机构。这一方法将应用于所有金融机构，无论它们是否被认为大而不倒（见图 5.3 和图 5.4）。

6. 单一独立的 LCFI 监管机构。在这种监管方法下，会创造这样一个监管机构,它全心全意地监管那些被认为对金融系统造成系统性风险的金融机构,以及监管所谓的非LCFIs的独立功能(见图5.5)。

审慎金融监管机构
- 吸收了美联储、联邦储蓄保险公司、美国货币监理署和储蓄机构管理局对所有拥有显性政府担保的中介机构的管理监控功能。

市场稳定性监管机构
- 监控银行、一级交易商、保险公司和对冲基金等的系统性威胁。
- 如果稳定性受到威胁,则进行干预。

公司金融监管机构
- 取代了SEC在公司信息披露、监管、治理、会计监督等方面的角色。

商业行为监管机构
- 吸收了SEC和商品期货交易委员会的管理监控功能以及部分美联储、联邦贸易委员会和州保险监管功能。

联邦储蓄担保公司
- 取代了联邦储蓄保险公司并添加了保险担保功能。

图5.3 重新设计金融监管结构——美国财政部

1. 市场稳定性监管机构(美联储)
2. 审慎金融监管机构(PERA)
3. 商业行为监管机构(CBRA)

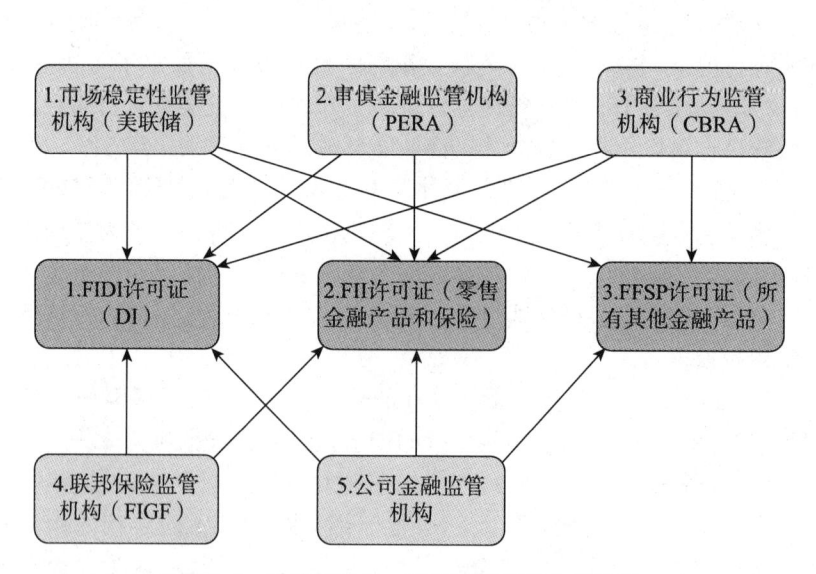

1. FIDI许可证(DI)
2. FII许可证(零售金融产品和保险)
3. FFSP许可证(所有其他金融产品)

4. 联邦保险监管机构(FIGF)
5. 公司金融监管机构

图5.4 财政部建议:按许可证类型分类监管

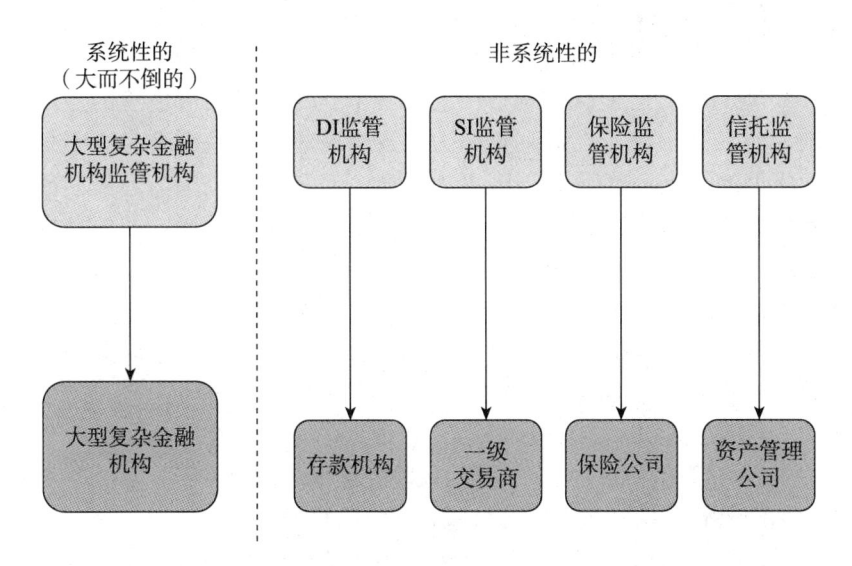

第5章 加强对大型复杂金融机构的监管

图 5.5 Saunders，Smith 和 Walter（SSW）建议：按功能监管

专门针对 LCFI 的监管系统强化框架

我们提倡第六种选择，它代表着一种可行的监管结构，包括对大而不倒的 LCFIs 的独立监管——Saunders，Smith 和 Walter（SSW）建议。非系统性风险机构的崩溃不会给金融系统带来严重的外部性，它们将由关注核心金融功能的监管当局监管。每一监管机构将细化其自身的监管范围，并最终发展成特定功能领域的资深专家。这一监管细化将允许将一定程度上的"健康和适度"包含在监管过程中。

系统性（或大而不倒）的机构将有一个独立的特定 LCFI 监管机构。这一监管机构将覆盖现有系统所有的要素功能领域，同时也熟悉可能导致潜在系统性风险的 LCFIs 的各种金融活动的后果和其间的复杂联系。这个监管机构将作为一个涉及特定活动领域的风险暴露的有效的机构信息搜集者和传播者而存在。相比于其他方案，在捕捉这些巨大机构的关键风险暴露和互相关联中，这一结构格外成功，它在当下金融危机中典型的风险管理失败和治理问题上也一样更为出色。最后，也是最重要的，LCFI 监管机构使用搜集来的信息，将能够更准确地对提供给 LCFIs 的任何明确或隐性的担保定价。例如，可以设置一个基础保险或担保费用——和 LCFI 的资产规模及非系统性风险的属性相连——并收缴基于可测量的系统性风险暴露的额外追加费用。[3]

我们认为 SSW 的建议可能会在所有替代方案中脱颖而出,有以下五个原因:

1. 现有的金融监管结构,在我们看来,足以控制被监管的实体的活动,而 LCFIs 则不在此列,因为它需要特别对待,因其具有不变的大而不倒的特点。监管 LCFIs 更为复杂,必须赋予金融监管者其通常不具备的权力来使 LCFIs 遵从安全性、声誉和竞争规则,即使是以增长和利润为代价。没有这个权力,LCFIs 只会面临额外的私人监管成本,而没有任何措施来确保公众在面对系统性风险时得到更好的保护。这些强化的权力不需要被应用在其他类型的被监管的实体上,而和功能监管机构相比,加强对 LCFIs 的监管所需的技能并不相同。

2. 复杂性要求对 LCFIs 的结构有独到的见解。在其活动的一个领域中的风险可能会触发更多领域的风险。这里的问题在于,需要一个权力加强的监管机构对其进行综合监管和风险控制。

3. LCFI 的公司治理要求对风险暴露有良好的普遍理解。这结合了适当的模式和有效的常识。近来的事件造成了董事会成员在关心公司事务和忠诚度方面的严重不足。和一个有能力的 LCFI 监管机构交流以及接受监管机构的监督,可能对提高 LCFI 公司治理的质量有正面效应。

4. 其他监管方法,如美国财政部所建议的,包括交叉监管和各种监管实体间可能的冲突,同样也涉及 LCFI 层面的信息虚假问题。一个全心全意的 LCFI 监管机构为问题提供了一个解决方法。

5. 大概最重要的是,LCFI 监管机构通过搜集 LCFI 的内部信息,将能够更好地对金融系统内正流行的明确或隐性的大而不倒的担保定价。如前面所讨论的那样,一个 LCFI 监管机构为大而不倒的担保的准确风险定价提供了最大的希望。

判断哪些公司是 LCFIs

这一监管方法将需要鉴别哪些公司是 LCFIs。在最初阶段,这可能需要从资产负债表规模以及表外业务规模两方面衡量。往后监管机构可以设立标准,考虑资产负债表交易风险暴露和其他可能导致一家中介机构被认为是大而不倒的机构的因素。LCFIs 将肯定会包括最大的商业银行、投资银行、保险公司和工业集团的大型金融部门,如伯克希尔—哈撒韦(Berkshire Hathaway)和通用电气,另外也包括任何可能的资产管理者或对冲基金,其一旦崩溃,可能会产生集中规模和风险暴露,并会对金融系统构成系统性威胁。一旦一家机构被认为在一个国家里是大

第5章 加强对大型复杂金融机构的监管

而不倒的,它在其他国家运行的话,也需要建议和鼓励这些国家依此标准对其进行监管。[4]同时,公司可能为了避免进入 LCFI 监管机构的视线,而将其自身分解成小型企业,或者减少那些可能导致其被认为是 LCFI 的活动的风险暴露。

一个关键的基本问题是确定多大的机构才是大而不倒的机构。对系统性和非系统性金融中介机构的鉴别将至关重要,因为这将直接影响与全心全意的 LCFI 监管机构相关联的额外监管成本,以及为了获得大而不倒的担保而导致的增量成本。相应地,将一家金融中介机构置于大而不倒的行列,其鉴别必须是直接的、透明的,而且是能够使用可得数据证实的,并且在说明一家公司是大而不倒的企业的理由时,诸多理由应当是稳健的——在当前危机中,相对较小的公司(如贝尔斯登)就可能逃脱这一鉴别,而因其关联度仍然得以获得救助,这项担保在雷曼兄弟破产后可能涨价。

我们为定义参与商业银行业、证券、保险以及资产管理行业等综合业务并造成系统性风险的公司给出了四项标准。

1. 资产规模。这种丈量尺度是直接的,也是在监管机构和中央银行的数据库中可获得的。它将包括设置一个资产规模的自动开关,所有超出这一水平的公司都将自动被认为是大而不倒的。

2. 资产增长率。总公司资产扩张的速度可能也是影响系统性风险的一个因素。这些公司可能达不到资产规模自动开关的水平,但其一旦崩溃,通过自然发展、并购交易或高速增长的扩张速度可能仍然会产生系统性影响。到那时这些公司就应权衡是放慢其增长速度,还是面对 LCFI 的监管。没有增长标准,面对市场或公司发展时,LCFI 监管就会在关键转折时落后。

3. 复杂性。公司可以基于前面两项标准而避免被划为 LCFI,但其仍然会因为复杂性而造成系统性风险。因为风险,像资本一样,在金融公司内是可替代的,而功能银行监管机构可能不能捕捉到风险的全貌。信用风险、市场风险以及流动性风险可能在复杂金融公司内互相关联,而传统的风险模型不能捕捉到这一点。衡量复杂性的尺度可以由不同商业部门的风险暴露得出,这些风险暴露可能会因行业规模而得以强化,并被赋予更高的权重。

4. 关联度。除了复杂性,在鉴别一家金融公司是否会造成系统性风险时,关联度也应被考虑进来,即使它可能并未达到其他三项标准。一家公司可能在系统的财务流中是中心网点,而它的崩溃会造成系统性的破坏。互为对手的公司或者在其他网络活动，如结算、清算或托管中的主要玩家可能会在此列。尽管它超出了这一讨论的范围，但在其他经济部门（如电子通信）中，网络经济和网络外部性的角色很可能会被金融服务部门采用，以便建立起有效的鉴别机制，用以判断"关联度大到不能倒闭"（TITF）的临界点。TITF 和前述的系统性风险的风险暴露衡量之差别的关键在于，TITF 不能一次性地对一家公司进行定义，所以它基本上改变了监管机构运作的方式。针对每家公司设置监管是不够的。必须有一个工作小组综合所有相关的信息。网络分析可用于鉴别 TITF 的公司——一家公司只有在其和其他 TITF 公司高度相关联时才是 TITF。高度关联意为一方违约可能引起其他方违约。这一定义很清楚地表明 TITF 需要固定点的计算。

图 5.6 列出了很多美国和外国金融服务公司，基于前两项标准，这些公司可能会被列入 LCFI 之列，尽管其中的一些根据后两项标准达不到 LCFI 的水平。

美国基于银行的大型复杂金融机构
- 美国银行（包括美林和 Countrywide）
- 花旗银行
- 摩根大通公司（包括贝尔斯登和华盛顿互惠银行）
- 富国银行（包括美联银行）
- 高盛集团
- 摩根斯坦利

美国基于保险的大型复杂金融机构
- 美国保险集团
- 伯克希尔-哈撒韦
- 谨慎保险公司

其他美国大型复杂金融机构
- 美国运通（现在是一家银行控股公司）
- 纽约梅隆银行
- CIT 金融（现在是一家银行控股公司）
- 通用电气资本
- 富达投资集团
- 道富环球投资

国外以美国业务为主的基于银行的大型复杂金融机构
- 巴克莱集团
- 德意志银行
- 汇丰控股有限公司
- 荷兰国际集团
- 瑞士联合银行集团
- 瑞士信贷集团

国外以美国业务为主的基于保险的大型复杂金融机构
- 安联保险集团
- AXA 集团
- 慕尼黑再保险公司
- 瑞士再保险公司

图 5.6 大型复杂金融机构举例

5.7 全球视角

很明显,以上所建议的方法不能仅仅对美国或英国的LCFIs使用。[5]

例如,美国监管机构可能对美国的LCFIs的海外活动有监管权力,因为其规模(表内和表外的)遍布全球。大量LCFIs身处欧洲或其他地方,而它们的崩溃对本地和全球金融市场都会有系统性影响。LCFIs,像汇丰和瑞银,在美国有大规模的业务,很可能会被纳入美国LCFIs的监管。

为了使这项工作更有效率,全国LCFI监管机构需要在合作方法上达成一致,其可能需要在巴塞尔协议结构下组织起来。[6]全国LCFI监管机构将参与一个跨国组织的特别单元,根据指令协同对LCFI的监管,并阻止系统性敏感机构的监管套利。"监管协会"的优势在于,它通过对LCFIs的协同监管,能够在监管非系统性机构的过程中,允许大量国别差异的存在,进而能够维持防范系统性崩溃的安全网。

所建议的SSW模式将涉及每个国家中有限数量的LCFIs,所有这些LCFIs都将面临集中监管,以确保金融中介机构的安全性和声誉,并保护金融系统这个整体。

参考文献

Ahn, S., D. J. Denis, and D. K. Denis. 2006. Leverage and investment in diversified firms. *Journal of Financial Economics* 79: 317–337.

Berger, A. N., and D. B. Humphrey. 1992. Measurement and efficiency issues in commercial banking. In *Output measurement in the service sector*, ed. Z. Griliches. Chicago: University of Chicago Press.

Boyd, J., S. Graham, and R. S. Hewitt. 1993. Bank holding company mergers with non-bank financial firms: Effects on the risk of failure. *Journal of Financial Economics* 17: 43–63.

Campa, J. M., and S. Kedia. 2002. Explaining the diversification dis-

count. *Journal of Finance* 57: 1731–1762.
DeLong, G. 2001. Stockholder gains from focusing versus diversifying bank mergers. *Journal of Financial Economics* 59: 221–252.
Denis, D. J., D. K. Denis, and A. Sarin. 1997. Agency problems, equity ownership, and corporate diversification. *Journal of Finance* 52: 135–160.
Laeven, L., and R. Levine. 2007. Is there a diversification discount in financial conglomerates? *Journal of Financial Economics*.
Saunders, A., and I. Walter. 1994. *Universal banking in the United States*. New York: Oxford University Press.
Schmid, Markus M., and I. Walter. Forthcoming. Do financial conglomerates create or destroy economic value? *Journal of Financial Intermediation*.
Servaes, H. 1996. The value of diversification during the conglomerate merger wave. *Journal of Finance* 51: 1201–1225.
Stiroh, K. J., and A. Rumble. 2006. The dark side of diversification: The case of US financial holding companies. *Journal of Banking and Finance* 30: 2131–2161.
Walter, I. 2004. *Mergers and acquisitions in banking and finance*. New York: Oxford University Press.

注释

［1］见第15章。

［2］将房利美和房地美列入政府托管并不在此考虑之列，尽管两家机构显然都是TBTF。它们是否被完全国有化或被重组成LCFIs仍有待观察。

［3］见第13章。

［4］见第13章。

［5］见第18章。

［6］协会的概貌，与新的布雷顿森林体系还相差甚远，可见2008年11月G20峰会（www.nytimes.com/2008/11/16/washington/summit-text.html? pagewanted=2&_r=1&sq=g-20&st=cse&scp=1)。

第6章 金融危机后的对冲基金

史蒂芬·J·布朗、马欣·卡克伯茨、
亚历山大·永奎斯特、安东尼·W·林奇、
莱斯·H·佩德森、马修·理查森

6.1 什么是对冲基金？

关于对冲基金策略或者投资方法还没有一个完美的定义。确切地说，对冲基金是一个有限投资合伙机构，其不同之处在于，依据1940年《投资公司法令》的3C1和3C7节，对冲基金可享有在证券交易委员会（SEC）注册的豁免。可得数据显示，在"对冲基金"旗帜下，管理风格有着极大的多样性。

多空策略（the long-short strategy）通常占了对冲基金业务的30%到40%。这一风格组合一直相当稳定（从基金占比角度），但是作为管理资产的一部分，其市场份额也曾发生转变。根据 Lipper TASS 数据库的资料，图 6.1 标明了按风格分类的美元共同基金数量，以及从 2000 年 1 月到 2008 年 9 月各种风格基金所占的比例。虽然基金总数直到 2006 年年底之前一直稳定上升，而在 2007 年和 2008 年有温和的下降，但图 6.1 的第一幅图表明，各类基金所占百分比一直保持相对稳定。

使用同一数据库，图 6.2 显示了按风格分类的美元共同基金的总价值和从 2000 年 1 月到 2008 年 9 月各种风格基金的价值所占的比例。通过比较图 6.1 和图 6.2 可知，比起不同风格的基金数占比，不同风格的管理资产占比有着更大幅度的短期波动。例如，基金的基金的市场份额在过去十年中从 15% 上升到了 20%，然而多空策略股权对冲基金占比事实上却从 35% 跌落到了 20%。依据布朗和戈茨曼（Brown 和 Goetzmann，2003）的研究，仅仅对风格差异的说明就解释了对冲基金收益横截面分布的 20%。

对冲基金行业自 1992 年以来经历了快速增长。根据纽约对冲基金咨询公司 Hennessee Group 的数据，对冲基金管理资产从 1992 年 1 月的 350 亿美元增长到了 2007 年 1 月的 1.535 万亿美元。无论怎样，金融危机确实影响了对冲基金行业。据对冲基金研究（Hedge Fund Research）的数据，自 2008 年年初至今超过 75 只对冲基金已被清算或限制投资者赎回，这是全球金融危机的附带结果。投资者在近几个月内从对冲基金中撤走了 400 亿美元的资金，而市场损失使行业资产蒸发了 1 150 亿美元。自 2008 年 9 月以来的一年内，基金平均收益率为 −10.11%，而股票型对冲基金的收益率为 −15.45%。基于这些数字，自 2008 年 9 月起的一年中，对冲基金的跌幅要小于股票市场。然而，由于自我报告偏差对所报告业绩的影响，和这些数字所显示的情况相比，对冲基金事实上要下跌得更为惨重。

说到基金经理的奖金，诱人的奖金结构（通常是收益的 20%，加上所管理资产的 2% 的管理费）鼓励其承担风险，然而对职业生涯的关注则会对其产生相反的激励。根据布朗等人的研究（Brown, Goetzmann and Park, 2001），基金经理出于对职业生涯的考虑可能会对风险相当厌恶；典型的对冲基金的半衰期为 5 年或更短，而一旦失败基金经理就很难再继续其管理对冲基金的职业生涯。

对冲基金的运营控制通常十分薄弱，这可能会导致基金经理过度承担风险。据布朗等人的研究（Brown, Goetzmann 和 Liang，即将发表），对基金的失败来说，比起金融风险，操作风险是一个更为重要的原因。他们发现金融风险事件一般都在糟糕的运营控制的背景下发生。

第6章 金融危机后的对冲基金

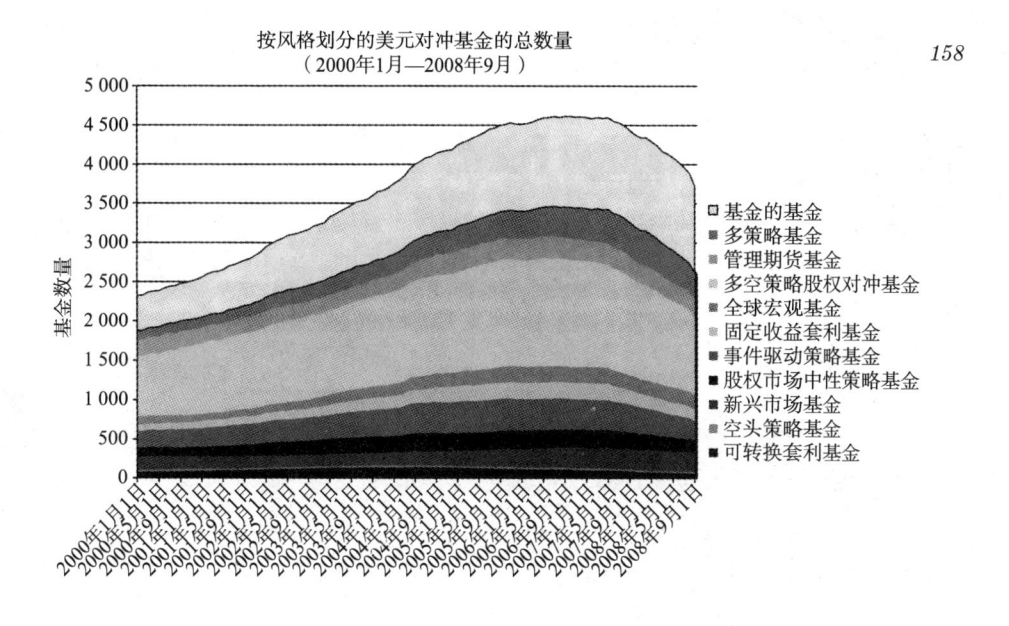

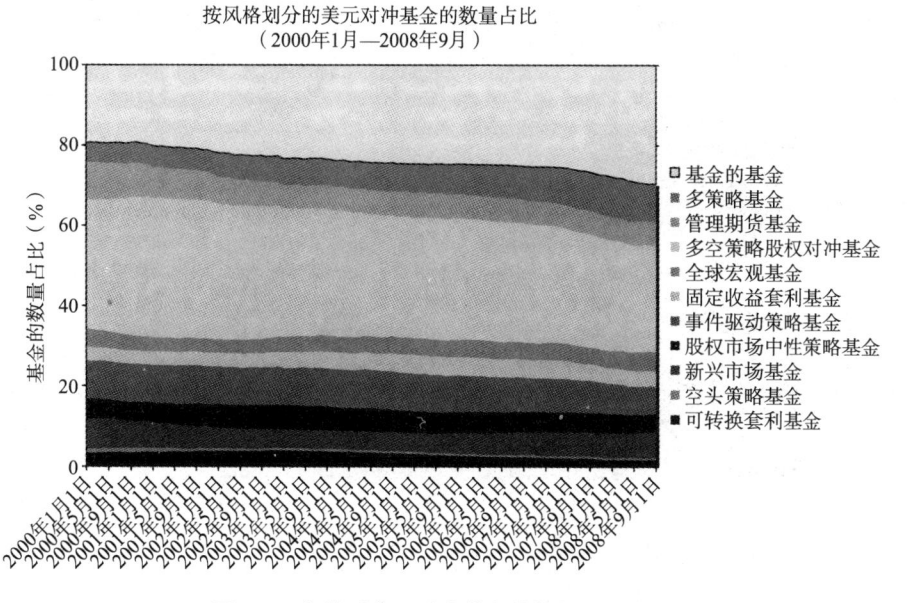

图 6.1　各类别美元对冲基金的数量和百分比
(2000 年 1 月—2008 年 9 月)

资料来源：Lipper TASS 数据库。

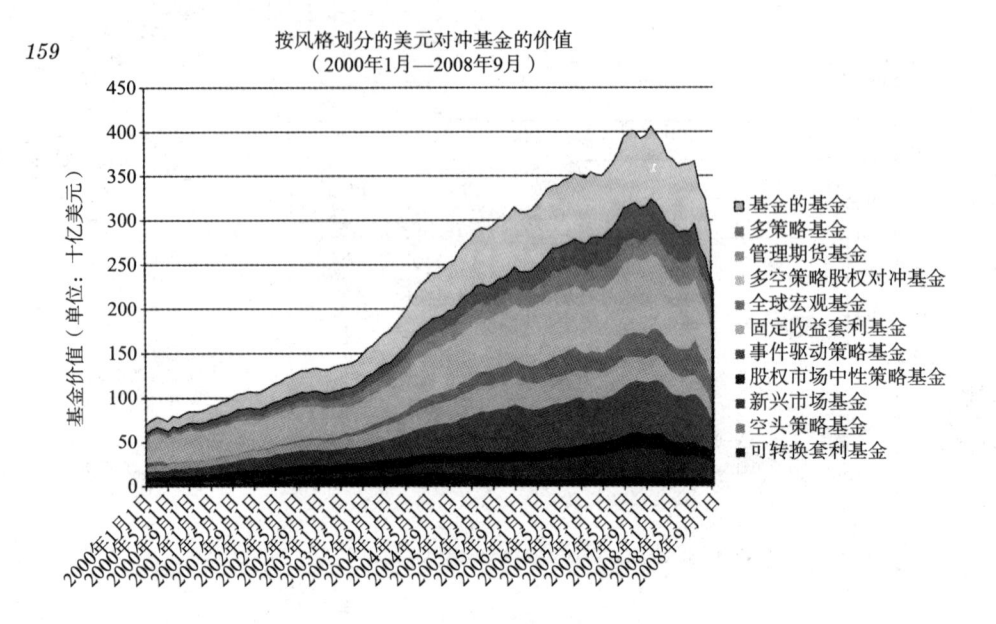

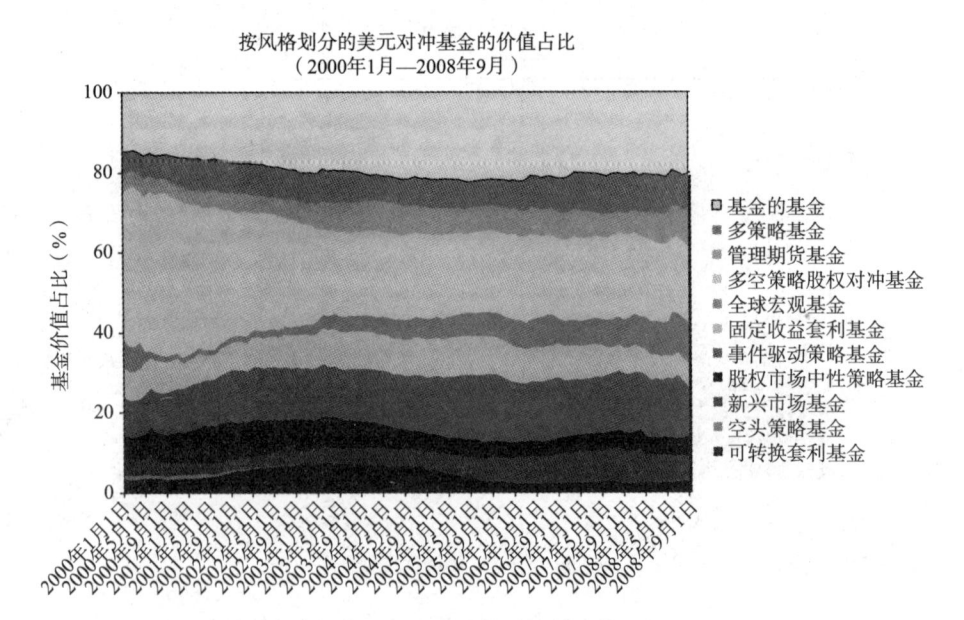

图 6.2 各类别美元对冲基金资产价值
（2000 年 1 月—2008 年 9 月）

资料来源：Lipper TASS 数据库。

第6章 金融危机后的对冲基金

对冲基金出于对模仿的担忧，并不乐意公布其交易策略。根据格劳博和格林的研究（Globe 和 Green，即将发表），私人股权合伙机构对其策略和收益历史保密是广为人知的事。然而，还是存在提供对冲基金信息的市场的，例如各种个人观察报告就包括大量对冲基金信息。

对冲基金有能力卖空资产，这使其能够使用杠杆。而且杠杆意味着它们的权益价值在有限责任缺失的情况下可能下跌。对一些策略而言，杠杆比其他因素更为重要，它大多应用于实施固定收益套利的基金——这些基金在所有的对冲基金中只占非常小的一部分。实施多空策略股票头寸的数量分析型基金也使用杠杆，并有证据表明，这些基金随着时间推移正在使用越来越高的杠杆。

理解对冲基金运行的现有管制环境非常重要。对冲基金一般以私募的形式发行证券，根据1933年《证券法》，其无须在SEC注册。此外，根据1934年《证券交易法》，对冲基金并不被要求提供定期报告。但是和其他市场参与者一样，对冲基金面临着相同的欺诈禁令，基金经理也和其他投资顾问一样有着相同的受托责任。

6.2 对冲基金怎样增加价值？

在与更标准的银行系统并驾齐驱的所谓的影子银行系统中，对冲基金是重要的参与者。除对冲基金之外，影子银行系统还包括保险公司、经纪自营商、货币市场基金、共同基金、养老基金、结构投资工具（SIVs）和渠道等。这个系统中的参与者（如对冲基金）很可能具备（一般来说更多是）和银行业相联系的功能。虽然因其具备此种能力而可实现监管下的套利，一些人也对此提出了批评，但是应指出的是，许多成员，包括对冲基金，并没有明确的政府担保。

对冲基金通过许多方式为金融系统增加价值。首先，对冲基金是市场流动性最初的提供者。如果没有对冲基金愿意在二级市场持有它们，那么许多证券可能根本不会被发行。无论从内部还是系统的视角，银行部门持有特定缺乏流动性的证券的成本都太高了。因为对冲基金投资者多是资本充足的机构或个人，所以对于其来说流动性的价格会低得多。而且，对冲基金也可通过扩张投资者池帮助公司筹集资本，特别是考虑到相对难以定价的证券，如可转债和资产支持证券，更是如此。

其次，如果市场中存在错误定价，那么对冲基金可帮助纠正这一错误。例如，它们的行为可以减少投机泡沫或（更重要的）过度波动发生的可能性。在这种意义上，市场参与者最好能在资产价格正确反映它们的基本经济价值的情况下配置资本，因此对冲基金成为了金融系统重要的一部分。此外，对冲基金也乐意交易不透明的证券，其投资决策进一步丰富了市场信息。并且除此之外，它们对购买特定证券（如次级贷款支持资产）的迟疑也揭示了非常有价值的信息。最后，对冲基金经常在它们持有大额股份的公司中扮演重要的公司治理角色。

对冲基金可能会对金融系统增添外部性，因而考虑是否要对其实行管制时，很有必要先理解对冲基金是怎样为它们的投资者增加价值的。它们提供的投资策略的收益要么大大超出其他可比的投资工具，要么和传统投资和资产类别相关性很低。对冲基金行业的迅速发展表明，投资者确信对冲基金正源源不断地为他们增加价值。

6.3 与对冲基金相关联的问题

虽然对冲基金可以增加价值，但是它们也为金融系统这个总体和（特别是）其投资者带来了问题。我们将逐一讨论。

金融系统内的系统性风险

具有特定风格的基金（如实施多空股权策略的数量型基金）通常遵循相似的策略，因此有着相关联的仓位（注意，当然不会适用于所有基金风格）。实际上，投资标的相近的基金仓位相关，这并不令人惊讶。但是不同风格的基金也逐渐变得关联性越来越大。这大概也不是十分令人吃惊。对冲基金为需要流动性的系统总体提供流动性，所以对冲基金表现相似是再自然不过的事；也就是说，它们都满足了另一方对流动性的需求，并最终获得了相关联的收益和仓位。这说明即使这一共性只是对冲基金作出重大贡献的副产品，它也可能带来系统性风险。

图 6.3 描述了 13 种不同的对冲基金指数，以及它们从 1994—2000 年的时间段到 2001—2007 年的时间段，关联度是怎样变得越来越大的。[1]特别地，此图展示了任意两种对冲基金指数之间两两相关的三种可能方式：超过 50% 的相关联性（粗线条）、在 25% 和 50% 之间的相关性（细线条）和少于 25% 的相关性（无连接线）。从图 6.3 中依次可观察到两个基本的现象。首先，更近的时间段显示了关联度更高的结构。

第6章 金融危机后的对冲基金

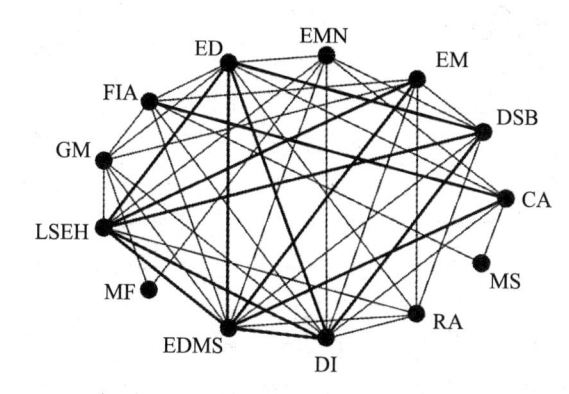

1994年到2000年间的不同对总冲基金间的收益相关性

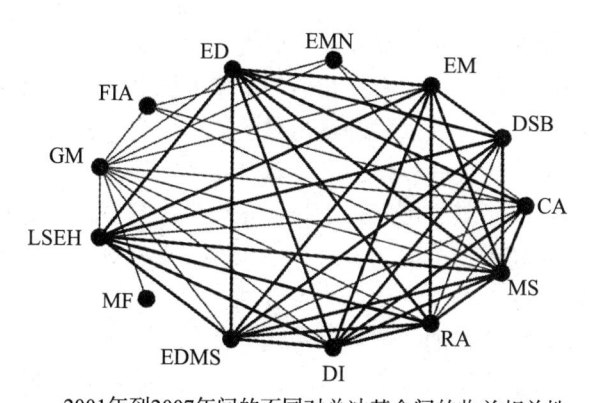

2001年到2007年间的不同对总冲基金间的收益相关性

图 6.3　对冲基金的相关性

瑞士信贷/Tremont 对冲基金指数中 13 类对冲基金收益相关性的图。细线代表 25％ 至 50％ 的相关性，而粗线代表 50％ 以上的相关性。对冲基金分类包括 CA——可转换套利基金，DSB——空头策略基金，EM——新兴市场基金，EMN——股权市场中性策略基金，ED——事件驱动策略基金，FIA——固定收益套利基金，GM——全球宏观基金，LSEH——多空策略股权对冲基金，MF——管理期货基金，EDMS——事件驱动多重策略基金，DI——廉价收购策略基金，RA——风险套利基金，和 MS——多策略基金。

资料来源：Khandani and Lo（2007）。

也就是说，更多的对冲基金种类现在相关联了，更重要的是，其收益相关性超过了50％。图中较近时段的线看起来要粗得多。其次，可能更需警觉的是，多策略类基金在早先时段和对冲基金系统鲜有关联，而现在它却和大多数策略都存在高度相关性。因此，该图表明对冲基金的持有在今天比起2000年之前具有更大的重叠性。[2]

相关性的增长是如何导致系统性风险的呢？其主要有三种途径，而这些途径都起源于一个事实——由于相同或相似的证券价格变动，这些基金同时发生资本侵蚀。第一种，如同布鲁纳梅尔和佩德森（Brunnermeier 和 Pedersen，即将发表）所描述的，对冲基金可能会陷入"流动性螺旋"：同等的追缴保证金要求可能导致产生同样的交易以满足要求，而这可能引起那些股票的流动性枯竭。当这真的发生时，它们的交易可能会使价格偏离基本价值，这就会产生金融系统的系统性风险。特别是，如果银行和其他金融机构有着相似的仓位，而且在加强风险管理时通过交易使价格同方向偏离，那么这就进一步增加了系统性风险（Garleanu 和 Pedersen，2007）。这是对冲基金可能加于金融系统的潜在的外部性。

第二种，对冲基金提供流动性，而大量对冲基金（这些基金相联系的净资产价值非常大）会因采用相似的策略而同时失败，这会使金融系统承担极大的代价，因为这些基金提供的流动性也一并丧失了。这可以是很少的几只拥有相关联仓位的大型基金，也可以是大量拥有相关联仓位的小型基金。单个基金可能很小，但是如果许多基金都采用相似的策略，而因此有着高度相关的仓位时，那么即使没有哪只基金特别大，这些基金也可能会在金融系统中产生系统性风险。

是什么决定所创造的风险具有系统性呢？一个重要的问题是，对冲基金总规模是否大到了这样的程度，即一旦它们崩溃，金融系统就会引发流动性供应的真空，从而遭受损失。另一个重要的问题是，在其他金融系统流动性提供者也在遭受严重资本侵蚀的同时，我们所讨论的对冲基金是否也正失去大量资本？在任何一种情况下，新资本最终可能都会流回金融系统，但是资本流动可能会很慢（Mitchell, Pedersen 和 Pulvino, 2007），而问题在于同一时间金融系统崩溃的程度。

第三种，对冲基金对金融系统中的其他参与者带来交易对手信用风险。当对冲基金仓位变得越来越高度相关时，特别是，如果正好在银行和其他金融机构也造成很高的交易对手信用风险时，那么对冲基金造成的交易对手信用风险对金融系统造成的外部性会上升。如果不能确定对冲基金造成的交易对手信用风险的确切大小，那么这一外部性会进一步加剧。由于其引起的严重而不确定的交易对手信用风险，使如此多的对冲基金拥有相关仓位，这提高了对冲基金可能造成的系统性风险。

注意，对冲基金会因操纵市场而盈利，并会造成其他市场参与者的损失。我们在此处讨论的系统性风险和这个争论无关。相反，这一系

第6章 金融危机后的对冲基金

性风险源于在大量对冲基金采用相似策略时，大量同类损失或者同类策略失败的风险。

和其他影子银行系统中的资产管理行业所创造的系统性风险相比，为什么对冲基金行业造成的金融系统的系统性风险可能更为严重？有两个解释。第一，对冲基金能够使用杠杆，这可以在金融系统中引致一系列不幸的后果。杠杆迫使对冲基金在接到追缴保证金通知时放宽仓位，这就可能使其为金融系统提供流动性的能力瓦解。当价格向相反方向偏离时，它也会使对冲基金暴露在负资产仓位的可能性之下，而这将使它们产生交易对手风险。因为杠杆的存在会使得任何既定的仓位每百分之一的资本承受更大的损失（每百分之一的资本也获得更高的收益），它致使一些对冲基金（通常是那些有着相关仓位的）同时面临更为枯竭的资本储备，这比它们本来可能遭遇的要更严重。

第二，对冲基金仓位缺乏透明度，难以评估对冲基金的杠杆率和风险暴露是多少。这也使得评估对冲基金产生的交易对手风险的大小变得困难起来。因为系统性危机的特点包括投资者恐慌和极端的安全投资转移，透明度的缺乏很可能会引起投资者更极端的反应，而跟着发生系统的流动性挤兑。作为现在危机的一个例子，考虑影子银行系统中的另一类机构，即货币市场基金。雷曼兄弟于2008年9月13日和14日宣告破产之后，最大的货币市场基金之一，第一储备基金（the Reserve Primary Fund），宣告其"跌破净值"（即其净资产价值已经下跌到低于面值），因为其拥有相当大比例的雷曼兄弟的短期债务。货币市场基金以这样一种方式暴露在金融危机下，这一可能性导致了货币市场基金的挤兑，最终政府临时担保了这些基金的所有损失。只要稍微思考一下就不难发现，只要安全的资产（如货币市场基金）缺乏透明度，就能引起流动性螺旋，那么不难理解，透明度更低而风险也更高的基金就可能会引起更大的系统性风险。

前述的第一储备基金的例子也表明，赎回（即资产管理基金的挤兑）是对冲基金需要担忧的另一件事。投资者一般会在基金出现糟糕业绩后赎回股份，而由于采用一定风格的对冲基金通常有着相关联的仓位，在同一时间采用这些风格的所有基金身上，赎回会同时发生。这反过来又引起了这些基金同时清盘，这对金融系统同样可能造成系统性风险。最后，值得注意的是，脆弱的运营控制可导致基金经理承担过度的风险，这反过来可能会使得一些基金（有着高度相关仓位的基金中的部分基金）引起更高的系统性风险，该风险比它们本来可能导致的风险要高。

对冲基金导致系统性风险的例子。 我们简要地描述两个例子，来说明对冲基金是怎样在金融系统中导致系统性风险的。第一个是1998年9月长期资本管理公司（LTCM）的崩溃，第二个则是在此次危机的萌芽阶段发生的，即2007年8月的"量子危机"（Quant Meltdown）。当允许对冲基金对金融系统增加系统性风险时，两起事件都对可能出现的问题发出了警报信号。

长期资本管理公司（LTCM）。 LTCM成立于1994年，最初是在固定收益市场通过投资期货价格收敛交易（convergence trade）获利的——所谓收敛交易，就是寻找类似的证券的价格差异低买高卖，期望通过这些证券价格最终趋于一致而实现套利。[3]因为基金将面临前述的赎回风险，所以LTCM设计了三年的封闭期，以使交易能够有充足的时间实现收敛。在头四年中，LTCM获得了巨大的成功，并成为了最大的对冲基金之一，同时旗下拥有70亿美元的管理资产。到1998年，因为更多的基金开始进入固定收益套利市场，机会逐渐变得稀缺，LTCM对投资者返还了部分基金，但继续管理基金中剩下的资产。为了榨取收益，余下的50亿美元通过杠杆放大到了1 250亿美元的资产价值，基金中大多是通过回购协议市场获得的短期资金。不仅如此，LTCM的表外资产仓位中包括了大约1.25万亿名义价值的掉期、期权和期货仓位。当这些资产的大部分被卖出时，全球就只有六家银行有超过1万亿美元的衍生品储备了。

LTCM收敛交易的基本市场之一是抵押贷款支持证券（MBSs）市场。在1998年5月和6月，资产支持证券市场扩大的利差导致有着如此高杠杆的LTCM损失了其总价值的16%，这个数字是惊人的。同时，所罗门兄弟公司决定关闭其固定收益套利交易，并迅速将基金清盘。作为最大的固定收益套利集团之一，同时也是LTCM的先驱（大多数合伙人来自所罗门），这两家公司的交易颇有相似之处。这一固定收益市场上猝不及防的价格压力被普遍认为是抵押贷款支持证券价格下跌的主因。随后，在1998年8月17日，俄罗斯债务违约，引起了大量安全投资的转移。虽然LTCM对俄罗斯的风险暴露有限，但其他基金也被迫清除仓位，这导致了缺乏流动性的固定收益套利仓位更惨重的损失。结果，LTCM的仓位恶化，到月底时，它依然损失了总价值的52%，杠杆比率达到了50∶1。

接下来的一个月，随着风险偏好在市场上消失，几乎所有LTCM

第6章　金融危机后的对冲基金

的交易都走入了歧途，基金在9月的额外损失达到了83%。公司开始抽走资金，并要求流动性抵押，这将LTCM推入了死亡漩涡。出于对LTCM破产可能造成的系统性后果的担忧［不仅是因为它作为场外交易（OTC）衍生品的最大玩家之一，其交易对手可能遭受牵连，而且也是因为甩卖对其他金融机构可能造成影响］，在1998年9月23日，美联储通过投资银行协会对LTCM组织了紧急救助。

　　量子危机。　虽然对冲基金在现在的金融危机中处于漩涡的中心，但它并没有引起次贷市场的增长，或者使房价跳水以致次贷违约，或迫使金融机构（GSEs，商业银行和经纪自营商）在账面上持有价值7 850亿美元的担保债务权证（CDOs）。然而，正是贝尔斯登旗下的两只高杠杆基金在2007年6月20日的崩溃，成为了次级贷款支持的CDOs滚雪球般崩溃的开始。特别地，当CDOs的价格开始因次贷违约而下降时，基金的债权人之一美林，握有8亿美元的基金资产，并试图将它们拍卖掉。当只有一小部分能被卖掉时，即使贝尔斯登提供贷款以支持基金，然而对CODs的彻底的重新定价还是开始了。到下个月末，这两只基金价值的90%已经蒸发得无影无踪。

　　尽管很难将这两只基金的崩溃与其他市场直接联系起来，但是2007年6月25日，最大也是最知名的投机交易"套利交易"（在交易中投资者做多高收益通货而做空低收益通货），遇到了多年来最大的震荡。具体来说，做多澳元和新西兰币的50%并做空日元的100%，在一天内就损失了3.5%。为了说清这一震荡的大小，我们可以参考以下数据，即这一交易之前三年的每日标准差为0.6%。现在广泛认为对冲基金在多种策略（如套利交易）中的损失，或者可能是风险厌恶的转换，导致了下一阶段的主要事件，即2007年8月6日一周中的定量多空对冲基金策略（价值、要素和统计的套利）量子危机。

　　具体来说，从8月6日星期一到8月9日星期四，许多成功的量化管理的股权市场中性策略基金或统计套利对冲基金都遭受了巨大损失。到8月10日星期五，造成损失的股票价格显著反弹，但未回到原来的水平。然而，面临8月7、8、9日的累积损失，许多受影响的基金已经减少了风险暴露，这使其错过了在8月10日得以补偿部分损失的机会。金融媒体报道，一些最大的定量基金当月的最新损失在-5%到-30%之间。

　　一个可能的解释是"松动（unwind）假说"。[4]这一假说认为，从8月6日到8月9日最初的损失是源于一种或更多的大型股权市场中性策略基金组合因筹集资金或降低杠杆率而被迫清盘，而这一松动的后续价格冲击致使其他相似结构的股票型基金（多空，130/30 和做多策略）遭受损失。这些损失又使得其他基金对其资产组合进行了去杠杆化，产生了额外的价格冲击，这一价格冲击又导致了进一步的损失和更多的去杠杆化，依次循环。促成最初清盘的因素最可能是未担保信贷证券市场在 7 月底的凋零。这一市场包括次级和 Alt-A 级抵押贷款、公司债和杠杆贷款，这些证券的价值也因而迅速下跌。市场为了规避风险而做出反应，因此现金套息交易遭受了数年来最大的冲击，而这又导致了对一些对冲基金的赎回。

这些关于系统性风险的例子告诉了我们什么？这两个例子有着相似之处。第一，随着越来越多的资本追逐越来越少的机会，交易策略已经开始扎堆。[5]结果，公司（如 LTCM 和定量基金）依赖越来越高的杠杆。因此任何损失都会被放大。第二，市场存在普遍的缺乏透明度的现象，这使得很少有参与者意识到 LTCM 或者定量基金和市场其他部分之内在联系是多么紧密。第三，一起突发事件，俄罗斯违约或 CDO 市场的崩溃，都能创造担忧和惊慌的气氛，而所有市场和所有风格的基金经理和投资者的风险敏感度都会因此显得特别突出。第四，市场中一个参与者的大型清盘很可能波及多家公司，并会出现向下的螺旋。

这两起事件都强调了对冲基金显而易见的共性。这两个差异非常大的案例中相似的损失的确暗示了对冲基金部门存在交集。LTCM 的例子中，一个大问题是是否有一组存在内部联系和相关仓位的对冲基金作为一个团体，大到了这样一个程度，以至其由于以下三个原因而出现的同时的失败或崩溃足以在金融系统中产生外部性？这三个原因是(1) 它们提供的清盘服务导致损失，(2) 相伴随的非流动证券的甩卖使得价格远远偏离价值基础，而因此影响其他机构资本配置的决策，或者(3) 相联系的交易对手风险。

对冲基金投资者面临的问题

对冲基金可能会给金融系统带来外部性，是否应该对其实施监管？思考这些问题时，很有必要弄清对冲基金投资者面临的问题，因为监管可能会影响这些问题的严重程度。对冲基金行业给其投资者带来了大量问题。第一，对冲基金仓位缺乏透明度可能使得对冲基金不向其投资者披露杠杆水平。为了解决这个问题，投资者可以要求合同中限制杠杆率（违反这些限制则构成欺骗）。即使这样，基金因为高需求而拥有的议价能力也使其能够坚持不设杠杆限制。

第二，对冲基金大部分时间能赚取流动性溢价。但是在一组基金中存在内部联系和高度相关的仓位，这可能会导致这些基金在某一时段被迫同时放宽相似的仓位，以满足追补保证金要求或满足赎回要求。在这些时候，这些基金被迫牺牲流动性溢价，以获得它们需要的反应速度，而这对其业绩有着负面影响。

第三，封闭期迫使投资者在预定的时段中将其资金留在对冲基金中，而这一流动性的减少对投资者不大可能是好事。然而，有时对投资者最好的是所有基金都被封闭，这样可以防止赎回风潮，它会导致对冲基金以甩卖价被出售。基金规模会影响对冲基金只能获得甩卖价的可能性；小型基金面临甩卖价的可能性要比大型基金小。而且，投资者总是能够等待，直到甩卖价结束之后再赎回，虽然如果其他人早些时候赎回了，那么那些较晚赎回的可能最终将面临甩卖价，并把它当做基金业绩的一部分。面临这一选择，投资者可能会逐渐赎回。投资者可以迟些赎回（并且他们的资产份额也将保留），这一事实可以将这一情形与典型的银行挤兑区别开来。最后，运营风险对投资者投资对冲基金的收益有负面影响。

6.4　原则

关于对冲基金无监管的特点在公共政策领域和学术领域都有着大量讨论。乍一看，对冲基金无监管似乎很明显是不公平的，因为无监管使它们得以利用监管套利，即拥有提供中介服务的能力，与受监管的机构（如银行）形成直接竞争。不管怎样，这一看法忽视了银行拥有的实质性优势，包括存款保险的明确担保，或者因为大而不倒而拥有的隐性担保，这使得它们的融资成本更低。事实上，对对冲基金的基本功能之一，即自由资金交易，还存在争论。因为大型复杂金融机构（LCFI）融资便捷，自由资金交易可能是作为 LCFI 一部分的一项非常危险的系统性功能。例如在当下的危机中，许多主要的减记都与次贷支持资产的赌注相连——摩根斯坦利在一项自由资金交易上损失了 150 亿美元，瑞银集团则在其抵押贷款账目上减记了 200 亿美元资产，美林在其非优质抵押贷款资产组合上损失了超过 300 亿美元，等等。

然而，前面章节的分析表明，在影子金融系统中，一只大型基金或一只小型基金的组合都可能对系统产生重大影响。因此，考虑到对冲基金对金融系统的整体影响，下文所列的都是人们不期望发生的事，因为它们对金融系统都有着外部性：(1) 因同步的基金失败而引起的交易对手信用风险，(2) 对冲基金关联交易使价格偏离基础价值，并且(3) 因同步资本侵蚀导致对冲基金所提供的流动性服务的损失。监管限制对冲基金对金融系统带来外部性，但这通常会限制对冲基金增值的能力，这一能力主要通过提供流动性、纠正定价偏差并为投资者带来好业绩等途径实现。平衡这些考虑因素分外重要。

确定对冲基金行业应有的透明程度，同样包括平衡这些考虑因素。基金投资者透明度使投资者能够更好地监督对冲基金经理，并更准确地评价基金的操作风险。但是其成本很高，因为仓位一旦透明就可模仿，这对基金业绩会产生负面影响。基金和投资者之间达成的不披露协议可能能够尽量减少这些模仿的成本。此外，对监管者透明值得向往，因为这能够帮助监管者衡量和管理潜在的系统风险。

对冲基金需要有到位的正常运转的运营控制，因为一家机构倒闭可能会将整个系统拖垮，这些控制可以降低这种可能性，进而能够限制对冲基金对金融系统的不利影响。最后，必须记住的是，很多对冲基金可以轻易地离开美国，而如果监管成为太过沉重的负担，那么它们很可能就会真的离开。[6]这一考虑降低了监管对冲基金行业的严格程度。

6.5　危机后对冲基金的监管

值得一提的是，很少证据表明，对冲基金引发了当下的金融危机，或者它们在增加其严重性上扮演了任何重要角色。也就是说，有可能对冲基金，或者对冲基金的一部分仍然在对金融系统施加外部性。如果是这样，问题就是怎样管理那些外部性。对于任一为限制某一实体产生的金融系统外部性而设计的方法，对冲基金不该有任何特殊待遇，无论是优惠的还是歧视的。当然也有例外，如从政府处获得明示担保的金融机构（如存款机构）必须接受比对冲基金更多的监管。

透明

最重要的是对监管者透明，这是合意的，因为这可以帮助监管者衡量并管理潜在的系统风险。相应地，也应要求对冲基金向监管者提供有

第6章 金融危机后的对冲基金

关其资产仓位和杠杆水平的规范、及时的信息。被要求提供的信息应包括对冲基金的资产规模（无论表内的还是表外的）及其杠杆率、非流动仓位的比例、资金集中风险以及基金对总体系统性风险的贡献。[7]

公开披露对冲基金的仓位和杠杆水平也能降低对冲基金加于金融系统的外部性，因为披露能降低对冲基金引起的交易对手信用风险。但是关于公开透明还有一事需要考虑。虽然透明对于监管者很重要，但它也可能对大部分金融参与者很重要。公开透明使得基金投资者能够在信息更充分的情况下做出决策，并更好地在基金中配置资产——这可使双方受益。然而，要求公开披露仓位会增加对冲基金的成本，因为对冲基金的仓位披露会为其他模仿者提供便利，这有可能导致对冲基金业绩的恶化。确定在公开透明方面是否有必要对对冲基金实施特殊监管，包括权衡这些得失。如果收益超过成本，对对冲基金引入公开透明的监管可能是有意义的，这样一来可帮助基金投资者更好地监督其基金。举个例子，对冲基金可能被要求定期披露简要的杠杆使用情况。

现在让对冲基金披露其仓位的主要途径之一是 13F。具体来说，13F 要求管理资产超过 1 亿美元的对冲基金在每一季度末尾向 SEC 披露多头头寸，并在季末的 45 天之内向公众披露多头头寸。难以理解的是，为什么多头头寸被要求披露，但空头头寸就不用？多头和空头头寸都应被要求披露，或者二者都不用被要求披露。[8]

需要通过监管来激励对冲基金实施运作良好的运营控制。原因是运作良好的运营控制可为基金投资者带来可观的收益。违反运营控制的惩罚需严厉到足以成为威慑。

系统性风险

因为对冲基金没有政府的担保，因此也不会面临和担保相联系的道德风险问题，任何对对冲基金额外的监管一般来说都是未被授权的。无论怎样，像早先提到的，唯一的例外是，如果对冲基金对金融系统产生外部性，那么就该有额外的监管。如果对冲基金进入大型复杂金融机构（LCFIs）的行列，像 6.3 节中 LTCM 的例子，那么很显然它就需要被当做系统性机构来对待，并需要对其给予相应的监管（和征税）。[9] 如果对冲基金进入被认为有系统性影响的公司的行列，那么它将面临外部性税；换句话说，它将被要求购买保险，以防备系统性状况。[10] 更一般地，如果对冲基金也对金融系统造成了相同的影响，那么任何因金融机构给金融系统带来系统性风险而对其征的税都应该也同样对对冲基金征收。监管的难点在于，如何确定对冲基金何时（如果有）给金融系统带来了系统性风险？

如果一组基金同时给系统带来了外部性，另一个监管难点就出现了。因为这些基金能够在金融系统中产生巨大而不确定的交易对手信用风险，这源于它们拥有通过大型交易让价格偏离基础价值的能力，或源于可能发生的严重的同步资本侵蚀。然而每一只单独的基金却都没有大到拥有进入LCFI行列的资格。

图6.3表明在不同风格基金间存在着高度的相关性。然而，分辨基金的一种方法是按不同风格逐一检查（或者按我们认为相联系的风格的分组逐一检查），确认是否有某一基金风格包含了一组可能构成系统性的基金。可能需要满足下列标准，一组基金才能被认为对金融系统产生了外部性：(1) 这一组基金的总净资产价值必须高于某一给定值；(2) 这一组基金必须产生一定量的系统风险；(3) 这一组基金的杠杆水平必须超出某一给定值；(4) 组内基金收益率间的相关程度必须超出某一界限。[11] 当认为某一风格是一组可能的符合要求的基金时，任一属于该种风格而收益率没有超出特定相关界限的基金，都应该被排除出组。这样一来，即使在同一种风格中，基金实际上实施的策略也会有很大的不同，我们就能正确辨别出哪些基金属于我们需要的组别。

在这样一组基金中，每一只对冲基金可能就其仓位或成交量而言都太小了，和产生系统性风险（和相连的外部性）的金融机构相比，不足以对其采取相同的征税办法。不管怎样，如果这一组基金作为一个单一实体够格支付这些费用，那么每一只基金都应该根据其某一方面（最可能的是仓位或成交量）在基金组中所占的比例来承担费用的一部分。

挤兑

最后的一个担忧和影子银行系统有关。影子银行系统世界中的机构在滚动债务市场上借短期债，极大地放大自身的杠杆率，然后贷款投资长期非流动资产。然而，和商业银行不同，这些机构得不到安全网的保护——存款保险和中央银行作为最后贷款人——用以防止银行挤兑。这就是为什么在当下的金融危机中，我们能够观察到看上去安全的管理基金的挤兑，如SIVs、资产支持商业票据（ABCP）渠道和货币市场基金。一方面，对冲基金看上去更可能遭受这些挤兑，例如，它们投资于流动性较低而风险较高的资产，并且它们更不透明；在另一方面，与货币市场基金相比，它们更多样化，并且面临季度性（而非每天）的赎

第6章 金融危机后的对冲基金

回。事实上可能是因为渠道和货币市场基金缺乏多样性，才导致一旦一只基金报告糟糕的业绩，就会引起挤兑。

然而，有必要思考是否需要管制属于一个给金融系统带来了外部性的组的对冲基金，以阻止投资者因糟糕的业绩而赎回基金。因为基金的糟糕业绩可能导致该基金管理资产的挤兑，相关业绩也会导致相关的挤兑，这又可能进一步加强该组基金对金融系统造成的外部性。下面是一些可能用来限制挤兑的方法。

■ 延长封闭期，虽然这会给想赎回其资金的投资者造成损失。其中包含权衡，我们并不能确切地知道什么样的限制能够最好地平衡两方的考虑。

■ 监管赎回。现在，大多数允许赎回的基金赎回时间都在每个日历季度的末尾。如果对冲基金在一年中延长赎回周期，那么赎回给金融系统造成的外部性将会大大降低。这其中存在三种可能的周期（如果可以月中赎回，周期将更多）：(1) 十二月、三月、六月和九月；(2) 一月、四月、七月和十月；(3) 二月、五月、八月和十一月。再一次，这会增加投资者的成本，因为这一延迟可能会减少投资者赎回后的投资选择（如果对冲基金只在可赎回时接受新资金），也可能会增加由对冲基金引起的交易成本（如果对冲基金在每个月末或更频繁地接受新资金）。

■ 投资者在赎回其资金前，必须向对冲基金给出通知的提前时间，必须对这一做法实施监管。

对此的第一反应可能是，封闭期限制对实施或监管都有难度，但实际情况并非如此。封闭期有助于系统的稳定。如果一个具有系统性的组中的基金没有实行封闭，那么它们将会被迫付费（即征税）。在平衡状态下，一只基金是否实施封闭期限制依其向监管者支付的费用而定（因为投资者偏爱无限制的基金）。最可能实现的系统会对未封闭的基金收取更高的管理费用，以用做对监管者的支付。一般来说，税负成本会被对冲基金委托人和投资者分担。

资本市场安全委员会

在吉特曼斯基等人（Getmansky, Lo 和 Mei, 2004）的研究中，他们为对冲基金的监管提出了以下建议。[12]因为对冲基金是如此多样化而复杂，所以现在要确立适合所有对冲基金的监管规则是不切实际的。与之相对，他们建议参照全国运输安全委员会（NTSB）组建一个资本市场安全委员会（CMSB）。与 NTSB 相似，CMSB 将对金融行业的灾难进行调查并给出报告。CMSB 将组建一个富有经验的专家团队——会计师、金融专家和律师。因为这些专家将一起对所有的灾难进行调查，利用他们的经验，可以确定一组系统性风险的测量方法、重要的原则和可行的监管条例。最重要的是，CMSB 从中可以了解系统的缺陷。这样做的成本很低，同时可以获得极大的信息量。相反，在推测的基础上（和以实际信息为基础相对）建立起来的糟糕的监管可能有许多未曾预料到的后果。

6.6 结论

对冲基金行业在过去 15 年中发展迅速。到 2007 年 1 月，对冲基金管理资产超过 1.5 万亿美元。然而，很少有证据支持这一论点，即对冲基金引发了当下的金融危机，或者说它们在使危机变得更为严重的过程中扮演了重要角色。也就是说，有可能一只特别大的属于 LTCM 类型的对冲基金（或者对冲基金行业的一些基金组）还在给金融系统造成外部性，如果其能够（1）在金融系统中产生巨大而不确定的交易对手信用风险，（2）进行大宗同步交易，使价格偏离基本价值，或者（3）发生严重而同步的资本侵蚀，危及其提供流动性的能力。是否应对给金融系统造成外部性的 LCFI 对冲基金（或由较小对冲基金组成的基金组）实行额外监管，以管理其外部性？人们对此还争论不休。然而，非常重要的是，对冲基金行业的其余基金并未造成外部性，不应对其实施相同的监管。基本的一点是，请记住，对冲基金是一种组织形式，而非一种投资策略。

参考文献

Brown, Stephen, and William Goetzmann. 2003. Hedge funds with style. *Journal of Portfolio Management* 29: 101–112.

Brown, Stephen, William Goetzmann, and Bing Liang. Forthcoming. Estimating operational risk for hedge funds: The ω-score. *Financial Analysis Journal*.

Brown, Stephen, William Goetzmann, and James Park. 2001. Careers and survival: Competition and risk in the hedge fund and CTA industry. *Journal of Finance* 61: 1869-1886.

Brunnermeier, Markus, and Lasse Heje Pederson. Forthcoming. Market liquidity and funding liquidity. *Review of Financial Studies*.

Garleanu, Nicolae, and Lasse Heje Pedersen. 2007. Liquidity and risk management. *American Economic Review*, P&P 97 (2): 193-197.

Getmansky, Mila, Andrew Lo, and Shauna Mei. 2004. Sifting through the wreckage: Lessons from recent hedge-fund liquidations. *Journal of Investment Management* 2: 6-38.

Glode, Vincent, and Richard C. Green. Forthcoming. Information spillovers and performance persistence in private equity partnerships. *Journal of Financial Economics*.

Jorion, Philippe. 2000. Risk management lessons from Long-Term Capital Management. *European Financial Management* 6: 277-300.

Khandani, A., and A. Lo. 2007. What happed to the quants in August 2007? *Journal of Investment Management* 5: 5-54.

Lo, Andrew. 2008a. *Hedge funds: An analytic perspective*. Princeton, NJ: Princeton University Press.

Lo, Andrew. 2008b. Hedge funds, systemic risk, and the financial crisis of 2007—2008. Written Testimony for the House Oversight Committee Hearing on Hedge Funds.

Mitchell, Mark, Lasse Heje Pedersen, and Todd Pulvino. 2007. Slow moving capital. *American Economic Review*, P&P 97 (2): 215-220.

注释

[1] 图表来源于 Khandani 和 Lo (2007)。

[2] 对这一结论的一个重要的警告来源于这样一个事实,即股票收益率倾向于共同波动,而市场上对冲基金的 β 值趋于正值,这很可能是因为对冲基金一般是净多头股。在 Andrew Lo 的教科书中 (Lo 2008a), 23 页的表 1.9 列出了 1994—2007 年同样的 13 只对冲基金指数的 β 值 (与标普 500 指数相关)。13 个 β 值中的 8 个显著为正,只有 1

个显著为负。因此，多数β值是明显非零的，对冲基金指数收益相关性的上升可能是由于指数从第一时段到第二时段β值的上升而非其仓位重复度的提高。

［3］见 Jorion（2000）关于 LTCM 的详述。

［4］这一结构由 Brunnermeier 和 Pedersen（即将发表）建立，而 Khandani 和 Lo（2007）为这一数量事件提供了经验证据。

［5］见 Jorion（2000）以及 Khandani 和 Lo（2007）分别关于 LTCM 环境和量子危机的详述。

［6］见第 18 章。

［7］见第 13 章。

［8］多头头寸被要求披露而空头头寸却不用的唯一可能的解释是，多头头寸拥有投票权，这可能牵连到公司治理。但是 Schedule 13D 文件已经传达了这一担忧。如果一个人或者一群人成为了拥有一个公司超过 5% 的投票权的实际所有人（公司依 1934 年《证券交易法》第 12 节注册），那么他们就必须在购买的 10 日内和 SEC 签署 Schedule 13D 文件，并依此报告头寸和其他的信息。Schedule 文件是为发行证券的公司和从事证券交易的交易所准备的。

［9］见第 5 章。

［10］见第 13 章。

［11］应对组内两两收益相关度的最小值或者百分比收益率方差（为基金组收益率的第一基本构成所解释）的最小值设立门槛。

［12］也见 Andrew Lo 在众议院监督委员会关于对冲基金听证会中的书面证词（Lo 2008b）。

恢复金融稳定性

第Ⅲ部分

治理、激励和公允价值会计综述

维拉尔·V·阿查亚、
拉加拉安·K·桑德拉姆

我们怎么会搞得这么一团糟？在之前的章节中，我们看到的观点大多是关注抵押贷款经纪人的激励，政府支持企业（GSEs）和影子银行系统，并把责任都推到了——至少是部分地——错误定价的担保和有缺陷的金融部门监管上。在这种观点看来，银行处于一个监管者设置游戏规则的舞台；面对这些规则，银行尽其所能地竞争；但是这些规则是如此欠缺，以致故意伤害不可避免地发生了。但是还有另外一种对银行不那么慈悲的观点，使得合理化银行所接受的一般性救助一揽子计划更为困难：危机起源于金融机构自身，起源于公司和监管治理的崩溃和所提供的错误设计的激励。

在接下来两章中（"现代金融部门的公司治理"和"反思金融企业的薪酬"）讨论的正是第二种观点。至关重要的主题是，期待监管治理（基于监督和担保定价）和外部公司治理（基于董事会成员的警觉心）自身在规范大型复杂金融机构（LCFIs）风险承担激励中成功，这逐渐变得越来越不可能了。原因很简单。虽然监管者能够也应该对担保公平定价，但他们对LCFIs每天承担的运营风险的直接影响却微乎其微。以上同样适用于董事会成员；虽然他们可能在满足审计要求方面成功，并能够因此确保监管要求得到遵守，但不可能指望他们具体理解一个在去年把3 000万美元奖金拿回家的明星交易人后来是怎样把事情搞砸的。

此中包含了真相。和实业公司不同，金融公司可以迅速地转换其风险系数。当金融产品变得越来越复杂和不透明时，金融公司需要被管制，但是这要通过提供合理的激励，而非对产品的直接控制来实现。为了理解金融公司中激励是怎样被改进的，很有必要先剖析当下激励结构存在着什么样的问题。

让我们假设一种情形，虽然有点讽刺意味，但其和导致危机的那些年中的真实情况相去不远。设想在经济中，有着对确定坏的但不常见的结果（比如平均每七年才发生一次）的保险需求。保险公司的利润中心识别了这一需求，并为此设计了产品，保证如果出现坏结果，保险公司将对消费者提供支付。这一产品近似于保险公司给了投资者一份无价期权。只要保险公司资产负债表足够健康（至少从表面上看！），投资者就会乐意购买这种产品。既然坏结果很少出现，那么与此同时利润中心是怎样得到报酬的呢？错误的惯例，和很不幸在金融公司中最为普遍的做法，是仅仅根据在过去一年中卖出保险产生的净费用来奖励利润中心。在这一惯例下，利润中心有动机卖出尽可能多数量的保险，因此产生了所谓的"虚假 α"，并且每年末获得大量奖金。在这个过程中，公司风险逐渐累积，到了一定程度，如果看跌期权被运用，那么公司将不可能有足够的资金来支付给所有投资者，其很可能就此违约。但是到现在，利润中心和公司已然成长得如此之大，以至于大到不能倒闭（TBTF），即使有倒闭的情况发生，其也很可能会被政府救助。高层可能被炒，但是利润中心对公司的特权可谓十分重要。即使预计到这些事件，在初期看跌期权也是值得销售的（确实也值得购买）。

为什么金融公司拥有这些短期激励呢？这些公司的高层是因为对游戏熟悉度不够，才没有为其下属设置长期薪酬计划吗？理由是微妙的。高层确实持有这些公司的大量股份，而当他们的公司在过去一年中倒塌时，许多高层也确实损失了可观的个人财富。但是这事本身并不足以使他们为好业绩（冒险）的利润中心提供长期激励，因为问题在于行业范围的协调。这些利润中心的交易商和分析师在公司中是高度可替代的（另一个在金融公司和实业公司间的区别），因此没有哪一家金融公司会和其雇员签订严格的长期估值和薪酬合同，因为它们担心这样做会把雇员推向没有使用相似严格标准的对手。"囚徒困境"型的结果产生了，每一家银行都选择了社会中较差的短期薪酬结构。真正的治理难题是外部性的一种；但对整个金融部门来说则是内在的，只有公司经协调实施重大变革——或者由监管者引领它们这样做，才能解决这一问题。

因此，我们为高层管理和交易部门/高能利润中心的薪酬一揽子方案提出了三条建议：

1. 进一步披露薪酬一揽子方案和评估标准，提高透明度。
2. 更长的股票持有期和更严格的丧失权利规则——例如，要求被解雇的失败高管和交易商在离开时，持有其所拥有的股份至少36个月。
3. 体现多年期结构的奖惩模式（bonus/malus），在方案中把出色的业绩在奖金池中累积，而糟糕的业绩则做相应扣除，只有在奖金池经一段时间扩大后予以兑现。

为了实施这些改变，监管者应该采取两个步骤：

1. 监管者应采用护航的方法，包括通过劝告使最重要的LCFIs同意以前述原则为基础，设计最佳薪酬实施方案的基本框架。当然，监管者因为救助一揽子方案而争取到的金融部门当下的杠杆水平，也应被用来影响这一安排。
2. 除了优化薪酬实施方案，监管者也应限制监管套利，确保提供给金融部门的担保是被公平定价的（如下面的章节所解释的），而且作为谨慎的一步，也应提供——或者帮助提供——针对LCFIs的董事会成员的关于资本预算原则的基础教育，并应明确资本预算原则依赖于长期资产回报率（ROA），而非风险诱导的短期股本回报率（ROE）。

讨论中遗漏的而在危机中再三体现的重要的一点是，公允价值会计或者按市值计算的会计的作用。特别地，如果公允价值会计在资产流动性不足的艰难情况下被放弃，那么按市值计算的价值也会使更为健康的机构的资产组合贬值，即使它们可能并不需要马上出售这些资产，贬值也会反过来提高人们关于其偿付能力的担忧，哪怕这仅仅是流动性不足的问题。这一主题是这一部分第三章的中心议题（"公允价值会计：信贷紧缩引出的政策问题"）。

在我们看来，对公允价值会计的非议即使在艰难时期也不足以令人信服。一个交易商对金融公司最重要的功能可能就是按市值计算其价值。没有这样的计算，公司将无法聚集其不同的仓位或理解其风险的风险暴露。当然，这是公允价值会计最基本的原理。批评公允价值会计的人遗漏了关键的一点，即如果在艰难的情况下公允价值会计被停用，那么市场参与者和一家公司交易、或向其提供信贷或融资的意愿会更低。如果公司不再报告任何关于其自身的合理价值，那么投资者怎么可能知道公司的资产负债表是怎样的，以及是否流动性充足呢？一个突出的例子是法国巴黎银行，它于2007年8月9日声明，对它的三只货币市场基金停用净现值（NAV）的计算方法，因为资产支持证券（ABSs）的市场，特别是次贷市场，已经出现了相当程度的流动性不足。这一声明的后果是市场冻结，货币市场投资者放弃了对资产支持商业票据（ABCP）的滚动还债。自此之后这一形式的融资还没有回到资产支持证券的行列中来。

更坏的是，只在艰难时期停用公允价值会计的做法也会引起金融公司过度承担风险。考虑早先保险公司出售看跌期权并每年按出售费用赚取盈利的例子。如果在一些年份中公司所保险的结果不大可能出现，那么过去出售的看跌期权的公允价值就会下跌。这会导致利润中心按市值而盈利，管理者在年末将急切地想要将其兑现。然而，当平均法则发挥作用，而坏结果即将出现时，看跌期权的公允价值就会上升，并造成利润中心的损失。如果在这时利润中心迫切需要停用公允价值会计，那么这一点都不令人惊讶。

因此我们相信：

■ 美国财务会计准则委员会（FASB）和证券交易委员会（SEC）这样的监管者对所有的金融工具都应继续支持现有的公允价值会计的要求及其应用范围。

■ 但是监管者可能会考虑，对公司在非流动资产的公允价值会计上如何使用内部模型提供额外的指导，但是只能在强制公司披露其计算的基础和损益的透明度的条件下这样做，因特定资产的非流动性，这些损益原本并不透明。

第7章 现代金融部门的公司治理

维拉尔·V·阿查亚、詹妮弗·N·卡朋特、
泽维尔·加贝克斯、科斯·约翰、马修·理查森、
马蒂·G·萨布拉曼亚姆、
拉加拉安·K·桑德拉姆、埃坦·泽莫尔

7.1 简介

大型复杂金融机构（LCFI）的杠杆化程度非常高，其杠杆率高达90%。许多LCFI都拥有明确的存款担保的保护，大部分受到"大而不倒"的潜在保护。[1]LCFI的这些特征引起了很多重大问题。第一，它们带来了过度杠杆化和冒险行为的潮流。第二，明确或潜在的政府担保——通常是免费的或价格被低估的——使得债务监督工具变得迟钝（在正常情况下，它可以对冒险行为施以市场惩罚）。第三，这些机构的规模使其免受市场动荡的影响。最后不断加强的复杂性削弱了现有股东和非执行董事对公司的

管理。和工业领域的企业不同，LCFI 的风险情况会因交易员和证券柜台的行为而改变，这使得本来就很少开会的董事会越来越难以完全掌握公司风险的速度和形式。图 7.1 反映了当前 LCFI 的治理结构，为本章的讨论和监管建议提供了框架。

虽然在金融危机发生前的几个月，就有大量的证据直指这些公司的股权治理力度不够，极高的杠杆化程度以及内部风险管理的失败都表明，股东治理存在很大的问题。讽刺的是，风险管理失效报告指出，银行家通常只把满足监管约束作为谨慎的风险管理的目标。如果无视债权人参与公司管理的担保原则，并且任何消除过度冒险激励的努力都会受到可能存在的监管套利的损害，那么 LCFI 的监管治理能以一种稳健的方式将风险降低到有效水平吗？

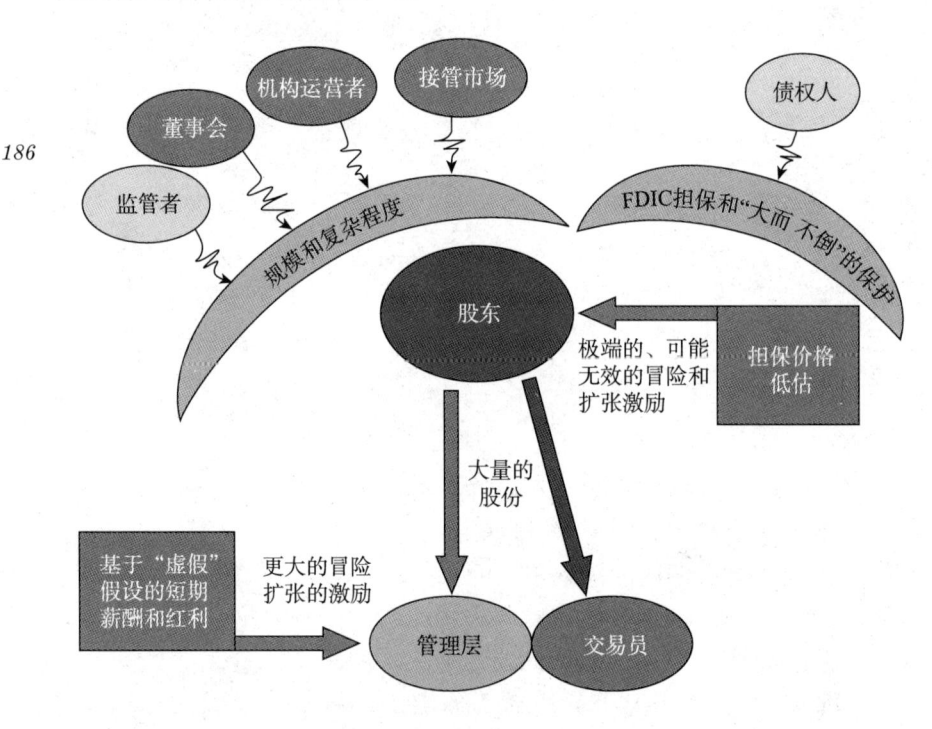

图 7.1　LCFI 现行的治理结构

该图反映了 LCFI 的公司治理结构，尤其体现了两大因素：政府担保的价格低估、规模和复杂性。这两个因素导致在标准治理结构下能够发挥作用的市场惩罚对其无效。因此，股东有激励采取过于冒险的行为，并很可能将短期薪酬的实施成本完全转嫁给利益相关者。

从监管者的角度看，我们最重要的政策建议是，担保应当正确定价

(即在适当的范围内,与公司的风险水平相一致),并且定价方式应持续更新。另外,一种加强监管的潜在机制是,要求这些 LCFI 的董事会必须包括一个监管者以及主要的次级债债权人。由于这种方式在政策制定上和实际实施过程中可能存在很多障碍,为了取得所有银行的一致性,可以采用另一种方法,即所有的独立董事会成员必须接受关于经营细节、LCFI 复杂产品以及适合杠杆程度较高的公司的资产预算实施、绩效考评标准制定等方面的教育。

我们认为更重要的是,在金融机构的复杂性程度不断加深的情况下,政策讨论还应该密切关注内部治理。我们能期望仅仅通过监督和质询,就能使那些日常行为与利润中心无关的 LCFI 董事会和监管者取得良好的经营结果吗?当然不能。然而,如果他们能够保证建立内部治理机制,就可以做到。

针对这一点,我们有很多具体的建议,这些建议都是通过妥善设计对高管(以及一些重要的底层员工如交易员)的激励和薪酬来实现的。第一,完善的薪酬架构会促使管理者最大化公司价值或资产收益率(ROA),而不是通常情况下的最大化股票价值或净资产收益率(ROE)。当债券定价不公平且不连续时,后者容易产生过度杠杆化和冒险行为的激励。第二,公司创造的价值应当以资本成本作为核算基准,不仅要反映经济繁荣时(担保基本可以反映债务成本,不随风险的变化而变化)的情况,还要反映经济低迷时(公司被迫进行将会稀释股东利益的资本担保)的情况。这两方面的建议都旨在做出更好的资本预算决策。

第三,现行的薪酬结构似乎过于聚焦在短期上,这同样会导致过度冒险行为。我们建议 LCFI 使用拥有递延报酬特征的更长期的契约合同。受限股、奖金收回制度、激励账户(例如参见 Edmans, Gabaix and Sadzik,2008)以及与长期利润相关的奖金池都会优化高管的薪酬结构。我们建议监管者不要将薪酬结构置于微观层面上,而应采用相对平和的方式来将行业均衡从短期绩效评估移向长期。当金融公司陷入无效均衡时,即实施总体而言更有效的长期薪酬结构的公司害怕自己的员工会跳槽到那些继续实施现行的短期薪酬结构的公司,帮助整个行业协调其行为可能是监管者所能提供的最好的服务了。

7.2 LCFI 的公司治理

一般地,公司的治理机制都试图将管理目标与投资者的利益结合起来。管理者通常只掌握公司一小部分股权，但由于指导其决策的合同的不完全性，他们享有很大程度的自主决策权。公司治理结构一般包含两个方面：对管理者的监督机制（公司董事会、债权人监督、大股东）以及联系管理者与股东的机制（他们有很强的激励要建立薪酬结构，解雇表现不佳的 CEO，替换现任的管理层）。那么 LCFI 的公司治理有什么特别之处吗？

为了理解这一点，下面将首先说明 LCFI 的资本结构与常规的金融公司有何不同。从负债的角度说，LCFI 的杠杆化程度非常之高，90% 以上的资本所有者是债权人（包括储蓄者）。此外，联邦存款保险公司（FDIC）也是其资本所有者，作为储蓄担保人向 LCFI 沽出看跌期权。在这种只将管理者和股东利益联系在一起的公司治理结构下，公司价值最大化的目标可能会大大偏离，应该建立一种治理结构，将管理者的利益与债权人、FDIC 及股东的利益联系起来。

债权人和监管者的监督也是 LCFI 治理结构的重要组成部分（详见 John and John, 1993）。我们能够期待债权人提供怎样的监督呢？这取决于 LCFI 是否为储蓄机构。在储蓄机构中，最大的债权人是储户。一般而言，储户多是小股东，监督的激励非常小，并且容易发生常见的搭便车的行为。而更大的问题在于，储蓄担保的存在会进一步削弱监督的激励。因此，认为债权人会实行有效监督是不现实的。这就意味着，监管者作为社会计划者，应当代表储户的利益在监督中起到主要作用。当然，由于监管者为储蓄机构提供担保，他们也有激励实施监督。因此，在储蓄机构中，监管者的作用至关重要。

如果 LCFI 发行了次级债，那么次级债的持有者也可以进行监督，具体的机制包括债务合同的强制力、次级债的正确定价（后者由于可能存在对大而不倒机构的潜在保护而难以实现）。事实上，对于杠杆化程度较高的非储蓄金融机构，其监督治理会很大程度上依赖于债权人。

为了说明 LCFI 的监督管理可能出现的失败的影响，我们可以从概念上描述其最优治理体系的特征。我们以 FDIC 担保为例（此处的推论同样适用于政府提供的其他形式的担保，如为大而不倒公司提供的潜在保护）。假设债券和 FDIC 担保的定价都很合理，正确的治理体系应为最大化 LCFI 总价值（即所有资本价值之和，而不仅是股本价值）提供激励。也就是说，通常人们由公司治理所联想到的股权治理只是最优治理结构中的一部分。除此之外，在某些特定时期，即使股权治理有效，LCFI 的总价值也有可能没有达到最大化。

如果 FDIC 担保定价合理，那么最大化 LCFI 有担保资产的价值等价于最大化无担保资产的价值。相反，如果定价不合理，那么在制定公司治理结构和管理激励时应将目标定位于最大化无担保资产的价值。否则，在 FDIC 保险定价差别博弈的过程中，LCFI 高管会做出价值毁灭的决策。近期，FDIC 正朝着正确的方向迈进，它改变了为机构存款担保的收费标准，开始对可识别冒险激励的储蓄机构收取额外费用。新的存款保险定价体系试图通过将考核评级、财务比率以及大银行的长期债券发行评级结合起来以控制风险。然而，在正常期间，FDIC 未使用的保险金不可返还给银行系统（当前的实际情况是返还给了银行），否则定价就是无效率的，这一点也非常重要。

在前面的分析中，我们假定 LCFI 没有给金融系统以及整个社会带来正、负外部性，但现实中其实存在很大的外部性。如果这样的话，LCFI 的最优治理结构设计以及相应的管理激励设计就应考虑其外部性。例如，如果 LCFI 的风险转移活动给金融系统及整体经济带来了负外部性，那么其治理结构的设计应引导管理层采用比起总价值最大化来说更为保守的策略。比如，一个很自然的解决方法是不仅对存款机构收取保险金，还应根据它对系统性风险的贡献收取风险费用。在现行的 FDIC 规则下，这可能会导致个体财务比率翻倍，或在 FDIC 的担保定价公式上增加系统性风险元素。[2] 由于大部分金融公司对系统性风险的贡献很小，因此 LCFI 应承担最主要的部分。

在下面的讨论中，我们将考察 LCFI 的公司治理是否失效以及管理薪酬设计是否最优，并会比较 LCFI 的股权治理和债权治理。此外我们还将讨论与高管薪酬和资本预算设计相关的会计准则，考察适用期限越来越短的管理者合同、交易员合同的激励效果。最后我们会提出一些具体的关于加强 LCFI 债权或监管治理、改善薪酬架构的建议。

7.3 治理真的失灵了吗？

在简介部分，我们提到过 LCFI 的最优治理结构应平衡股权治理和适当强度的债权或监管治理，本节将评估是否能够实现这一平衡。首先我们将考察公司治理的结果是否与股权治理实效一致，然后考虑损害股权治理的因素是否会更大地损害债权治理。

股权治理

一方面,虽然股权治理有可能走向错误的方向,但其也可能产生很强的效果,尤其是一些将管理者和股东紧密联系起来的高管薪酬条款。通常,金融机构管理者会以公司长期受限股票的形式获得很大一部分报酬。事实上,商业银行和投资银行的大量股权都掌握在员工手中。的确,包括高度杠杆化、扩大经营范围、风险管理缺失等在内的风险转移策略可能会导致治理结果与那些和股东利益密切相关的治理结构(即高水平的股权治理结构)的结果完全一致。[3]这也许是花旗集团的 CEO 查克·普林斯(Chuk Prince)所谓的"只要音乐在回响,你就不能不起舞"(《金融时报》2007年7月9日)的一种解释。此外,虽然有些人认为支付给银行家的高薪酬标志着股权治理的不力,但也有人解释说,这是那些完全竞争劳动市场上经营天赋出色的人所应得的,例如加贝克斯和兰迪尔(Gabaix and Landier, 2008)论证了这种机制如何解释美国公司的薪资规模。

我们看到的巨额损失中,很难界定有多少是来自无效的风险策略,有多少只是因为下错赌注。但为什么即使股权治理效果显著,还是可能导致冒险策略的产生?这其中有很多原因。比如在公司治理有效的情况下,大而不倒公司的保护、有偿的储蓄担保以及最低资本要求都有可能导致这样的结果。

另一方面,关于股权治理为什么力量较弱,也有很多的原因。LCFI 独有的特性可能阻碍了股权治理机制作用的发挥。第一,LCFI 的规模巨大,进行有效的管理和干预需要大量的股票所有权,即使是规模较大的机构和对冲基金也难以实现。一个典型的激进主义对冲基金交易员通常认为积极治理需要 5%~15% 的股份,但即使要拥有 1% 的股份都很难。另一个阻止积极治理和敌意接管的因素是这些金融机构的复杂性。金融产品错综复杂的特性及其在衍生品、信用互换和其他复杂工具中地位的复杂性,让机构和交易员很难对其实施外部的市场约束。

在没有外部市场惩戒的情况下,公司的董事会更加激进,但规模和复杂性这两个因素也会阻碍董事的行为。由于 LCFI 的董事持有的股份极小,交易活动也越来越复杂和富有技术性,董事们很难问出有深度的问题,这就导致公司董事和管理者之间存在信息不对称。

最后,市场竞争的惩戒效应也无法补偿其他治理机制的缺失。由于银行受到管制,对初始资本的要求使得进入该行业存在困难。另外,由于建立交易柜台、交易结算和清算、企业风险管理等存在固定成本,新进入的小银行也很难与已存在市场中的 LCFI 竞争。

债权治理和监管治理

虽然可能存在股权治理失灵的迹象,但基于相同的原因,监管和债权治理的失灵可能更加严重,这会导致 LCFI 采用风险性策略。LCFI 的规模和复杂程度、其金融产品和交易的复杂性可能让监管者难以问出有深度的问题,从而引起监管无效。

解决之道包括加强监管治理。与萨班斯—奥克利法案中提到的独立审计委员会的精神相似,LCFI 的董事会中可以引入一个主要的债权人或监管者。在得到银行审计员提供的信息后,这位监管者至少可以在董事会上问出一些有深度、较尖锐的问题。在杠杆化程度同样很高的非储蓄金融公司,加强债权治理是非常重要的,最大的债权人同样可以以类似的方式为董事会服务。

在所有的大银行中都设立这样的监管者或债权人,无论从政策层面还是实施层面都存在很大的障碍。也许有人会说,现行的将大量银行审计员分派到各机构的监管系统在保护监管者利益方面已经卓有成效,如果银行委员会相信这一点的话,那么新方案的实施就会存在很大政策阻力。此外,监管者唯一的利益应该是为储户服务,因此可以防止管理层实施有创新但高风险、净现值(NPV)为正的项目。最后,监管者可能遭遇政策压力,迫使其难以追求金融机构利益的最大化。

另一种想法是通过加强 LCFI 董事会在运营细节和产品方面的信息和能力来提高其管理能力。包括监管者在内的所有董事应当获得公司重要的运营细节和复杂金融产品的相关信息和培训。这些信息应包括多部门公司的资金预算细节,它反映了最低可接受报酬率和财务风险,以及融资成本在不同的经济状况下的区别,不同财务指标如资产回报率(ROA)或投资回报率(ROIC)与净资产收益率(ROE)的区别,估价的标准,不同的杠杆率与注资比率如贷款资产比率、资产负债比率和有形权益与有形资产的比率的区别,以及控制总体风险的基本原则、具体办法和实施情况。

7.4 金融公司的薪酬结构

本节将讨论金融公司的薪酬特征,重点将放在以下两点:(1)公司投资决策和 CEO 薪酬篮子的关系；（2）高风险公司的员工的冒险激励和其薪酬的关系。[4] 最后将以一些政策建议结束。

CEO 的薪酬和最优投资政策

与 LCFI 公司的最优治理方案相同，最优的 CEO 薪酬方案应该引导 CEO 制定公司总价值最大化的投资策略，而不应仅仅是将其激励与股东的利益联系起来。[4] 此处所谓的总价值要考虑到公司对金融系统和整个社会带来的外部性。

LCFI 的高管薪酬结构中有很多的缺陷。债权治理本来就不够完善，但高管薪酬还激励管理者最大化股票价值，而股票价值的衡量又是基于一些鼓励高风险行为的财务指标，如 ROE 而非 ROA 或 ROIC。事实上，几乎所有的 LCFI 都只依赖于 ROE 这一指标，采用与公司风险和财务杠杆率无关的临界值（见 Acharya and Franks, 2008）。这种薪酬结构使得管理者和交易员都趋向于采取更为冒险的行动。

为了提供最大化公司价值和采用恰当的风险承担的激励，金融公司高管的薪酬结构除了包括基于股价的报酬，还应包括债权性质的证券，如递延报酬（见 John, Saunders and Senbet, 2000）。管理薪酬也应包含赋予 CEO 以长期视角的机制。例如，应更多地采用长期合同，如受限股、奖金收回制度、激励账户（见 Edmans, Gabaix, and Sadzik 2008），并且奖金池应与长期利润相关。此外，CEO 还应该在他们离开公司的一段时间后，仍持有该公司的股票，详细的可以参见瑞联集团最近实施的薪酬结构和奖金修正案（《金融时报》，2008 年 11 月 11 日）或高盛集团的薪酬结构。一个设计完善的包含长期概念的薪酬结构将激励 CEO 采用价值最大化的策略。

总价值最大化原则同样为绩效的衡量提供了正确的标准。公司创造的价值应当以资本成本作为核算基准，不仅要反映经济繁荣时（担保基本可以反映债务成本，并且不随风险的变化而变化）的情况，还要反映经济低迷时（公司被迫进行将会稀释股东利益的资本担保）的情况。这两方面的建议都旨在做出更好的资本预算决策。

交易员的薪酬结构与反常激励

金融机构所面临的最重要的问题是机构内银行家和交易员反常激励的存在。由于交易员很少或没有从公司获得非货币收益，而他们的行为对于公司各方面都有边际效应，因此存在道德风险，激励交易员冒险。

第7章 现代金融部门的公司治理

而大部分的报酬是以与短期利润相关的奖金的形式发放的,并且奖金是单方面的(也就是说,状况好时为正,盈利少时却不可能为负),交易员们更愿意采用风险较高的策略,而非最大化股东价值的策略,更不必说最大化公司价值了。

在当前的危机中,这导致债务抵押债券柜台积累了相当多所谓 AAA 级的投资组合,这些组合实际上等价于因为一些稀有事件(如大量的次级债违约)沽出的看跌期权。在大多数时期,CDO 交易会为人们从期权溢价中赚到巨额的酬金,并作为利润入账,而后将其中的一部分作为奖金支出。事实上,2004—2006 年华尔街支付的最大额奖金中有很多都与这样的结构产品有关。很自然地,当稀有事件发生时,公司会被置于危险之中,然而大部分损失都由公司其他员工和股东承担,2007—2008 年就发生了这样的事情。

金融行业的虚假 α(即薪酬基于当期奖金池中的短期超额报酬)并没有考虑接下来会面临的低回报率或损失,而当前的行为是应当为此后果负责的。这就导致了一个不合理的体系的产生:交易员以损害股东的利益为代价来最大化他们自己的当期报酬;一味使用杠杆工具而不顾其对公司破产风险的影响;向风险管理者、高层管理人员和监管者报告说一切都好,虽然情况并非如此。这个问题的详细讨论请见第 8 章"反思金融企业的薪酬"。

建议

我们建议监管者不必控制 LCFI 的具体合同条款,也不必过细地管理薪酬结构,相比之下,我们更倾向于寻求一种平和的方式将行业均衡由短期绩效评估移至长期。我们相信一个规制较少的基础架构可以激励公司更新其 CEO 薪酬设计,同时也能为公司制定具体的措施留有空间。当金融公司陷入无效均衡,即没有一个公司愿意冒着失去员工的风险率先创新时,帮助一个行业协调各公司的行为可能是监管者能够提供的最好的服务了。

我们提出了以下两条有利于达到更好的市场均衡的具体的监管策略:(1)更正 FDIC 保险费的定价。(2)为递延报酬提供税收优惠。例如 John,Saunders 和 Senbet(2000)提出了这样的看法:如果 FDIC 担保定价合理,那么投资政策实施过程中薪酬结构的激励作用将得到保证。一个高能激励架构提供的报酬高于包含递延酬劳的激励架构,因为前者会诱使员工采取风险更大的投资策略。也就是说,FDIC 担保费用的合理定价能自动地激励 LCFI 为其高管设计公司总价值最大化导向的薪酬结构。

除了通过存款保险沽出看跌期权，在未来的某些状态下，监管者在 LCFI 还有其他的索取权，并可以以一些隐性担保的形式来救助公司。其中一种可能的方式是，监管者在公司的薪酬结构上施加约束。现行的 1991 年联邦存款保险公司增进法为资本严重不足公司的高管的薪酬水平和期权结构强加了很多限制。我们认为，对各 LCFI 薪酬结构的监管应该最小化。对于声誉良好的 LCFI 应针对递延报酬、长期报酬等方面给予税收优惠政策。在这种税收政策下，LCFI 还是能够自行设计其最优薪酬结构；由于所有的 LCFI 面临类似的税收环境，它们可以在同一个平台上相互竞争；这种优惠政策在历史上是有先例的（比如见《国内税收法》(the Internal Revenue Code) 第 162 章，这是 1994 年颁布的一部税法，规定对激励性的薪酬提供税收优惠）。类似地，也可以实施针对递延报酬的税收优惠。

即便设计出了能产生最优行动的薪酬结构，监管者监督 LCFI 的能力、通过坚决贯彻杠杆约束来直接控制风险的能力、公司的资本充足率、成交量限制等仍是一个健康金融系统最基本的组成部分。

参考文献

Acharya, Viral, and Julian Franks. 2008. Capital budgeting at banks: The role of government guarantees. Report prepared for Knight Vinke Asset Management.

Edmans, Alex, Xavier Gabaix, and Tomasz Sadzik. 2008. Dynamic incentive accounts. Working paper, New York University.

Gabaix, Xavier, and Augustin Landier. 2008. Why has CEO pay increased so much? *Quarterly Journal of Economics* 123: 49-100.

John, Kose, and Teresa A. John. 1993. Top-management compensation and capital structure. *Journal of Finance* 48: 949-974.

John, Kose, Anthony Saunders, and Lemma Senbet. 2000. A theory of bank regulation and management compensation. *Review of Financial Studies* 13: 95-125.

第 7 章　现代金融部门的公司治理

注释

［1］见第 5 章。
［2］见第 13 章。
［3］当然，如果管理者持有的股票几乎是其所有财产，那么他的风险厌恶可能会降低其冒险的意愿。
［4］见第 8 章。

第 8 章　反思金融企业的薪酬

吉安·卢卡·金文泰、托马斯·F·库利、
马修·理查森、英戈·沃尔特

8.1　导言

市场经济的传统观念是，雇员薪酬最终由劳动边际产量决定。对企业生产的市场价值做出更大贡献的人，将会发现这会反映在他们的薪酬水平上。这种关系被认为是公共和私人公司的薪酬制度的基础。由于股东获得员工工作的剩余收益部分，因而在绩效工资中存在切身利害关系，这应当在公司治理过程中得到周密的反映。

当然，报酬和绩效之间的关联性没有想象的那么大，真实世界中社会公正（最低工资立法）和议价能力（工会）都可能会影响这一关联性，这种影响超出了人力资源市场的纯经济后果。不过，就整体的薪酬水平而言，还基本上算是劳动市场供求之间复杂的相互作用之结果——同时考虑到高度多样化的技能、动机和个人特征。在上市公司里，董事会为高管制定薪酬水平，而高管又会为其他所有员工设计薪酬水平和薪酬政策。

同样广泛的关系也存在于金融服务行业。没有什么特别的理由说，需要特别对待这个经济部门，因而，需要在报酬制定和执行过程中实施外部干预。然而，公众舆论认为，雇员报酬失调已在当前的金融危机中达到了顶峰。到目前为止，纳税人用7万亿美元来担保目前的各种金融合同——包括对一流公司的直接背书义务，如摩根大通、房利美、房地美、AIG——以及政府持有的价值为3 500亿美元的各种金融企业的股票，公众自然想知道，谁应为列车残骸负责？以及金融天才们在使社会承担了史无前例的金融风险、并加重了社会负担之后，又应如何领取报酬？

因此，不可避免地，前所未有的公共救助迫使高管薪酬问题公之于众。一旦秘密泄露，就不会那么容易收回了。公众要求相应的政策能够帮助抵御接下来可能出现的金融灾难。在被迫获得了大部分最大的金融企业的股权之后，纳税人觉得他们现在有权通过他们选出的代表，来决定事情将如何发展。

8.2 有偏薪酬的案例

一个普遍的问题是，如何进行恰当的薪酬管理以使其与股东的利益尽可能地紧密联系在一起，这个问题对于那些大而不倒的机构显得尤为重要。薪酬制度必须与规避系统性风险联系起来。全球金融危机的几个例子可能会让我们有所启发。

在2005年夏天，抵押担保债务权证（CDOs）的主要参与者之一瑞银集团增加了其CDO的库存。[1]在这项业务中，瑞银将购买住宅抵押贷款支持证券（RMBSs）——主要由次级抵押贷款组成，然后将它们打包到其CDO的存货中，准备证券化，然后在市场上出售再包的CDO。瑞银的CDO部门收取交易名义价值的30至150个基点不等的结构费用，具体要根据各批次的信贷质量而定。由于这个过程从开始到完成花了两到四个月，瑞银承认CDO储备是瑞银的风险价值的重要组成部分。在2005年，虽然CDO业务是冒险的，然而工作仍按计划进行。瑞银在证券化过程中面临短期持有的风险，但通过收取可观的费用获得了相应的补偿。通常由银行或抵押贷款机构持有的信贷风险被转移到资本市场上了。[2]

然而，从2006年开始，瑞银开始持有所谓的AAA级信用的高档次的CDO，而不是出售它们。这些CDO是最高档次证券，因此，它们能够受到低档次证券的保护。只有在有重大违约和低回收率时优先档才会受到冲击。也就是说，优先档证券被设计成能够持有尽可能多的次级贷款，并保持评级机构给予的最高AAA评级的结构。[3] 在2006年2月，瑞银CDO部门几乎没有持有任何这些证券，然而到了2007年9月，其持有量超过了500亿美元。把这些优先档证券保留在其资产负债表上的主要原因是，这些证券产生的收益超过了瑞银内部的资金利率，并接近伦敦银行同业拆借利率（LIBOR）。也就是说持有过程中产生了持续的利润。

■ 因为这些证券被评为AAA级，它们几乎不包括在瑞银风险和压力测试的登记表中，即便它们完全没有对冲机制。[4] 因此，超额收益被视为正的 α。[5]

■ 由于这种正的 α，对CDO的库存没有总的名义限制。因此，额外持有的CDO的每一美元都增加了部门的利润。

■ 此外，因为瑞银的薪酬结构没有区分一个真正的超额收益（即 α）的产生与低资金成本所得的利润，部门的报酬直接与CDO的抵押贷款账目的规模挂钩。

■ 不对这个部门收取流动性溢价。也就是说，流动性和非流动性资产之间的区别很少，甚至没有区别，即使有很多例子说明，几乎相同的证券（例如，在交易中与不交易的国债）会提供不同的市场收益。

这些事实意味着，CDO部门有激励尽可能地去扩大资产负债表，这是因为通过这种构建，可以使其奖金与利润直接联系在一起，而无须担心任何风险。即便到了2007年上半年，这种扩大仍在持续，而当时次级贷款借贷者正要破产，对冲基金已经开始亏损。事实上，瑞银关闭了其自身业务之一，即Dillon Read资本管理公司——在2007年5月由于其在次贷资产管理组合中的损失被关闭。2007年3月，瑞银集团内的财务部门对资产负债表的巨额膨胀感到吃惊，尤其是其中的流动性不足的资产支持证券（ABSs），该部门认为应该限制非流动资产的规模，应采取一种釜底抽薪融资模式（haircut funding model，其中非流动性资产将不再获得短期资金支持），并应冻结资产负债表的整体规模。这

第 8 章 反思金融企业的薪酬

个呼吁被当做了耳旁风。

这些证券是否是真正 AAA 级的质量？撇开这一问题不谈，毫无疑问，其潜在的风险是非常不对称的。也就是说，证券在大多数情况下将支付高于伦敦银行同业拆借利率的溢价，但在极小的概率下，将会出现大量的违约和低回收率，它们将可能受到打击。从历史上看，这种罕见的事件仅会出现在底层的抵押品（如房价）大幅度贬值，或有突然的经济衰退（如以前衰退中的那样）的情况下。用金融术语说，就是在金融方面，由于债权的优先结构，高级债券的持有者基本上投资的是像伦敦银行同业拆借利率一样的无风险资产，并与此同时在市场上背书了一份价外期权。[6]

如果以上对瑞银的 CDO 部门的治理（以及缺乏）的描述是非常规的，那么就不会有监管的潜在问题。不幸的是，它似乎是这个时期的正常状况，并且存在于很多公司当中。[7]举一些进一步的例子：

首先，在 2005—2007 年期间，花旗集团是最大的 CDO 的发行人之一（2005 年以 280 亿美元的规模居第一位，2006 年以 330 亿美元的规模居第三位，并于 2007 年以 400 亿美元的规模重登榜首）。花旗与瑞银有着显著的相似之处：（1）到第三季度，花旗集团已积累了超过 550 亿美元的 AAA 级的抵押贷款；（2）因为在风险管理和固定收益交易部门之间并没有清晰的界限，这就导致了不匹配的激励机制；（3）据《纽约时报》报道，除了规模之外，花旗还使用评级机构的评级作为判断标准，然而这些证券并没有按其风险价值显示账面价值[8]；（4）CDO 部门是该公司收入最高的部门之一。

与此同时，美林也涌进了这一行列，2005 年其以 270 亿美元的规模位居第二，2006 年其以 540 亿美元的规模排名第一，2007 年其以 380 亿美元的规模排名第二。在 2005 年之前，瑞银和花旗、美林一样，持有 AAA 级债券，并通过保险业巨头 AIG 的担保来发行信用违约掉期产品（CDS）。2005 年，在 AIG 决定不再担保次贷支持的 CDO 之后，美林持续还发行 CDOs 并持有它们，重要的是其风险没有被对冲。随着风险管理被置于次要的位置以获取 AAA 级债券的利润（如溢价减去美林的短期资金成本），美林在金融危机开始时持有了超过 700 亿美元的这种债券。[9]

第二个例子涉及 AIG。AIG 金融帝国内利润最丰厚的部门之一就是 AIG 金融产品公司（在 2005 年，其经营收入占 AIG 的 17%）。[10]作为其众多投资之一，该集团最终背书了惊人的 5 000 亿美元的信用违约掉期产品,大部分的这些 AAA 级债券包括建立在抵押贷款、公司债券和贷款之上的结构性产品。像前述银行一样,AIG 的风险管理部门并不独立。这种模式在根本上同瑞银、花旗、美林是一致的,即持有标的资产的价外期权。然而,此时会有很多风险。事实上,在 2007 年 8 月,Joseph Cassano(集团的前负责人)说,"对于我们来说,只要从理智出发,那么从我们这些交易中看到哪怕是一美元的损失也是困难的。"因为这些 CDSs 对于贷款的资产组合享有较高的优先权,也就是说它们仅会在大的系统性风险来临时才会遭到冲击,这也就意味着 AIG 在大部分时间都会收到费用。这些费用被记为收入,并给整个集团带来了巨额红包(对大约 300 个员工来说,总薪酬大概在 5 亿美元左右)。当然,对该部门而言,不用为罕见的事件负责,尽管这事件最终导致了全部 CDS 的亏损,而 5 亿薪酬中相当一部分照发不误,这却拖累了企业本身。

在金融部门的治理和报酬问题方面,虽然 AIG 无疑是最极端的例子,但是危机中同样的问题也显示在了上述的瑞银、花旗和美林中;贝尔斯登、房利美、房地美、雷曼兄弟和其他同类公司也普遍存在这种问题,只是没有曝光而已。是什么样的公司治理尤其是薪酬问题,让这个行业陷入了危险之中呢?是否有监管的职责,或者是我们能否依赖市场原则和可能的行业自律去最有效地约束一个高度竞争的市场经济部门?有两个问题相当突出,即高管的薪酬和高能员工的薪酬。

8.3 高管的薪酬

近年来大部分注意力都集中在金融企业的高管的薪酬上——高管通常包括主席及/或 CEO,CFO,CRO(风险总监),也许还有主要经营单位的负责人,以及公司执行委员会的相关成员。在美国,高管的薪酬一揽子方案通常是由董事会的薪酬委员会(或其他许多国家的监事会)所决定的。如果薪酬方案极大地偏离企业可持续的竞争力和股东的长远财务利益,那么薪酬过高问题就明显来源于治理失灵。因为金融危机,大部分高管离职所得的遣散费极大地引起了公愤,这也说明这个行业中股东承担的代理成本达到了极端水平。对于精英而言,有一个普遍的问题:"你愿意管理一家华尔街公司还是拥有一家公司?"

第8章 反思金融企业的薪酬

到目前为止，高管及遭遇金融危机灾难的美国金融企业董事会还没有公开承担其管理不力的责任，他们几乎清一色地认为那是"变化莫测的市场风暴"的责任。也许，当不幸发生时就去责怪别人是美国人的惯例。这也许是因为人们在高度问责社会中害怕承担责任。谁知道呢？忏悔并不在这些人的字典里。相比之下，瑞士的瑞银前高管最近承认，在银行与冰山相撞时，他们事实上就在船舷上，并已偿还或放弃了已累计的约3 500万美元薪酬。也许面对像瑞士这样的有着强大的社会习俗和长期记忆的小国，美国高管和董事会成员应该自惭形秽，这些人总依赖于美国社会中那些所谓客观的和短期记忆的伪装。

银行及金融高管的薪酬问题的纠正办法和非金融企业的处理模式类似。其核心问题在经典的代理问题框架之下，这反映在管理人员的薪酬和股东回报之间，这两者有时会产生戏剧性的分歧。在主要金融企业的案例中，关键的区别是，政府在大多数这些企业中都拥有股票（以及债权），因此能够说话算数。

美国现在已经实行固定薪酬的上限——就像在德国，任何一家接受政府注资的银行都有500 000欧元的上限，或如英国政府那样，大力监管薪酬计划。毫无疑问，获取政府干预的努力能够促进一些公司去进行公司层面的反思，同时也使2008年一些高管的奖金得到了削减。AIG在两起政府救助之后，冻结了七名高管的薪酬。高盛的高管中有七名成员宣布，他们将放弃2008年的奖金。毫无疑问，更多的人会参加到这个过程中来。美林的高管同意放弃2008年奖金（包括拟议的授予其CEO的1 000万美元的奖金），就像摩根斯坦利所做的那样（包括将公司的14人的运营委员会的奖金削减75％）。很少有人支持政府直接或间接地去监管高管的薪酬，尤其是考虑到法律上意想不到的后果。一些人认为对于银行的薪酬限制是愚蠢的，例如，如果过去的损失产生了长期的损失结转，通过限制税收减免是没有成功希望的。但是，鉴于纳税人是许多金融机构的股东和风险背书人，管理人员的支付监管在目前是现实的选择。现在支付的限制也已经同样逼近美国。

同样重要的是，要注意到银行和金融企业的大部分高管主要是获取股份支付，并且股份都有一定的禁售期，而一些下台的高管实际上也损失了部分财富。从这个意义上说，至少该系统运转得很好。在8.5节中，我们将展示金融机构股票如何比其他经济部门有更高比例的报酬。这和研究结果（Clementi, Cooley and Wang, 2006）所表明的一致，即受限股票利得是在动态环境中将股东和管理者利益匹配在一起的最好机制。这可能是因为相比很多其他部门，金融业有一个更好的高管业绩——报酬良好匹配的历史记录，但如我们稍后将介绍的，其中也有一些显著异常。当系统出现故障时，我们经常会发现管理层出售的股票在事后看来显得被高估了。在这种情况下，目前的股价决定了其清算价值要比之后真相显露时高很多。所以，真正的问题可能不是高管的报酬问题，而是投资者感知风险和准确估计金融企业股权价值的问题。因此，适当的补救办法，将涉及更多的信息披露和透明度，而不一定把主要精力放在重新定位高管报酬上。

因此，我们更倾向于利用市场约束和投资者维权行动，找出一个通过能干的董事会来治理特殊行业的方法——他们能敏锐地意识到其管理和忠诚这两个职责。治理或其他补救办法是否有意义？这一问题将在本书的另一章讨论。[11]我们确实认为，较长的股票禁售期和对高管严格的没收规则可能是有意义的；例如，对被辞退的高管需要对其股票实行一个最低 36 个月的禁售期。

8.4　银行和金融业中的高能员工的薪酬

主要金融企业的奖金季节通常在每年的 12 月开始，并持续到下一年的第一季度。公众已经习惯了那些令人瞠目的数字和可预见的媒体评论。高能员工的薪酬经常超过他们的 CEO 或高管，而且通常在风险管理、内部审计或者其他的控制功能方面，这些员工的责任也更重。报酬只是故事的一部分，公司的官僚体制内的权力则是另一部分——"得到最大数目的那些人才得以发号施令"，这可能会导致在风险和收益之间的微妙的平衡方面，出现一个危险的错位。

在过去的四分之一个世纪中，金融部门的利润从美国企业利润的 10％增长到了 40％，金融企业的市值从美国上市公司的 6％提高到了 22％。金融的这种非凡的崛起充分体现在其报酬水平上，特别是在交易、投资银行业以及其他的风险承担功能上。2002 年至 2007 年美国投资银行和金融控股集团的投资银行部门的薪酬从其总收益的 31％左右上升到了 60％左右。

金融业的人力资本市场有许多不寻常的属性。

第8章　反思金融企业的薪酬

- 它吸引了一些全球范围的"最出类拔萃的群体",那些非常聪明的、训练有素的、高度负责的人们被基于绩效的薪酬所鼓舞。
- 绩效是相当透明的,因为对于团队和个人的收入和收益方面的贡献很容易量化,并能轻松置入整个薪酬计划中。那些用任何指标度量都显得工作出色的人能期望得到丰厚的基于公式的报酬,而那些做不到的人们则可预期到会被炒鱿鱼。
- 基于绩效的报酬能够导致业务单位之间关于收入贡献的史诗般的争斗,就如同公司之间不同寻常的流动,这得益于技能考评方面的日益便捷。企业往往对它们的员工表现出微不足道的忠诚(尤其是在困难的时期),同样它们也会预期得到有限的忠诚的回报。而在一些企业,客户有一种追随他们的银行家的倾向。
- 许多高能的银行家——尤其是在金融工程、交易以及其他关键的职能部门任职的人——其半衰期是相当短的。作为一个年轻人的游戏,其现在的奖金与未来的收益相比是非常高的,就像职业运动员一样,这一职业倡导自由代理和对即期奖励的极端偏好。
- 考虑到在高能银行家薪酬偏好中的短期主义,他们为了得到业务上的高水平的资金部署就依次传递压力,而且对于侵入风险和合规控制往往没有耐心。就像比特犬追逐一块多汁的肉,他们不能容忍一次失误,而且还强词夺理地说约束将会抹杀绩效。

这就表明了大规模金融业里高能人才市场的动态变化和业已建立的奖金池报酬体系导致了一个流行的虚假 α,即短期超额回报成了当前奖金池的基础。[12]奖金池通常在评估员工贡献的基础上,尽可能公平地在有资格的员工之间进行分配,旨在激发他们在下一个时期的绩效。因为 α 是根据整个当前的会计期间计算的,它不会考虑随后的期间内的损益,这可能就是当年的活动最终引致的。因为只有在一段时间过后才能确定真实的 α,所以基于当前的收入披露信息确定的 α 必然是虚假的。真正的 α,假设它可以在一定程度上被精确地确定,那么它可能会更高或更低,要视具体情况而定。

据称虚假的 α 问题是导致金融服务业里关键雇员的有偏激励之主因,尤其是在当前绩效和通过奖金池分配的当前报酬之间存在强烈的对应关系的情况下。在一些情形下报酬会按某个精致的公式设定,而在另外一些情况下则需要有实质性的自由裁量。基于当期绩效的薪酬方面的例子包括金融工具、商品和衍生品的交易;结构性金融产品的开发和营销;内部对冲基金(in-house hedge funds)和其他替代投资工具的经营；一些公司财务工作；以及其他一些工作。

如前所述，理解这一点对于当前的金融危机意义重大，请注意金融机构（即政府支持企业、银行和经纪自营商）持有1.65万亿美元的非优质抵押贷款的AAA级担保债务权证中的48%。这是令人费解的，因为整个资本证券化的目的是将金融机构的信用风险转移给资本市场投资者。通过持有如此大量的AAA级的无机构支持的担保债务权证，企业的担保债务权证部门的经济目的在于卖出房地产市场的深度价外看跌期权。换句话说，虽然可能面临重大的经济冲击，但是这些部门正在下巨大的不对称的赌注，而这些赌注大部分情况下是要赔本的。由于公司的风险管理系统把这些AAA级的担保债务权证视为基本上无风险的，CDO部门把风险溢价记为了即时利润（它的利差是其他AAA级债券的大约两倍），从而使其有动机去获得高额奖金，所以才有2007—2009年的金融危机。

潜在的有偏激励是显而易见的。雇员受到激励会最大化自己的当前报酬，虽然这可能要牺牲股东的利益。他们受到激励而最大限度地发挥杠杆作用，而不考虑这对企业破产风险的影响。他们受到激励向高管和监管部门报告说一切都平安无事，而事实正好相反。高薪的前花旗集团的董事会成员和顾问，Robert Rubin，最近指出，"董事会管理不了一个公司的风险账目。董事会没有精细的知识。"[13] 如果其论点成立，那么追逐α的雇员就有大量的机会欺骗金融行业里股东所选的代表。为此，他们将有充足的动力欺负那几个讨厌的缺乏想象力的风险管理主管和监事，并且为草率的内部审计工作而欢呼。

还有另一个问题。激励制度和短期的α能够轻易混淆金融行业的有效监管和监督。在不断追求不完美市场的发财机会的过程中，毋庸置疑，在什么是合法的、道德的或者专业的等问题上，一些α追求者已经越过了底线。典型的例子包括：非法预先交易、滥用私人信息和制造利益冲突。如果雇员能够想出在木已成舟之前大赚一笔的方法，那么他们很可能会屈服于诱惑。

同时，高能员工有动力尽可能多地偷偷拿钱，如果事情变糟的话，就让股东独自承担责任。没有纰漏，秘密始终是秘密。人们会犯错——不管是个人还是团队——如果有一个公开的来自对手提供的工作机会，那么这些高管就会面临更加复杂的挑战，即便他们正在努力创造更灵敏的审查和平衡机制。

8.5　金融服务业比起其他行业如何？

关于高管薪酬的讨论不得不从定义开始，即如何通过一个定义度量薪酬？Clementi 和 Cooley（2009）使用薪酬总额的概念，尽可能贴近地捕捉了长期中经理人和股东的激励一致性。经理在公司的经济利益不仅体现为当前的薪酬，而且也体现为他们在公司中所捆绑的财富。要考察金融服务业内——金融、保险、房地产（FIRE）——的薪酬结构，并和其他部门比较，我们就用这个概念。[14]

有两个定义被使用。第一个是 CEO 财富，包括：
- 工资。
- 奖金。
- 未来薪资的预期贴现值。
- CEO 的投资组合中的所有股票的市场价值。
- CEO 的投资组合中的所有期权的市场价值。
- 公司的长期激励计划下支付给管理层的数目。
- 其他项目：如遣散费，债务减免，退税，签约奖金，401（K）缴款。

第二个是 CEO 的全部年薪，包括：
- 工资。
- 奖金。
- 股票投资组合的市场价值的年度增减额。
- 年内获得的股票的市场价值。
- 投资组合中的所有期权的市场价值的年度增减额。
- 年内获得的期权的布莱克—斯科尔斯价值（Black-Scholes value）。
- 其他项目：如遣散费，债务减免，退税，签约奖金，401（K）缴款。

根据这个定义——本质上 CEO 财富的变化就与企业相关——很明显，如果该企业这年的股票表现不佳的话，那么 CEO 的报酬总额在一年内可能是负的。

图 8.1 显示了 2006 年六个经济部门总的 CEO 财富的中位数分布。

有两个特点很突出。其一，FIRE 部门的 CEO 财富的中位数要相对高于其他部门，这一事实证实了大部分人心中的印象，那就是金融行业的报酬是最高的。其二，FIRE 部门中，股票持有在总财富中比重较高，

2006年CEO财富
2005年的美元，以百万计

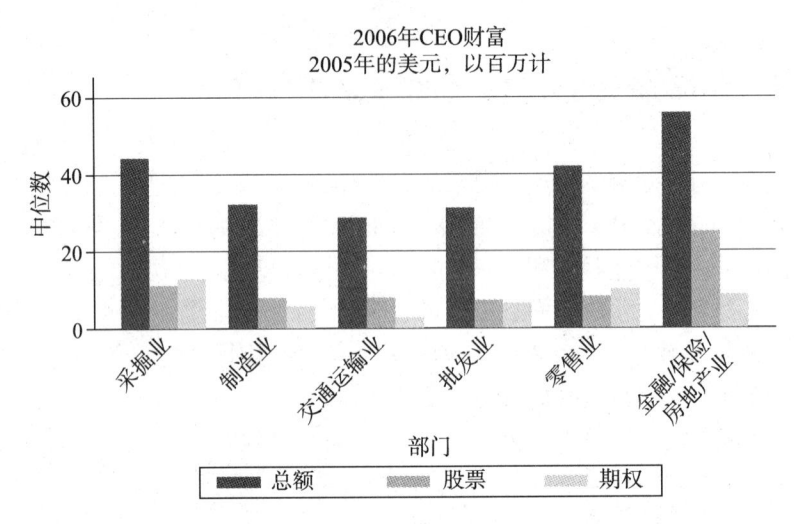

图 8.1　不同部门的 CEO 财富

这个图表显示了 2006 年在采掘业、制造业、交通运输业、批发业、零售业、金融/保险/房地产（FIRE）业等行业的 CEO 们的财富情况。

资料来源：标准普尔的 ExecuComp, Clementi and Cooley（2009）。

这和更好的激励是潜在一致的。

请注意数据代表的是 CEO 财富中位数。这样做的原因是，CEO 们的报酬（或者财富）的分配是高度倾斜的。在新闻界和实证研究中常见的 CEO 报酬的平均值的报告，是极具误导性的。图 8.2 显示了 2006 年 FIRE 部门的年度报酬总额的分布，图按十等分描绘。同样的方法也适用其他行业。

顶层的十分之一主要包括绝对多数在其公司中拥有大额股权的 CEO 们。

看起来 CEO 的薪酬——被正确认识到的——对于他们所持有的股票和期权的价值变化是很敏感的。相当惊人的是，最低的十分之一的部分实际上显示出了显著的负报酬。很明显，当我们读到关于 CEO 的薪酬很过分的报道时，注意力总是放在分布在最顶尖的十分之一的那一群人身上。新闻多半从那儿来。

持有股票的偏斜度和灵敏度的一个含义是，恰当度量的薪酬会随着时间剧烈波动。图 8.3 显示了 1993 年至 2006 年（最近一年，我们有完整的数据）FIRE 部门的年薪总额的中位数。

薪酬的波动是相当显著的，但完全和 FIRE 部门的市场价值的波动相一致。类似的情景在其他行业也同样会出现。

第 8 章　反思金融企业的薪酬

2006年FIRE部门年度报酬总额
2005年的美元，以百万计

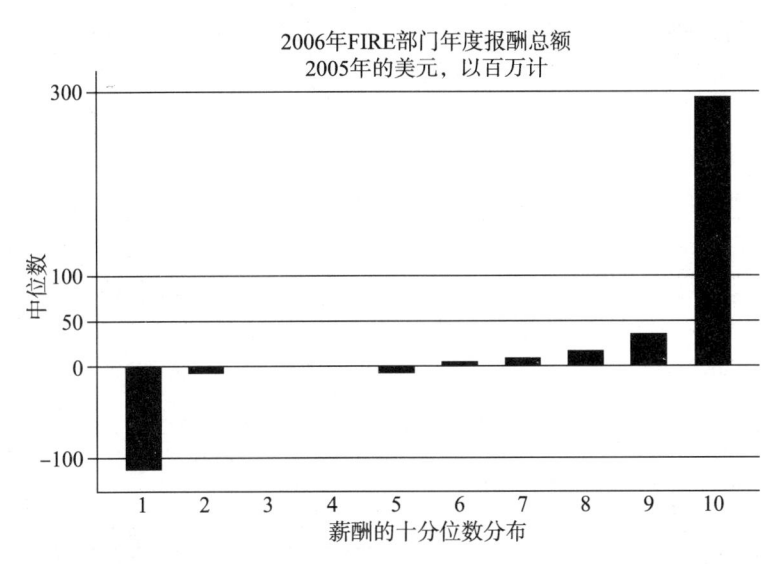

横轴：薪酬的十分位数分布（1–10）
纵轴：中位数

图 8.2　CEO 的薪酬在金融、保险、房地产行业的分布

该图显示了 2006 年金融/保险/房地产（FIRE）部门按十等分计的薪酬分布情况。注意此报酬包括工资、奖金、CEO 的投资组合中的所有股票和期权的市场价值的年度增减额，所以这个值可能是负的。

资料来源：标准普尔 ExecuComp，Clementi and Cooley（2009）。

FIRE部门的年度报酬
2005年的美元，以百万计的中位数

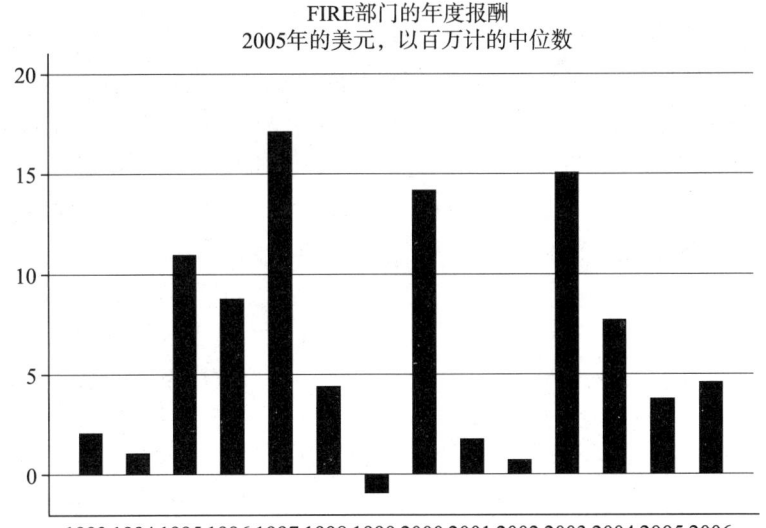

横轴：1993 1994 1995 1996 1997 1998 1999 2000 2001 2002 2003 2004 2005 2006　年份

图 8.3　1993—2006 年金融、保险、房地产行业的年薪

资料来源：标准普尔 ExecuComp，Clementi and Cooley（2009）。

到目前为止，所提供的数据支持了以下结论：高管的年薪和财富对于他们所领导的企业的价值是敏感的。但是，这并不能完全反映股东和经理利益的一致性。我们要问的是：股东和经理人的财富关系究竟是如何的？表8.1显示了六个部门中CEO的财富对股东价值的弹性，也即在股东财富（市面价值）增长1%后，CEO财富变化的百分比。[15]

这些结果是相当惊人的。它们表明，与其他部门相比，在FIRE部门，CEO财富对股东价值的变化相当不敏感，尽管在此的事实是，股权是报酬的一个更重要的组成部分。这就解释了人们的广泛共识，就是当金融企业表现不佳的时候，它们的高层管理者却损失甚少。

表 8.1　　　　　　　CEO 财富对股东价值的弹性

采掘业	制造业	交通运输业	批发业	零售业	FIRE
0.681	0.528	0.580	0.800	0.594	0.441

资料来源：Clementi 和 Cooley（2009）。

8.6　谋变

多年来，为了解决整体银行业在薪酬结构方面的不当问题，已经有多种尝试，尽管取得的成果有限。我们的目标始终是相同的，即在对这种特殊行业监管的约束下，协调管理者、高能员工和股东的直接的财务利益。之所以说这个行业特殊，是因为它会产生系统风险，而且它管理的是别人的钱。这些公司的所有权分散特征和大而不倒的特征结合在一起是薪酬问题存在的根源——一定程度上这类问题的确存在。[16]

可以说，这是一个相对较新的情景。从历史上看，多数企业是相对较小的合伙企业，其不是系统性的，而且还由所有者自己管理，这就避免了代理问题和系统性风险。但是，今天的情形有所不同，薪酬问题已经关系到了股东和纳税人的利益。

一个显而易见的方法是，给予高管和其他员工有限售条件的股票或股票期权，以使他们的利益与股东利益一致，并且这种方法同时能有助于降低系统性风险。但这种方法有一些众所周知的问题，包括管理层操控问题（这方面有很多历史实例）和其他难以预测的副作用。而且它不容易优化，也难以实现金融业的激励相容。

第8章 反思金融企业的薪酬

第二个问题存在于银行业人才的开放市场中。大概最有名的例子可以追溯到所罗门公司。这家公司在20世纪90年代初差点因操纵国债拍卖市场而收到刑事起诉书。它至今还存活的主要原因是，批发业务在管理方面的变化和政府的怜悯。巴菲特是这个故事的主人公（受到公司很大的股权激励），而他也被自己在该公司的薪酬结构中看到的不正当奖励措施吓坏了。他随后重新改革了薪酬制度，但这一努力导致高层银行家和交易商向竞争对手倒戈，随后不可避免地出现了许多改革的倒退。最近的情况没有太大的不同。那些职业生涯跨度有限且对客户或交易对手定向服务的高能员工，可以快速地以很小的私人成本跳槽到竞争对手那儿，或跳槽到其他金融机构，比如对冲基金和私人股权投资公司。

当前，金融业的低迷使得这个行业依赖于政府的支持，这为在没有潜在的破坏性的政府干预下，进行高管和高能员工薪酬方案改革的实验提供了一个独特的机会。

现在就有这样的例子，批发银行和投行开始执行回收（clawbacks）奖金法，结果被认为是毫无依据的，虽然这是对冲基金和私人股本公司的普遍做法的效仿，而且这一做法在这些公司已经持续了一段时间。摩根斯坦利宣布，如果个人从事有损公司的行为，其可能会引发包括后续损失，需要重估盈利，或声誉受损等后果，那么2008年末及未来三年的、约7 000名员工的奖金的大部分会受到回收条款的约束。[17] 根据摩根斯坦利的发言人所说的，"假设你是一个交易员，你遇到一个不错的年份，拿到了很多钱，然后次年发现你承担了很大的风险，我们可以往回考虑，回收你前一年的工资。"[18] 相反高盛认为没有回收的必要，这是因为奖金主要基于股票，已经经受了较长时间的考验，在此期间，其已经以管理层自由裁量的方式实现了奖金变动。

另一个例子是瑞银的奖惩系统（bonus/malus）。其基本理念是，奖金这个词已经泛滥，而且只能单向运行，它包括广泛使用的保证奖金、签约奖金、"在岗奖金"（bonuses for being around）和"外出奖金"（bonuses for going away）。除了成功有奖外，失误也应受罚，为此瑞银引入了"惩罚规则"（maluses），这一规则在判断成功或失败方面采用了较长的时间跨度。

瑞银在获得政府60亿瑞士法郎的注资援助之后，成功地将大部分账面的不良资产转移到了一个所谓的"坏银行"中，其同时还涉及瑞士联邦在所谓"好银行"的大部分股份。在这之后，瑞银第一个公开宣布采用一套新的管理人员薪酬政策。其主要特点如下[19]：

■ 银行的监督董事会主席将不再受到与集团执行委员会（管理董事会）相同的激励制度约束，而且不再得到浮动薪酬组合。集团执行委员会的浮动现金报酬是基于一个创新的奖惩系统而确定的。如果银行表现糟糕，那么惩罚规则将会显著削减薪酬。

■ 类似的奖惩系统也适用于浮动的股权报酬。

根据新的方法，监督董事会主席和集团执行委员会成员将不能得到2008年的浮动薪酬。董事会的规模、组成以及其他员工2008年的浮动薪酬的分配将取决于董事会2008年的集体表现，并且需要与瑞士联邦银行委员会（SFBC）协商。按照瑞士当局的行动计划中列出的要求以及金融部门目前正在建立的标准，新的薪酬制度需要和SFBC协商。这些协商将继续下去，而且薪酬制度将根据这些标准定期评估。[20]

在2009年，瑞银的薪酬模式启动，它包括固定和浮动两部分，后者显然与经过较长时期风险调整后的价值创造相关，并且可以反映可持续盈利。这样做的目的在于使人力资本市场富有竞争力，并且同时在长期α的创造、相关风险的识别和企业名誉资本的维护之间维系平衡，后者在瑞银最有价值的产业——其特许全球私人银行中具有决定性的作用。

当然，魔鬼在细节中。高管的新的薪酬模式包括：（1）固定的基本工资；（2）浮动的现金报酬，高达三分之一的金额立即支付，其余的在奖金账户上托管，如果瑞银经营不善，这些托管金额可能下降，甚至可能全部收回（惩罚规则）；（3）浮动的股权报酬，三年之后才可获得股权归属，并且这依赖于长期价值创造（高管的锁定期超出标准的三年）。同样的模式略做变化，同样适用于整个组织的关键管理人员和风险承担员工，而其他所有员工依然适用过去的浮动薪酬制度。

回收制度的批评者，以及那些认为风险承担雇员的长期绩效和报酬相关的观点，都证明这可能会产生明显的意想之外的后果，包括激励交易员隐藏损失，诱使最好的交易员减少风险承担的意愿。

这种方法无疑与周期敏感的交易员报酬相一致，在好的时候，水涨船高，涨潮和杠杆作用相结合，很难区分交易员的好坏，因为大部分人都能够产生可观的回报。在经济不景气时，麦粒就跟麦壳分离了。这恰恰是报酬应该有一个多年期结构的原因，这种结构就是以同样的方式把坏的绩效从奖金池中减去，而把好的绩效在池中累加。

这将是令人惊奇的，如果批发银行业界的其他公司——除了在经济不景气时大幅削减惯常的奖金——还没有想到采用类似的奖惩系统。除非它们这样做，即行业协力创造一个新的和更合理的关键人员的薪酬模式，否则，随着经济景气度的回升，竞争的加剧，以及好日子的重新降临，单个公司的实验注定会失败。

参考文献

Clementi, Gian Luca, and Thomas F. Cooley. 2009. Executive compensation: Facts. Working paper, New York University Stern School of Business.

Clementi, Gian Luca, Thomas F. Cooley and Cheng Wang. 2006. Stock grants as a commitment device. *Journal of Economic Dynamics and Control* 30 (11): 2191-2216.

Coval, Josh, and Jakub Jurek. Forthcoming. Economic catastrophe bonds. *American Economic Review*.

Frydman, C., and R. E. Saks. 2007. Executive compensation: A new view from a long-run perspective, 1936—2005. Unpublished manuscript, MIT Sloan School.

Rajan, R. 2008. Bankers'pay is deeply flawed. *Financial Times*, January 9.

Yermack, D. L. 1995. Do corporations award CEO stock options effectively? *Journal of Financial Economics* 39.

Yermack, D. L., and E. Ofek. 2000. Taking stock: Equity-based compensation and the evolution of managerial ownership. *Journal of Finance* 55.

注释

[1] 采自《瑞银减记的股东报告》，该报告是为瑞士联邦银行委员会准备的。

[2] 见第1章对证券化过程的描述。

[3] 见第3章对评级机构评级过程的描述。

[4] 大多数的超高档次证券被部分对冲，并被视为对公司的风险价值无影响。

[5] 见第2章。

[6] Coval 和 Jurek（即将发表）。

[7] 下面的描述是基于在《纽约时报》上所发表的标题为"大灾变"的一系列文章而形成的，其中包括花旗、美林、AIG、房利美和房地美。

[8] Eric Dash 和 Julie Creswell，"A Blind Eye"，《纽约时报》，2008 年 11 月 22 日。

[9] Gretchen Morgenson，"Double Down"《纽约时报》，2008 年 11 月 8 日。

[10] Gretchen Morgenson 的文章，"A Spreading Virus"，《纽约时报》，2008 年 9 月 27 日，取自事实。

[11] 请参阅第 7 章。

[12] 见 Raghuram Rajan，"Banker' Pay Is Deeply Flawed"，《金融时报》，2008 年 1 月 8 日。

[13] Ken Brown 和 David Enrich，"Rubin, under Fire, Defends His Role at Citi"，《华尔街日报》，2008 年 11 月 29 日。

[14] 数据源为 ExecuComp 数据集，标准普尔统计发布。行政赔偿的数据来自公司与美国证券交易委员会提交的文件。在开始的样本中，我们有在美国公开交易股票的公司老总人数。也见 Yermack (1995)，Yermack and Ofek (2000)，和 Frydman and Saks (2007)。

[15] 它是通过 CEO 财富对数值和股东财富对数值的中位数回归（并非 OLS 的，因为数据偏斜）而得的，包括年度固定效应。我们使用面板（1992 年至 2006 年）中的所有数据。

[16] 见第 5 章。

[17] Scott Patterson，"Securities Firms Claw Back Failed Bets"，《纽约时报》，2008 年 12 月 9 日。

[18] Louise Story，"Bonus Season Afoot, Wall Street Tries for a Little Restraint"，《纽约时报》，2008 年 12 月 8 日。

[19] 见 www.ubs.com/1/e/investors/releases?newsId=158103。

[20] 同上。

第 9 章　公允价值会计：信贷紧缩引出的政策问题

史蒂芬·G·莱恩

9.1　简介

公允价值会计是一种财务报告模式，公司被要求或允许在现有基础上评估并报告以下列价格确定的资产和负债（一般性的财务工具）价值，即当公司出售资产或偿还负债时，它们能接受的价格。在这种模式下，当公司资产的公允价值下跌或负债的公允价值上升时，公司就会报告并未成真的损失，因此股东的权益和（大多数情况下）净收益会减少。公司在其资产公允价值上升或者负债公允价值下跌时，也报告未成真的收益，因此股东权益和（大多数情况下）净收益会增加。

尽管公允价值在美国普遍被接受的会计

准则（GAAP）中占有一席之地已达 50 余年之久，但是近年来，要求或者允许公允价值会计的会计标准在数量和重要性上都有着巨大的发展。2006 年 9 月，财务会计准则委员会（FASB）发布了重要的新会计标准，财务会计标准说明书的 157 号公允价值测算，为帮助公司估计其公允价值提供了更全面的指导。在当下的信贷紧缩中存在严重缺乏流动性和无秩序的次贷市场及其他资产负债头寸，因而这一指导的实际可行性已经被检验过了。[1] 这一事实使得多方对公允价值会计提出了三个主要的潜在批评。第一，在公允价值会计模式下，本没有实现的损失被识别了出来，并有可能随着时间变得更糟。第二，市场缺乏流动性，在公允价值会计的估量下，公司的报告可能会言过其实或报告不可靠的损失。第三，在公允价值会计模式下，报告未实现的损失可能产生负反馈效应，导致市场价格进一步下跌，并提升金融系统的总体风险（系统性风险）。这些意见方一般提倡放弃公允价值会计，回到某种形式的摊销成本会计，或者不那么极端，将公允价值会计要求稍作变动，减少公司报告损失的数额。

在这一章，我传递了来自一位会计师和一位经济政策观察家对于公允价值会计的批评。和其他会计体系一样，公允价值会计在概念上或实际操作中都有着它的局限性。政策制定者的问题是：比起某种形式的摊销成本会计等替代方案，公允价值会计是否可以向市场参与者提供更多有用的信息？如果可以，那么 FASB 能够改进 FAS 157，使其为公允价值会计更好地应对缺乏流动性或者无秩序的市场提供更优的指导吗？我的结论是，虽然 FASB 可以也应该为流动性不足的市场公允价值评估提供额外的指导，但即使是现行的公允价值会计也断然优于批评方所提倡的那些替代方案。这是因为那些替代方案会妨碍报告损失，降低自愿披露的激励，因此会延长价格和资源分配调整的过程，而这一过程对于尽早走出危机是必要的。

储蓄银行（储蓄和贷款）危机提供了明显的历史类推法。这一危机开始于 1973—1975 年第一次石油危机/衰退的利率上升，其导致储蓄银行的固定利率抵押贷款资产遭受了大幅经济损失，而这些损失在摊销成本会计下并未被识别。未被识别的经济损失导致银行监管者和其他经济政策制定者纵容危机在十五年中不断恶化——有效地鼓励储蓄银行投资于高风险资产，充分利用存款保险，在一些情况下甚至包括实施欺诈，都显著扩大了危机造成的最终损失——直到危机被 1989 年金融机构改革、恢复和加强法案、1991 年联邦存款保险公司增进

第 9 章 公允价值会计：信贷紧缩引出的政策问题

法案有效化解。这些法案要求陷入麻烦的存款银行关闭，而它们的资产通过重组信托公司（the Resolution Trust Corporation）被出售，禁止监管的宽容，并采取了多种其他直接的动作。现在同样需要相似的直接行动，而我们不应当扔一件会计的斗篷，遮住极其现实而巨大的问题，来阻止这一行动。

下一节是关于公允价值会计和供选择的其他会计方法不同之处的概述，它从进行中的信贷紧缩引起的市场流动性不足背景下简化而来。下一节描述了 FAS 157 方法指南，以及它是怎样能够或者未能解决市场流动性不足的问题的。最后一节将评价早先提到的，当市场缺乏流动性时，对公允价值会计三点可能的批评。

9.2 信贷紧缩下公允价值会计和其他方法对比概述

公允价值会计

公允价值估计的目标是让公司在现有信息和条件的基础上，估计其现在持有的头寸在有序交易中换手，价格可能变动的程度。为了达到这一目标，公司必须在公允价值估计中充分考虑关于未来现金流和当下风险调整后的折现率的信息。当相同或相似头寸的市场价格可得时，FAS 157 一般要求公司在估计公允价值时使用这些价格。这一要求的基本原理是，市场价格反映了关于未来现金流所有公开可得的信息，也包括在交易中显露的投资者的私人信息，和当下的风险调整后的贴现率。如果公允价值是用未经调整或调整过的市场价格估计出来的，那么它就被称为按市值计价价值。如果相同或相似头寸的市场价格不可得，那么公司必须使用估值模型来估计公允价值。FAS 157 一般要求应用这些模型时，使用可观测的市场输入数据，如果不可得，就使用不可观测的公司提供的输入数据。如果公允价值是使用估值模型估计得来的，那么它就被称为按模型计价价值。

公允价值会计的主要问题在于，公司是否能够准确而非随意地估计公允价值？当相同头寸在流动性市场中交易时，会提供未经调整的按市值计价价值，这种情况下公允价值一般来说是最精确且随意性最少的可能的估计结果，虽然即使流动市场有时估计也会发生偏差。公允价值在既非调整过的按市值计价价值、也非按模型计价价值的情况下，精确度会降低，随意性也会增大。在调整按市值计价价值时，公司可能需要对市场缺乏流动性或被估值的头寸和被观察到的市场价格的头寸的差异作出调整。这些调整在某些情况下可能幅度较大而太主观。在估计按模型计价价值时，公司一般会面临使用哪个估值模型的选择，以及应用被选择的模型时，使用何种输入。所有估值模型都有其局限性，不同的模型分别抓住了头寸的价值相关的不同方面。公司通常在应用模型时必须使用由历史性数据得来的输入数据，而这些数据在预测未来现金流或与风险调整后的贴现率相符合方面很不精确。公司选择分析哪一时段的历史性数据来决定输入数据，可能会对按模型计价价值产生显著影响。

在实践中，公允价值会计的这个问题通过两种主要的方式得以减轻了。第一，FAS 157 和规定了特定头寸的会计标准要求公司披露关于其怎样估计公允价值的质量信息和其估值输入数据的数量信息、它们所报告的公允价值对这些输入数据的敏感度、未实现的收益和损失以及头寸公允价值中的其他变化。这些披露使得投资者得以评价报告的公允价值的可靠性，并按自己所希望的那样调整或忽略报告。第二，大多数公允价值会计标准要求公允价值在每一季度被重新估计，因此过去的估计错误可以也应当在进行中及时地被纠正。

公允价值会计是使公司的管理层自愿披露信息，并使投资者明了询问管理层的关键问题的最好的可能估计方法。当公司报告未实现的收益和损失时，其管理层就有激励在管理层会议和财务报告的分析章节中给出解释，关于在这一段时期什么进行得正确或者有偏差，以及一些关于公允价值估计的事实。如果公司管理层不肯准确地解释其未实现的收益和损失，那么投资者至少能意识到这一段时期与价值相关的事件发生了，并能敦促管理层进一步给出解释。

摊销成本会计

公允价值会计的一个可替代方案是某种形式的摊销成本会计（通常广义上指权责发生制会计）。在其狭义定义中，摊销成本会计使用最初境况中关于未来现金流和风险调整后的贴现率的历史信息，来编制整个生命期中的公司资产负债表和损益表。和公允价值会计不同的是，未实现的收益和损失直到通过处理或情势恶化或时间流逝而得以实现后才被计入。当公司处理了头寸，才在其损益表上记录从最初或先前头寸损失以来累积的未实现的收益和损失。

摊销会计成本有三个主要的问题，所有问题都来源于其使用关于未来现金流和风险调整后的贴现率不及时的历史信息。

第9章 公允价值会计：信贷紧缩引出的政策问题

1. 只要公司持有其头寸，收益一般是持续的，但是一旦头寸到期或被处理，公司在当下市场周期中用新头寸替代它们时，收益就变得无常了。这可以诱导投资者相信收益比其实际情况更具持续性。

2. 不同时间开始的头寸在会计中使用不同的历史信息和贴现率，从而会导致公司资产组合构成部分不连续和不及时的会计结果。这样也模糊了公司资产组合的净值和风险。

3. 公司可以通过选择性实现积累的未实现的收益和损失来控制其收益，这一行为被称为收益交易。

在实践中，财务报告披露只能在非常有限的程度上减轻摊销成本会计的这些问题。这是因为摊销成本会计并没有包含大多数在头寸建立之后与价值或风险相关的事件，因此它并不能激励强制的或自愿的披露。特别地，管理层没有激励对在这段时期发生的任何此种事件的后果做出解释。仔细阅读财务报告的市场参与者甚至可能无从知道这些事件是何时发生的。

财务工具的混合方法会计模型

通用会计准则（GAAP）要求在财务工具的评判中使用多种估计结果。这被称为混合方法会计模型。混合方法模型通常允许公司通过对头寸的归类为某一头寸选择想用的评价方法。折射出一些公司滥用这种随意性的，是2005年证券交易委员会（SEC）的结论"混合方法模型促进了大量出于会计目的的交易的出现"。

和摊销成本会计相似（在一些方面更为糟糕），混合方法模型很少描述财务工具中金融机构资产组合的净值和风险。特别地，这一模型可以被看似投机的机构用来进行有效的风险管理，而投机能看起来是经过风险管理的。

由于这些严重的局限，对所有金融机构的财务工具而言，持续的公允价值会计和混合方法会计模型或狭义的摊销成本会计相比，显然都更优一筹。[2]

9.3 FAS 157 的评估方法指南

FAS 157 基本包括了现有 GAAP 指南所有关于怎样测算公允价值的部分。FAS 157 不要求对任何头寸都使用公允价值会计；它的指南仅仅与其他会计标准要求或容许以公允价值计价的情况相关。这一节介绍 FAS 157 对公允价值和公允价值测算输入数据的等级的定义中被批评的方面，同时也指出这一指南不能解决由足够明显的信贷紧缩引起的问题。

公允价值的定义

FAS 157 将公允价值定义为"测算日在市场参与者之间有序交易中出售资产或支付债务能被接受的价格"。这个公允价值的定义反映了公司在测算日和市场参与者的有秩序交易中清仓时理想化的"出清价值"的概念，而非甩卖价格。

"在测算日"意为公允价值应该反映资产负债表编表日的情况。例如，如果在该日市场流动性不足，而信贷风险溢价处于不寻常的高位，那么公允价值应当反映这些情况。特别地，公司不应将其对市场流动性和信贷风险溢价回归到某正常水平的期望混入公允价值的测算，而全然不顾历史经验、数据模型和/或专家观点所指出的情况。

"有序交易"指非强迫和非匆忙的交易。公司被期待通过常规和惯常的市场活动，寻找到潜在的资产买家和债务发放者，而这些群体也被期待进行常规和惯常的活动，勤勉尽责。在信贷紧缩期，这些活动可能会占用大量的时间，因为市场交易产生的关于头寸价值的信号很少且噪音较多，并且各方对这些价值有着自然的怀疑。结果，在 FAS 157 关于公允价值的定义中的"测算日"和"有序交易"在实际中出现了和定义上的差异，这给财务报告准备者带来了难题。

"市场参与者"是信息充分、不关联、有意愿也有能力进行交易的参与方。信息充分并不仅仅指富有经验、了解市场情况还指信息充分者的行动会如前述那样勤勉尽责，尽可能确定特定头寸下的公允价值。FAS 157 假定，在从事这些活动之后，市场参与者和持有头寸的公司一样信息充分，或者参与者能够为任何余下的信息不对称定价。标准并未考虑到，当下头寸持有者和潜在的买家卖家之间存在的信息不对称，可能严重到让市场同时垮掉，正如信贷紧缩中所发生的那样。

公允价值测算输入的等级

FAS 157 创造了公允价值测算中输入的等级，其可靠度依次递减。表 9.1 总结了这些输入。

1 级输入是相同项目活跃市场中未经调整的市场报价。除了很少的

第 9 章 公允价值会计：信贷紧缩引出的政策问题

例外，FAS 157 明确要求公司只要可能，就必须使用 1 级输入测算公允价值。

2 级输入是其他可直接或间接观察到的市场数据。输入有两个大致的分类。第一类一般来说较优，是相似项目活跃市场的市场报价或相同项目在不活跃市场中的市场报价。

表 9.1　　FAS 157 公允价值输入等级，从最可靠到最不可靠

1 级：相同项目在活跃市场中的市场报价（未经调整）。

2 级：其他可直接或间接观察到的市场输入：
- 一些产生调整后的按市值估计价值的输入：
  相似项目活跃市场的市场报价或相同项目在不活跃市场中的市场报价。
- 其他产生按模型估计价值的输入：
  收益曲线，相关度等。

3 级：不可观察的输入：
- 按模型估计价值
- 应该反映市场参与者使用的假定。

这些输入产生调整后的按市值计价的测算结果，不那么理想，但通常还是相当可靠的，其可靠程度依赖于要求的估值调整的性质和幅度。第二类是其他可观察的市场输入，如收益曲线、汇率、经验上的相关度等。这些输入会产生由市场信息约束的按模型计价的测算结果，但是其可靠性与使用的模型和输入相同。通常比起第一类，第二类要和接下来要描述的较优质量的 3 级测算更为接近。

3 级输入是不可观察的、公司提供的估计，如房价贬值的预测，和其导致的抵押贷款相关头寸信贷损失的严重性。这些输入应该反映市场参与者使用的假设，但是按模型计价的价值的产生，在很大程度上不受市场信息的约束。考虑到信贷紧缩中下跌价格的透明度，许多先前用 2 级输入进行公允价值测算次贷头寸的公司，不可避免地被迫使用 3 级输入代替。

虽然 2 级输入通常优于 3 级输入，但 FAS 157 并不硬性要求公司在两者之间选择使用 2 级输入。公司应该使用"市场参与者在给资产或债务定价时使用的假定"。当市场缺乏流动性时，公司可能会认为可得的 2 级输入质量太低，而市场参与者会使用 3 级输入代替。

如果公允价值测算包括哪怕一个 3 级输入，那么它就会被视为 3 级测算。FAS 157 敏感地要求对 3 级公允价值测算做相当多的扩充披露。

9.4 对信贷紧缩时期公允价值会计的潜在批评

这一节讨论对信贷紧缩时期公允价值会计的潜在的主要批评。同时也指出了 FAS 157 的指南与这些批评紧密相关,并提供了一些实际观察结果,以及笔者对这些批评和指南的看法。

未实现的收益和损失反转

为什么未实现的收益和损失有着超过 50% 的几率反转?有两个明显的解释。第一,头寸的市场价格可能是偏离基本价值的泡沫价格,这一偏离可能部分或全然由市场流动性缺乏引起。第二,这些市场价格可能并不和最有可能被接受或支付的未来现金流相一致,因为未来现金流的分布扭曲了。例如,一项资产未来现金流的分布可能包括一些概率非常低、但是一旦出现就会造成严重损失的结果,因此会降低资产的公允价值。

泡沫价格

金融经济学现在有大量理论和经验证据表明,市场有时会出现泡沫价格,这些价格可能会被市场乐观情绪和过度流动性提高,也可能被市场悲观情绪和流动性不足压制。泡沫价格可以源于动态有效市场中投资者的理性短视决策,而不仅仅源于投资者的非理性或市场的不完善。[3] 信贷紧缩中泡沫价格是否在特定头寸类型中存在还有争议,但是这显然是可能的。[4]

在 FAS 157 对公允价值测算输入的分级中,相同或相似头寸的市场价格是较好的输入类型。如果当下市场价格因信贷紧缩被压到其基本价值之下,那么公司的未实现的损失将有可能在未来部分或全部反转为收益。考虑到这一可能性,一些群体认为,更好的做法是允许甚至要求公司报告摊销成本或者 3 级输入按模型估计公允价值,而非产生更多的未实现损失的 2 级输入调整后的按市场估计的公允价值。[5]

如果 1 级输入可得,那么除了很少的例外,FAS 157 要求公司在未对泡沫价格做任何调整的情况下,按相同头寸在活跃市场中的价格测算公允价值。然而,如果只有 2 级输入可得,而公司可以证明这些输入反映了强行拍卖,那么 FAS 157(不言明)允许公司声明,依照 FAS 157

第 9 章 公允价值会计：信贷紧缩引出的政策问题

的公允价值定义，3 级输入按模型估计基础上的公允价值更为可信。

FAS 157 中 FASB 决定的流动性市场中可能存在的泡沫价格不应影响公允价值测算，这是正确的。很难得知泡沫价格什么时候存在，以及如果存在，什么时候泡沫会破裂。不同的公司无疑将对这些问题有着不同的观点，而它们可能表现得缺乏一致性或者过分随意。为了有效，会计标准在操作中必须确保高度一致性。

同样应该指出的是摊销成本能够反映自头寸建立以来任何存在的泡沫价格。从这个角度来说，在次贷危机前陶醉的氛围中生出的次贷相关头寸的摊销成本能够反映泡沫价格的可能性，要比当下那些头寸的公允价值大得多。

扭曲的未来现金流分布

公允价值应反映基于现有信息和风险调整后的贴现率的预期未来现金流。当某一头寸更可能经历非常不妙的未来现金流，或相反——从统计上而言，当其显示了扭曲的未来现金流分布时——那么预期的未来现金流就会异于最可能的未来现金流。这暗示随着时间流逝，头寸的公允价值将朝着最可能的现金流的方向被修正，其可能性将超过 50% 甚至更多。虽然一些群体似乎将这一现象和预期的未实现损益同等对待，但这两者是不一样的。当未来现金流分布被扭曲时，如果公允价值将朝着最可能的现金流的方向被修正，那么其修正幅度也倾向于相对较小；但如果公允价值朝着相反方向被修正，那么其修正幅度将相对较大。考虑到可能的未来现金流的规模和概率，公允价值未预期的变动均值将为零。

对于投资者来说，力求得到正确的均值，并充分考虑所有可能的未来现金流的概率和重要性（正如公允价值会计所做的那样），要比力求大部分时间正确，但忽视了概率相对较小但相当有利或不利的现金流，信息更为全面。与此相联系的是，通过更新每一期未来现金流的分布，公允价值会计可以为投资者提供更多关于大型有利或不利未来现金流概率变化的及时信息。这些更新在高速演变，其在充满不确定性和信息不对称的时期尤其重要，如信贷紧缩时期。

市场流动性不足

FAS 157 关于公允价值的定义中"有序交易"和"测算日"共同反映了"公允价值"中公允的意义。公允价值不一定是当下头寸已实现的价值；它们是反映了公允交易价格的假设价值，即使当下的条件不支持这样的交易。

225　当市场流动性严重不足时，如信贷紧缩中出现的情况，这一定义就会给公司财务报告的准备者带来巨大的实际困难。准备者必须想象假设的有序出清交易，即使实际上有序交易可能直到遥远的将来才可能出现。准备者通常想要请求实际市场参与者出价，来帮助其决定头寸的公允价值，但是如果所需时间超出了资产负债表和财务报告整理完毕的日期，他们就无法这样做。另外，任何市场参与者可能提供的出价都将反映预期交易日的市场状况，而非资产负债表编表日的市场状况。

如果 2 级输入被缺乏流动性的强行拍卖所操纵，那么 FAS 157 允许公司使用 3 级输入中以模型为基础的公允价值。[6] 为了使公司能够这样做，审计和 SEC 通常要求公司提供可信的证据，证明市场价格或其他市场信息是被市场中缺乏流动性的强行拍卖所操纵的。这对公司来说可能很困难，如果它们不能做到，就只能使用可能产生更多未实现损失的 2 级公允价值。

FASB 可以也应当提供额外的指导来帮助公司，其审计和 SEC 需就证明 2 级输入被缺乏流动性的强行拍卖所操纵需要哪些令人信服的证据达成一致。FASB 可以通过提高市场流动性不足的指标——包括足够大的买卖价差或足够低的交易量——来完成这件事。这些变量可用绝对数或相关市场正常水平的相对数测算。当公司能够证明这些指标是即时的，并且只要公司能够支持其 3 级模型基础的公允价值在理论上是合适的，也有着充分统计证据，FASB 就应明确地允许公司报告 3 级模型基础的公允价值而非 2 级价值。要求公司汇集市场流动性不足的指标，并要求其为 3 级按模型估计价值提供支持，为会计程序建立了重要的纪律，这点不能被省略。

FASB 可以也应当同样提供一些关于流动性不足的风险溢价测算的指导。这些溢价比其他风险溢价更难以测算，因为市场价格本来提供的关于流动性不足的风险溢价的信息就较少。此外，这些溢价也难以和信贷风险溢价相区别，因为信贷风险高的资产更可能出现流动性不足。

最后，FASB 应当要求公司披露其重要的 3 级输入数据和公允价值对所有被纳入 3 级模型基础的公允价值测算的输入数据的敏感度。如果要求披露这些信息，那么 3 级模型基础公允价值很可能包含比低质量的

第 9 章 公允价值会计：信贷紧缩引出的政策问题

2 级公允价值更为丰富的信息。

负反馈效应和系统性风险

通过识别未实现的损益，公允价值会计比起摊销成本会计，将对损益的识别提前了。此外，未实现的损益可能被夸大，如果泡沫存在，会在后续阶段出现反转。如果对于报告的未实现损益，公司在经济上采取次优决策，或者投资者过度反应，那么公允价值会计可能产生负反馈效应，这些效应在使用摊销成本会计的情况下并不会发生。例如，一些群体认为金融机构对次贷和其他资产的减记引起了这些资产市场价值的进一步缩水，这可能更具系统性风险。这些群体认为金融机构报告未实现的损失导致它们出售受影响的资产而非筹集资本，来除去资产负债表上的污点，或者遵守内部或监管投资政策。[7]这些群体坚持金融机构发行权益证券来筹资的行为挤出了受影响资产的直接投资。

有可能与公允价值会计相连的负反馈效应在轻微程度上导致了市场流动性不足，虽然我并没有任何可信的经验证据支持这一论点。然而，很清楚的是，引起信贷紧缩的次贷危机最初是由一些公司、投资者和家庭引起的，比如它们错误的操作、投资和融资决定，糟糕的风险管理，和一些例子中实施的欺诈——并非是由会计引起的。至于信贷紧缩中，市场流动性不足的严重性、持续性和任何观察到的负反馈效应，用以下几个因素来解释更说得过去：金融机构庞大的次贷和其他头寸的风险余留、筹资需求以及持续的关于这些头寸的高不确定性和信息不对称。金融机构出售受影响的资产，并发行资本，通过允许机构继续贷款，几乎肯定地减轻了信贷紧缩的总体严重性。考虑到及时和信息丰富的特点（还有相联系的强制和自愿的披露），在减少不确定性和信息不对称方面，公允价值会计应比摊销成本会计速度更快，因此，能缩短信贷紧缩的持续期。

不仅如此，即使摊销成本会计也会面对不同会计标准下的资产减记和 FAS 5 规定下的逐渐积累的意外损失，因此，即使不使用 FAS 157 和其他公允价值会计标准，任何与会计相联系的反馈效应可能都是相似的。

参考文献

Bank of England. 2008. *Financial stability report*. Issue no. 23 (April).
Barlevy, G. 2007. Economic theory and asset bubbles. *Economic per-

spectives (3rd quarter): 44 – 59.
Financial Accounting Standards Board (FASB). 2006. *Fair value measurements*. Statement of Financial Accounting Standards No. 157. Norwalk, CT: FASB.
Gron, A., and A. Winton. 2001. Risk overhang and market behavior. *Journal of Business* 74: 591 – 612.
International Monetary Fund. 2008. Containing systemic risks and restoring financial soundness. April.
Johnson, S. 2008a. The fair-value blame game. www.cfo.com, March 19.
Johnson, S. 2008b. How far can fair value go? www.cfo.com, May 6.
Nissim, D., and S. Penman. 2008. Principles for the application of fair value accounting. White Paper No. 2, Center for Excellence in Accounting and Security Analysis, April.
Rummell, N. 2008. Fair-value rules get more blame for crunch. www.financialweek.com, March 24.
Ryan, S. 2008. Accounting in and for the subprime crisis. *Accounting Review* (November).
United States Securities and Exchange Commission. 2005. *Report and recommendations pursuant to Section 401 (c) of the Sarbanes-Oxley Act of 2002 on arrangements with off-balance sheet implications, special purpose entities, and transparency of filings by issuers*. June 15.

注释

[1] Ryan（2008）对始于 2007 年 2 月的次贷危机的起因和演变，以及危机引起的始于 2007 年 7 月的信贷紧缩做出了详细描述。

[2] 公允价值会计是否可能运用于非金融（例如，制造业和零售业）公司——这些公司原本持有固定资产和无形资产，比起最初的债务有着非常不同的风险特征——是个更为复杂的问题，超出了这一章的讨论范围。Nissim 和 Penman（2008）认为，摊销成本会计关注交易/结果导向，更好地揭示了这些公司是怎样实施其商业计划而盈利的。

[3] Barlevy（2007）是一篇关于资产价格泡沫和相关的金融经济

第9章 公允价值会计：信贷紧缩引出的政策问题

学文献的可读性很强的作品。

［4］很少或几乎没有理由相信，相对近期的次贷头寸在信贷紧缩中出现了泡沫。例如，相对近期的次级 MBS 头寸的 Markit 指数下跌趋近于零，而后即使在 2008 年 3 月市场流动性开始好转后，也未出现显著反转。还有，考虑到合理的损失，英格兰银行（2008，7，18—20）发现，这些指数相当接近模型的基础价值。形成对比的是，至少有部分理由相信，相对久远的次贷头寸可能在这一时期的价格出现了泡沫。例如，这些头寸的 Markit 指数在 2007 年 11 月至 12 月和 2008 年 3 月至 5 月的损失之后，展示了显著的反转，虽然这些反转可用政策制定者的干预来解释（第一次是财政部对 SIV 的救助计划，第二次则是 2008 年 3 月美联储采取的多种激进的行动）。不仅如此，英格兰银行的结论是，即使在最极端的反转损失情况下，这些指数还是大大低于模型价值。这可以由一个事实解释，即 Markit 指数以之为基础的信贷衍生物自身也面临流动性不足和交易对手信用的风险。

［5］当 2 级输入被市场中流动性不足的强行拍卖所操纵时，FAS 157 允许公司使用 3 级模型基础公允价值，在 FAS 157 中没有明确说明，但在 FSP FAS 157-3 中有详细规定，《当金融资产所在市场并不活跃时，如何决定该资产的公允价值》已于 2008 年 10 月发行。

［6］例如，国际货币基金组织（2008）规定，"会计标准将逐渐需要考虑其会计操作和指导对金融稳定性的影响。"（p. xiv）同样，虽然"公允价值会计展示了一家公司金融状况最全面的图景……但当价值低于某一重要门槛时，基于公允价值会计结果的投资决策规则可能会导致自我实现的强行拍卖和价格下跌（金融机构自身引起或由监管引起）。"（p. 127）

［7］Gron 和 Winton（2001）表明，金融机构的风险余留（即，过去商业决策留下的因市场流动性不足而无法消除的风险）可能导致其减少或停止其风险与余留风险相关的头寸的交易活动。

恢复金融稳定性

第Ⅳ部分

衍生品、卖空和透明度

维拉尔·V·阿查亚

监管部门的监管压力在金融危机期间和之后更是大幅增加。和以前相比，这场危机没有什么不同。不幸的是，很多时候市场参与者、评论家、政治家和一些学者都将症状误认为原因，主张治标而非治本。

在接下来的两个章节中（第 10 章"衍生品：终极金融创新"和第 12 章"卖空"），我们讨论了有关金融衍生品的监管和卖空的不同声音。我们认为，期货和期权等金融衍生品在经济中使风险共担得以实现，例如，养老金经理可以从金融中介机构购买指数期权，来应对保险市场可能出现的严重不景气。衍生品还允许市场参与者采取有针对性的投注，从而揭示这些投注的基本信息，并在经济中扮演有价值的信息员或者相关角色。例如，2007 年的年初，信用违约掉期（CDS）的财务利差已逐步上升，即在危机真正发生的 2007 年第三季度前，这种现象就出现了。粗暴地移除这种能够事先发觉危险的警示器根本没什么好处。

类似的道理也适用于卖空，即便目前不持有公司股票，也可以让看空的投资者在股票市场上交易，从而表达他们对股市的负面看法。市场价格所反映出的这些坏消息和好消息同样重要。股票卖空常常被指责造成了一些公司股价崩盘，即使其股价超出了真正健康的波动幅度。然而，大多数情况下，公司健康度确实已经恶化，是投资者抛出持有的股票的行为导致了价格崩溃，而不是卖空本身引起的。也有一些人指控，它须对贝尔斯登和雷曼兄弟公司的倒闭负责，持有这些股票的空头头寸的投资者可能参与了市场操纵——例如，通过散步谣言。看来监管机构来处理这些情况时，最好是把通过调查和严厉处罚来阻止如此恶劣的行径摆在首位，而不是简单地通过禁止卖空来关闭这一舞台。

不过，我们确实认为，当前的危机突出了一些相对较新的衍生品尤其是信用衍生品的交易基础设施的缺陷。这些缺陷要求及时的监管关注和可能的干预。特别是在第 11 章"信用衍生品的集中结算"中，我们认为，信用衍生品交易中场外交易（OTC）的性质和由此产生的不透明，是引起交易对手风险担忧的重要原因，该风险围绕大型玩家倒闭或接近倒闭（如贝尔斯登，雷曼兄弟和 AIG）而产生。同样，我们将问题归咎于使用这些工具交易的性质，而不是工具本身。因此，我们建议，不应直接监管工具，而应将监管重点放在交易对手信用风险的根源上，即缺乏集中的交易对手结算。

在信用衍生品交易中，通过一个集中的交易结算中心进行监管干预的理由是双重的。首先，当一方与另一方交易时，双方没有将给对方造成的外部性内部化；也就是说，他们没有认识到，通过要求双方/各方给予足够高的保证金，他们减少了因其违约而给相连各方带来的损失的不确定性。其次，大型玩家从场外交易的相对不透明性中大幅受益——包括低交易执行成本和获得订单流中包含的内部信息。因此，面对私人激励，大玩家不太可能协调一致，他们没有动力转移到其他采用集中交易和更大透明度的平台以消除风险外部性。

对我们来说，一个适用于所有交易的集中结算中心的概念因此清晰了。一个集中的结算中心可以内部化风险的外部性，并因此对市场参与者提出了有效的抵押品和保证金要求。这样一个交易结算中心结构在历史上很有效，衍生品交易的实例可以证明。因为结算中心会员必须要有充足的资本，这将确保所有交易中交易对手风险达到最小，并接近于零。同样重要的是，由于他们的共同保险机制，结算中心会员将互相监督。

由于信用衍生品存在的违约事件的性质天生是双重的，我们建议的结算中心将对持有更大头寸的参与者提出更高的初始保证金要求，潜在意义上也加强了头寸限制，并利用了当日之内的保证金要求。这几点应能控制信用衍生品市场的风险。虽然在正常情况下这可能看起来成本高昂，但它对确保在危机中最小化交易对手风险是必要的，其结果将是，即使最大的参与者也能受益。结算中心也将提供一个中央登记处，监管机构由此可以获得双边接触信息，从而评估机构倒闭的后果。最后，这样的平台也可以传播公开汇总的关于价格、数量和公开利率的信息，例如，在某些产品上可吸引散户参与。

因此，我们的整体政策建议如下：

■ 如信用违约掉期以及相关指数这类大型的、标准化的市场应该在集中交易对手暨结算中心或交易所交易。

■ 较小且不够标准化的市场，如抵押债务和贷款债务证券（CDOs和CLOs）市场，也是重大交易对手风险的关注点，应该有最起码的集中结算机制，使监管机构可通过结算登记来评估一个大型机构倒闭的传染效应。

■ 最后，场外交易市场可以继续保有其可供金融产品创新的平台；但为了激励这些市场转移到集中登记处，并最终转移到结算中心，应明确监管机构负责（1）要求场外市场提高透明度——在披露关于净风险暴露的双边信息的形式方面，可以有一段时间的延迟；以及（2）提供有关内幕交易和市场操纵行为的执法基础设施。

这些建议应如何实施？监管机构可能仅仅需要发挥协调作用——可能需要一些大玩家的执着——来使得市场参与者设立集中交易基础设施。此外，这些市场的全球性质，可能要求监管机构之间一定程度的国际协调，尤其是在需要时相互提供及时的交易对手的信息。

· 219 ·

第 10 章 衍生品：终极金融创新

维拉尔·V·阿查亚、梅纳赫姆·布伦纳、
罗伯特·F·恩格尔、安东尼·W·林奇、
马修·理查森

10.1 衍生品的一般背景和成本收益分析

衍生品是这样一种金融合约，其价值来自于基础资产，这些资产包括股票和股票指数、债券、贷款、利率、汇率、商品、住宅和商业抵押贷款，甚至地震和飓风等灾害。该合同有多种形式，但较常见的包括期权、远期/期货和掉期。不夸张地说，金融创新在过去 30 年的相当一部分是源于衍生品市场的出现。交易所交易的衍生品被股权衍生品和商品衍生品交易统治。场外交易（OTC）衍生品主要是固定收益证券和货币。据国际清算银行（BIS）的数据，2008年年中，场外交易市场利率衍生品的未偿还

第 10 章　衍生品：终极金融创新

数额的名义值达到了 460 万亿美元，货币衍生品的未偿还名义值则为 60 万亿美元，总信用违约掉期（CDS）的未偿还名义值为 55 万亿美元左右。衍生品的好处有三：（1）风险管理，（2）价格发现，和（3）增强流动性。我们将简要地依次介绍这些。

好处

这种风险管理（对冲）衍生品对经济代理人的好处，几个世纪前就已经被认识到了。两个著名的例子是在 18 世纪日本的堂岛（Dojima）大米期货市场和 1848 年为交易农产品期货而建立的芝加哥商品期货交易所（CBOT）。当然，衍生品的主要用途是对冲一方头寸（即减少或消除在商品、外汇、金融资产上所固有的风险）。想要保证其未来农作物的价格，农民可以在任何时间在期货或远期市场出售其产品。暴露在外汇风险下的出口商，可以使用衍生品（远期，期货和期权）减少他们的风险。投资于证券的养老基金，可通过购买看跌期权形式的保险来避免灾难性的后果。衍生品风险管理的好处不仅限于对冲自己的风险，也能通过使用期权对冲整个风险收益组合。举例来说，这些功能允许人们在极为动荡的时代（像我们现在正在见证的）保护自己。

另一个重要的好处是可以从各种衍生品中提取信息。价格发现是它的一个方面。一些例子包括 ABX 指数（次级抵押贷款的债务抵押证券组合），它是提供市场上不断恶化的次级抵押贷款证券化市场的信息的最早工具之一[1]；交易基金（ETFs），它在陈旧指数（例如，SPY 与 SPX）之前提供证券价格的信息；以及个别股票的期权价格，后者会更快地将私人信息散播到市场上。[2] 衍生品也让市场参与者能够提取预期信息，而非历史信息。例如，现在从某一资产的期权价格中剔除波动，偏度（例如，崩溃的危险），和峰度（例如，厚尾）已是常事。这样的信息被多方使用，如中央银行的政策决定，投资者在其投资组合上的风险和回报决策，以及公司的金融风险管理。另一个例子是从联邦基金期货市场获得预期的美联储利率决策。

另外一个优点是增强流动性。把衍生品附加到基础市场有两方面的影响：（1）它带来额外的参与者，并可将衍生品作为交易基础资产的杠杆化替代品，（2）衍生品为市场参与者提供对冲机制，允许通过一个较低的买卖价差来减少交易成本。总的来说，带有衍生品的现货市场比没有衍生品的现货市场拥有更多的流动性，从而也有着较低的交易成本。

考虑到这些看似重要的好处，那为什么衍生品，尤其是信用衍生品，在当前的金融危机中还得到了如此负面的看法呢？我们认为对衍生品的意见被误导了。问题不在于作为一种工具的衍生品，而在于（1）衍生品交易和结算的方式，以及（2）它们是如何由一些金融机构使用，以增加其对某些资产类别的风险暴露的。在举出信用衍生品市场和当前的危机的具体例子（在 10.2 节）之前，我们将讨论衍生品引起的相当普遍的一些担忧。

代价

在衍生品交易和结算方面，外汇交易衍生品是标准化（或准标准化）的工具，它随行就市，结算及交割均由结算公司运营。虽然多年来有一些小问题（主要是因为垄断市场的企图存在），但交易所成功地应对了这些问题，并提升了系统。大体上，这样的安排一直运作良好。自从衍生品交易出现（1848 年）以来，从来没有结算公司破产。如今，结算公司已经变得很大，有些为数家交易所提供结算服务——例如，期权结算公司（OCC）和芝加哥商品交易所（CME）。

主要问题现在已经浮出水面，它主要关系到场外衍生品。其中重点是信用违约掉期，但不仅限于这种衍生品。[3]虽然信用违约掉期市场是大的，但场外衍生品市场还有很多其他的大市场（如外汇衍生品市场和利率掉期市场，等等）。在一般情况下，合同是双边的，并通常附有根据合同的类型和交易对手评级而定的抵押品。按市值计价的安排是多样的。当一方在一家交易所中有大头寸和高度相关产品的交易时，该方就可用交易所交易的产品对冲其头寸（例如，著名的德国金属公司（Metallgesellschaft）用期货对冲远期合约的案例中，使自身暴露在了基准风险下）。场外交易合约的好处是，它们都是量身打造的，这对于想要完美对冲的实体十分重要。也就是说，它们可以进行大宗交易，而不对交易市场造成影响，并且它们充分匿名。不幸的是，这一特点也指出了主要问题，即当事人面临（1）潜在的流动性缺乏，如果他们希望清仓和（2）交易对手风险。

除了这两个问题，另一个问题是系统内缺乏透明度。不像在一个集中结算中心的情况下，没有人确切知道总风险暴露是多少，集中在哪里，这类合约的价值是什么，等等。这些问题始终存在，但只要头寸较小，问题就会仅仅停留于表面。然而，当头寸由小变大，并且相关联的承诺要比基础资产大很多倍时，缺乏透明度就将使得系统容易产生系统性失灵。也许近期最著名的例子是长期资本管理公司（LTCM）。在其崩溃的时候，长期资本管理公司的衍生品头寸名义未清偿价值超过了 1.25 万亿美元，这其中包括掉期、期货和期权的衍生品头寸。相比之下，只有六家银行衍生品头寸超过 1 万亿美元。而且，在当前的危机中，谁会知道，AIG 曾出售过价值 400 亿美元的抵押贷款、贷款和债券的 AAA 级 CDO 的信用违约掉期？

监管和管辖权是另一个重要的问题。目前我们有商品期货交易委员会（CFTC）、证券交易委员会（SEC），以及美联储，共同监管交易所买卖的衍生品，这造成了效率低下和宝贵资源的浪费。相比之下，大多不受监管的场外衍生品则导致了监管套利。当 2000 年商品期货现代化法案（CFMA）得到批准时，场外衍生品的监管缺乏状况得到了赞同。事实上，很多政策制定者认为，CFMA 导致了很多系统中的严重缺陷，包括安然公司利用这一立法做假账，和也许更重要的，CDS 市场的成长不受控制。

对潜在成本最后的评价是，一些衍生品的复杂性易被滥用，如企业和金融机构存有偏见的报告，和向其不成熟的投资者错误展示风险（例如，一些结构产品）。复杂性和缺乏透明度一样，也可能对金融系统造成负外部性。当金融系统遭受重大的冲击时，有一种普遍逃向有优质行业的趋向，系统中的复杂性和缺乏透明度共同放大和加速了这一逃离，这导致系统性崩溃的可能性更大（即流动性挤兑、死亡螺旋，等等）。从社会的角度来看，其他所有条件相同的情况下，复杂性是负面的。

10.2 信用衍生品市场和金融危机

一个关于信用衍生品的重要的例子是信用违约掉期（CDS）。信用违约掉期是这样一种交易，即如果信用违约事件发生，保费就能够用来弥补损失。换句话说，它代表了对违约的保险。保险买方在每个时期（例如，75 个基点）支付费用（信用互换溢价），直至 CDS 到期或发生信用事件。如果发生信用事件（如破产、未能支付、重组等），那么买方就会获得标的资产面值和其市场价值之间的差额。就像它的前辈，利率掉期和货币掉期一样，信用违约掉期是被设计出来以允许市场参与者对冲他们的信用风险的。市场增长是巨大的。根据国际掉期及衍生品协会（ISDA）的数据，图 10.1 绘出了信用违约掉期从 2001 年至 2008 年期间的未清偿名义金额，数据每半年获得一次。忽视不同合约间的净头寸，CDS 市场规模从 2001 年上半年未清偿的 6 310 亿美元增长到了 2008 年上半年的 54.6 万亿美元。

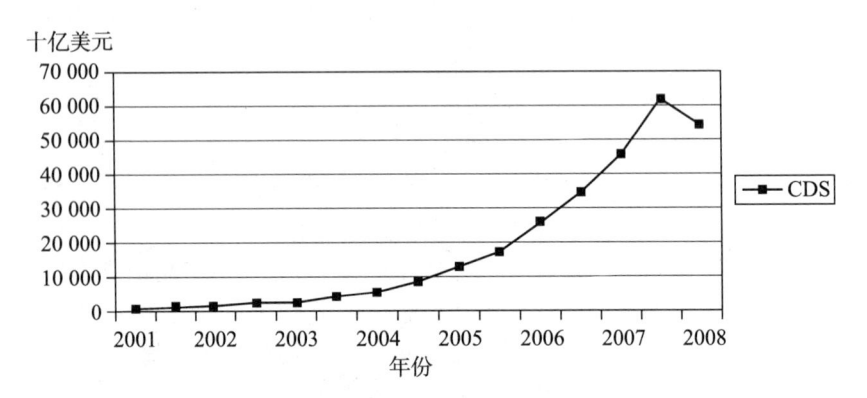

图 10.1　未清偿信用违约掉期名义金额（CDSS）（十亿美元）

此图呈现了数十亿美元的未清偿 CDS 合约的名义金额在 2001 年至 2008 年间的增长态势。

资料来源：国际掉期及衍生品协会（ISDA）。

当市场规模达到很大，并因此对现有危机作出"贡献"时，多数未清偿的信用违约掉期就会产生于投资级和高收益公司债市场。当公司债市场发生违约时，暴露在这些信用违约掉期之下可能就会成为一个问题。但时至今日，在当前的金融危机的资产减记中作出了贡献的信用违约掉期是指房地产抵押贷款支持证券（RMBSs）、商业抵押贷款支持证券（CMBSs）、担保债务权证（CDO）。这些信用违约掉期只占未清偿的名义数额的一小部分。和公司的信用违约掉期相反，设计与资产支持证券相关联的信用违约掉期之目的是为这些证券或部分这些证券（即分档）的违约提供保障。

特别地，RMBSs，CMBSs 和 CDOs 是有债务池支持的证券，通常债务池包括抵押贷款、债券或贷款。这些证券通常分档。例如，一个典型的结构可能有四个档，第一档（所谓的股权档）将承担最初的损失，下一档在股权档完全违约之后承担损失，依此类推，直到最后的 AAA 级档——只有在之前所有档都完全耗尽后，才会发生违约。图 10.2 显示了从 2001 年至 2008 年发行的 CDO 的市场状况。例如，抵押贷款支持的 CDO 从 2005 年第一季度的 280 亿美元增长到了 2007 年第二季度的 940 亿美元，直至随着次贷危机的发展而市场崩溃。在这些 CDO 之

第 10 章 衍生品：终极金融创新

上，一个共同的 CDS 覆盖了 AAA 档的任何损失。正是这些证券处于当前金融危机的震中。

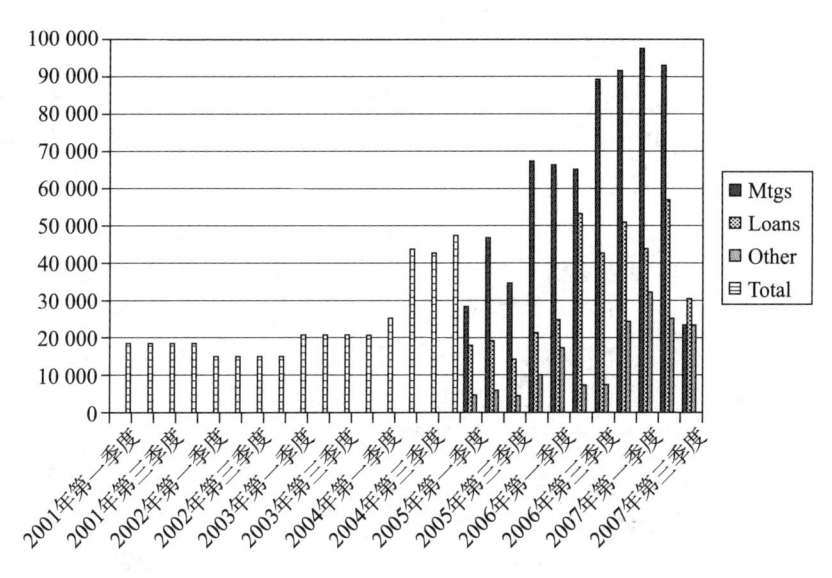

图 10.2 CDO 发行（美元金额，百万为单位）

此图呈现从 2005 起的各类 CDO（即抵押贷款，杠杆贷款和其他资产类别）的发行情况。从 2001 年开始到 2005 年之前，图中提供总 CDO 发行量。

资料来源：证券业和金融市场协会（SIFMA）。

好处

没有信用衍生品，贷款人将无法对冲其风险、扩大信用市场。也就是说，没有对冲，贷款人不会愿意按基础价格提供大量的贷款，他们会在贷款供应量上升时要求增加额外溢价。可以说，银行在 2001 年伴随着经济中高违约率的经济衰退运营得很好，因为银行能够消除其对资本市场贷款的信用风险。即使在当前的危机中，也有大量体现信用违约掉期的好处的例子。例如，摩根大通是杠杆贷款市场的主要参与者。摩根大通扩大贷款市场的途径之一是贷款，它将贷款汇集在池中形成 CDO，然后向一个愿意购买它们的投资者客户出售这些 CDO。CDO 市场在 2007 年 7 月关闭，这意味着摩根大通在账面上持有大量本来为证券化市场准备的杠杆贷款。这大大增加了银行在一个风险逐渐升高的环境中对信用的风险暴露。然而，摩根大通能够使用信用违约掉期以减少其风险暴露。事后证明，当信用市场状况在接下来的一年迅速恶化，并危及其他非对冲的金融机构时，这是一个很好的策略。

担保债务权证已被严厉地批评为"发狂的衍生品"。但事实是，在全球投资者和远离资本约束的金融机构的广泛范围中，这些证券通过传播信用风险，来允许信用市场扩张。这将有助于信用反映其真正的经济价值（而不是需求/供给不平衡），即违约概率，违约的弥补，以及任何与违约关联的整体风险溢价。这种信用扩张使个人进入次级抵押贷款或Alt-A住房贷款抵押市场，并允许公司发行高收益债券或杠杆贷款以进行高效率的再资本化或资本投资。经济的基本面（即破灭的房地产泡沫和更广泛的经济衰退）冲击导致的信用损失本不应引起金融危机。问题在于这种信用不足以出售给投资者，而是相反，它将停留在银行的资产负债表上。换句话说，问题不在于衍生品，而在于它们在实践中被滥用了。

此外，在当前的危机中，信用违约掉期和其他信用衍生品在同时向公众和监管方传播信息的过程中起到了一个非常重要的作用。由于金融企业资本结构的复杂性，很难从基本的债券二级市场推断一般信用的质量，尤其是考虑到一些债券很少交易。相比之下，在金融危机早期，CDS市场已经用一个非常有先见之明的方式预判了金融企业会因质量问题破产的前景。作为一个例子，可以考虑从2007年7月开始至2008年11月危机爆发时的7个金融机构，它们是贝尔斯登、雷曼兄弟、美林、AIG、花旗集团、摩根斯坦利和高盛。图10.3绘制出了它们的CDS每月的溢价情况，并与其他信用评估者如评级机构进行了对比。从图中可见，市场很早就指出，金融机构已由于系统性风险的发生而变得风险很高了。

代价

如图10.1和图10.2所示，CDS和CDO市场到2008年年中已发展到名义金额超过50万亿美元的规模。然而，金融机构对这些市场的基本风险暴露完全缺乏透明度。例如，证券化的中心思想是将相对低流动性的贷款汇集成池——抵押贷款、公司债以及银行贷款——银行把这些贷款留在资产负债表上将有麻烦，于是就把它们打包成更具流动性的CDO，然后将其转嫁到各种愿意承担风险的投资者身上。然而，这场危机令人惊讶的部分是，这些证券被商业银行和投资银行大量持有。由于房屋价格开始下降、次级抵押贷款开始违约、CDOs开始失去价值，金融机构也开始蒙受巨大减记损失。事情开始变得清晰——许多高杠杆金融机构以前所未有的比率高度暴露在这些衍生品下，交易对手的不确定性在场外交易市场中传播，造成了系统性风险的蔓延。

第 10 章 衍生品：终极金融创新

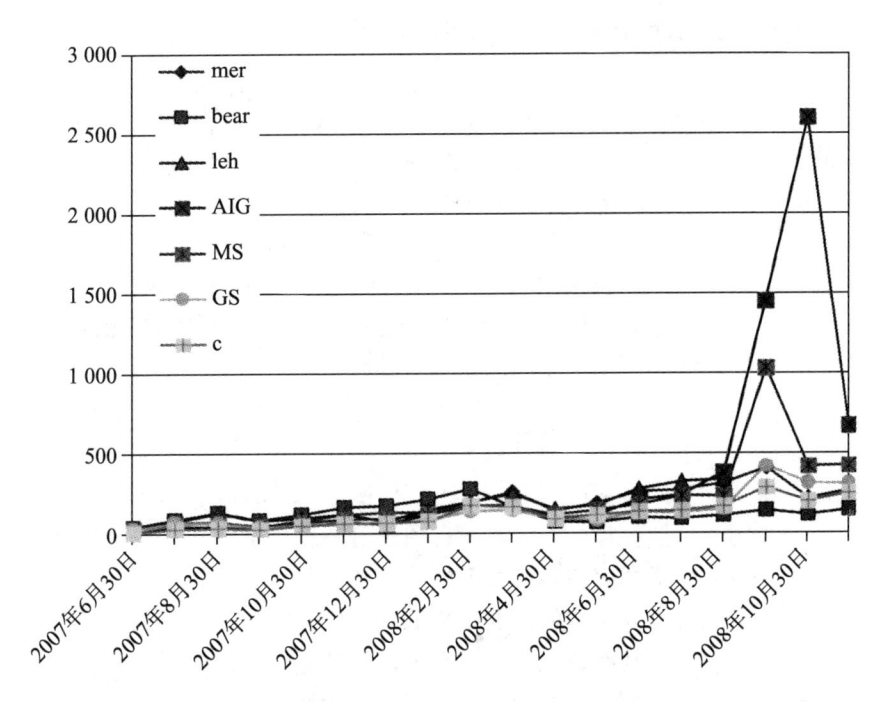

**图 10.3 信用违约掉期溢价（基点）和金融机构评级
2007 年 7 月—2008 年 11 月**

该图描绘了 2007 年 6 月 30 日到 2008 年 10 月 30 日，月末 CDS 溢价的时间序列。图中涉及的主要金融机构：贝尔斯登（bear）、雷曼兄弟（leh）、美林（mer）、AIG（AIG）、花旗集团（c）、摩根斯坦利（MS）、高盛（GS）。

资料来源：彭博。

例如，在 3 月 14 日，贝尔斯登濒临破产。图 10.3 显示，金融机构的 CDS 利差跳水了。作为蔓延的结果，政府开启了紧急救助计划，为价值 290 亿美元的次级抵押贷款支持证券提供担保，并将其出售给摩根大通。然而，几个月后，信用市场进一步恶化，并超出了次贷支持证券的范围，雷曼兄弟于 9 月 15 日宣布破产，这给 AIG、第一储备基金（Reserve Primary Fund）、摩根斯坦利和高盛带来了系统性压力，导致政府不得不拯救整个金融体系。透明度（或透明度的缺乏）是这些实体的共同特点——市场和一些监管者并未意识到 AIG 对 CDOs 的 CDSs 的 4 000 亿美元的单边风险暴露、第一储备基金对雷曼短期债务的巨大风险暴露，以及摩根斯坦利和高盛的信用风险。

虽然衍生品市场的透明度是一个重要问题，但其影响被信用衍生品的复杂性放大了。[4] 然而，在陈述其复杂性时，有必要把公司债券的 CDSs

从 CDOs 的 CDSs 中分离出来，后者更为复杂。信用衍生品市场在 2001 年后迅速起飞，其增长就像相关市场——抵押担保证券（CMO）的市场——在 20 世纪 90 年代中期的情况的一面镜子。这两个市场远离了其最初的目的，创造出了越来越复杂的结构（例如，CMOs 50 档结构中只付利息的 Z 档与当前的危机中复合的 CDO 的再包）。两个市场经历了巨大的冲击（例如，1994 年 200 个基点的利息率变动和 2006—2007 年住房价格下跌 20%），此后不久，两个市场都崩溃了。最终，CMO 市场完全恢复了，但其是以更简单的形式与更完备的投资者基础恢复的。如果给予机会，人们可以期待 CDO 市场以相似的方式恢复。

即使是最简单形式的 CDOs，也存在三个突出的问题，所有这些都被评级机构严重忽略了，而且显然也被一些在证券化业务上领先的金融机构忽略了。[5] 首先，事前的基础上，用来为 CDOs 估值的假设似乎很弱。一些例子包括：很少或根本没有关于房屋价格下降对违约影响的建模，即使当地的证据表明这种关系的确存在，并对发生的房市泡沫有充足的讨论；也没有对贷款的回收率降低的建模，即使贷款不再是资本结构的最高优先级。其次，该假设没有考虑到证券化引起的逆向选择和道德风险，即证券化降低了提供高质量贷款、然后对其监督的激励。其三，贷款的相关性和回收结构，CDOs 的关键成分，只是模型结构简单的输入。所有这些都需要加以改进。

即使透明度和复杂性的问题解决了，我们仍然不清楚系统性风险的问题是否能得到解决。金融机构和市场参与者都在其风险/收益的权衡中为自身利益而行动。这些行动可能没有考虑到整个系统的外溢风险。因此，需要有一个场外衍生品的监管角色。至少，这将意味着监管机构可以得到公司的衍生品风险暴露信息，然后使用这些章节其他地方讨论的工具来征税或减少系统性风险。最多，这可能涉及对交易所买卖的衍生品（归商品期货交易委员会监管）或更一般的交易证券，如股票和债券（归证券交易委员会监管）更普遍一致的监管。表面上看，除了一次性的、为客户定制的 OTC 衍生品的监管可能过于困难和昂贵以外，似乎没有理由来为更加规范的 OTC 衍生品的监管缺乏开脱。[6]

10.3 监管衍生品的原则

监管衍生品最重要的基本原则必须包括三个主要问题：（1）不确

定的交易对手信用风险暴露，它可以产生流动性不足，并可能导致市场崩溃；(2) 资本侵蚀，如果侵蚀发生在为金融体系提供流动性的机构中，且达到一定规模，那么这可能会导致金融体系崩溃；(3) 由于市场流动性不足而使衍生品偏离基本面的价值，这可能会导致资本配置的扭曲。

由于理解交易对手信用风险最重要的部分是透明度水平，所以任何监管行动都应明确围绕增加透明度的水平，最起码应增加对监管机构透明度的水平。事实上，监管机构在交易水平上能够得到实时价格、数量和头寸，这是明显有益的，只要收集和处理信息的相关成本不至于令人望而却步。此信息将允许监管机构在金融体系中监管系统性风险。例如，AIG 就市场中信用违约价值 4 000 亿美元的风险暴露可能会警示监管机构。

当然，向公众提供透明度也有很大的好处。监管机构可能并不总是能够监控或理解风险暴露。市场可能会规范有问题的交易对手。例如，如果知道 AIG 对其所有交易对手的暴露程度，高盛、美林和其他公司还会和 AIG 达成协议吗？和监管机构不同，彻底的价格、数量和公开的头寸使最大程度的权衡成为可能。从积极的方面来看，更大的透明度有助于限制交易对手信用风险所造成的风险外部性。从消极的方面来看，透明度对机构来说负担可能过于繁重，因为 (1) 它可能披露机构的交易策略，(2) 它可能会降低其交易的意愿，反而对流动性产生负面影响。此外，还有搜集和处理信息的成本，这部分成本很可能在更加分散的市场（如掉期市场）中较高，而在更集中的市场（如 CDS 市场）中较低，那里大约只有 25 个关键参与者。

10.4 衍生品的监管——几点建议

如前所述，监管的首要问题是场外衍生品市场的透明度不足，这可能会导致 (1) 不确定的交易对手信用风险，这可能会导致市场关闭，(2) 一家大型金融机构的资本侵蚀，这会导致整个金融体系的连锁反应和流动性服务损失，(3) 由于市场流动性不足而偏离基本面的价值，这可能会导致资本配置的扭曲。下面的建议旨在解决这些问题，另外我们还有一些次要的关注点。

集中结算中心

导致场外交易市场产生系统性风险的主要原因是，在场外交易中双边设定的抵押物和保证金要求没有考虑到每一笔交易对系统其余部分造成的交易对手风险的外部性，使得系统性的重要头寸暴露得以建立，而没有足够的资本来减轻相关的风险。图 10.4 显示了 6 家金融机构在场外交易市场的互动。有 15 个可能在市场上发生的双边交易。如果没有更多的信息，交易对手是不可能知道其交易的其他对手的整体信用风险的。这不只是因为它还进行着其他四个交易，还因为其他对手也进行着可能使系统处于危险之中的交易。因此，为了解决这个问题，足够大的

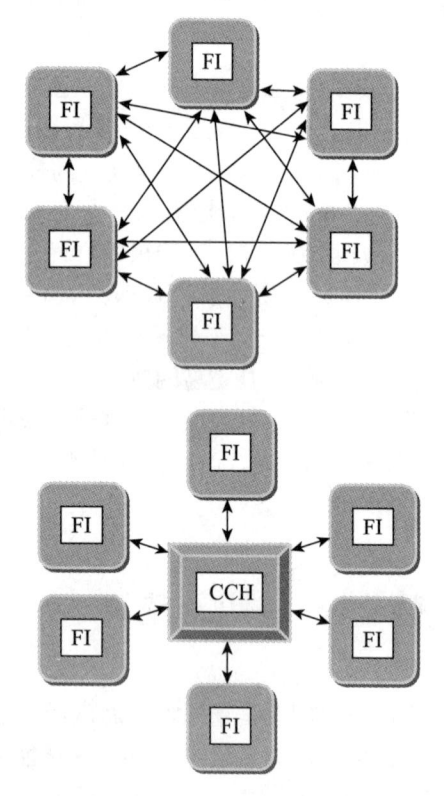

图 10.4　场外交易市场与集中结算中心

这个数字提供了集中结算中心和场外交易市场的比较。在这里，场外交易市场中，每一家金融机构（FI）之间都有双边交易。每个交易对手只知道和对方的交易，而不知道对方和其他四家金融机构的交易。相比之下，有了集中结算中心（CCH），每个金融机构都和结算中心交易，因此有充分的透明度。

第 10 章 衍生品：终极金融创新

场外交易市场应迁入结算中心和交易市场结构。有了适当的抵押品和保证金要求，这些结构就会只有很少或根本没有交易对手信用风险。图 10.4 说明了这一机制，现在只有六桩交易，每一桩交易都对应一个交易方，并且各交易方有着共同的中介，即中央结算所。

在一般情况下，新的工具几乎总是开始出现在场外交易市场中，当这些工具的市场扩大后，才会迁移到登记的结构中。随着市场的成长，标准化变得更容易实现，该工具将移到一个结算中心结构或交易所结构。第 11 章 "信用衍生品的集中结算"，将更详细地解释这些。本章就市场结构方面提出了几点建议。第一，标准化产品（如公司或信用指数的信用违约掉期（CDSs））应被考虑迁移到以交易所为中心的交易中，在那里资本雄厚的做市商将提供流动性。交易所的结算中心扮演着在总体或交易水平上所有交易的交易对手角色，并提供信息的透明度。第二，场外交易市场可能对交易对手风险很重要，其在本质上虽小，但也应集中登记。第三，无论哪一种市场结构（没有登记的 OTC、集中登记、集中交易对手或交易所），监管部门都应该有机会获得双边头寸的信息。第四，考虑到违约事件的双边本性，以每日按市值计价为基础的抵押品和保证金要求应精心设计，以确保最小化信用衍生品集中交易对手中的交易对手风险，并应认识到一些交易对手风险可能是不可避免的。

透明度

监管机构掌握所有信息的透明度是必要的。在存在系统性压力的情况下，监管部门应该有这样的信息来评估一个交易对手倒闭对金融体系的损害程度。对于早先提到的结算中心和交易所市场结构，监管机构（和公众）能够获得实时信息。对登记市场结构而言，这些信息可以很容易通过在每个交易日结束时登记而被监管机构获得。对于场外交易市场，任何交易的对手方都必须及时向负责金融体系系统风险的监管方报告资产项目、价格和数量信息。

所有关于登记、结算中心和交易所信息的透明度都是必要的。登记、结算中心和交易所需要这一信息来主动地限制交易对手信用风险，其方法包括设置保证金和抵押品要求。对于结算中心和交易所市场结构来说，这一信息能实时提供给有关的结算中心或交易所。对于登记市场结构来说，这一信息在每个交易日结束登记时能被其顺理成章地获得。但如果要求任何交易的双方都更为实时地向登记处报告资产项目、价格和数量信息，那就更好了。

确保对公众实时披露交易水平上数量和价格信息的透明度，而并不透露交易方，似乎也是合理的。这是大多数市场的一个特点，也是公司债券市场的一个特点——它曾经完全是场外交易，而今已经开始向 TRACE 披露关于交易水平的信息。例如，公司债券的 CDS 市场是一个自然的场外交易市场，对其来说，类似于 TRACE 的系统似乎是恰当的。对公众保持交易水平价格和数量的实时透明度明显对小型交易有利（因为它确保了更为顺畅的信息披露和更有序的平仓，两者都能降低波动），但会涉及大型交易方面的权衡（因为披露出货量可能揭示谁是交易方）。作为大型交易的解决方案，TRACE 系统报告交易价格，但并不透露数量。披露一宗大型交易的数量会使得市场参与者更容易确定交易各方，需要对它和披露行为所带来的好处（有助于使信息扩散影响价格）进行权衡。

最后，市场需要就头寸情况向公众保持透明度吗？透明度的恰当水平取决于相关市场结构的保证金/抵押品的真实情况。特别地，如果保证金和抵押到位的要求能够使交易对手信用风险趋近为零，那么就几乎没有必要对公众保持头寸透明度，因为这种透明度不利于管理金融体系的系统性风险。对于结算中心和交易所市场结构，交易对手信用风险很小甚至没有，所以很少或根本没有必要向公众披露市场参与者持有的头寸。对于场外交易和登记市场结构，有大量交易对手信用风险存在，这就需要对公众保持头寸情况的透明度。

公开披露头寸的时机和频率使用得当，可以管理并降低披露的成本。从时间上来说，如果参与者有着大额头寸，并打算降低持仓量，而其他各方都了解这一头寸，那么如果头寸信息被及时披露，就可能被这些缔约方利用。因此，头寸调整和公开披露之间时间的延迟可能可以限制其他各方利用参与者披露头寸的信息。类似的机制是机构在股票和债券的多头头寸方面延迟的 13-F 申请。在频率方面，频繁地公开披露参与者的头寸，即使有延迟，也可使得其他市场参与者能够推断参与者的交易策略。减少披露频率将使得其他各方难以利用这些披露来推断一个参与者的交易策略。

最后，头寸透明度应采取什么形式？头寸的透明度是一笔交易一笔交易地披露，还是汇集到一起披露？如果是后者，这种汇集会是双边的（即，知道一方在某一证券的头寸和每一头寸的交易对手）还是机构的（即，知道一方在某一证券的净头寸）？虽然汇集将使对手的信用风险能

第 10 章 衍生品：终极金融创新

被更准确地评估，但是它也可能揭示各个参与者是如何向市场提供流动性的。

衍生品概览

在一个大背景下，考虑过去和现在的监管环境。1936 年商品交易法（CEA）的颁布是为了解决操纵和试图逼空农产品期货的问题。该法令不包括被认为是现金交易的远期合约。在 1974 年随着创建商品期货交易委员会（CFTC）的法令的颁布，这一局面被改变了。这一法令实际上已经扩大了 CEA 适用的衍生品范围。现在的商品的定义包括"所有其他货物，物品……其在未来交割的合约将在现在或未来被执行。"此外，所有衍生品合约必须到期货交易所买卖。如前所述，这个要求排除了发生实际交付的远期合约。其他的排除，由财政部修正案（同一法令）规定，包括基于外汇或美国财政部证券的场外衍生品。在 20 世纪 80 年代，利率和货币掉期在不清晰的监管状态下被创造了出来。因此，在 1989 年，CFTC 发布了掉期豁免，而于 1993 年，它发布了对能源产品的场外衍生品的豁免。在 1998 年，商品期货交易委员会本来正在考虑修改场外交易市场的监管，但在 1999 年 11 月，总统金融市场工作小组建议，基本上金融场外衍生品应从 CEA 和 CFTC 的管辖范围中剔除。在此基础上，2000 年商品期货现代化法案（CFMA）声明，只要场外金融衍生品不对中小投资者销售，它们就不受 CEA 的监管。因此，只要信用衍生品不销售给中小投资者，它们就能享受管制豁免。然而，如果形成专为这些衍生品交易的交易所，那么它们将落入 CFTC 的管辖范围。

后者的区别也不是特别有逻辑性，特别是在衍生品是否因如前所述的理由，对系统性风险有潜在贡献还不确定的背景下。因此，对衍生品有一致的监管似乎是完全合理的。这将需要商定适用于所有衍生品的一套规则。一个自然的起点将是，将类似的要求应用于交易所交易的市场。例如，提醒潜在市场参与者衍生品的风险和复杂度就属于这一目录。当然，场外衍生品市场有吸引力的特点之一，是它的灵活性和为客户量身定做的衍生品合约。很可能场外衍生品市场会达到一个特定的阈值，无论是在数量上还是在交易规模上，都会被纳入受监管的证券一类。

更深层的问题是，衍生品是否应受到和其他证券不同的对待？由于衍生品的标的通常是基础证券，如股票、债券和贷款，在经济上基础资产和衍生品之间并没有很大的差别。事实上，许多衍生品的估值的基础是基础资产和一种无风险证券的动态交易。因此，目前尚不清楚，为什么对衍生品的监管应不同于其他证券衍生品的监管？本文建议应设立一个涵盖所有证券的单一监管机构，换句话说，即证券交易委员会和商品期货交易委员会的结合。这样做一个附带的好处是，建设这一机构将结束这两个委员会的臭名昭著的争夺管辖权的历史。

参考文献

Chakravarty, Sugato, Huseyin Gulen, and Stewart Mayhew. 2005. Informed trading in stock and option markets. *Journal of Finance* 59: 1235-1258.

Gorton, Gary. 2008. The panic of 2007. Yale working paper.

Pan, Jun, and Allen Poteshman. 2006. The information in option volume for future stock prices. *Review of Financial Studies* 19: 871-908.

注释

［1］Gorton (2008) 具体分析了 ABX 指数的价格发现功能。

［2］见，Chakravarty, Gulen 和 Mayhew (2005) 和 Pan 和 Poteshman (2006)。

［3］最近的一个例子是带有外生特点的韩国外汇期权丑闻，这是一个场外交易双边协议。

［4］请参阅第 1 章。

［5］见第 3 章。

［6］对监管的不利观点可能是监管可以进行国际监管套利。这些章节中提到，国际协调对任何改革来说都是重要的组成部分。

第 11 章 信用衍生品的集中结算

维拉尔·V·阿查亚、罗伯特·F·恩格尔、
史蒂芬·菲格鲁斯基、安东尼·W·林奇、
马蒂·G·萨布拉曼亚姆

次贷危机突显了信用衍生品场外交易（OTC）的几个缺点，其中最突出的是对交易对手和运营风险的担忧以及透明度的缺乏。首要的问题是，抵押品和保证金要求在场外交易中是双边的，其并没有考虑到每一交易中交易对手风险对系统其余部分造成的外部性。这会使得系统的重要风险暴露在没有充足资本支持的情况下增长。我们针对这些缺点提出了以下建议：

■ 足够大的场外交易（OTC）市场应通过一个集中的结算中心交易，这个结算中心同时扮演所有交易的对手方，以确保实现最小的、接近零的交易对手风险。

■ 良好的标准化产品，如信用违约掉期（CDSs）或信用指数，应转移到交易所交易，在那里有资本雄厚的做市商提供流动

性，而交易结算中心扮演所有交易的对手方，并在总体的和交易水平的价格和数量信息上有着显著的透明度。

■ 没有大到足以要求成立一个集中结算中心的场外交易市场，其交易必然具有重大的交易对手风险，应接受集中登记。

■ 鉴于违约事件的双边特性，抵押品和保证金安排应每日按市值计价，并应精心设计，以确保信用衍生品的集中交易对手面临最小的交易对手风险，并应认识到，拥有高于其他产品的交易对手风险可能是不可避免的。考虑到双边暴露可以减少从剩余的交易对手风险中所产生的不良后果，需要一个适当的透明度。

■ 无论哪一种市场结构（集中登记，集中交易对手，或交易所），监管机构都应该在重要的场外交易市场中能够方便地获得双边头寸信息。

■ 最后，由于在场外交易和登记结构中的交易对手风险将保持显著，更高层次的披露可能是市场参与者所需要的——例如，每个机构所有的净头寸都有延迟的信息披露。这将激励这些结构转移到集中交易对手结构。然而，如果这样的披露是成本高昂的（对参与者和监管机构），至少应该努力要求场外交易市场已有的双边抵押品安排对于信用风险和市场风险有足够的反应能力。

11.1 场外信用衍生品——一个速览

信用衍生品，主要是信用违约掉期（CDSs）和担保债务权证（CDO），自次贷金融危机开始以来，一直处于巨大的压力之下，反过来，它们也进一步加深了市场混乱的严重程度。[1] 人们一直认为，这在很大程度上是因为这些相对较新的产品在银行和其他机构之间的双边交易是在场外进行的，而不同于其他主要在交易所交易的金融衍生品，如股票期权和期货合约。

虽然比起标准化的交易所交易的衍生品，场外交易合约可以更灵活，但是它们也面临更大的交易对手风险和运营风险，以及更少的透明度。场外交易合约的每一方都承担着未来对手无法履行其义务的风险。运营风险为场外交易是否会以一个有序的方式结算和交割带来了不确定性；例如，对于一个持有大量对冲头寸的市场参与者来说，如果交易和结算基础设施很糟糕，那么他就可能面对结算可能被推迟的信用衍生品风险。交易对手和经营风险也可能相互作用，即当一个重要的交易对手面临困境时，结算和交割也有着更大的不确定性。最后，由于场外交易市场没有中央交易的平台，有关价格和交易量的信息是非常有限的。场外交易透明度远远低于交易所交易，如我们稍后将会解释的那样，其在困境中不利于金融稳定。即使是在这样的时期，最基本的可用来管理风险的信息——总的未清偿信贷衍生品金额——因为缺乏一个集中的数据库，也无法得到准确信息。存管信托及结算公司（DTCC）最近开始公开一些初步信息，这些信息是有关某种信用衍生品的交易量的，即信用违约掉期数量的分散信息，但它对于给出市场在低迷期所应有的合意透明度只是一小步。

首先考虑 CDS 市场。这个市场自从在 20 世纪 90 年代中期形成以来，取得了突飞猛进的成长，据称未偿还总名义金额从 1998 年的 1 800 亿美元左右上升到了 2008 年中期超过 60 万亿美元的峰值。许多评论家对此表示关切，因为这远远高于这些合约设计的基础，即底层的企业债券和贷款的总价值。但在这个场外交易市场中，未清偿名义金额是从经销商的调查中估计得来的。为了看看这副景象有多扭曲，考虑一个投资者拥有 1 亿美元 XYZ 公司债务，并通过向银行 A 购买 1 亿美元的信用违约掉期来保障自身。由于双边交易对手都被调查，这将作为两个新的 1 亿美元的 CDS 合约来报告。然后银行 A 通过从银行 B 处购买 CDS 来对冲其风险暴露。这就将 CDSs 的未清偿金额提升到了 4 亿美元。B 银行从银行 C 处购买一个 CDS——另一个 2 亿美元的 CDSs——最后，为了使例子简洁，银行 C 通过从终端投资者处购买 XYZ 的保障完成了对冲，也就是，一个投资者想要承担 XYZ 公司的信贷风险，而非对冲该风险，目的在于得到掉期利差的溢价。由于场外交易的双边性，这条产业链涉及一个 1 亿美元买家的保护，一个最终的保护卖方，和三个市场做市商中介，将报告的未清偿的 CDS 名义金额增加了 8 亿美元。

在 2008 年 9 月雷曼兄弟破产后，清算其账上的 CDS 合约就为这种现象提供了一个令人震撼的例子。大约 4 000 亿美元的 CDSs 需要清算，但一旦所有抵消的交易，如前面的例子中银行之间的 A，B 和 C 的交易一样，都被结算的话，据 DTCC 的估计，最终就只有约 60 亿美元转手。关键的问题是，投资者不知道如何将净值 60 亿美元转换为总值 4 000 亿美元的未清偿名义金额。

虽然信用违约掉期和担保债务权证是信用危机的一部分原因，但它们各自引起危机的方式差异很大，因为它们使用的工具本身有相当不同的风险特征。大多数的 CDOs 代表了对一个底层高风险的债务工具池（如企业债券或抵押贷款）的要求。在证券化过程中，池中证券对违约风险的固有风险暴露被创造的不同 CDO 档分散了，最危险的股权和中间档的大部分被转移给了买家。[2]这些投资者最终可能会失去大部分甚至所有其投资品的基本价值。但这种风险可和债券的风险进行类比：投资者不会失去比最初的投资更多的金额。相比之下，信用违约掉期像一个保险合同。受保护的买方定期支付保费，一年也许几百个基点，而保险的卖方则暴露在实体（公司或 CDS 的主权借款人）违约的风险之下。如果出现这种情况，卖方将迅速承担债务人债务的违约损失，损失可能和整个 CDS 的基本数量一样大。在雷曼兄弟的例子中，保险的卖方不得不对每美元支付约 92 美分，这是最初保护成本的几十倍。

因此，需要把纯粹的场外交易市场中目前正在交易的信用衍生品移出，我们认为这是对 CDS 市场最为紧迫的事。在这一章中我们关注这一问题，并在结尾简要讨论了我们对其他信用衍生品的建议，如 CDOs。

还要注意，在当前的危机之外，CDS 市场已出现了一些问题，需要解决的合同数量比起底层相关证券的实际供给相对较大。这就提出了解决这些合同是应通过基础资产进行实物交割，或基于底层证券价格进行现金交割的问题。我们将在专栏 11.1 中专门讨论这一问题，关注信用违约掉期交易对手风险和与降低风险相关的问题。

11.2 CDS 交易基础设施的薄弱环节：一些例子

一个公司的 CDS 利差——买方为违约保护所支付的金额——被普遍认为是信贷风险最好的市场指标之一。在一般的金融危机时期，利差会急剧扩大，正如我们现在正在经历的。这一扩大完全是由于底层债务人的信用风险的增加吗？高层债务人的违约风险显然是最重要的因素，CDS 合约的签署者无法履行合同义务，或合约买方违约的风险，使得卖方有重置合约价格和期限的风险，也是一个重要的罪魁祸首。事实上，当底层的债务人是一家金融机构时，信贷的相关性可能会对交易对手风险有重大影响，因为在 CDS 市场的中介机构也是其他市场的金融机构。特别是，全球大型金融公司的价值一起波动，是由于它们在全球市场的

第 11 章 信用衍生品的集中结算

相互联系，以致一家机构信用风险的增加通常对其他机构的信用风险是个不利消息。这种影响，以及这些机构通过如前面所述的场外衍生品合约链彼此挂钩的事实，意味着一家机构的倒闭，可以大大提高对其他机构的 CDS 利差，使投资者难以把债务人的信用风险从 CDS 交易对手风险中分离出来。

专栏 11.1

现金结算还是实物交割？

所有衍生品合约的一个重要方面是，它们是如何交割的？有两个可选择的方法，实物交割和现金交割，它们在交易所交易和柜台交易的衍生品中盛行。例如，实物交割用于个股期权。在操作上，有问题的股票的股份以现金结算。相比之下，大多数指数期权和以利率为基础的衍生品，如欧洲美元期货，只用现金结算。结算金额由在市场上观测到的基础价值决定。两个程序都被用于信用违约掉期（CDSs）的结算。

实物交割中，能够提供的证券可能不能满足到期日或行使日净空头头寸的要求。如果需要交付的总头寸是市场不可见的，那么问题将加剧。市场可能会遇到典型的逼空，空头的参与者会突然争相购买证券，从而推动价格在一个短的时间内急剧上涨。

这种现象的一个突出的例子是在 2005 年对 Delphi 的信用违约掉期结算，信用违约掉期合约需结算的未清偿净头寸远远超过可用于本合约交付的浮动债券供应。最近的一个例子发生在股市，大众汽车的股票被逼空，保时捷长期持有买方期权很大的头寸，同时又被许多著名的对冲基金大量抛售。

实物交割的另一个问题是，往往有一个大量潜在的相关的东西可以交付，如相关实体为一个 CDS 发行的多种证券，或可以用于期货合约交付的不同档次的商品，而这些都在市场上以不同的价格交易。这就导致了著名的"用最便宜的交付"的问题，多头会收到怎样的交付？以及怎样实现并非最便宜的交付的工具的对冲？这都会带来模糊性。

现金结算有其自身的问题，其中最重要的是，必须在市场上确定结算价。如果拍卖变得不平衡，即使使用现金结算也会出现各式各样的逼空。

解决方案是什么？如果可交付证券的流通股比起未清偿头寸较小，那么问题并不能通过现金或实物交割避免，但可以通过让空头头寸的结算方式拥有更大的范围而得以减轻——包含一个或实物交割或现金交割的选择。这也可以适用于不可储存的农产品结算。

在任何情况下，当存在未清偿衍生品头寸和可交付的底层产品金额不平衡时，需结算的总净头寸增加的透明度将会提醒市场参与者。这特别关系到 CDS 市场，目前市场并没有一个很好的解决个别合约净未清偿头寸问题的方法。

256 在过去一年对 CDS 合约的交易对手风险引起的系统性风险的担忧大幅上升。例如，贝尔斯登是金融机构中 CDS 合约领航的清算者，就像我们例子中的 B 银行。它在 2008 年 3 月上中旬迅速的崩溃引起了金融系统中其他机构对于结算和交割的恐慌——它的崩溃会导致市场混乱和其他机构按市场计价的损失。不同机构对其他机构透明度的缺乏极大地加剧了这一恐慌，导致金融 CDS 利差上升，并远远超过了仅以其信用风险为基础会出现的利差。考虑到贝尔斯登如果倒闭牵连太广，美联储和财政部决定对其开展救助。当此后不久雷曼兄弟申请破产，让一个

257 大型场外衍生品中介倒闭而不是救助它，其后果变得充满痛苦，这再次造成 CDS 利差大幅上升并促使银行同业市场冻结。许多观察家现在认为，考虑到事后的利益，雷曼兄弟是一个系统性的重要对手，让它倒闭是一个严重的错误。

258 从图 11.1 可见，经验证据表明，这些银行倒闭后 CDS 利差扩大，可部分归因于对交易对手风险的担忧。图中也比较了市场引证的有关高盛的真实 CDS 利差和高盛股权 CDS 利差的表现。[3] 两个系列在贝尔斯登违约后逐渐不再同步；贝尔斯登的问题解决后错位减少，但仍保持在一个比 3 月前期更高的水平；错位在 9 月中旬围绕雷曼兄弟和 AIG 事件再度飙升，又随着对银行的救助方案的公布下降到 2008 年 10 月的水平。虽然可能有其他的流动性因素使 CDS 市场和资本市场脱节，但交易对手风险和结算问题作为主要候选因素格外突出。

AIG 在 2008 年 9 月经历的问题突出了场外信用违约掉期的另一个缺点。AIG 在我们的例子中处于最终保险的卖方的位置，承担 XYZ 的

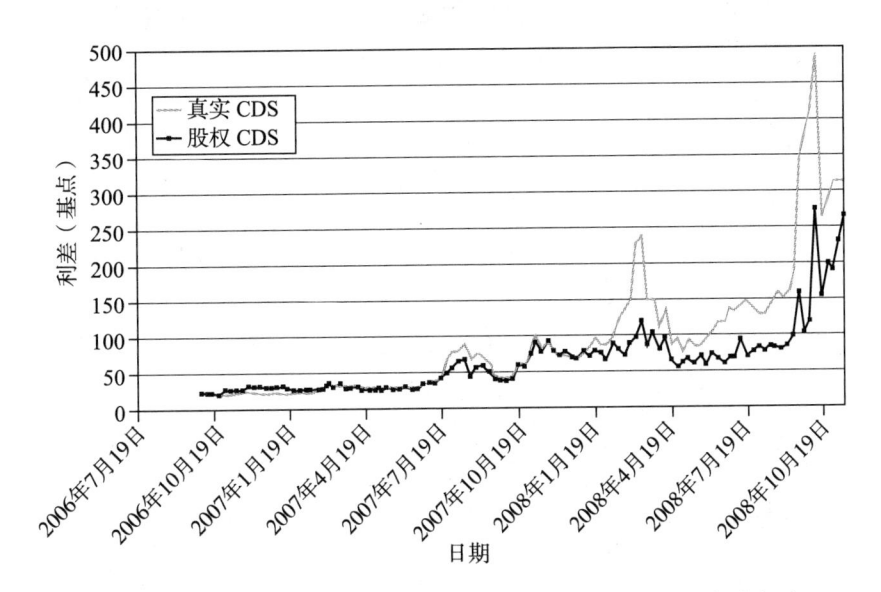

图 11.1　次贷危机期间高盛股权 CDS 利差和真实 CDS 利差之相关行为
资料来源：Leland（2008）。

违约风险，而不是对冲该风险。AIG 只是将违约保护视为另一种保险，像为汽车投保。由于其 AAA 信用评级，AIG 的交易对手不要求它在出售保护时附加抵押品，但它们加上了若 AIG 的信用评级下降须要求抵押品的条件。2008 年 9 月 17 日，AIG 被标准普尔调低评级到 A－，被穆迪调低评级到 A2，引发了超过 130 亿美元的即时抵押品要求。AIG 无法迅速筹集这一数额，必须接受美联储和财政部的仓促救助，以解决流动性危机。

11.3　集中结算的好处

前面的例子表明，场外交易市场有一些不良特征，特别在金融危机期间更为明显。然而，庞大的利率掉期场外交易市场已经在过去 25 年间蓬勃发展起来。为什么 CDS 市场的参与者私下不能达到有效去除这些不良特征的功能？换句话说，为什么一个集中的结算中心或交易所会是信用违约掉期的理想的监管解决方案？

首先，所有的场外交易合约，包括信用违约掉期，都有抵押品或保证金的要求，其中交易对手提交存款，其目的是最小化交易对手风险。该存款每日按市值计价，并以底层合同价值的波动和交易对手的信誉值（如我们在 AIG 的例子中所讨论的）为基础。然而，困难的是，这样的抵押品安排是在双边基础上进行协商的。合约的每个缔约方都不会充分考虑到一个事实：他们将要承担的合约中的交易对手风险也会影响到其他参与者；事实上，在场外交易机制中他们往往不能考虑到交易对手风险的外部性，因为关于其他对手的头寸和对手与市场其他机构的内在关联性的透明度不足。虽然双边抵押品安排确实能对交易对手的信用风险恶化做出反应，但这种反应往往和机构评级相关，其在捕捉信用风险信息的过程中略显滞后，并有潜在的不准确性。[4]

期货和期权交易所通常为参与者设立最大持仓限额。持仓限额和无限的保证金要求不同。在结算中心或交易所的机制中，即使没有持仓限额，对不寻常的有大额风险暴露的交易对手提出更高的保证金要求如是自然的。否则如果这些大额的风险暴露在压力下平仓，那么其将有可能对市场产生严重的价格压力，就像雷曼兄弟或 AIG 的例子中所发生的。场外交易市场无法得知有关机构的特定仓位的加总信息，也无法鉴别大额风险暴露。AIG 是一个极端的例子，但它也清楚地表明，其每一个个别交易对手没有将其对其他对手保证金的好处充分内部化，这导致整体保证金数额偏低，并使得 AIG 承保了大量系统性的 CDS 保险。一旦交易对手意识到 AIG 的总风险暴露，它们就可能坚持要求更多的保证金，这将限制 AIG 积累如此庞大头寸的能力。

最后，前面所述的同样的力量也构成了大型玩家从场外交易市场迁移到集中结算中心或交易所的阻力。大型玩家从场外交易市场的缺乏透明度中受益，因为它们可比其他参与者发现更多的订单和合约。他们还可以在场外交易市场中减仓或增加持仓量，而不对市场产生太大影响（即，不会使市场产生大波动），因为它们可以与多个交易对手交易，从而确保其整体交易保持伪装。大玩家不只会在集中结算中心或交易所失去这些好处，他们也会面临更高的抵押品要求。不过，我们认为，在系统性危机中，没有参与者能够凭其自身信用在交易中享有显著的相对优势。因此，照我们现在的情况，在结算中心或交易所的背景下降低系统性风险的公共品方面的利益，可能远远超过了任何具体的好处，即使是评级最优和最大的玩家可能在场外交易市场的双边合约中得到的好处也不外如是。

11.4 可能的解决方案及其相对优点

应以什么样的具体形式把场外交易转移到集中结算中心？让我们先来区分结算机制可能采取的三种形式（见表11.1）。

表 11.1　集中结算三个可能的解决方案的相对优点

市场特质	市场组织			
	场外交易市场	登记（方案Ⅰ）	结算中心（方案Ⅱ）	交易所（方案Ⅲ）
交易风格	双边协商	双边协商	双边协商	连续竞价
市场参与者	大型资本充足公司	大型资本充足公司	仅资本充足的对手方	可能的零售交易；上层市场安排的最大交易
合约的灵活性/标准化	灵活性最大化	灵活性最大化	灵活条款；标准化信用提升	大幅标准化合约
交易对手信用风险	大量	大量	几乎没有	几乎没有
抵押品/保证金要求	双边协商管理	连续按市值计价对仓位和抵押品估值；所要求数额由交易对手双边决定	连续按市值计价对仓位和抵押品估值；所要求数额由结算中心标准化并设定	连续按市值计价对仓位和抵押品估值；所要求数额由结算中心标准化并设定
价格信息披露的当前水平	很大程度不透明；可获得每日报价	当前很大程度不透明；可获得每日报价	更为透明；可公开获得每日结算价格	完全透明
数额和公开利率信息的当前水平	不透明	很大程度不透明	更透明	完全透明
大型交易者仓位信息的当前水平	不透明	只有监管机构可获得	只有监管机构可获得	只有监管机构可获得

续前表

市场特质	市场组织			
	场外交易市场	登记（方案Ⅰ）	结算中心（方案Ⅱ）	交易所（方案Ⅲ）
现金流扣除	只能双边	可以	可以	可以
抵消仓位的扣除	只能双边	只能双边	可以	可以
二级市场	只能在对手方间通过双边协议的方式存在	只能在对手方间通过双边协议的方式存在	可以	可以

解决方案一：登记。最基本的形式，即对在交易对手之间的双边谈判中私下达成的交易设置一中央登记处。这种结算机制，可能会具有这样的功能，如为交易对手持有抵押品，按每日市值对交易和抵押品计价，并为与其交易的所有机构之间合适数额的关联资金转移提供方面。未清偿的 CDS 交易的集中信息将使市场透明度大幅提高，并且可提高对交易对手间的保证金流动结算的效率。但对手的信用风险仍然是一个需要参与者私下处理的问题。这一次，DTCC 为大部分场外交易的信用违约掉期合约执行了这一功能。

作为这一集中程度的一个重要限制是交易对手崩溃的风险，其会阻止两个抵消的合同被结出；因此，总的未清偿本金在登记机制中将大于接下来介绍的两个方法。另一个限制是，即使原则上监管机构可以从 DTCC 处获得头寸信息，但严格来说并没有 DTCC 必须提供某些数据的具体要求；这样的要求应该到位。但是，即使监管机构能够获取信息，它们也会以市值对仓位计价，并将总头寸转换成净头寸，这个步骤需要额外的监管基础设施，并且该设施必须标准化，以能够覆盖以后出现的新产品。从本质上讲，在一个纯粹的登记解决方案中，能在重压环境中做出有效反应的所期望的风险暴露信息是不可能被图方便的监管机构得到的。

解决方案二：结算中心。更高一级集中是结算中心，理想状态下，结算中心会成为交易中每一个原有交易对手的交易对手和担保人。每笔交易都会是双边的，但随后的 CDS 将分解为两个单独的合约，结算中心处于中间，正如期货交易的结算中心，或交易所交易的期权的期权结算公司所做的那样。[5]这样的结算中心，只要风险得到了足够的违约保护，其就能大幅降低市场上的交易对手风险。该保护的一个重要因素是，结算中心将对所有交易设置统一的保证金要求。和纯粹的登记机制（解决方案 I）相反，一个集中的交易对手暨结算中心，将能够结清确定抵消合约，考虑到 CDS 市场在当前的危机中为人们所目睹的问题，这将是一个极具吸引力的特点。然而，通过指定一个作为集中交易对手的单一实体，这项安排将使该实体承担保持接近零的交易对手风险的所有责任。

解决方案三：交易所。最集中的市场组织形式，就是把 CDS 交易移至一个正式的交易所。交易所消除了场外交易的双边性质，并使其能够面对更为广泛的市场参与者，并且使其价格也更显而易见。作为一个集中的结算中心，其可以将两个抵消合同结清；换句话说，对手可以通过在交易所提出抵消交易而完成清仓。实际上，交易所的结算公司仍然吸收交易对手风险。然而，集中交易对手并不是只有一个，在交易所还有特许做市商，这些做市商被要求满足标准抵押品要求，并且如果客户违约，它们将作为第一道防线。如果做市商违约，交易所结算中心将利用其资源来弥补所有受影响的合同，并在必要时，可以利用其会员企业的资本。这种结构的一个重要的好处是 CDS 的做市功能——目前处于政府担保补贴的全能银行业结构中——将被剥离并单独资本化，这大大减少了一个 CDS 中介机构的崩溃殃及银行业的系统溢出的可能性。

交易所还设立了对个人买家和卖家的保证金要求。任何时候只要存款金额过低，交易所就会发送追加保证金通知，并且如果个人买家或卖家未能恢复要求的保证金水平，其就会被立即清仓。该系统可降低交易所和经纪公司之间，以及经纪人和结算中心之间的交易对手风险，从而有效地消除了在交易所交易的合同的总体风险。期货交易自豪地指出，没有一个交易所交易的期货合约的交易商曾经因结算中心违约而损失资金。

最后，交易所也能够综合交易层面的信息，并向市场参与者和公众提供有关价格、数量和公开利率的信息，促进其透明传播。信息使监管机构，无论是交易所的还是政府机构的，都有可能监督特定机构或特定合约的未清偿仓位。抛开交易对手风险的问题，以交易所为基础的交易也将便利其他规则的引进和执行，如禁止内幕交易和市场操纵。

交易所交易衍生品有一个显著的不便，即合约需要相当标准化，以允许大量交易商能够在同一套机制下交易。标准化对很多场外交易产品来说是个挑战，如 CDO 分档。但是，场外交易的信用违约掉期已经高度标准化了，包括到期日和其他条款——大多通过选择在国际掉期及衍生品协会（ISDA）协议中的标准选项来指定。一个更大的问题是来自大玩家从场外交易市场迁移到集中结算中心的阻力，因为它们从场外交易市场的缺乏透明度中获益，并有可能被要求在结算中心和交易所递交较高的抵押品。

当然，这种较高的抵押品要求会降低一些玩家持有大量头寸的意愿，而且标准化合约会限制定制和创新。然而，在目前情况下，抑制金融机构承担的风险，并限制在不透明市场中交易有毒证券的可能性，可能会被视为理想的目标。有了以交易所为基础的交易，由于统一的抵押品要求和匿名交易，信誉最良好的机构也不会享受太多的比较优势。此外，更大的透明度将减少拥有大量做市商股份的机构的利润。例如，掩饰其在大宗交易上加仓或减仓的行为更为困难。然而，交易所，如纽约证券交易所，已经通过创建一个大宗交易谈判和执行的上层市场，成功地解决了这样的顾虑。

在考虑集中清算的三个层次时，我们认为最低的层次——基本交易登记——是远远不够的。虽然透明度大大提高，处理现金流过程中的效率也有所提高，但交易对手风险的关键问题仍然没有得到处理。然而，完全公开的交易所会使产品标准化到足以满足流动市场的需要，而且当然，设立和运行交易所的开销可能是巨大的。一旦有一个结算中心在每一次交易中都担任交易对手和担保者的角色，那么建立集中结算机制的主要成果就实现了。

保证最小、接近于零的交易对手风险的关键问题是如何设定保证金要求，以使结算中心的信誉不会受到质疑。交易商必须对这点有信心：和另一方的结算中心的合同中没有交易对手风险。和交易所内外的其他衍生品相比，这是信用违约掉期体现的不同的风险暴露的地方。成立的交易所对衍生品合约的最初和持续的保证金要求，是基于每日价格变化估计的规模而设置的。当价格发生不寻常的大幅波动时，存款金额应足以弥补一天中可能产生的损失。当出现亏损时，保证金要求必须在第二天得到满足。通过将头寸盯住每天的市场，并要求每天至少在存款上维持必要的保证金数额，结算中心几乎完全受到针对市场参与者违约行为的保护。

类似于期货合约，在 CDS 市场中利差的日常波动是非常明显的，结算中心在建立按市值计价的结算价格时没有任何麻烦。但是，与期货合约不同，当信贷事件发生时，CDS 保险的卖方的债务会蹿升到一个

第 11 章　信用衍生品的集中结算

更高的水平，如果违约修复程度很低，那么债务可能达到受保护的本金的全部数额（正如雷曼兄弟信用违约掉期的例子）。保证金要求小于100％的名义本金不可能对结算中心承担的交易对手风险提供充分的保护。这就提出了一个重要的问题，即如果需要100％的保证金才能向债务人出售保险——而债务人违约的概率可能只是几个百分点或者更低，那么市场就会消失。但如果结算中心暴露在一个重大的违约风险之下，一个CDS保险的卖方随时可能需要偿付，那么其担保就失效了。[6]一种可能的做法是，要求参与者（或在交易所的情况下，做市商）向结算中心递交必要的初始保证金。虽然这会限制进入，但这将确保CDS市场的活动始终是资本充足的。

一种更好的替代方案是对不同的相关实体都设置100％的保险卖方最大头寸的保证金（甚至设定最高风险限额，像许多期货交易那样），这样额外头寸的数量将大幅降低。这将在单一违约的情况下充分保护结算中心，并提供时间向剩下的头寸提出额外抵押品的保证金要求。假设没有一个以上的信贷事件会发生在同一天，只要当日之内保证金要求可被满足——这在CDS保证金中将比非信用相关产品更为重要——问题就少多了。然而，当信用事件迅速且接二连三地发生时结算中心将必须承担抵押品不足的风险，并相应地管理其流动性。例如，结算中心可以预先安排在这种突发事件发生时要提取的信用顺序。

无论怎样，发生信贷事件时如何保护结算中心免受交易对手违约的影响，这个问题必须小心处理。一些实验试图通过设定保证金要求来解决这个问题，这是自然的，而且有助于提供类似的可行的解决方法。在交易对手风险不能完全消除的情况下，透明度的水平可以起到替代的作用，如我们下文将解释的。

11.5　透明度的理想水平

如前所述，系统性风险会从场外交易市场中固有的对交易对手风险的暴露中自然地出现。我们一直主张一个集中结算和交易对手系统会基本上消除交易对手风险。在没有采用这一解决方法的市场中，交易对手风险应在交易所或双边保证金和抵押品安排下定价，这种情况下，风险必须是可见和易于评估的。

为了确定有一个交易对手的场外交易合约的适当的风险溢价，投资者不仅需要能够计算对手的违约概率，也需要计算其对各种其他风险的风险暴露。例如，如果投资者购买一个针对特定相关实体的保险，在交易对手也对同一实体有着违约的高风险暴露时，保险就不那么有价值了。在自然状态下的保险是最重要的，对手也更可能违约。这个所谓的错误的对手方风险暴露的一个很好的例子，就是单一保险商出售大量高度相关的对风险的保险。如果第一个对手暴露在第二个对手之下，第二个对手暴露在相关实体下，也会出现类似的问题。虽然不可能得知任何交易对手的全部风险暴露，但显然知道每一个对手对主要风险的暴露是很有用的。双边场外交易合约的价格应考虑到有关的对手方风险，这将为交易对手降低风险提供激励。

当然，在促进衍生品市场提高透明度的监管中，基本的是不要消除投资研究和信息收集的激励。如果需要公开交易策略以达到透明度要求，而使其价格影响变大，那么市场的生存将受到损害。以下关于要求信用衍生品的透明度的建议，目的是通过调整细节和公开披露的及时性来平衡这些考虑。

在表 11.1 中描述的所有三种解决方案中，监管部门都应该了解价格、合约信息以及对手的头寸。在登记解决方案时，每个对手关于特定合同的总风险暴露应延迟公开，如每月或每两周公开一次。也就是说，公众应该能够知道一家公司在一个特定的相关实体上持有的信用违约掉期的净名义价值。这意味着银行或对冲基金将定期报告其净暴露的名录清单。现在 DTCC 报告了大约 1 000 个名字；因此，根据我们的建议，这份报告应在一个月前把每家银行的净名义头寸告知这 1 000 个名字中的每一位。

在结算中心和交易所解决方案中，交易对手的报告不需要被公开，因为交易对手风险不为这些合同定价。监管机构和结算中心需要了解保证金要求的使用信息，但集中交易机制有利于信息收集。更重要的是，集中交易缺乏公开披露将是场外交易市场参与者迁移到结算中心或交易所的一个激励。

我们承认，我们建议的登记解决方案的透明度水平并没有达到理想中的水平。它没有披露交易对手或者对手的非信用衍生品的风险暴露，而准确地评估整体交易对手风险需要这两方面的信息。更详细的报告应包括考虑到相关实体 C 后，交易对手 A 对对手 B 的净风险暴露的整个矩阵。但是，当相似的产品同时在交易所和场外交易时，即使是这样的双边透明度也是不足的。场外交易合约将被披露，但交易所的头寸不会。因此，监管机构可以看到这些关系，但投资者不能。此外，我们建议的披露，将具有滞后性，这将在一些情况下使对交易对手风险暴露的度量显得过时。最后，如果刚才所描述的透明度的水平被认为成本太高，那么监管部门至少应该就双边保证金程序如何能够被改进而进行调查，从而进一步降低交易对手风险。

然而，从透明度的原始水平出发，风险评估改进将是巨大的。投资者将能够在考虑到交易对手的风险暴露的基础上对合约定价，这要比在当前不透明的场外交易环境中好得多。如果对手随后承担了更多的风险（因为这是公开的信息），那么投资者在其持有的头寸上将会遭受资本损失。因此，对手会有激励管理风险暴露以维持运营。

总之，透明度和保证金或抵押品安排起到了部分替代品的作用。后者足以确保接近零的交易对手风险，双边暴露的公开透明度是多余的。没有这样的抵押品安排，透明度只能提供激励使市场参与者审慎管理风险。

11.6　最近提出的建议以及它们会成功吗？

在回应关于信用衍生品市场的场外交易性质的担忧时，美联储是支持信贷违约掉期合约的集中结算平台的。芝加哥商品交易所和芝加哥大型对冲基金 Citadel 正在开发一个平台。州际交易所（ICE）有一个竞争性的提议，而其他的正在欧洲发展。

DTTC 集团（纽约）和伦敦清算所集团（伦敦）已宣布合并，以创建世界上最大的衍生品结算中心，也为 OTC 产品，如利率掉期及信贷违约掉期，提供服务。这些事态的发展对信用衍生品市场和整体金融稳定来说是一个好兆头。集中结算中心的 AAA 级信用评级和风险管理专业知识将有助于减轻对交易对手和经营风险的担心。集中结算也使交易层面的信息聚合成为可能，这样的价格、数量及公开利率可越过直接参与者传播到市场参与者那里。此信息也使得监管机构监督一个特定机构和一个特定合约未清偿的头寸成为可能。信用违约掉期的价格反映了它们应反映的风险——底层债务人的信用风险——而不是提供保险的交易对手的信用风险。

这些举措会成功吗？一些机构，尤其是大玩家，可能会抵制从场外交易市场转移。因此，监管机构一定要坚决。抵制的参与者必须意识到

（或被通知），任何时候金融部门都需要创新和定制新产品，场外交易市场可以继续发展，但一旦这些市场的增长超过一个临界规模，产品的标准化版本就应该转移到集中结算对手结构或交易所（解决方案Ⅱ或Ⅲ）。

11.7　对其他市场的影响

虽然我们一直在关注 CDS 市场，但许多其他在当前的危机中特点突出的市场——最著名的要数交易抵押贷款支持证券（MBSs）、担保债务权证（CDO）、资产支持商业票据（ABCP）——也经受了重压。从根本上讲，没有理由认为这些产品不能更集中地交易和清算。它们和 CDSs 的主要区别是，CDS 合约相对标准化。但是，这只是表明，这些其他衍生品中的一部分应被提供集中交易对手及结算结构（方案Ⅱ），不同的是 CDS 甚至可能在交易所交易（方案Ⅲ）。从原则上讲，集中交易对手和交易所交易解决方案也可应用于传统的场外交易市场，如外汇衍生品、商品衍生品和股票和信用挂钩的结构性产品。[7] 这些产品从场外交易市场迁移将有助于降低对交易对手和运营风险的担忧，也让明确这些产品的管辖权成为可能——美联储，商品期货交易委员会（CFTC），或者证券交易委员会（SEC）——还不清楚在现状下，由谁管辖这些产品的交易基础设施是最好的。

综上所述，我们认为现在是时候揭开银行资产负债表和银行同业联系的混沌面纱了，我们应以更为透明的信用衍生品的交易基础设施作为新的开始。

参考文献

Leland, Hayne. 2008. Structural models and the credit crisis. Presentation at the Financial Intermediation Research Society, Anchorage, Alaska.

注释：

[1] 参见第 10 章。

第 11 章 信用衍生品的集中结算

［2］请参阅第 1 章。

［3］Hayne Leland 采用了信用风险的结构模型来发现资产波动性和资产价值水平,将股权波动性模型和期权市场的波动性以及体现实际股权价值的股权价值模型相匹配。它假定一个 CDS 合约流动性溢价为常数(相对低的 9 个基点)。该模型以 Leland 的 2006 年的普林斯顿大学演讲为基础,其中包括债务的跳空风险和流动性溢价(www.princeton.edu/bcf/newsevents/events/links/lectures-in-finance/index.xml)。我们对 Hayne Leland 和我们分享这一数据十分感激。

［4］见第 3 章。

［5］这种混合的交易机制实质上混合了特定交易项目的私下协商和一个结算中心对金融交易的完全担保,并将其自身作为原有交易者的交易对手,与芝加哥期权交易所(Chicago Board Options Exchange, CBOE)的长期变通期权(FLEX)所使用的程序相仿。

［6］请注意,这个对债务人违约的"双边"或"数字化"的保证金问题也存在于场外信用衍生品市场的双边合同中。据我们所知,双边合约的保证金没有明确处理这一问题。

［7］事实上,随着时间的推移,现有的交易所也在创新自己的产品,甚至在和场外市场进行非标准化合约(如 FLEX 期权)方面的竞争。

第 12 章　卖空

梅纳赫姆·布伦纳、马蒂·G·萨布拉曼亚姆

12.1　背景

直到这次全球金融危机之前，抛售自己没有的股票，即被称为卖空的行为，在大多数国家一般都是被允许的。当然针对这类交易设置了一些限制，如需要在抛售之前借进股票（不允许裸卖空（naked shorts）），要求卖出价格高于先前的交易价格（报升规则（the uptick rule）），以及不允许卖空以获取资本或推迟纳税（不许卖空持有股（no shorting against the box））。

在当前危机的最初几周，证券交易委员会（SEC）做了戏剧性的决策，它规定在 2008 年 9 月 18 日禁止卖空 799 家公司的股

份,但又于 10 月 8 日解除了该禁令。然而,世界各地大多数国家,特别是英国和日本(这是其他两个主要的金融中心,伦敦和东京的所在地),已经宣布卖空禁令,有效期为"长达其所需的期限",以稳定市场。即使在美国也持续存在压力,人们要求监管机构恢复禁令,至少恢复对所选定证券的禁令。

12.2 问题

眼前的政策存在如下问题:
- 如果没有对此类交易的总禁令的话,那么应该有一些对个别公司卖空股票的限制吗?
- 如果是这样的话,那么应该制定什么具体限制,以及在什么情况下,它们应该由监管机构强制执行呢?
- 什么是及时报告短期利率和/或卖空的适当框架,以确保这些交易对市场的透明度?

12.3 金融市场:公平与效率

金融市场的高度理想状态是,它们对所有希望交易的参与者公平。公平的一个方面是,这些市场以透明的方式运作,在同一时间向所有参与者提供信息,使市场可以高效。在高效的金融市场中,金融资产的价格反映了所有可得的信息——有利的和不利的——这些信息可能影响这些资产的未来现金流的大小和风险。为了使市场是有效的,我们需要允许这些信息畅通无阻地流动,所有市场参与者不受约束地行动。按照同样的思路,足够的监管和对金融市场的课税的一个重要宗旨是,使金融资产的买家和卖家受到对称的待遇。该对称的方法应始终占上风,无论在正常情况下还是在危机中都应如此,因此,任何一方都不会得到不公平的利益。这一原则的例外情况应该少见。

应对新的信息的买方和卖方联合行动,包括公开的和私下的,以使信息在市场价格中被反映出来。这个过程,经常被称做价格发现,它不只是作为公司股权的当下拥有者购买和销售的结果,也是潜在的买家和卖家购买和销售的结果。因此,任何对卖空的限制不仅限制了空头供给的股份，也抑制了潜在买家的需求。反过来，这种交易的减少会削减流动性，并会导致价格进一步下跌。如果这些未来的交易量是不确定的，那么这就会增加流动性风险。因此，卖空禁令一般都对流动性有不良后果，这继而会影响这些证券的价格。

12.4　谁从卖空中受益？

在大多数情况下，卖空者是做市商（在股票和股权衍生品领域，如期货和期权）、各类对冲者（如可转换债券的购买者）、风险套利（从别人持有股票的相对错误定价中获利，并以获得股票为目标）以及使用多空策略的对冲基金（它们购买被低估的股票，并卖空被高估的股票）。当然，认为一只股票被高估的悲观的投机者，也可能通过卖空承担风险，希望能得到适当的回报奖励。同样的道理，如果他们的猜测被证明是错误的，那么他们将付出沉重的代价，因为如果股价朝着和他们的期望相反的方向发展（见德国保时捷和大众在最近的一个例子），那么他们的损失将可能是无限的。当然，乐观的投机者将有相反的举动，面对随之而来的风险和回报，其会采取相应的投机活动。所有这些参与者的集体行动提供了以下好处：有关公司的信息传播速度会比在限制卖空的市场快得多，波动性会减少，风险溢价会降低，以及最重要的，流动性会提高。

事实上，那些被认为是金融股票价格近期下跌的元凶的投机者，其实给投资者带来了利益。他们通过向市场提供重要的流动性，降低了投资者支付的交易成本。最终，投资者愿意为这种流动性的改善付费，相对于流动性较差的股票来说，流动股票的价格得以提高了。

当市场价格由于不利的信息下跌时，许多市场参与者，如共同基金经理人，要避免预订的损失。因此，他们也不愿意出售损失的股票，即使他们认为股票被高估了。此时他们从市场撤退会引起悲观论调，但这却不会在股价中反映出来。这种不合理的行为，在一定程度上，被空头的理性行为纠正了，理性空头通过卖空活动参与到市场中，并会将其负面看法输入市场。悲观的信息然后才会反映在市场价格中。如果没有这些空头，那么潜在的买家将不能够轻易完成其在市场中的购买，因为潜在的卖家更少。

12.5 市场操纵和监管对策

当一家公司的股票被谣言所操纵，并且该谣言纯属空穴来风，且不断扩散，那么监管机构和交易所可能需要对此进行干预，尤其是在小公司的情况下，或在市场上的待售股票只是未清偿的股份的一小部分的情况下。散布虚假信息，无论是正面的还是负面的，都是有害的。因此，证券交易委员会（SEC），金融业监管局（FINRA）和交易所，以及在其他国家的同行，应在这种情况下采取行动，甚至应在极端情况下停止交易，并对操纵的肇事者执行严格的处罚，如果可能的话。一种所谓的急跌（卖空股票，迫使价格降下来，以便稍后以较低的价格买进）行为属于操纵的范围，并应受到如此对待。然而，即使在明确的情况下操纵市场，单方面的禁令也并不是问题的答案。不用说，这一自由裁量权应非常谨慎地被使用，因为检验信息是否确实虚假可能在实践中比较困难。

有人认为，在某只股票上的卖空可能会触发止损订单和保证金要求，然后杠杆投资者会被迫出售股票，从而负向影响股价。这实际上假设了其他投资者忽略了这一对基本价值的偏离，并保持观望。在高杠杆公司（例如金融服务业）的背景下，通常会产生相关联的参数；在这种情况下，有人认为，如果是银行，股价下跌会触发抵押或额外的资本要求，以满足资本充足率的要求。这的确可能发生，但应强调的是，它是由出售而不是卖空造成的。在这种情况下，如果监管机构认为，应该限制卖空，因为它是以不正确的或误导性的信息为基础的，那么适当的监管处方是停止所有交易，而不是禁止卖空。

有关卖空的观点认为，在某些行业，如银行或金融服务行业，卖空可能有系统性的后果，因此应区别对待，这些观点又是否正确呢？我们说某公司大而不倒（TBTF），这种说法的界限是什么？应包括哪些企业和行业？是局限于银行业的系统性风险，还是也可以适用于其他行业，如汽车、医疗健康行业？正如当前关于汽车行业的辩论很好地说明的，立法者和监管机构很难就同意"系统性风险"和"大而不倒"的范围达成一致。对好多个行业的救助源源不断，在美国和其他国家都是，这说明限定对特定企业和行业的公众支持程度是多么地困难。

在卖空的情况下产生的是一个特别的问题,其中涉及出售股份。裸卖空会导致股票产生不寻常的大量供给,其数量可能会超过未清偿的股份数,因为同一股票可以在任何特定时刻被反复提供和出售。因此,有时可能会产生使价格远离基本价值的临时压力。为了防止这种滥用,监管机构应严格执行必须在卖空之前借进股票的现行规定。如果裸卖空是不允许的,那么可同时提供给卖空的最大股份数量是流通股的数量。这应该会减轻单方向股票价格的压力。它还将减少操纵很难借到的股票(小型股或流通比率小的股票)的可能性。这就是说,我们应该继续目前的做法,豁免股票、期货和期权做市商借入股票的行为,只要它们在一个相当有限的时间内能够扭转自己的头寸(在当前的电子时代,将目前的 6 天结算期压缩到一两天可能是审慎的做法)。

在卖空的情况下,另一个常见的问题是报升(uptick)规则是怎样的?虽然卖空在美国的历史由来已久,但还是有一个对出售时机的限制,即报升规则,卖空不得在低价交易或在股价下跌的时机出售。传统的说法是,这一限制能够暂停抛售浪潮。但是,没有明确证据显示其效果。事实上,在提升市场流动性方面,2008 年 7 月报升规则被取消,这是基于由美国证券交易委员会委托的 1 000 只股票的试点研究而做出的决定。恢复报升规则,正如在当前的危机中许多市场参与者一直主张的,又是一次对对称原则的违反,是徒劳的和代价昂贵的行动。强制卖家只能在价格上涨时出售,会阻止负面信息的快速传播。如果确实有关于一家公司的不良信息存在,那么我们没有任何理由阻碍该信息流入市场,并通过扰动正常的价格发现过程而反映在市场价格中。现有的股票拥有者,以及不受报升规则约束的衍生品市场的参与者,将能够使用复制策略卖出股票或其等价物,产生同一股票在不同的投资者和不同市场之间的不一致。最能说明报升规则的问题的是,它全然无法实行。有许多交易策略能使市场参与者绕开规则。引用一个普通的策略就足够了,这类似于"卖空持有股"的策略:在一个上涨的或持平的市场,交易者可以在一个账户购买股票,并在另一个账户卖空同一种股票,这使其有效地保持了中立的头寸,并使得他们能够出售拥有的股票,而不用受报升规则的束缚。

在更广的层面上,现有的丰富证据表明,对卖空的限制在阻止股票价格的下降方面很大程度上是无效的。它们所做的是向齿轮扔一把沙子,延迟必然会融入股票价格的坏消息。学术研究表明,有更大的卖空限制的股票会表现出更大的动量回报[1](即它们最终会出现较大波动)。

同样，有卖空限制时股价会被高估，尤其是在互联网泡沫期间。当限制最终被解除时，这些股票就会有明显更低的负回报。[2]这也表明，在卖空限制较少的国家，价格发现会更有效率，股票的同向运动会更少，并且波动性也会更低。[3]最重要的是，还没有研究表明，卖空的限制减少了崩溃的可能性。

12.6 透明度和报告

正如早先提到的，为允许卖空和反对对这项活动强加各种限制，可以通过一项强制法令。这些争论假设，信息能够及时提供给市场参与者。因此，透明度采取及时报告的形式，就是一个有效金融市场的前提条件。在大多数市场中，这些信息并不是总可用以防止潜在的滥用的，虽然较为罕见，但一些人认为这在市场中是大量存在的。我们建议不只是短期利率，对所有在线传输给交易所/结算公司的上市股票的每日卖空交易活动都应报告。每次交易中的卖空都应该被标示（当然，卖方的身份信息不会被公开）。报告要求中的这种变化也将向我们提供及时的卖空交易活动和短期利率的信息。如果股票是借来的，并正在交付过程中，那么它也将使交易所/结算公司更容易检查。这不应该是负担，因为FINRA已将从场外交易企业债券市场搜集类似信息的系统落实到位了，该系统被称为"交易报告和服从引擎"（TRACE）。这个系统有利于提高企业债券市场的流动性和效率，而且股市卖空方面的类似的努力也应对市场流动性和效率产生有益的影响。

12.7 结论

卖空是一个运作良好的金融市场的重要活动。卖空有利于价格发现、降低波动性以及提高流动性，它同时也提高了市场的公平与效率。卖空交易，应考虑和现有股东的出售看齐，因此应被视为购买活动的对称方，并应给予同等对待。不用说，监管机构应特别关注市场操纵的可能买主或卖主，包括空头，并及时采取适当的行动以遏制这种做法。监管机构也应严格执行这一要求：在任何非做市商的投资者卖空之前，必须先借用股票。为了透明度和一致性，SEC，FINRA和交易所的监管者，以及在其他国家的同行，对卖空的及时报告，应与对现有的责令买方和卖方的报告要求一致。

参考文献

Ali, A., and M. Trombley. 2006. Short sales constraints and momentum in stock returns. *Journal of Business Finance and Accounting* 33: 587–615.

Bris, A., W. Goetzmann, and N. Zhu. 2007. Efficiency and the bear: Short sales and markets around the world. *Journal of Finance* 62: 1029–1079.

Jones, C., and O. Lamont. 2002. Short-sale constraints and stock returns. *Journal of Financial Economics* 66: 207–239.

Ofek, E., and M. Richardson. 2003. Dotcom mania: The rise and fall of Internet stock prices. *Journal of Finance* 58: 1113–1138.

Ofek, E., M. Richardson, and R. F. Whitelaw. 2004. Limited arbitrage and shortsales restrictions: Evidence from the options markets. *Journal of Financial Economics* 74: 305–342.

注释

[1] 见 Ali 和 Trombley (2006)。

[2] 见 Ofek, Richardson 和 Whitelaw (2004), Ofek 和 Richardson (2003), 以及 Jones 和 Lamont (2002)。

[3] 见 Bris, Goetzmann 和 Zhu (2007)。

恢复金融稳定性

第V部分

美联储的角色

托马斯·F·库利、托马斯·菲利蓬

对美国联邦储备委员会和世界各地的中央银行来说，当前的金融危机已经成为一个分水岭。人们批评美联储制造了信贷的大规模扩张，这构成了危机的先行条件；指责美联储在识别信贷市场的问题之内容和影响方面过于迟缓，并在对摇摇欲坠的金融企业的反应方面过于草率且不一致。与此同时，在改进其法规和规章来平息这一危机方面，美联储已变得更有创造力也更强有力。它创造了数十个新工具，向金融部门和外资银行提供流动资金，并一直积极参与救助具有系统重要性的金融机构。

教科书对美联储的描述是，它的工具箱中一直有三个工具可以动用：(1) 控制联邦基金利率，这是目前货币政策的主要手段；(2) 设立准备金标准，因为金融工具的创新，这一工具很大程度上已经没有什么实际意义了；(3) 贴现窗口，可向有偿付能力但流动性不足的机构提供流动性。关于做什么对确保金融体系的稳定是必要的，美联储也始终有一个广泛的责任范围。在当前的危机中，美联储起到了作为最后贷款人（LOLR）的作用，并将其扩大成了系统性风险贷款的工具。因此，美联储的资产负债表已成为一个有力而重要的工具；它已经从9 000亿美元扩大到2008年年底的超过2万亿美元。

在过去的一年美联储已被迫创新，因为金融系统面临并将继续面临严重的流动性危机，并且处于风险中的机构面临严重的系统性风险，以及危及系统的其他许多脆弱之处的存在。美联储现任主席为一个事实哀叹，即有太多大而不倒（TBTF）的机构了。这些都是我们在其他章节进行深入讨论的大型复杂金融机构（LCFIs）[①]。本书这部分的目标是，为评估和处理金融体系的系统性风险提出方法，并就一些为应对金融危机而生的贷款工具的设计原则提出建议。这两个问题在一个长期的政策问题上明确相连，因为具有系统重要性的机构需要美联储起到最后贷款人的作用。我们先概述这两个问题，然后再进行货币政策的讨论。

系统性风险

第13章"监管系统性风险"涉及如何最好地调节系统性风险的问题。现行金融监管旨在限制孤立的个别机构的风险，但没有解决更广泛范围内的风险。出现系统性风险是因为机构之间的外部性：一个公司的风险会因其他玩家的决策而增加。随着这些风险的累积，它们可能会对

[①] 参见第5章，"加强对大型复杂金融机构的监管"。

整个系统构成威胁。我们已经看到了许多例子:最近几个月的流动性危机导致了资产价格下调的压力,从而影响到了整个市场。此外,一些机构大而不倒的事实导致了一个偏差,即一批太大和杠杆率过高并且有着太高交易对手风险的公司出现了。

本章的新观点是,应根据它们对系统性风险的贡献而对其征税,以便激励它们把这种系统性的风险成本内部化,并诱使它们创造较少的系统性风险。监管系统性风险的第一步是衡量它,我们基于已经在金融机构中广泛使用的工具提出了几项措施。在展示衡量系统性风险的方法论之后,接下来我们要解决如何监管的问题。我们描述了几种可供选择的监管系统性风险的方法:(1)基于一个机构对系统性风险的贡献,对其征收系统性资本费用(或提出资本要求);(2)依据对系统性风险的贡献,征收联邦存款保险公司(FDIC)风格的税收;(3)以市场为基础的保险制度。

我们从当前的危机中吸取的关键教训之一是,系统性风险可能会非常大,而且非常危险。审慎监管重要的一部分是衡量这种风险,并设法减轻它。这里就如何做到这一点提供了建议。

最后贷款人功能

我们注意到,美联储的资产负债表已毫无争议地成为了其在当前的危机中最重要的工具。美联储扩大其贷款工具种类,引人注目地提供给金融机构资金,以换取流动性不足和具有风险的抵押品。虽然美联储已在过去多次使用最后贷款人功能以提供所需的流动性,但最近扩大的规模表明,美联储正重新考虑如何使用这些权力。

正如一些机构大而不倒的观念,可能会导致确实过大和杠杆率过高的公司的产生一样,央行作为最后贷款人的角色的观念,可能会导致如下结果:风险和流动性不足的资产贷款可能会导致企业选择流动性不足的投资组合,并在资产价格下跌和经济紧缩的时候无法解决资本充足率的问题。此外,在一个迅速变化的经济危机中,央行应该向流动性差但有偿付能力的金融机构贷款的观念可能会变得缺乏实际意义,因为很难分辨出谁是有偿付能力的。在过去一年中已经有多个这样的例子。

第14章"公共银行业的私人教训:最后贷款人工具中贷款条件的例子"的建议的实质是如果中央银行贷款更多地像私人部门信贷业务一样运营,那么央行可以消除最后贷款人功能的逆向选择效应,并诱导企业选择更谨慎的行为。私人信贷的目的是解决企业的流动性问题。从这个角度看，最后贷款人功能应要求借款人满足最低资本和最高杠杆率标准的条件，并应存在一个"重大不利变化"的条款，这可以让央行拒绝对变得风险过高的机构贷款。

最后贷款人功能建议的变化将鼓励陷入困境的机构重组（通过降低杠杆率和风险或把债务转换成股权）或再融资（通过在市场上发行优先股或股权资本）。在银行健康的基础上，拒绝流动性供给成为可能，这将提高银行审慎行为的激励。

货币政策

正如我们前面提到的，一些观察者将信贷泡沫和随后的金融危机归咎于主席格林斯潘和伯南克任期内美联储的过度宽松的货币政策。① 确实有信用过度扩张和信用风险的普遍错误定价的存在。一种观点是，这会发生是因为货币政策太过短视——其重点主要在于中期的通货膨胀，而没有足够地关注资产市场的其他发展。

当然，货币政策和金融的稳定是联系在一起的，任何关于金融危机的讨论都需理清这种联系。如果金融市场的情况导致家庭或公司的资产负债表发生了戏剧性的变化，那么这可能是货币政策真正需要关注的。

美联储不能或不应该对有关资产泡沫或过度扩张做任何事的陈词滥调不可能完全正确。在学术上泡沫是很难被界定的，但有时很清楚的是，资产价格上涨却没有基本面的支持。更重要的是，必须指出，并非所有泡沫都是一样的。在一个特定的资产类别中的泡沫——如互联网业首次公开发行（IPOs）的泡沫——不同于整体的泡沫型信贷扩张。格林斯潘领导下的美联储限制使用利率以解决部门泡沫的做法可能是对的。然而，经济范围内的信贷扩张或关键部门的价格快速上涨，如房地产，不同于简单的部门泡沫，其应在转变成大泡沫之前就受到货币当局的关注。

在这方面，我们有两个具体建议：

1. 给国会的货币政策报告应转变为货币政策和金融稳定报告。

2. 美联储应该提高员工的专业知识，对整体的金融稳定指标进行分析和报告，并展开对预警指标及相关主题的研究计划。特别地，信贷增长的趋势和规范，应该是研究主题，了解了这些，我们就更有能力区

---

① 本书没有单设货币政策一章，尽管这对讨论美联储的作用是关键的。这一部分也得益于 Nouriel Roubini 和 Paul Wachtel。

分以增长为导向的信贷深化和信贷繁荣导致的金融脆弱性。

最后，正如我们前面提到的，在危机期间美联储的资产负债表已经成为其最重要的工具。(请参阅表 V.1 和表 V.2)。联邦储备委员会和财政部新的贷款方案已经戏剧性地改变了美国的货币政策的面貌。2007年 8 月，美联储资产已经低于 9 000 亿美元；截至 2008 年年底，这一数字已经是原来的两倍半之多。存款机构（DIs）持有的美联储存款余额比它们在 2007 年夏天所持有的几乎多了 50 倍。向金融机构的贷款从 2 亿美元上升到了 1 500 亿美元以上。

当美联储在 2007 年开始其新的贷款计划时，准备金贷款的影响被销售国库券抵消了。截至 2008 年年底，政府债券的投资组合已经减少了，但贷款额仍在继续膨胀。自从美联储试图减轻金融机构去杠杆化、银行同业拆借市场的关闭和商业票据市场的倒闭的影响，在金融体系中就一直存在总流动性的巨大扩张。

当美联储决定将其资产负债表去杠杆化时，大大扩大的资产负债表带来了新的挑战。在经济复苏时提高联邦基金利率不是一件简单的事情。其面临的挑战是及时重组资产负债表，以使它不损害货币政策的目标。

最后，一个关键的政策问题需要解决：哪些新的制度应被逐步淘汰和按什么时间表进行？最后贷款人供给对具有系统重要性的非银行金融机构的支持可能是有意义的，如果这些机构被置于美联储的监管伞之下。做市商提供最后支持（回购协议和/或在市场压力期间购买非流动性资产）可能也是有意义的，只要这种支持的道德风险的影响在平时能通过适当的监管和对金融机构的监管得到控制。

表 V.1　　　联邦储备系统的合并资产负债表，2007 年 8 月 1 日
（单位：十亿美元）

总资产	874.1	现金	777.0
黄金，特别提款权，硬币	14.3	反向回购协议	31.5
持有的国债和机构证券	790.8	存款保险的存款	17.1
回购协议	24.8	存款——财政部，国外和其他	5.2
对存款保险的贷款	0.2	其他负债	9.7
其他资产	44.0	资本	33.6

资料来源：联邦储备委员会统计发布 H.4.1，2007 年 8 月 2 日。

表 V.2　联邦储备系统合并资产负债表，2009 年 1 月 14 日（十亿美元）

总资产	2 058.4	现金	844.1
黄金，特别提款权，硬币	14.9	反向回购协议	78.8
持有的国债和机构证券	505.3	存款保险的存款	827.5
回购协议	40.0	存款——财政部，国外和其他	248.5
定期拍卖信贷	371.3	其他负债	17.2
其他贷款	155.2	资本	42.4
净投资组合	408.6		
其他资产	563.0		

资料来源：H.4.1，联邦储备委员会统计发行，2009 年 1 月 15 日。

第 13 章 监管系统性风险

维拉尔·V·阿查亚、莱斯·H·佩德森、
托马斯·菲利蓬、马修·理查森

13.1 引言

我们主张金融监管应注重于限制系统性风险，即在金融部门危机的风险及其在经济中的大范围外溢。为此，我们提供了一个简单而直观的方法来衡量金融业的系统性风险，并提出了新颖的法规以限制它。

现行金融监管旨在限制单个机构的风险（例如，市场和信用风险）；它们对系统性风险没有足够的关注。虽然在正常情况下能妥善处理个别风险，但系统本身就非常脆弱，或者被诱发变得脆弱，从而难以抵御大的宏观经济冲击。

系统性风险的监管面临两个独立的挑

战。首先，必须衡量系统性风险。其次，合理的经济理论认为，监管应基于一个公司可能对一般的危机有何种程度的贡献，这样就可根据每家公司对系统性风险的贡献对其按正确的价格收费。我们为实现这一目标提出了一个框架。

我们认为，金融企业系统性风险的监管，可以通过以下几条途经实现：(1) 一组风险管理工具可应用于宏观层面上的所有金融机构的监管，和 (2) 以市场为基础的系统根据每个企业对系统性风险的贡献收费。

关于 (1)：监管机构将评估每家公司对经济下行总体风险的贡献，并使用金融企业内经常用来管理企业层面的风险的标准的风险管理工具来进行。因此，监管系统性风险的监管者将担任经济总部的角色，每个受监管公司都将被视为该系统的一个组成部分，就像一个交易柜台或部门被认为是金融机构的一个组成部分一样。个人对总体风险的贡献会随后决定监管约束的程度，这可以作为事前的资本要求和资本保险的贡献要求。

关于 (2)：每个企业都被要求购买保险，以防在整个金融部门表现不佳的情况下其自身会发生损失。在保险支付方面，保费不应该由公司本身支付，而应由负责稳定金融部门的监管机构支付。这将提供给公司限制系统性风险的激励（降低其保险费），这也提供了一个基于市场的风险估计（保险成本），并能够避免道德风险（因为该公司没有得到保险的支付）。

我们的做法主要有四个优势：
1. 它迫使监管机构和金融企业明确地应对系统性风险。
2. 它可以减少道德风险。
3. 它减少了风险承担的亲周期性。
4. 它是基于经过测试的工具形成的，并得到了私人部门的充分理解。

13.2 为什么要监管系统性风险

系统性风险大致可以看做是金融部门的重要组成部分——一个大型机构或许多较小的机构——的失败导致的信贷供给的减少，这有可能对实体经济产生不利影响。

我们建议的监管范围，是金融业，而不是任何经济中的周期性行业，因为金融业具有中介作用。金融机构是经济中一个独特的部分，是需要借款和愿意贷款的各方的中介。事实上，金融业表现不佳将引起经

第 13 章 监管系统性风险

济其他部门额外的损失,从企业家到退休人员都会受到影响。

由于现代金融业之间的相互联系（并为了系统性监管的目的），人们不应把"金融企业"看做吸纳存款和发放贷款的商业银行,其还包括各影子银行部门:投资银行、货币市场基金、保险公司,甚至潜在的对冲基金和私人股权基金。

首先,我们用当前的危机中的一些例子来说明这些观点。然后,我们再更正式地讨论系统监管的需要。

当前危机中的系统性风险

为了更详细地概念化系统性风险,可以考虑政府对贝尔斯登和雷曼兄弟的倒闭所采取的干预（或缺乏干预）。关于这些和其他案例的更多细节可见本章后面的附录。

3 月 14 日周五之后的周末,通过对 290 亿美元次贷支持证券提供担保,政府帮助摩根大通完成了对贝尔斯登的收购。没有这种干预,贝尔斯登极有可能会宣告破产,因为其资产曾发生过经典的挤兑。虽然贝尔斯登是主要投资银行中最小的,但它和一个金融体系的其他部分高度相关联。这是一种主要的交易对手风险,原因有三:(1) 它是回购市场的一个重要参与者,(2) 它是对冲基金的领头主要经纪商,(3) 它是在信用违约掉期（CDS）市场的一个主要交易对手。

9 月 12 日周五之后的周末,政府试图引导其他金融机构购买雷曼兄弟,但该尝试失败了,因为没有任何直接的政府支持,于是雷曼兄弟破产了。现在回想起来,雷曼兄弟包含相当大的系统性风险,该风险导致金融体系几近倒闭（虽然那还是可能发生）。

为什么政府让雷曼倒闭了呢?事后来看,目前我们尚不清楚是否 (1) 政府不再认为雷曼兄弟是具有系统重要性的了,因为美联储对金融机构放开了贷款工具,或 (2) 政府现在认为,雷曼兄弟不能被救助,因为雷曼没有足够的抵押品可提交给这些工具。无论如何,贝尔斯登,雷曼兄弟在资本市场的多个部分都是主要参与者。其破产表明了类似的企业破产的可能性,这导致了其资产的挤兑。这造成了美林将其自身出售给美国银行。其他两家投资银行,摩根斯坦利和高盛,其 5 年期 CDS 保险的成本分别从 250 个基点（bps）上升到了 500 个基点,和从 200 个基点上升到了 350 个基点,其股票价格从 9 月 15 日（星期一）到 9 月 21 日（星期五）分别下跌了 13.54% 和 12.13%。（见图 13.1 和图 13.2）。这两家投资银行都采用了银行控股公司的形式。

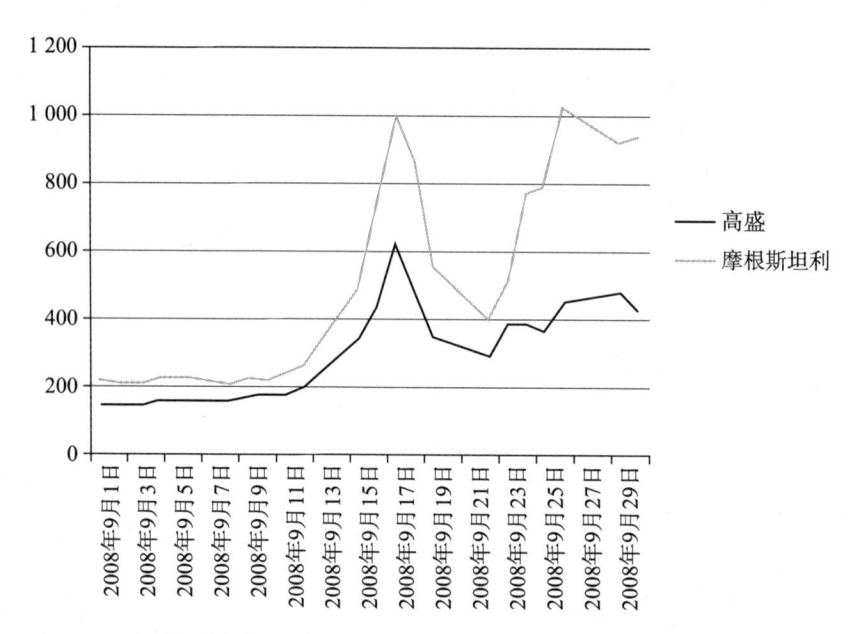

恢复金融稳定性：如何修复崩溃的系统

图 13.1 高盛和摩根斯坦利 2008 年 9 月的五年高级无担保的 CDS 利差（基点）
资料来源：Datastream。

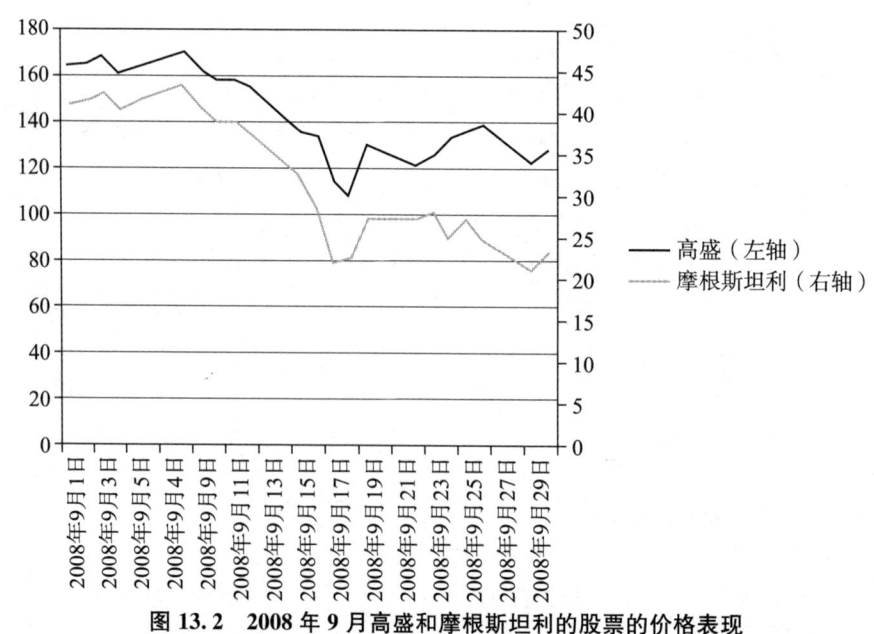

图 13.2 2008 年 9 月高盛和摩根斯坦利的股票的价格表现
资料来源：Datastream。

第 13 章 监管系统性风险

具有讽刺意味的是，让雷曼倒闭应该是在沙滩上画了一条线，限制了道德风险，但它恰恰有相反的效果。经济已到了倒闭的边缘，现在比以往任何时候都更清楚的是，政府不会让任何其他的大型复杂金融机构倒闭了。道德风险因此得到了加强，而非削弱。

这些例子清楚地表明，有两种截然不同的监管系统性风险的原因：外部性和隐性担保。

我们强调系统性风险不只是由倒闭的机构的规模驱动的。虽然一个大的个别机构的倒闭可能会导致银行同业市场流动性的干涸，但只有当其他机构在倒闭事件后没有健康地继续正常运营时（例如，雷曼兄弟在2008年的倒闭，1995年巴林银行的倒闭），这种传染的风险才会成为一个系统性的担忧。

外部性

监管系统性风险的第一个原因是机构之间存在外部性。就其性质而言，系统性风险是系统中的每个金融企业对系统所施加的负外部性。每个单独的公司显然有动机防止其自身的倒闭，但不一定会防止作为一个整体的系统的崩溃。所以，当一家公司被认为持有大量的流动证券，或将其风险集中到特定资产（例如，以次贷为基础的资产），或在其账册上记入大量杠杆（作为一种驱动超额收益的方式）时，其激励是管理自己的风险/收益的权衡，而不会考虑到给其他金融机构带来的外溢风险。当一个机构的麻烦触发流动性螺旋（见图13.3）时，外溢风险就上升了，这会导致资产价格低迷和一个敌意的融资环境，并会由此导致价格进一步下跌，资金流动性不足，等等。[1]

另一个外部性来自于对倒闭的机构的救助。当单独的银行倒闭，其他健康的银行可以很容易地购买它，或以其他方式占用其大部分贷款及相关业务。因此，当银行一起倒闭时，真正的亏损就出现了，而这一问题不可能很容易就被解决。[2]

我们建议，应给金融机构以激励，以将这一负外部性内部化。这样做会给它们一个激励，来限制其对系统性风险的贡献。

隐性担保

除了直接的外部性，隐性的政府担保[3]也创造了对监管系统性风险的需要。隐性担保以三种方式制造了道德风险：

1. "大而不倒"创造了偏差，鼓励企业向过大和过度杠杆的方向

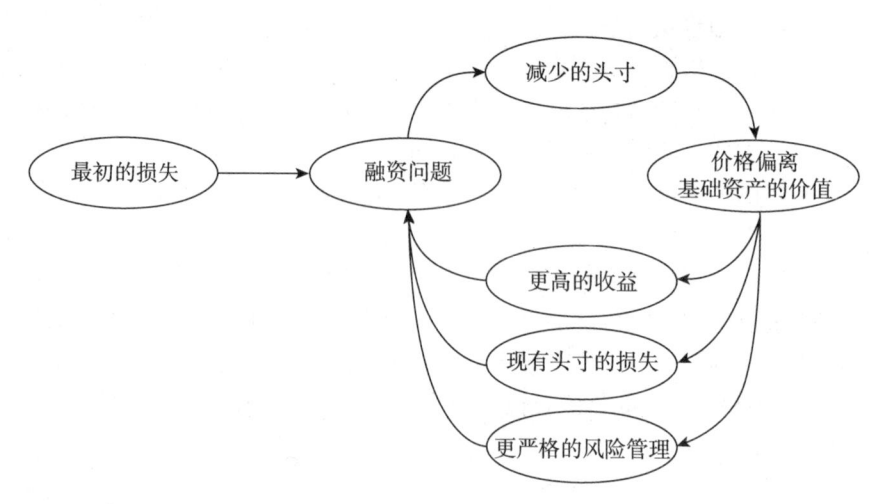

图 13.3　流动性螺旋

一个对银行融资的冲击，会导致岗位减少，价格低迷，使金融部门陷入流动性危机的深渊，(1) 增加保证金迫使去杠杆化，(2) 继续亏损，及 (3) 风险管理加强，都带来了更多的资金需求。

资料来源：Brunnermeier and Pedersen（即将出版的），Garleanu and Pedersen (2007)。

发展。

2. "内部联系紧密到不能倒闭"导致公司面对过度的交易对手风险。

3. "多到不能倒闭"导致企业承担过多的系统性风险。[4]

所有这些情况中，道德风险尤为严重。即使监管机构事前承诺不救助倒闭的机构，这在事后也是不可靠的。这种救助的成本往往是巨大的，其往往涉及经济体的国内生产总值的很大一部分。[5] 所有这些原因都值得审慎监管系统性风险，而不是仅仅监管个别机构倒闭的风险。

企业往往受到监管以被限制污染，或基于其造成的外部性被征税。同样，我们建议对公司造成的系统性风险进行监管或征税。但首先我们必须衡量外部性的程度。

13.3　度量一个公司产生的系统性风险

要了解我们建议的系统性风险度量，就要考虑一个很大的负面总冲

第 13 章 监管系统性风险

击,如发生的频率为每月一次或每季度一次的1%的最坏情况。那么在这个月(或周,或季度),任一金融企业对总的经济倒闭做出了多少贡献?总体经济的倒闭,可能表现为经济总产量严重下降(例如,负的国内生产总值增长率),或股市倒闭(假定这些发生在实际部门的亏损之前),或银行业的盈利亏损。对这种总的经济风险贡献很多的金融企业就造成了系统性风险。

阿查亚(Acharya,2001)和莱斯特等人(Lester,Pedersen and Philippon,2008)认为,企业内部的经济资本配置可以和经济体系内的资本要求配置类比。事实上,监管机构所面临的问题类似于高级管理人员所面临的试图避免财务困境和跳楼价抛售局面的问题。高级管理人员将着眼于各交易室和交易部门对该公司的总风险的贡献。所有单位都由公司的同一股票池支持,而公司股票是公司的公共品。因此,各单位必须根据它使用了多少该公司的股权(隐性)以支持其运营来交费。同样,我们提议衡量每一公司对多少经济资本贡献了风险,并依此对公司收费,以创造有效分配风险的激励。正如我们下一步将讨论的,我们可以用简单的方法来评估它,即可以使用已经在私人部门中应用的标准风险管理工具,即统计方法(依赖历史分布)和压力测试(依赖具体的危机情景)。

基于风险价值和预期损失的系统性风险度量

常见的风险管理工具——风险价值(VaR)和期望损失(ES)——试图衡量一家公司在极端事件中潜在的损失。此外,总损失可以通过使用所谓的边际风险价值和边际期望损失(也称为成份风险价值(component VaR)和成份期望损失)被分解成多个组成部分。我们建议估计每家银行对总冲击的边际ES,即其对总风险的贡献量。[6]

为了估计这一点,有人收集了每个公司(或每个公司内的每个部门)几年中经历的损失的历史数据,并标识了总损失大的季度。在这些季度中,计算每个公司(或每个部门、每条业务线)对总损失的贡献。这种贡献就是我们正在寻找的:边际预期损失。这是对公司所带来的系统性风险的衡量。

如果一个人有每个公司当前头寸的数据,那么这种方法可以更具前瞻性的方式被运用:不是计算公司在过去的紧缩中经历的损失,而是计算在当前头寸的条件下公司可能经历的损失——这捕捉了最近增加头寸的公司所增加的风险。这样的计算是在金融机构的日常基础上进行的。

它们被用来在部门间分配资金,整合全公司的资产管理活动,衡量和比较各业务线的表现。

让我们简单地说明如何实现经济总量的计算。我们在本节中提到的数字仅用于说明该论点。

在计算中使用的恰当度量方法取决于系统外部性是什么。经济理论认为外部性有两个来源。首先,一些外部性取决于公司活动的规模和范围。流动性外部性依赖于困难时期清算的规模。一个简单的起点在于使用公司价值(股票,或更好的,资产价值),或公司层次的每日按市值计价损益表(P&Ls)。外部性的第二个主要来源直接关系到违约的发生。在这种情况下,基于整体资产的衡量应辅以信贷风险的衡量,如CDS 利差。[7]

为了说明我们的论点,我们使用股票市场价值。我们考虑使用在所有公开交易的股票中下跌最厉害的 5% 来衡量总体冲击。基于这些总体冲击,我们按在这些危机中各金融企业的平均损失(即其边际 ES)来估计它们的系统性风险,而我们以其在股票市场上价值的下跌来代表其损失。然后,我们对公司按它们的边际预期损失贡献来排名,并在图 13.4 中报告结果。[8]

这些数字说明了在 2006—2007 年间每个企业对系统性风险的贡献。贡献考虑到了公司规模与其和整体市场的极端下行相关性。[9]

因为这是使用股票回报率得出的计算结果,所以需要获得适当的数据(监管机构通常能获得)。[10] 类似的下行风险可分解为信贷损失,并可以进一步分解为按企业的部门、资产类别和地理区域划分的损失。

压力测试和总体风险情景分析

统计风险模型有局限性,必须始终以压力测试和情景分析为补充。[11] 为了进行系统性风险的测量,我们要强调:

- 集中风险。
- 周期性风险承担。
- 展望情景。

压力测试可用于评估风险集中度和相互关联的交易对手风险。监管机构可估计一个大型机构倒闭的后果。这些测试还可以帮助重新定义大型复杂金融机构(LCFI)。[12]

此外,情景分析可以限制在顺境中承担的过度风险。经过长时间低波动性之后,风险的统计测量结果会下降。结果,风险承担就会成为顺

第13章 监管系统性风险

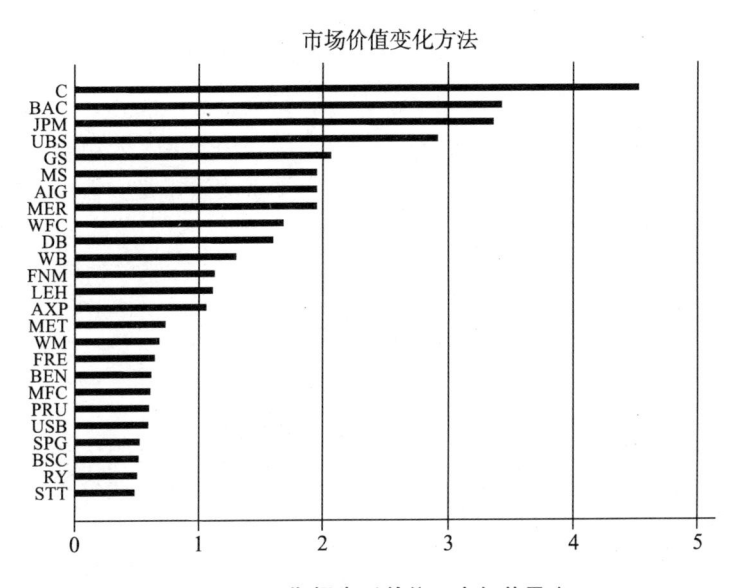

市场价值变化方法

图 13.4 预期损失（单位：十亿美元）

资料来源：Lester, Pedersen, and Philippon（2008）.

周期的，这就增加了金融危机的可能性和严重性。摩根大通首席执行官 Jamie Dimon 在致股东的信中写道：

> 我认为，公允价值会计规则，保证金要求，评级机构和监管规则加强了顺周期行为。思虑周密的政策变化会为顺周期的力量提供有力的支持，而这会使金融危机恶化。[13]

情景分析的一个重要的优势是，它不会诱发顺周期风险的发生。[14]"2008年9月至10月"的场景在2010年和2015年相同的参数值下将仍然有效，即使2010年和2015年之间的经济是平静的。这将成为标准情景的一部分，就像"俄罗斯1998年的长期资本管理公司"或"9·11"一样。情景可以是主观的，可以成为过时的，但如果监管机构和企业进行建设性的对话，并弄明白经济的下行风险如何随着时间的推移而发展，那么这一问题就能得到减轻。

为系统性风险定价

在确定了每个企业的系统性风险的贡献之后，我们还想知道这种风险的市场价格。对于这一点，可以看看现有的金融市场中通常随着系统性风险而来的经济灾难中的价格。例如，股票市场的价外看跌期权或AAA级公司债券投资组合（即CDX合同）体现了此种情况下的投保成本。下一步，我们将讨论一个系统，在系统中金融机构将支付一定量的费用，费用的大小取决于系统性风险的大小，该费用可作为其对系统性风险贡献的总价的一小部分。当然，也有与金融部门没有关系的经济灾难，所以总费用将只是系统性冲击总价格的一小部分。公司系统性风险的价格也可以采用以市场为基础的保险方案来测量，我们下面将会对此进行讨论。

13.4 监管系统性风险

在上一节中，我们讨论了衡量系统性风险的一种方法。我们接下来的任务是定义正确的监管回应。我们将介绍三条法规，并将按复杂性和新颖性升序对其进行排列。

资本要求：我们建议的"巴塞尔协议Ⅲ"

在这个主题下，系统性风险的监管机构将首先衡量每个公司对系统性风险的贡献，正如前面所讨论的。然后监管者应该根据每个企业的贡献施加要求和/或设定成本。在保持和现有监管一致的条件下，做到这一点，很自然的方式是引进资本要求。也就是说，监管者应该引进资本要求，并明确其取决于对系统性风险的贡献。这给了企业正确的激励机制，来限制其对总风险的贡献，因为保持资本公积金是昂贵的，另外也为公司提供了适当的安全缓冲区。[15]

例如，系统资本费（SCC）将是：

$$SCC = S \times MES\% \times A$$

其中 S 是监管机构为达到总的安全和稳健程度而选择的系统性因素；$MES\%$ 是以资产百分比表示的边际预期损失，衡量该公司的总的尾部风险；而 A 是公司的资产。

实际上，这是有系统性风险的巴塞尔协议Ⅱ，或者，换句话说，是"巴塞尔协议Ⅲ"。

关于系统性风险的重点是，现有的法规有了明显的改善，但它必须被有效地执行。我们将坚持关键的两点。首先，必须限制通过将带有追索权[16]或过多依赖账面价值[17]的资产移出资产负债表，从而降低明显的杠杆率的能力。其次，系统性风险的测量必须是非周期性的，甚至必

第 13 章 监管系统性风险

须是反周期的,以避免危机中的波动造成的贱卖(参见上一节)。

对外部性征税——一个联邦储蓄保险公司式的方法

第二种方法是对系统的负外部性"征税",也就是说,对导致系统性风险的活动征税。该税有两个好处:(1)减少导致系统性风险的行为,并且(2)生成的税收会进入"系统性危机基金",在未来其由监管机构使用,以向系统注入资本(由它们自行决定)。当然,在均衡时,有些机构会仍然从事这些活动,并会因此付出更高的税收,而其他人将减少其使用。

第 13.2 节的讨论表明,构成系统性威胁的金融机构有三个特点:过度杠杆,流动性高度不足,总体风险集中。鉴于这些特点,税收应该采取什么样的形式?

幸运的是,政府已通过存款保险制度得到了解决这个问题的一些经验。[18]在提取存款方面,接受存款的机构必须遵守序贯服务规则(即先到先得)。这增加了对金融机构的资产挤兑的可能性。挤兑的可能性要求金融机构完善其纪律,但是,在资产负债表不透明的世界,运行不佳的机构的挤兑可能会引致运行良好的机构的挤兑,以致系统性风险增加。结果,政府提供了担保计划,要求参与机构提供达到一定数额的存款保险。

保险不是免费的,联邦存款保险公司对金融机构收取费用。直到 1993 年,这个费用仅根据该机构的存款规模决定,而无关它的风险。这造成了严重的道德风险问题,因为这些机构可以在人为的低利率下借款,并承担高风险的投资。当 20 世纪 80 年代,联邦存款保险公司的损失蹿升时,政府重新设计了联邦存款保险公司合约。[19]但是请注意,非常重要的一点是,虽然新合同要求增加与金融机构的风险特征有关的保费,但没有任何系统性的衡量被纳入评估率计算公式中。[20]

我们建议对所有金融机构收取额外的系统性风险费,不仅要根据它们持有的资产数额收取,也要根据它们贡献的系统性风险(如前一节中所述)收取;不仅要根据个别风险特征收取,也要根据复杂性和相互关联性的衡量收取。大部分金融企业只造成了轻微的系统性风险,所以大概它们的费用将接近于零。然而,大型复杂金融机构(LCFIs)将承担首当其冲的税负。

一个基于市场的系统

我们的前两个建议依赖于监管机构衡量的各种机构的系统性风险。

一个补充的系统将能让市场估计系统性风险。每一家受监管的公司将被要求购买保险应对未来的损失，但仅仅是未来的一般危机中的损失。保险供应商就必须估计一家公司的系统性风险，它可以使用早先概述的方法，或其他任何它认为适合使用的方法（我们在下一节中会介绍一些替代方法）。在危机期间的保险金会流向金融稳定监管机构（例如，美联储），而不是公司，以防止道德风险和帮助为减轻危机所采取的行动融资。

此保险计划给出了一个限制系统性风险的激励，这样可减少保险成本。因此，机构可将其外部性内部化，并且市场价格有助于衡量该风险。

保险合同需要明确规定。在高层次上，我们的建议如下：各金融机构需有一个目标资本，比如说，在危机中流动资产的 8%。[21] 对于危机中机构资本低于目标资本的每一美元，保险公司将不得不向监管机构支付一美分（系统性基金）。

要为资本低于目标的事件充分投保，该机构将需要为其余的 99 美分的损失购买保险。为了限制私人保险的需要，我们建议这部分从政府处以一个和私人市场价格相连的价格购买。[22]

这个联合的公私保险计划解决了系统性风险保险公司的规模可能大到私人部门难以承担的规模的问题。这是因为根据定义，系统性保险需要大量很少动用的资金。如果系统资本充足率不足以应对最坏的情况（即系统状况不佳），那么哪家保险公司会接受投保？一个可行的办法是要求竞争保险公司只为一小部分损失（如 1%）提供保险，正如前面提到的。如果发生损失，保险公司将把这一小部分支付转移到金融稳定监管机构。然后，金融机构可以被要求从政府处购买额外的保险，保费将与以市场为基础的保费相关。[23] 其主要特点是，私人部门将为保险定价，而不是前面部分中所描述的联邦存款保险公司式的公式化程序。

我们注意到，这里的要点不是保险金必然足以完全涵盖危机期间稳定系统所需的资本。美联储将仍然是最后贷款人。要点是，这个系统将给保险提供者激励，来让其仔细审查每个公司（相比固定的监管费用或资本金要求来说，该方式的博弈较少）的系统性风险，而公司将有激励限制其系统性风险并提高透明度，以降低其保险费，并且监管机构和公众将可以通过保险费来评估风险。

企业需要在一个连续的基础上获得保险，以确保持续的监测和价格发现，并避免突然的高保险费造成资金问题，因为保费购买的消息将传开。例如，每个月，每个企业都需要买一些小金额的保险，以为未来五年做准备。因此，下个月的保险将由前五年购买的保险所覆盖。

以这个市场为基础的系统，可以与直接监管系统联合使用——确实，保险的市场价格可以成为监管机构估计系统性风险时的几个输入数据之一。

备择建议

当然，我们不是第一个讨论系统性风险的——它是监管银行业的一般原则。但是请注意，尽管系统性风险为监管提供了原则，但在实践中使用的监管措施，实际上并不关注系统性风险。系统性风险往往被承认，但提出的解决方案使得资本要求对特定风险和系统性风险一样敏感。

一个有趣的，并且已经持续了一段时间的想法是，除了资本金要求之外，应建立再资本化的要求。这样做的方法之一是迫使杠杆金融机构发行某种证券，如果公司价值下降，该证券就提供自动的再资本化。重要的启示是，金融机构的资产负债表上的权益资本是昂贵的。因此或有资本是监管更有效的形式。Wall（1989）提出了一个嵌入式的看跌期权的次级债券的想法。Doherty 和 Harrington（1997）和 Flannery（2005）提出了反向可转换债的想法。这些证券能限制事后财务困境成本，又不会扭曲银行经理的事前激励。

有学者认为（Kashyap, Rajan and Stein, 2008, 此后用 KRS 代替），自动再资本化的想法可应用于系统性风险。他们提议应在系统性风险基础上制订资本保险计划。每家银行将施行资本保险政策，当整体银行业局势不佳时，银行将支付保险金，而无论给定的银行健康与否。这家保险公司将是养老基金或主权财富基金，基本上会提供充分的资金来给"银行灾难"保险。

这个建议有两个问题。首先，KRS 没有给出一家公司自身对总损失的贡献和其必须支付的保险费的联系。金融机构仍然有提高杠杆率的激励来采取集中的赌注、建立缺乏流动性的头寸，这可能会提高公司的风险/回报比率，但会在系统中增加系统性风险。换句话说，负外部性仍然存在，并没有被定价。事实上，资本保险政策可以鼓励机构加载总体风险。[24] 作为对比，我们的第三个实施建议要求向监管机构付保险金，然后由监管机构自主裁量保险机构是否值得注资。最近的危机表明，与总体风险承担相联系的道德风险和与特定风险相联系的道德风险一样普遍。因此,至关重要的是奖励没有造成太多总风险的企业,并惩罚那些造成了过多总风险的企业。我们的建议正是为了解决这个问题。

这类提案的另一个限制是,如果危机足够大,私人资金的数额将永远不够,美联储总是会成为最后贷款人。但最后贷款人的单独存在只会创造道德风险,除非最后贷款人的服务被事前正确定价。再次,第 13.3 节的测量可以被用来获取正确的激励。

最后的评论是,在 KRS 的建议中,当小概率事件发生时,市场将不得不寻找愿意锁定和提供资金的机构,所有这些只是为了财政部收益加保险费。就其成功的潜力而言,巨灾保险市场是个寻找答案的好地方。人们发现,在一般情况下,这个市场并不是流动性特别充足或运作良好的(例如,过高的风险溢价)。如前所述,私人市场没有做好系统性风险的投保工作。当然,半公共/半私人保险的解决方案也可应用在这里。

附录:当前危机中系统风险的例子

在本附录中,我们将介绍一些主要金融机构造成系统性风险的方式。

贝尔斯登

在 3 月 14 日周五之后的那个周末,政府通过提供 290 亿美元的次级抵押证券,帮助策划了摩根大通对贝尔斯登的收购。没有政府的参与,贝尔斯登极有可能宣告破产,因其资产曾发生过一个经典的挤兑事件。贝尔斯登有实质性的系统性风险。虽然贝尔斯登是主要投资银行中最小的,但它和金融体系的其他部分高度关联。换句话说,这是一个重大的交易对手风险。例如,作为一个 2.5 万亿美元回购市场(证券购买短期资金的主要来源)的主要参与者,破产意味着这些市场的典型贷款人——货币市场共同基金和市政当局——在接下来的星期一将收到抵押品而非现金。由于一些抵押品缺乏流动性,很可能这些贷款人将不得不从其他机构中取出资金,因而这引发了对金融系统的挤兑。事实上,在直到那个周五的一周内,在预期挤兑的情况下,雷曼兄弟五年期 CDS 利差从 285 个基点上升到了 450 个基点。

此外,贝尔斯登是华尔街领头的对冲基金的主要经纪人。贝尔斯登

第13章 监管系统性风险

倒闭使得任何在贝尔斯登抵押的对冲基金证券都陷入到了危险之中。根据倒闭的结果，对冲基金可能从其他面临轻微的破产风险的机构中撤出资产，这再次导致了金融系统的挤兑和其他金融机构的倒闭。此外，贝尔斯登在信用违约掉期（CDS）市场上也是主要的参与者。贝尔斯登的破产将意味着所有未清偿的CDS合约的收盘。鉴于CDS合约流动性不足的性质，合约的抛售可能在整个金融系统中引起连锁反应。

雷曼兄弟

在9月12日星期五之后的那个周末，在没有任何直接政府支持的条件下，政府没有完成其他机构对雷曼兄弟的收购策划。现在回想起来，雷曼兄弟公司中含有相当大的系统性风险，这导致金融体系几近倒闭（虽然那本可能还是会发生）。事后，以下事件还是不明确：（1）是否政府认为由于美联储向金融机构开放了贷款工具，雷曼就不再是系统性的了，或（2）是否政府现在认为雷曼不能被救助，是因为雷曼没有足够的抵押品使其得以使用这些工具。在任何情况下，贝尔斯登，雷曼兄弟这样的机构都是资本市场的各个部分的主要参与者。其破产开辟了类似的企业也可以破产的先河，这使其资产产生了潜在挤兑的可能性。这导致了美林将其自身出售给美国银行。其他两家机构，摩根斯坦利和高盛，分别见证了它们5年期CDS的保护成本从250个基点（bps）上升到了500个基点，和从200个基点上升到了350个基点，其股票价格从9月12日星期五到9月15日星期一分别下跌了13.54%和12.13%。这两家机构其后都申请成为银行控股公司。

房利美和房地美

根据《2008年住房和经济恢复法案》，2008年9月7日，政府接管了房利美和房地美两家政府支持企业（GSEs），以防止其可能的破产。当时，市场上很清楚，由于它们在次级和Alt-A贷款的抵押贷款组合的投资和公司的杠杆程度，这两家政府支持企业很可能无力偿债。政府支持企业造成了大的系统性风险。由于其拥有超过1.5万亿美元的相对流动性不足的抵押贷款支持证券，政府支持企业的倒闭会导致这些资产的贱卖，从而传染到持有类似资产的金融系统的其余部分。在一定程度上，MBS市场是最大的债务市场之一，贱卖可能造成其他金融机构的倒闭，就像次级担保债务权证市场所发生的那样。此外，作为资本市场最大的投资者之一，政府支持企业显示了对系统相当大的交易对手风险，在2007年其持有总名义金额分别为1.38万亿美元和5 230亿美元的掉期和场外衍生品。政府支持企业的倒闭会导致场外衍生品大量清盘的系统性后果。最后，政府支持企业的倒闭，将导致有担保的抵押贷款支持证券的发行的关闭。由于政府支持企业在整个5.7万亿的证券市场中所占的比例超过60%，而并没有替代品（在短期内），其结果可能是美国抵押贷款系统的系统性倒闭，这给实体经济也带来了明显的可怕后果。

然而另一个倒闭的根源，与雷曼兄弟的相互关联性关系不大，而是和大型货币市场共同基金的系统性风险更有关系。9月16日，一个较大的货币市场基金，第一储备基金，由于它对雷曼短期债券不同寻常的大额风险暴露，宣布了停止赎回，这导致其净资产价值跌破了净值，并噩梦般地"跌破了一美元"。货币市场基金保护其投资者免受损失的失败导致了货币市场的冻结，使政府不得不担保所有的货币市场基金的损失。在这场危机之前货币市场基金可能诱发的系统性风险是不可想象的。

美国国际集团（AIG）

作为可能的系统性风险的又一例证，考虑9月15日AIG得到的政府注资。AIG接受了对其所有资产的价值850亿美元的贷款保护（包括它的保险子公司），以满足其4 000亿美元的CDSs资产组合的抵押品要求，这个资产组合是针对各种高评级抵押贷款的担保债务权证和抵押贷款债务、债券和贷款的。AIG造成了两种形式的系统性风险。首先是其对CDSs的风险暴露都是单边的——公司只收到了少量的保费，却要担保大型的、但极不可能发生的损失。当然，会造成这些损失的不可能事件自然会是系统性的，这会导致信用违约掉期在这种情况下高度相关。AIG即使不情愿，也必须付出大量的资本。由于这种系统性事件变得更为可能，AIG的交易对手要求其出具抵押品，以防止进一步下滑，从而导致AIG资金短缺。AIG不再能提供抵押品这个事实渐渐变得清晰。AIG被迫破产将意味着，其他的金融机构资产负债表上价值4 000亿美元的证券将不再有安全的保险，这会导致大量减记，其反过来会导致可能波及整个金融系统的资产贱卖。至少，对金融债权的保险市场将冻结。

当然，如它后来所发生的，随着9月15日的一周摩根斯坦利和高盛濒临破产，政府在9月19日宣布可能对整个市场进行救市。问题是

第 13 章 监管系统性风险

一个监管制度能否到位,以克服这场危机(或一些未来的未知的危机),并尽可能降低给纳税人造成损失的可能性。

参考文献

Acharya, Viral V. 2001. A theory of systemic risk and design of prudential bank regulation. Working paper, New York University Stern School of Business.

Acharya, Viral V., and Tanju Yorulmazer. 2007. Too many to fail—An analysis of time-inconsistency in bank closure policies. *Journal of Financial Intermediation* 16 (1): 1–31.

Brunnermeier, Markus, and Lasse Heje Pedersen. forthcoming. Market liquidity and funding liquidity. *Review of Financial Studies*.

Caprio, Gerard, and Daniela Klingebiel. 1996. Bank insolvencies: Cross country experience. Policy Research Working Paper No. 1620, World Bank.

Claessens, Stijn, Simeon Djankov, and Daniela Klingebiel. 1999. Financial restructuring in East Asia: Halfway there? Financial Sector Discussion Paper No. 3, World Bank.

Doherty, Neil A., and Harrington, Scott. 1997. Managing corporate risk with reverse convertible debt. Working paper, Wharton School, University of Pennsylvania.

Flannery, Mark J. 2005. No pain, no gain? Effecting market discipline via reverse convertible debentures. In *Capital adequacy beyond Basel: Banking, securities, and insurance*, ed. Hal S. Scott. New York: Oxford University Press.

Garleanu, Nicolae, and Lasse Heje Pederson. 2007. Liquidity and risk management. *American Economic Review*, P&P 97 (2): 193–197.

Hoggarth, Glenn, Ricardo Reis, and Victoria Saporta. 2002. Costs of banking system instability: Some empirical evidence. *Journal of Banking and Finance* 26 (5): 825–855.

Honohan, Patrick, and Daniela Klingebiel. 2000. Controlling fiscal costs of bank crises. Working Paper No. 2441, World Bank.

Ivashina, Victoria, and David Scharstein. 2008. Bank lending during the financial crisis of 2008. Working paper, Harvard Business School.

Kashyap, Anil, Raghuram Rajan, and Jeremy Stein. 2008. Rethinking capital regulation. Kansas City Symposium on Financial Stability.

Lester, Ashley, Lasse H. Pedersen, and Thomas Philippon. 2008. Systemic risk and macroeconomic capital. Mimeo, New York University.

Mitchell, Mark, Lasse Heje Pedersen, and Todd Pulvino. 2007. Slow moving capital. *American Economic Review*, P&P 97 (2): 215 – 220.

Wall, Larry. 1989. A plan for reducing future deposit insurance losses: Puttable subordinated debt. *Federal Reserve Bank of Atlanta Economic Review* 74 (4).

注释

[1] Bunnermeier 和 Pedersen（即将发表）；Garleanu 和 Pedersen (2007)；还有 Mitchell, Pedersen, and Pulvino (2007)。

[2] 见 Acharya (2001) 的讨论。Hoggarth, Reis 和 Saporta (2002) 发现，在过去的25年的银行业危机中累积的产出损失（和正常时期 GDP 的"缺口"）高达年 GDP 的15%到20%。当前危机中的最新证据表明，除了银行事先允诺的信贷额度的耗尽之外，还存在银行对公司借贷业务的冻结（Ivashina and Scharstein, 2008），这会显著影响实体经济部门的增长。

[3] 见第5章。

[4] 见 Acharya (2001) 和 Acharya 和 Yorulmazer (2007) 的讨论。

[5] Caprio 和 Klingebiel (1996) 认为，20世纪80年代末美国对储蓄业的救助花费为1800亿美元（GDP 的3.2%）。他们也证明了救助的估计成本对西班牙是16.8%，瑞典是6.4%，芬兰是8%。Honohan 和 Klingebiel (2000) 发现，国家花费了其 GDP 的12.8%来清理其银行业系统，然而 Claessens, Djankov 和 Klingebiel (1999) 将成本设为 GDP 的15%到50%。当前危机中美国救助一揽子方案的成本可能轻易

第 13 章 监管系统性风险

地达到类似的数字,如果不是更多的话。

[6] 风险价值可能被操纵到这样一种程度,即非对称且高风险的对赌可能不会产生大的风险价值。原因是如果负收益比风险价值门槛低1%到5%,那么风险价值就不会捕捉到它。实际上,当前危机中对风险价值的担忧之一是风险价值无法识别 AAA 档的潜在损失。

[7] 这与以下重要的警告一致,即大而不倒的担保会影响 CDS 利差。此外,交易对手外部性依赖于公司的关联度,需要额外的测量。

[8] 数据来源于证券价格研究中心(CRSP)2006 年和 2007 年的每日股票和指数数据库,其中金融企业(银行,保险,房地产和交易)被界定为纽约证券交易所标准行业分类代码从 6 000 到 6 999 的公司。计算摘自 Lester,Pedersen 和 Philippon(2008)。

[9] 一个警告是风险价值和预期损失只测量统计上的贡献,并不直接测量应对危机负责的经济力量。举一个极端的例子,假设公司 A 自身创造了一场危机。由于外部性,其他公司也会遭受损失(可能部分是因为它们选择了暴露在该风险下)。我们的统计结果将表明 A 公司只应承担部分责任,即使事实上它应负全责。

[10] 因此这一方法是充分具有弹性的,并会随着金融行业持续演化。如果公司的风险状况因为不同的资本配置,以分拆或合并而改变,那么这将会在风险测量中反映出来。

[11] 压力测试模仿特殊市场中价格大幅波动的后果。情景分析分析系统性危机的后果,其受历史事件的启发,或基于相关的可能性而进行。

[12] 见第 5 章。

[13] 摩根大通 2007 年年报,2008 年 3 月 10 日出版。

[14] 西班牙系统需要在好的时期要求更高的资本充足率,而在危机时期降低要求。这有助于在危机冲击前提供资本缓冲,并在危机期间带来更多的灵活性。

[15] 单纯特质的风险要求较少的资本,公司如果承担了重大风险,那么它可能会倒闭;但是孤立的倒闭一般可以通过私人部门解决,并不会造成外部性(存款保险创造了对额外监管的需求,但在这里并不是我们所关注的焦点)。

[16] 见第 2 章。

[17] 当下危机表明,像贝尔斯登和花旗这样的公司,即使因为其股票市场价值的侵蚀,它们的融资能力(如果还有的话)已经很有限,

难以维持日常运营和以规律的方式管理其流动性，但它们也会看起来资本非常充足。

[18] 当然，同样的类比也适用于人寿保险政策的持有者、共同基金股东、对冲基金的有限合伙人等。

[19] 联邦储备保险公司（FDIC）是在大萧条时期被创造的，目的是解决在1930年到1933年间发生的大量银行挤兑。合约几经重述，最后成为2005年联邦储备改革法案，该法案为保险费建立了定价规则，试图通过结合测验评级，财务比率，和长期债务发行评级来捕获风险。所有的机构被归为四个风险分类。从Ⅰ到Ⅳ。最低的风险级别中包括被测验方认为是健康的机构，这些机构资本充足，总的基于风险的比例为10%，1级基于风险的比例为6%，而1级杠杆率为5%。在风险Ⅰ级中，保险费如果处于存款的5%到7%这个范围，就会被评估，并根据一个考虑了1级杠杆率的公式来评估过去期限为30到89天的贷款/总资产、不良资产/总资产、净贷款还款要求/总资产，以及净税前收入/风险加权资产。当公司的健康度和资本充足率下降，风险级别上升时，最后就导致了占存款比例高达43%的保险费。

[20] 历史上法令要求，如果损失很小，FDIC必须向部门返还保费。这是一个糟糕的主意。这就像如果没有起火，就返还火灾保险。

[21] 像13.3节中所提到的，当金融行业（或更大范围，经济）的总损失超过特定值时，监管机构就会将其定义为危机。

[22] 政府的资本成本比保险公司的少，监管机构可以在保险费方面打折。

[23] 这一类型的共同保险项目并非史无前例。恐怖风险保险法案（TRIA），在2002年11月通过，提供联邦重保险，以防恐怖袭击造成的损失。TRIA是很好的起点，包括行业损失触发和政府超额弥补损失。这些特点有助于最小化保险行业的损失，也向投保人提供了监督和减少风险的激励。在这里它也会起到相似的效果。

[24] KRS承认这一事件（38页）。

第 14 章 公共银行业的私人教训
——最后贷款人工具中贷款条件的例子

维拉尔·V·阿查亚、大卫·K·巴克斯

14.1 引言

当我们竭尽所能度过当前的金融危机时,央行也把它们的注意力从管理短期利率转移到了向金融体系提供流动性。例如,在美国,美联储的资产负债表规模迅速扩大,因为它向银行提供资金,并作为回报接受证券。这个最后贷款人(LOLR)的角色既不是新的,也不是寻常的,但其庞大的规模表明,值得对细节进一步思考。在这一章中,我们提出了一种现在看来似乎是反常的论点:关于如何管理流动性供应,央行可以借鉴一些私人部门的做法。

恢复金融稳定性：如何修复崩溃的系统

中央银行有为暂时缺乏流动性的金融机构提供担保贷款的传统——以现金换证券。1985 年，当纽约结算系统在国库券上的一个错误使其现金短缺时，美联储立即介入了。发生类似情况的还有德意志银行（1974）和英格兰银行（1995 年），各大银行的崩溃威胁着他人的流动性。这样的情况定期地在所有国家发生。作为一个整体的金融体系会时常发现自己现金短缺：在正常情况下可以很容易地兑换为现金的证券变得流动性不足，并使整个系统都承受压力。在过去的二十年中，日本、挪威、瑞典和许多发展中经济体都经历了大范围的金融危机，这都要求央行采取行动。然而，这些事件，在某种程度上是规律发生的，并应以预定的方式处理。

书中的其他章节强调审慎设计监管，以最大限度地减少金融危机[1]的发生和资不抵债的机构重组和资本化的机会。[2]我们这里关注流动性供应。我们认为，由银行向企业（小银行）提供信用额度是对类似问题的一个私人解决方法，并且它们的条款很可能被中央银行采用。

我们建议央行的流动性工具，如私人信用额度，应是有条件的。特别是，它们应包括重大不利变动（MAC）的条款，如果借款人的信用质量有重大恶化的迹象，那么应允许贷款人拒绝贷款。MAC 条款确实在实践中被银行用于制裁违反约定的企业。[3]类似地，中央银行应核实它们是否确实在向有声誉的机构贷款。

一个实现这一目标的简单方法是，在最后贷款人工具中包含条件：只有在银行满足预先设定的要求——例如，最大杠杆率和最低资本比率——的情况下，才有获得中央银行信贷的资格。这些条件将减少由中央银行向银行提供流动性保险而可能引起的道德风险，以使其更有可能减轻流动性问题，而不是让资不抵债的银行继续经营。换句话说，最后贷款人的条件会给薄弱的银行在其累积到可获取最后贷款人工具时进行资本重组的激励。如果没有这样的条件，薄弱的银行可能会滥用流动性工具，并参与等待游戏：避免筹集新的资本，也就避免了稀释现有股东的股权，大概就能保持对目前管理的控制。其代价是延迟金融体系的注资，使该机构面临更无力偿债的风险。由于美联储将其流动性运营扩大到了更广的机构范围（通常是不受管制的机构，如投资银行），其流动性工具中这样的条件似乎是急需的。

· 286 ·

14.2 重议巴杰特

沃尔特·巴杰特（Walter Bagehot）编纂的《朗伯德街》（*Lombard Street*）（1873 年）是 19 世纪集思广益的作品，其第七章包含着关于央行流动性管理的集体智慧。在许多方面，同样的原则指导着现代中央银行。我们的总结包括这四个要素：

1. 央行应持有大量的外汇储备。直到第二次世界大战，这些储备都是黄金——或黄金明确支持的纸币。今天，在发达国家，储备只受各国政府借贷能力的有效限制。而在发展中国家，明确的外汇储备发挥了重要作用。

2. 在恐慌时期，央行应该自由地向任何私人银行提供这些储备，只要这些银行能够提供"平时被认为良好的证券"的抵押品。巴杰特似乎在这里认为，困难在于流动性（糟糕的市场中良好的证券），而非偿付能力（坏证券）。在这种情况下，他认为解决的办法是中央银行提供良好证券的自由交换，并接受在平时可能不会接受的证券。大部分央行已经做到了这一点，即在当前的危机中扩大它们接受作为抵押品的证券的范围。

3. 这些便利应被收取罚息利率，以阻止银行不必要的应用。在现代用语中，我们可能会强调这种政策的激励，但巴杰特主要担忧的是保有有限的储备的实际目标。我们认为，罚息利率可能不够：可能有更好的方法来阻止或拒绝不恰当的借款。

4. 使用储备以平息恐慌的政策应被清楚地传达。否则，央行行动的不确定性自身就会加剧恐慌。我们认为更复杂的贷款安排也是一样：即预先设定明确的条款，是一个稳定和正确激励的强大工具。

这些准则仍然有见地，但我们认为它们遗漏了金融危机的一个重要方面：分辨一个机构是流动性不足还是无力偿债并不容易。事实上，正是在分辨上产生了问题：没有人知道谁是有偿付能力的。在这种情况下，中央银行可以很容易地发现自己贷款给了无力偿债的机构，这不必要地拖延了其及时的重组和再资本化。

考虑一家资本不足并可能无力偿债的银行；如果你喜欢，叫它雷曼兄弟。如果它可以从央行借钱，并可以在私下筹集更多资金以解决其资本金不足的问题，那么它将面临较小的压力。图 14.1 显示了从 2007 年第三季度迄今，全球金融机构（包括银行、经纪交易商、保险公司，以及政府支持企业）募集的资本总额（公开和私下）和招致的总损失。画面是惊人的。随着2008年第四季度的到来，政府开始向大型金融机构大规模注资，但私人公司并没有筹集足够的资本来弥补其宣布的损失。虽然有这一措施，但它们仍然（作为一个整体）资本不足。

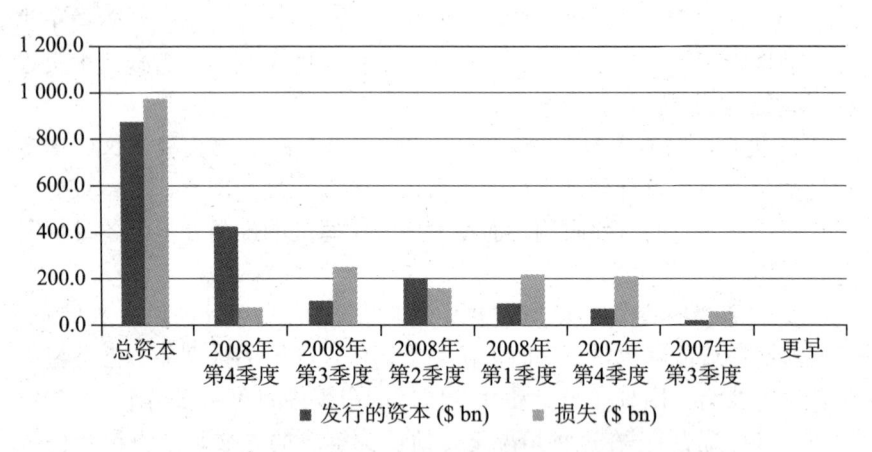

图 14.1　全球所有金融公司的资本发行和蒙受的损失
（包括银行、经纪交易商、保险公司和政府支持企业）
资料来源：彭博。

一种解释是，投资者认为，其中许多机构无力偿债，因此不愿意提供资金；根据这种观点，资不抵债的机构能够存活，不只是因为它们有明确或隐含的政府担保和流动性工具。另一种解释是，这些机构本可以在私人市场筹集新的资金，但其决定不筹集，也许是为了保护现有股东和管理权。这一决定（拒绝新的资本）因获得担保和中央银行的流动性而变得可能。

中央银行有可能向这些机构提供流动性，而不削弱它们重组或筹集新资本的激励吗？我们相信答案是肯定的，考虑到央行创造的流动性工具包括拒绝向不健康的机构提供信贷的防范措施。正如我们接下来将谈到的，私人贷款正是有这样的防范措施。

14.3　私人信用额度

在私人部门，信用额度（LCs）为公司提供的服务和中央银行作为最后贷款人向银行提供的一样：它们在企业需要的时候向其提供流动性。实际上，信用额度往往构成一个企业对经济范围的信贷短缺的最后一道防线，正如当前危机所体现的。[4] 两者涉及的权衡也都是相同的：提供流动性，允许企业降低健全企业财务困境的成本，但减少了企业首先避免陷入这种情况的自律。私人保险的结构如何处理这种权衡？

表14.1列出了由波音公司设置的一些信用额度，我们认为这是典型的条款。信用额度在未来将是借钱的一个有效选择。波音公司（在这种情况下）预先支付承诺费。数量和期限从一开始就是固定的。因而如果贷款，利率和信用评级挂钩。资金的使用在安排中被指定。最后，从本章的角度来看最重要的是，合同包括契约和重大不利变动（MAC）的条款，这让贷款人能够在借款人的条件恶化的情况下拒绝贷款。

条款表明，信用额度是针对流动性问题的私人解决方法，而不是针对偿付能力问题的解决方法。例如，承诺费和利率都与公司的信用评级挂钩，这使得贷款人能应对信用质量的变化。更重要的是契约和重大不利变化的条件。波音公司的条件包括报告的要求、限制债务和对资产的出售或租赁的限制。我们认为，其明确的意图是避免对信用质量已显著变坏的企业贷款。

14.4 央行贷款工具

在中央银行的最后贷款人工具中有这些条件吗？我们在由世界各地的央行创建的大量处理次贷危机的流动性工具中没有发现。在表14.2中，我们列出了美联储（FED）、欧洲央行（ECB）、英格兰银行（BOE）在过去15个月的主要行动。这些行动，主要以流动性工具的形式体现，其对合资格的机构、抵押品、到期日、贷款利率、贷款限额方面有着各种限制。

当前的金融危机出现之前和之后，合格利用信用工具的机构数目大致维持不变。欧洲央行已允许所有已建立的之前接受过注资的信用机构，继续使用扩大的一套工具。波音将合格的机构分为两组——参与现有工具的和参与公开市场运营的；就像欧洲央行，这些都是已建立的信贷机构。合格的机构在美联储的计划下各有不同——每一工具都有特定的允许的机构范围，从存款机构和一级交易商，到特定公司如AIG，房利美和房地美。

表 14.1 波音公司私人信用额度

日期	工具描述	工具规模	利率	期限	贷款人	允许使用范围	约定	其他费用
11/14/08	364天信用协议	10亿美元	基准利率（高于公开花旗利率和联邦基金利率加50基点）+适用的保证率100基点且高于0）。（如果信用评级高于A/A2,掉期利率可在0.350%到1.500%之间浮动，否则浮动范围为0.50%到2.00%）	1年	花旗和摩根大通	通用	报告和支付的时效性。负债比总资本比率不能超过60%。不能出售、转移或租赁资产。一个会计期间起没有发生重大不利变动。	承诺费（基于评级）：A+/A1:0.060% A/A2:0.080% 其他:0.125%
11/16/07	5年信用协议	20亿美元	基准利率（高于公开花旗利率和联邦基金利率加50基点）+适用的保证金。适用保证金基于信用评级AA-/Aa3或更高:0.060% A+/A1:0.100% A/A2:0.140% A-/A3:0.180% BBB+/Baa1:0.270% 其他:0.425%	5年	花旗和摩根大通	通用	报告和支付的时效性。负债比总资本比率不能超过60%。不能出售、转移或租赁资产。一个会计期间起没有发生重大不利变动。	工具费用基于信用评价：AA-/Aa3:0.040% A+/A1:0.050% A/A2:0.060% A-/A3:0.070% BBB+/Baa1:0.080% 其他:0.125% 信贷委员会的许可证：AA-/Aa3:0.150% A+/A1:0.200% A/A2:0.250% A-/A3:0.300% BBB+/Baa1:0.400% 其他:0.650%

第14章 公共银行业的私人教训

续前表

日期	工具描述	工具规模	利率	期限	贷款人	允许使用范围	约定	其他费用
2/6/03	2013年票据	6亿美元	5.13%	2013年	公开发售	通用	报告和支付的时效性。自上一个会计期间起没有发生重大不利变动。	0.450%的承销商折扣和承诺费
2/6/03	2033年票据	4亿美元	6.13%	2033年	公开发售	通用	报告和支付的时效性。自上一个会计期间起没有发生重大不利变动。	0.875%的承销商折扣和承诺费

资料来源：EDGAR在线，在证券交易委员会备案的公司。

表 14.2 美联储、欧洲央行和英格兰银行的流动性工具

(a) 美联储（资料来源：纽约美联储）

公布日期	描述	合资格机构	合资格抵押品	贷款期限	贷款（罚款）利率	工具截止期	抵押品要求	贷款限制
12/12/07	定期拍卖工具	存款机构	美国和其他高评级国债；公司市场商业票据；投资级银行发行的资产；健康质量客户合约。	28~84 天	由拍卖投标决定。最低投标利率基于期望美联储基金利率决定。	无限期	适用于其他联储贷款项目的抵押品价值和适用保证金同样可用于定期拍卖工具。	每次拍卖上限为1 500亿美元。每一机构最多可投标总金额的10%。
3/11/08	定期证券借贷工具	一级交易商	包括联邦机构债务，联邦机构抵押贷款支持证券（MBS），和非机构AAA/Aaa评级私人住房MBS。	28 天	停止费由拍卖决定，最小投标设为10基点或25基点。	1/30/09	抵押品将每日估值，并根据要求的抵押品层级进行调整。	最高2 000亿美元。机构可最多借款拍卖总金额的20%。
3/16/08	一级交易商信用工具	一级交易商	美国财政部合约，美国政府/机构合约，投资评级债券，互惠证券，抵押贷款支持以及资产支持证券。	隔夜	一级信用利率。	1/30/09	对一级交易商除保证抵押品之外的追索权。	没有指定限制。到11/12/08，未清款项为650亿美元。

续前表

公布日期	描述	合资格机构	合资格抵押品	贷款期限	贷款(罚款)利率	工具截止期	抵押品要求	贷款限制
7/13/08	授权许可在必要情况下向房利美和房地美贷款	房利美/房地美	美国政府和联邦机构证券。	无限期	一级信用利率。	无限期		
9/16/08	纽约联储银行向 AIG 贷款 850 亿美元（11/10/08 减少至 600 亿美元）	AIG	AIG 所有资产及其主要未被监管的子公司。	24 个月	3 个月的 LIBOR＋850 基点（11/10/08 降至 L＋300）。		美国政府将得到 79.9%的股权并拥有否决股息的权利。	
9/19/08	ABCP MMMF 流动性工具	美国存款机构、银行控股公司或外国银行在美国的分行及机构	资产支持商业票据，评级不低于 A1,F1 或 P1。必须在 9/19/08 或之后已经发行。如果借款人是银行，期限不超过 120 天；如果借款人不是银行，期限不超过 270 天。	用作抵押品的 AB-CP 的持续期	波士顿联储提供给存款机构的生效的一级信用利率。	1/30/09	抵押品价值将是预先保证的合资格的 AB-CP 的摊销成本。这一数额将不会有保证金调整。	到 11/12/08，未清款项 802 亿美元。

续前表

公布日期	描述	合资格机构	合资格抵押品	贷款期限	贷款（罚款）利率	工具截止期	抵押品要求	贷款限制
9/19/08	批准交易平台购买政府支持企业在二级市场发行的债							
10/6/08	美联储对存款机构的准备金支付利率	存款机构	无	无期限	对法定准备金，低于平均目标联邦基金利率10基点。对超额准备金，低于联邦基金利率75基点。	无期限		
10/7/08	商业票据融资工具	商业票据美国发行者	美元计价的商业票据（包括资产支持商业票据），评级至少为A-1/P-1/F-1。	商业票据期限	对未担保票据，3个月OIS+100基点再加100基点附加费。对资产支持的票据，3个月OIS+300基点。	4/30/09		发行者未清票据不能超过其2008年的最大数额，到11/12/08，2 573亿美元未清款项。

第14章　公共银行业的私人教训

续前表

公布日期	描述	合资格机构	合资格抵押品	贷款期限	贷款(罚款)利率	工具截止期	抵押品要求	贷款限制
10/21/08	货币市场投资者融资工具(MMIFF)	短期评级≥A-1/P-1/F-1的金融机构的货币市场	私人特别目标工具(PSPV)将购买美元计价的存款证、银行券和商业票据。PSPV的资产将用作抵押品。	7~90天	一级信用利率。	4/30/09	如果有大幅降级或违约，所有资产收购将被停止，直到机构发行的资产到期。	单一机构最多15%，总限制为5 400亿美元。
11/10/08	AIG的住房抵押贷款支持工具	AIG	新近形成的包含AIG住房抵押贷款支持证券的LLC的所有资产。				AIG将承担首批10亿美元的损失风险。	225亿美元
11/10/08	AIG的债务抵押债券工具	AIG	新近形成的包含AIG已为信用期违约掉期抵押债券发行的债务的LLC的所有资产。				AIG将承担首批50亿美元的损失风险。	300亿美元
11/25/08	定期资产支持证券贷款工具	所有拥有资格抵押品的美国公民	AAA级美国美元资产支持证券(ABS)。相关资产必须是汽车消费贷款、学生贷款、信用卡贷款或小型商业贷款。	1年	由拍卖决定。提交的出价必须高于1年OIS最小利差。	12/31/09	不用按市值计价。TARP基金从属于美联储贷款。	最高2 000亿美元

· 295 ·

恢复金融稳定性：如何修复崩溃的系统

316

(b) 欧洲央行 (资料来源：欧洲央行的新闻稿)

公布日期	描述	合资格机构	合资格抵押品	贷款期限	贷款(罚款)利率	工具截止期	抵押品要求	贷款限制
12/12/07	美国美元定期拍卖工具	建立在成员州的信用机构(包括独立分行)，要求有健康的基础，并履行特别国内央行的合约义务。	ECB 和欧元体系中的国内央行发行的所有债务。面额为欧元、美元、日元、英镑并在欧元区发行的市场化债务工具。如果它们被指定的可接受的门槛为 BBB。	7天，28天，84天	设置为等于美联储定期拍卖的停止利率。	无期限	虽然抵押品仓位将不用面对每日重新估值或由于汇率变动引起的追加保证金要求，但它面临着常规的每日按市值计价和变动的保证金要求。	3 种 200 亿美元 84 天的和 1 种 400 亿美元 28 天的工具。最高出价数额是 10%。
8/22/07	补充长期再融资操作		担保保护，次级债务工具。评级门槛为 BBB。	3 个月，6 个月	主要再融资操作固定利率。	无期限	计价和变动的保证金要求。	3 种 500 亿欧元 3 个月的工具，5 种 500 亿欧元 6 个月的工具。
9/18/08	美元隔夜流动性提供操作			隔夜	多利率拍卖形式的可变固定利率。	无期限		400 亿～500 亿。
9/29/08	特别定期再融资操作			准备金持续时间	由 ECB 在拍卖前设定。	无期限		银行将得到它们所要求的货币贷款。

· 296 ·

第 14 章 公共银行业的私人教训

续前表

公布日期	描述	合资格机构	合资格抵押品	贷款期限	贷款(罚款)利率	工具截止期	抵押品要求	贷款限制
12/12/07	美元定期拍卖工具			7天、28天、84天	被设置为等于美联储定期拍卖的停止利率。	不确定		3 种 200 亿美元 84 天和 1 种 400 亿美元 28 天的工具。最高出价数额为 10%。

(c) 英格兰银行(资料来源:英格兰银行新闻稿)

公布日期	描述	合资格机构	合资格抵押品	贷款期限	贷款(罚款)利率	工具截止期	抵押品要求	贷款限制
12/12/07	扩大的长期回购市场	有资格参与公开市场操作的机构	镀金(包括镀金带)。英镑国库券、英镑银行非英镑市场化债务。欧洲经济区中央政府和主要国际机构发行的英镑计价证券。欧洲主要中央政府和主要国际机构发行的欧元计价证券(包括镀金)。	最初 3 个月、6 个月、9 个月或 12 个月	最小出价利率等于相同期限的 OIS 利率。	不确定	每日重新设定保证金。门槛为 100 万英镑。	总的保证金最初增长到 113.5 亿英镑。而在 9/26/08, 添加了新的 3 个月 400 亿英镑的工具系列,每周提供。出价最高不能超出 OMO 总量的 10%。

297

续前表

公布日期	描述	合资格机构	合资格抵押品	贷款期限	贷款(罚款)利率	工具截止期	抵押品要求	贷款限制
4/21/08	特别流动性计划	有资格参与的机构是银行合资格工具申请银行的建房互助协会。	其他主权国家发行的所有国内货币债券。主权国家发行的评级在Aa3/AA或以上的债券。G10政府机构发行且有国内政府担保的债券。	1年(拥有更新为3年的选择权)	利差为3个月LIBOR利率和3个月政府债券利率之差,最低不得少于20基点。	1/30/09	如果资产贬值或降级,必须被替换,追加,或返还国库券。	无限制,但总计约500亿英镑。
9/18/08	美元隔夜工具	当前参与续有的工具,或者是OMO参与者的机构,或者该机构是参与持续工具的小组的成员。	评级为AAA的债券。房地美和联邦住房贷款银行系统发行的评级为AAA的传统债务证券。AAA级英国或欧洲经济区的信用卡支持的资产(ABS);以及英国和欧洲经济区一级住房抵押贷款支持证券(RMBS)。AAA级担保债券。	隔夜	最小出价利差为银行贷款工具利率和银行利率的利差。	不确定	每日重新确定保证金,门槛为100万英镑。	最初为400亿美元,但总到了100亿美元。出价最高不能超过总量20%。
9/26/08	美元每周工具			7天、28天或84天	在每次拍卖前决定的固定利率。			固定利率全额分配策略。出价最高不能超过总量20%。

298

第14章　公共银行业的私人教训

随着时间的推移，三个中央银行已经选择允许类似的合格抵押品。[319]它们都接受政府债券、资产抵押债务工具，以及适销对路的债务工具。最大的差别是所需的信用评级。欧洲央行允许的评级最低为BBB－，英格兰银行要求AA－级。同样，而欧洲央行和波音允许同一组可使用工具的抵押品，美联储为每个工具指定抵押品。如果某一工具的贷款利率被设置为对所有的抵押品都相同，那么后者似乎是理想的。

不同国家和工具的贷款的具体期限有所差异，但它们都提供隔夜、7天、28天、84天、6个月到期的贷款。这些工具的利率是固定的，或以拍卖方式的最低投标利率确定。利率一般对应工具期限的平均预期利率。对于美元工具，英格兰银行和欧洲央行依据美联储的定期拍卖工具，设置一个适合自己产品的固定利率。

一般来说，所有的三个央行原则上都有预防借款人的抵押品风险恶化的抵押品要求。要求通过提供或者更高等级的资产或者额外的评级较低的资产来更换恶化的资产以填补空缺。唯一的例外是美联储对AIG的处理；对最初的850亿美元，纽约联邦储备银行接受了该公司股本金的79.9%。

最后，在贷款限额方面，央行们采取了两种方法。首先，拍卖在未清偿数量特定、潜在的借款人抬高利率，以获得他们所需的工具的情况下进行。另一种方法是一个完整的配股战略，央行同意以银行设定的某一特定固定利率向银行提供任一银行希望的贷款数量。所有这三家央行都采用了这两种拍卖方式，同时它们将特定借款人的借款数额限制在总拍卖成交金额的10%至20%。

这些工具在某些方面，类似私人信用额度。价格不和信贷评级挂钩，但央行贷款有抵押品做担保，虽然流动性较差。然而，现在缺少的是类似重大不利变化的条款。换句话说，没什么能避免资本不足的银行使用这样的工具。我们认为这是一个严重的局限。

孤立地认为是抵押品流动性的不足导致了公司无法倚靠抵押品借款是不可取的。但是，在次优的观点看来，这样的流动性不足可能实际上会降低银行延迟资本发行的倾向。中央银行不应该旨在修复第一个问题——流动性不足——而不重视第二个问题——偿付能力不足。从这个角度看，是次优理论在实际中起了效果，并通过重大不利变动条款，如在私人信贷中的那样，中央银行的最后贷款人工具可以预防比在其缺席的情况下更差的结果：不健康的机构将被中央银行拒绝注资，或被迫重组和补救以获得央行资金。

・299・

14.5 结论

一些报告表明，美联储尽力劝说雷曼兄弟发行额外资本，或在贝尔斯登的崩溃（2008年3月）和雷曼兄弟倒闭（2008年9月）期间找到一个下家。在此期间，雷曼兄弟凭流动性不足的抵押品从欧洲央行的流动性工具借用了大量资金。这标志了两家不同的中央银行之间的协调问题，它们也提出了这个问题，即可获得流动性消除了雷曼及时发行资本的压力。只要对这一抵押品的贷款利率是适中的——该利率是比增发摊薄成本更低的资本——这会是对雷曼极具吸引力的策略。如果不能这样获得流动性，雷曼兄弟将被迫发行股本或出售公司。可能随后雷曼兄弟的崩溃本来是可以避免的。

我们永远不会知道，如果雷曼兄弟没有获得欧洲央行的廉价资金，可能会发生什么，但值得认真思考的是中央银行的贷款结构是如何设置的。我们认为，这类贷款应该基于借款人的特点，应该是有条件的。我们认为，借款人必须满足最低资本和最高杠杆比率的要求，也许还有以现金流为基础的条件。所有这些都有着私人信用额度的显著特征。

参考文献

Bagehot, Walter. 1873. *Lombard Street, a description of the money market*. Homewood, IL: Richard D. Irwin, Inc.

Ivashina, Victoria, and David Scharfstein. 2008. Bank lending during the financial crisis of 2008. Working paper, Harvard Business School.

Sufi, Amir. Forthcoming. Bank lines of credit in corporate finance: An empirical analysis. *Review of Financial Studies*.

注释

[1] 第13章。

第 14 章 公共银行业的私人教训

［2］第 15 章。

［3］见苏菲的经验证据（Sufi，即将发表）。在最近的一个例子中，美国银行取消了其对伊利诺伊州的 Republic Windows 的信用额度，这引起了在这样麻烦的时期对银行的抗议浪潮（"Illinois Threatens Bank over Sit-In"，《纽约时报》，2008 年 12 月 8 日）。当然，这些限制是重大不利变化条款的首要目的。

［4］特别地，在次贷危机中，银行对公司贷款已经在很大程度上被冻结，除了最受好评的（自 2008 年 9 月起，即使是那些银行也不再是例外），除非公司能够和银行清楚地确定其信用额度，直到它们的状况已经恶化到足以使银行调用 MAC 条款。见 Ivashina and Scharfstein (2008)。

恢复金融稳定性

第VI部分

救助

托马斯·F·库利、托马斯·菲利蓬

第五部分提出了关于审慎监管系统性金融风险的建议、关于货币政策的建议，以及关于设计旨在应对流动性危机的借贷工具的建议。这些政策建议都力图减少系统性危机产生的可能性。

然而，金融危机在某种程度上是无法避免的。因此，制订应急预案是非常重要的。从这种意义上来说，我们需要从当前的危机中吸取经验教训。本章的重点即在于此。

如果像2008年9月到11月的那段时间里，当流动性危机可能转变成系统性偿付能力危机时，那么政府的强烈干预就是必不可少的了。但关键是要最小化对债权人利益的损害，并且限制被救助机构的投机性行为。此外，市场参与者有必要了解，当银行和金融公司陷入困境时美联储和财政部会有怎样的反应。而这次的金融危机虽然已经笼罩了我们超过一年之久，但对于相关决定背后的考虑我们仍然很模糊。

我们对于美国此次救市的总体评价是：无论从技术上还是战略上来说，从一开始它就是考虑不周的。它拿走了纳税人的钱，令人困惑，并且低效率，甚至从某种程度上来说它恶化了危机。

第15章"对金融部门的救助：为下一次危机播种？"聚焦于此次救助计划中的金融部门。由于干预必须迅速，政府所使用的救助工具是贷款担保和再资本化。评价该计划的关键在于担保的定价机制以及参与是自愿还是强制的问题。我们认为，美国金融救助对金融业太过慷慨，而对纳税人损害太大，并且缺少一个明确的退出机制。贷款担保计划实际上将大概130亿～700亿美元的财富从纳税人手中转移到了银行业。贷款担保计划和再资本化计划的强制性又进一步导致状况良好的机构和陷入困境的机构难以被区分。因此，该救助计划激励银行在危机完全消除之前愈加地依赖政府担保。所有的这些特点都与英国的救助计划完全不同，在英国，定价更为公平，而且参与是自愿的。

我们可以得出结论：政府融资担保应尽可能地使用市场价格从而实现公平定价。我们的分析还表明，金融救助的违约选择权应该是自愿的（除非谁能提出令人无法反驳的强制参与的原因）。

最初的救助计划还忽视了此次危机中一个很大的问题：它没有考虑抵押品赎回权丧失的问题。第16章"抵押贷款和家庭"评价了当前稳定房地产市场的政策，并相应地给出了一个新的解决方案。

解决房地产市场的危机是十分重要的，至少有以下两个原因。房地产危机带来的福利损失是非常巨大的：除了失去住所给家庭带来痛苦以外，失去赎回权的平均损失达到了房屋价值的30%～35%，没收房屋还会给邻居带来负的外部性。

此外，由于抵押贷款违约的损失集中于"初步亏损"和夹层担保债务权证，因此它是金融危机的重点问题。抵押贷款和金融公司资产负债表之间的关系意味着稳定房地产市场必将有利于稳定整体经济。

不幸的是，针对抵押贷款危机的政策设计得并不完善。我们认为：现有的贷款调整方案不能平衡借贷双方的激励。它对借款人产生扭曲激励使之停止还款，并且（或者）将重点放在重组抵押贷款这一临时性的解决方案上。

因此，我们呼吁采用升值共享抵押贷款（shared appreciation mortgages），它是联邦住宅管理局（FHA）计划的一部分。升值共享抵押贷款允许借款人通过债转股来减轻贷款负担，前提是他们必须放弃其资产未来增值中的一部分。如果该计划设计完善，那么它将阻止有还贷能力的借款人寻求贷款调整。此外，国会还需要阐明抵押贷款调整在法律上的障碍。

第17章"救市何时停止？"考虑了救助是否应该延伸到金融业以外的领域，其特别讨论了对汽车制造业的救助。我们认为政府干预应该建立在以下四个原则之上：

1. 市场失灵可以识别；
2. 干预必须使用有效的工具；
3. 对纳税人的利益损害应当最小化；
4. 政府干预不应引起道德风险。

在这些原则的基础上，我们认为政府确实应该进行有利于通用汽车（GM）的干预，但这种干预不应当以无偿捐赠的方式进行。我们可以识别出，市场失灵在于金融危机引起的债务人持有资产（DIP）市场的消失，这就为政府干预提供了合理性（原则1）。为了使得救助有效，改组必须彻底，并且可能因此而冗长，这也是为什么它应当在第11章所提及的《破产法》下进行（原则2）。为了最小化纳税人的损失，政府应当提供DIP融资（直接融资或通过私人融资机构），公司的资产状况将使融资受到有效保护（原则3）。最后，破产重组不会给予那些不良管理者以奖励，因此最小化了道德风险（原则4）。

我们认为应当为破产中的通用汽车提供大额的DIP贷款。与之相比，现行的救助计划在短期内为GM提供的生存空间较小，裁员的数量较大。DIP贷款计划允许重组持续18~24个月，而现行救助计划甚至不足以支撑到使之避免2009年的债务清偿。为了进一步控制通用汽车破产的连锁效应，即使重组失败，政府也应当考虑支持担保以及其他备用方案的可行性。

第 15 章 对金融部门的救助：
为下一次危机播种？

维拉尔·V·阿查亚、拉加拉安·K·桑德拉姆

2008年9月～11月的两个月见证了过去七十年里美国政府直接参与金融市场的最惊人的程度。[1]此次干预是对特定机构进行的专门的一揽子救助，如对贝尔斯登、房利美、房地美、美国国际集团、花旗集团的救助；但大量投入的努力和金钱也已尝试用于解决引起信贷市场冻结的系统性问题。一个包含多要素的解决方法应运而生，它的三个关键组成部分如下：

1. 由美国联邦存款保险公司（FDIC）负责的贷款担保计划。在该计划下，FDIC为银行新发行的优先无担保债券提供三年的担保。

2. 由美国财政部实施的银行再资本化计划。财政部购买银行的优先股权。

3. 由美联储操作的商业票据融资工具

第15章　对金融部门的救助：为下一次危机播种？

(CPFF)。

在本章中，我们将讨论这三个计划各自的突出特点、它们的定价影响、可能的经济后果以及与其他国家（主要是英国）所采取的类似措施的比较。

我们总体的结论概括如下：

1. 美国贷款担保计划采取的定价方案放之四海而皆准，与市场的相关性非常低。它将130亿～700亿美元的财富从纳税人手中转移到了银行。相反地，英国担保计划的收费结构是以市场为基础的，其定价更为公平。

2. 美国贷款担保计划的参与选择权非常有限，它对所有的银行施加压力，导致结果的无效。相反地，英国的项目提供了相当大的参与选择权，并且它的定价结构使得分离均衡产生。在这一均衡上，健康的银行不会利用政府的担保而问题银行则会。暗含的结果是，美国的计划可能导致这样一个局面——银行将会并想要持续接受政府的担保直至危机消除，而英国的计划则为向基于市场的结果平稳转换铺平了道路。

3. 美国的再资本化计划同样地对大银行赋予了极小的参与选择权。此外，它对参与该计划的银行十分慷慨，很少直接进行例如更换高管、减少行政人员薪酬、剥夺对政府的投票权等形式的惩罚。英国的计划则允许银行选择是否接受政府的基金，并且这关系到政府投票权、某些情况下对高管的更换以及大幅削减股利和行政人员薪酬。

4. 美国的商业票据融资工具（CPFF）要求设置信用质量门槛，并且采用更大的差价，似乎比贷款担保计划的定价更为公平，给纳税人带来的损失更少。

美国的救助计划之所以如此慷慨，一个可能的解释是，在当前金融危机发展的深度下，采取极端的措施是十分必要的。但它回避了一个问题：监管当局计划如何退出担保和再资本化。担保定价过低可能导致银行进行低效率的"资产替代"（例如，经营那些只在有担保的情况下才有利可图的资产）。该计划进一步保护那些问题机构及其管理者免受市场的惩罚，加剧了道德风险。过去危机中监管当局应对措施的棘手让我们思考这样一个问题：这些努力只不过是在为下一次危机播种吗？

15.1 一揽子救助计划

美国采取的三大救助措施中，信息最完全的是贷款担保计划，因此我们从它开始。要补充的是，问题资产救助计划（TARP）在2008年11月已被废止（虽然在后来对花旗的专门救助中，它又以一种新的形式出现，即政府给予支持，保证包括有毒房地产资产的资产组合的损失限制在某一范围内），我们在此不予讨论。

贷款担保计划

贷款担保计划于2008年10月14日颁布，由联邦存款保险公司（FDIC）负责，这实际上是一个非常简单的计划。它覆盖了美国所有的金融机构，为它们发行的优先无担保债券提供担保，并对所有的参与者收取每年75个基点（bps）的费用。更详细的介绍如下：

谁将参与。美国所有的银行、储蓄机构和储蓄贷款公司都符合参加这一计划的标准。2008年11月，该计划的范围扩大，通用电气金融服务公司（GE Capital，通用电气的融资机构）被包含在内，通用电气也成为该计划参与者中第一个拥有大型工业业务的公司。

参与的选择权。符合标准的机构拥有一次拒绝参与该计划的机会，如果拒绝参与，它们必须于11月12日之前就此与FDIC进行沟通。据我们所知，没有任何的大机构拒绝参与。所有参与机构于2008年10月14日至2009年6月30日之间发行的优先未担保债券都能获得FDIC的担保，担保时间最多长达三年或是直至债务到期日（看哪个时间在前）。唯一的例外是，如果参与机构告知FDI它们有意在这期间发行2012年6月30日之后到期的无担保长期债券，那么FDI将不会对这些长期债券提供担保。

覆盖范围。FDIC可担保的由单个机构发行的最大债券数量是该机构从2008年9月30日起的未偿还优级无担保负债总额的125%。目前，还未达到该上限。

收费结构。每个参与机构每年需要支付新发优级无担保债券总量（125%的上限之下）的75个基点的统一价格。如果机构告知FDIC它将发行无担保长期债券，那么75个基点的收费也适用于为这些新发债券提供的担保。但在后一种情况下，机构还需要一次性地支付从2008

第 15 章　对金融部门的救助：为下一次危机播种？

年 9 月 30 日起到期日在 2009 年 6 月 30 日之前的优级无担保债券数量的 37.5 个基点的费用。

英国的贷款担保计划

英国政府提供的贷款担保计划在除到期日期以外，各方面都与美国有很大不同。在英国，有九个大型金融机构获得了初步参与资格（虽然后来经财政部长考量有所增加）。这些机构在 2009 年 4 月 13 日之前（含当天）发行的优级无担保抵押债券都可获得政府的担保，时间为三年或直至债券到期日（看哪个时间在前）。参与该计划是自愿的，不仅是机构层面上，还是发行层面上的。也就是说，某个希望发行担保债券的借款人可向英国政府申请为该债券提供担保。对于单个机构寻求担保的总额限制，英国的计划中并没有明确的规定，但英国财政部声称该计划担保的债券总额的上限为 2 500 亿英镑。很重要的一点是，英国担保计划的定价是基于机构的：寻求担保的机构每年需缴纳 50 个基点的费用，再加上 2008 年 10 月 7 日之前的 12 个月里观察到的该机构五年期信用违约交换债券的利差的平均值。

15.2　潜在问题：利益

这两个方案的对比提出了至少两个涉及政治和经济利益的问题。第一，这两个截然不同的定价方式对纳税人意味着什么？第二，不同的参与选择权和定价方式将会带来怎样的经济后果？

定价背后

从相关数据（见表 15.1）中可以看出，英国财政部提供担保的收费（从最低的汇丰银行的低于 109 个基点到最高的全国保险公司的 178 个基点）都比美国的收费（所有机构都是 75 个基点）高很多。是英国的银行风险更大，还是美国的定价偏低？

此分析用到的对"公平定价"的衡量标准是借款机构三年期信用违约掉期（CDS）的利差，它反映了为该机构的优级无担保债券提供担保的成本，并且是基于市场对风险的反应。2008 年 10 月、11 月 CDS 的利差显示着非常大的变化，10 月初异常高（例如 2008 年 10 月 10 日，摩根斯坦利的三年期 CDS 利差高达 1600 基点），11 月初又大幅下降，那么我们应该使用哪段时间呢？保守起见，我们选用的是 2008 年 11 月的三年期 CDS 利差的平均值。表 15.1 和 15.2 给出了这期间部分美国和英国金融机构的平均利差。

英国机构的平均利差是 109.6 个基点，分布十分集中，最低为阿比国民银行的 71.2 个基点，最高为巴克莱银行的 135.7 个基点。单个案例中，英国贷款担保的收费比三年期 CDS 利差要高；平均来说，高出了 24 个基点。因此，该计划的定价是很公平的，甚至稍微偏高（考虑到市场价格适用的是私人的而非国家的担保，这是很合理的）。本金额为 2 500 亿英镑时，借款机构的税后净收大约为三年 18 亿英镑。

美国的数据情况很不相同。11 月份，三年期 CDS 利差均值为 255.4 个基点，最低为摩根大通的 115.8 个基点，最高为摩根斯坦利的 475.7 个基点。在单个案例中，CDS 利差远高于贷款担保的 75 个基点的收费，这就意味着政府给予金融机构以大量的补贴。对表中的五个金融机构求平均值，补贴约为每年 180 个基点，那么对规模为 1.4 万亿美元的整个项目来说，三年里政府的补贴为 700 亿美元。以此标准看来，这是一笔很大的捐赠，应根据计划的预期收益进行调整，但目前 FDIC 和美国财政部都没有提过这样的论点。

美国的这种放之四海而皆准的定价结构还意味着补贴的不均衡分布。一个关于通用电气公司的特殊例子可以很好地说明这一点。通过其金融服务机构——通用电气金融服务公司，该公司于 2008 年 11 月 12 日加入了贷款担保计划，约 1 390 亿美元的债券因此得到了政府的保护。[2] 11 月前三周，它的三年期 CDS 利差平均约为 430 个基点，因此 75 个基点的收费意味着每年节省了约 350 个基点。通用公司的总担保量为 1 390 亿美元，仅其一家在三年中得到的政府补贴就超过了 130 亿美元。

以上分析中使用的基准价格实际上是市场价格，因此估计结果大致可以反映贷款担保真实的经济成本。此外，还存在这样一个问题：在正常的市场情况下，这种定价与三年期 CDS 利差相比会如何。也就是说，在一个相对稳定的市场环境下，这种定价是否会更为公平？为了说明这一点，我们使用担保计划颁布之前一年内（即 2008 年 10 月 7 日之前的 12 个月里）三年期 CDS 利差的中值，这也是英国的计划所使用的时间段。表 15.1 中给出了相应的数据。

但是，美国的纳税人并不会得到安慰。因为即使使用更正常时期的数据，美国政府给予的补贴也是非常巨大的。所选机构的三年期 CDS 利差平均为 104.9 个基点，而收费仅为 75 个基点，这意味着每年每一

第15章 对金融部门的救助：为下一次危机播种？

美元的担保就为金融机构提供了30个基点的补贴，三年里1.4万亿美元的担保提供的补贴高达120亿～130亿美元。

英国的情况则很不同。英国银行的CDS利差平均约为70.8个基点，比平均费用（133.7个基点）还少大约63个基点。这实际上是对参与计划的银行征收了三年约45亿英镑的税收，即使只有四家实力最弱的银行参加，税收也达到了33亿英镑。

总而言之，美国的计划实际上定价偏低，真实的成本比所收取的费用更大，因而导致约130亿～750亿美元的财富从纳税人手中转移到了银行。英国的计划似乎更加公平，甚至还给纳税人带来了一些净收益。

表15.1　英国银行的信用违约掉期费用和贷款担保费用

银行	2008年10月7日之前的三年期CDS费用	2008年10月7日之前的五年期CDS费用	英国的贷款担保费用（五年期CDS的均值＋50个基点）	担保的公平价格（2008年12月三年期CDS差价的均值）
阿比国民银行	56.5	72.6	112.6	71.2
巴克莱银行	66	81.4	131.4	135.7
哈利法克斯银行	93.3	112.7	162.7	117.4
汇丰控股	48.5	58.8	108.8	102.1
劳埃德银行	55.6	62.5	112.5	82.7
国民银行	122.8	128.3	178.3	123.0
苏格兰皇家银行	73.5	85.9	135.9	120.8
渣打银行	50.3	67.5	117.5	124.1
平均	70.8	83.7	133.7	109.6

资料来源：Datastream；CDS费用（基点）。

表15.2　部分美国银行的信用违约掉期费用和贷款担保费用

银行	2008年10月7日之前的三年期CDS费用	2008年10月7日之前的五年期CDS费用	美国的贷款担保费用（五年期CDS的均值＋50个基点）	担保的公平价格（2008年12月三年期CDS差价的均值）
美国银行	71	85	75	126.0
花旗集团	100	115.2	75	238.3

续前表

银行	2008年10月7日之前的三年期CDS费用	2008年10月7日之前的五年期CDS费用	美国的贷款担保费用（五年期CDS的均值＋50个基点）	担保的公平价格（2008年12月三年期CDS差价的均值）
高盛集团	109.0	107.0	75	321.0
JP摩根	70.6	85.0	75	115.8
摩根斯坦利	174.1	159.4	75	475.7
平均	104.9	110.3	75	255.4

资料来源：Datastream；所有费用（基点）。

参与选择权、定价及其经济意义

劳埃德银行和巴克莱银行这两家英国银行在计划实施之后的两周内的不同行为，让我们意识到发行层面的选择权十分重要。2008年10月17日，劳埃德银行发行了4亿英镑的债券并且没有寻求担保。在2008年10月7日之前的12个月中，它的CDS利差均值为62个基点，这在英国、美国的金融机构中都是最低的。四天后（2008年10月21日），巴克莱银行发行了10亿英镑的三年期优级无担保债券，并得到英国政府的担保。在2008年10月7日之前的12个月中，它的五年期CDS利差均值为82个基点，因此，为其债券提供担保的成本为每年132个基点即1 320万英镑。

英国的计划似乎能够实现经济学家所谓的"分离均衡"。信用风险低的银行（如汇丰银行、劳埃德银行）可以选择不参加，因为根据计划的收费结构，它们能够获得的补助很少（甚至会带来成本）。相反，信用较差的银行不参加计划的成本将很高，因此它们更趋向于参加。那么，为什么不参加的信号是可靠的呢？换句话说，问题银行为什么不伪装成健康银行呢？这是因为，资产负债状况良好的银行可以很好地在市场中存活，当发行没有政府担保的债券时，它可以承受市场对其经营状况信息的披露。而资产负债情况不佳的银行发行无担保的债券时，让投资者知道过多的信息将会给其带来巨大的成本。因此参与选择权带来的分离均衡使得市场很容易将健康银行和问题银行区分开来，市场和银行从而得以以一个能准确反映对手信用风险的价格提供信用。对信用风险进行这样的定价，同时持续地对不参与担保计划的健康银行进行信息披

第 15 章 对金融部门的救助：为下一次危机播种？

露，对于保证信贷市场在没有担保的情况下继续以良好的秩序经营运转是十分重要的。质量信号的分离也为不健康银行将来发行债券和股票带来很大的成本。英国担保计划的设计可以简单概括为：它产生了一种市场性的结果，最终政府将伺机退出，并且给纳税人带来很小的（甚至是负的）利益损失。

相反地，美国的项目为银行提供了很少的选择权——一次性的参与选择权和有限的发行长期无担保债券的选择权。有限的选择权将产生混同的结果：无论融资状况的好坏，所有的银行都会选择参加。因为如果拒绝，之后再想加入也是不可能的了。这种混同的结果将会使情况更坏，更难融资。此外，其采用的定价方式还意味着大量的政府补贴。

由于定价不是基于各银行的信用风险，这种混同的结果将导致系统性地更长久地依赖于政府担保，将有效地使健康银行为不健康银行的借方提供资助，同时后者的融资能力也不会得到修复。这一救助计划最显著的特点就是纳税人财富向银行部门的转移。

但在某些情形下，英国的方案会不会太过苛刻？也许是的，而且这种情况下，美国的强制参与显得更好。英国的计划暗含这样的假定：随着资本的注入，在可预见的未来里，即使那些现在不健康的参与者也不太可能失败。如果这一假定不符合事实，例如危机由于某种原因恶化，一个自认为健康的银行最终破产了，那么这将致使新的系统性危机产生。也就是说，在更大的市场压力下，结果的市场性也可能是它致命的缺陷。而美国的政府救助计划则能够有效缓和这种压力。

附言

除了定价过低，美国的担保计划实施起来也很慢。颁布之后的第一个月里，没有一个金融机构使用该担保向市场融资。相反，到11月第二周，英国的银行已经发行了超过210亿美元的政府担保债券。代表美国九大领先金融机构[3]利益的Sullivan and Cromwell律师事务所认为最主要的问题在于FDIC的担保不是"完全、不可撤销、无条件"的，而是严重依赖国内破产程序的。这一重大的法律问题使得担保计划对于市场参与者来说并没有太大的吸引力。更有趣的是，该律师事务所还站在公司委托人的立场上，要求在美国担保计划中引入类似于英国的发行层面的选择权。但直到本文写作时，FDIC还未就这些建议做出决定，并且只有一家银行（高盛集团）声称会在救助计划下融资。

15.3 注资计划

美国一揽子救助计划的第二个组成部分是向银行部门注资,总额为2 500亿美元,其中2/3已经完成。共有1 250亿美元流入了正在进行资产重组的九大领先金融机构(摩根大通银行、美国银行、高盛集团、摩根斯坦利、花旗集团、美林证券公司、富国银行、纽约梅隆银行和道富银行),而它们无权选择是否接受。对这几个机构的投资最低的为道富银行的20亿美元,最高的为花旗银行和摩根大通的250亿美元。当然,美国其他的银行也有权获得注资,但是必须提出申请。根据《华尔街日报》的报道,11月初约有1 800家银行提出了注资申请,所需资金远远超过了最初计划的2 500亿美元。

到本文写作时,仍没有关于定价机制的准确信息,但财政部声称它将以与其他股东相同的条件获得优先股。三年后,如果银行自己已经发行足够的股票,它可以购回财政部手中的优先股。财政部还将获得优先股总额15%的普通股认股权证,按优先股发行后20天内的平均股价兑换。最初五年内,优先股红利为5%,此后变为9%,均低于摩根斯坦利和高盛各自于2008年9月为私人优先股投资者提供的10%的红利。此外,值得注意的是,此次公共资金的投入并没有对银行业务产生实质性的限制。美国政府在管理上没有发言权,更不用说撤换当任的管理者了,那些引领公司进入垮台局面的高官们在新的制度下仍然稳居高位。只要公司在纳税人的资金支持下不倒闭,财政部甚至很少考虑限制管理者薪酬的问题。关于激励机制的讨论就更少了,一些人认为现行的激励制度鼓励参与者承担高风险。[4]的确,最近的报道显示,虽然整个金融系统和许多金融机构是因为公共资金才得以存活,但绝大多数的交易者和投资银行在2008年仍继续为股东分红。

英国的计划在这方面也有许多的不同。500亿英镑的资金将用于银行的再资本化,各银行自愿参与。实际上,英国大臣2008年11月18日的发言清楚地表示,没有自动参与该计划的机制。最低来说,参加机构需要提交进一步市场融资的信用计划,并且达到足够水平的资本总额。例如,巴克莱银行同意次年春天融资100亿英镑,而汇丰银行声称会向英国的银行业务注资7.5亿英镑。[5]

英国计划的定价信息非常粗略,但大臣在11月18日的发言中提

第 15 章　对金融部门的救助：为下一次危机播种？

到，进行再资本化的银行为财政部提供的价格应当比市场价更优惠，并应附带有竞争力的票面利率。另外，对非金融部门的贷款需要保持在2007年的水平上，以帮助那些在抵押贷款中挣扎的人们。它们还需接受政府提出的关于补偿金、董事会席位以及红利等方面的要求。

毫无疑问，英国的再资本化计划比美国更为严苛，但它已经在有意识地将银行推向市场。2008年11月，巴克莱银行放弃了政府提供的再资本化救助，而以更不利的条件直接向市场进行优先股融资。据推测，这是为了满足它的双重目标——不受政府对其经营的监管而且不背负依靠纳税人的钱才存活的污名。

15.4　商业票据融资工具

2008年10月27日，纽约联储宣布了商业票据融资工具（CPFF）的诞生。它是为了应对商业票据（CP）市场的冻结（该市场的冻结是由于货币市场共同基金和其他惯常的CP买者所面临的流动性压力所致）而产生的，旨在为美国的CP发行者提供流动性支持，并将购买多达2.4万亿美元的由某些机构发行的无担保商业票据和资产支持商业票据（ABCP）。

美国所有的商业票据发行者都可参加这一计划，包括母公司为外国公司的美国发行者。CPFF向单个发行者购买商业票据的最大数量为该机构2008年1月1日至8月31日未偿付的美元标价商业票据的最大值。

虽然所有的机构都有参加资格，但CPFF只会购买那些由信用机构评出的级别在A-1或P-1或F-1以上的商业票据（A-1和A-1＋是标准普尔评级中最高的级别，P-1是穆迪的最高级别，F-1和F-1＋是惠誉国际的最高级别）。可见，FDIC的贷款担保计划和CPFF有着很大不同，前者中所有有资格的参与者所发行的优级无担保债券都会被覆盖。

但是，联储采用的定价机制与FDIC的贷款担保计划一样，都是统一定价。CPFF购买的所有无担保商业票据的价格均为隔夜指数掉期（OIS）利差的100个基点，资产支持商业票据（ABCP）的价格则为OIS利差的300个基点。

100个基点的利差与三月期商业票据（级别在A-1或P-1或F-1以上）的利差相比如何？如果选取2007年9月1日至2008年8月1日的平均利差，我们得到的粗略结果是55个基点。到2008年9月、10月时，利差大幅扩大到 150 个基点以上。而在联储颁布商业票据融资工具之后的两周里，利差均高达 200 个基点（同期，CP 市场的成交量大幅下降）。考虑所有的这些因素，联储的 OIS 利差的 100 个基点的定价似乎是公平的，或者它至少不会将大量的纳税人财富赠予借款公司。

15.5 政策建议

让我们从这个问题开始思考：为什么美国贷款担保计划中关于银行信用的市场指标不可靠？之前我们给出的解释是，在美国有超过 8 000 家小银行，它们同样在遭遇房屋价格下降带来的灾难，也有获得担保的资格，对于很多这样的银行来说，它们还没有像 CDS 利差这样的可得的市场指标。但是这个解释是很弱的。在几乎所有的银行监管中，从哪些银行需要向中央银行缴纳储备金，到哪些银行被给予太大而不能倒的担保，都存在着"分层"。此处也应该有一个类似的分层。对超过某一临界值的大银行（或 CDS 利差可得的银行），救助计划的定价应该依据市场价格，从而给绩效好的银行以奖励；而对小银行（或 CDS 利差不可得的银行）应当收取以其他银行 CDS 利差均值为基础的统一价格。至少，在这种简单方案中，纳税人财富向高盛和摩根斯坦利这样大银行的转移将得到有效的避免。

我们的总体结论是：英国救助计划的特性使其在经济意义上似乎更好。虽然在极端的市场压力下，救助不可避免，但也应该合理设计，科学定价。以下是监管者应当遵守的一些规则：

● 不要对一揽子救助计划设立统一的收费制度。

由此原则有以下推论：

● 只要市场价格可得，就一定要使用市场价格。

● 奖励那些表现好的机构。

此外，监管者还应该利用救助计划赋予他们的杠杆，重新审视那些最先引起危机的银行的激励机制。

大体上说，遵循这些原则将减少那些意料外的后果（即道德风险），保证救助结果是对原有体系的修复，并不会为一小部分机构带来不正当好处。

监管者如何退出担保计划和资产重组计划也是十分重要的问题。由于担保定价的不合理，且担保时间长达三年，美国的监管当局是否会面

第 15 章 对金融部门的救助：为下一次危机播种？

临这样的局面：银行转向经营无效资产（例如，只经营那些有担保才有利润的资产）？监管反应在过去危机中所表现出来的典型的粘性特质要求监管当局仔细斟酌有计划的退出机制，以免亲手为下一次危机埋下恶果。当经济前景转好时，我们不再需要人为低价下的大量的流动性（产生于担保），这可能导致刚刚发生过的事件再一次发生——过度杠杆化、资本无效配置、资产价格泡沫、经济崩溃。

注释

[1] 该文写于 2008 年 11 月初，我们采用的资料截至该时。当然，在乱世要正确刻画危机有点难，因为其具有欺骗性，但随着危机的持续，读者应该意识到，在现有基础上新的政策正陆陆续续地被提出。

[2] Paul Glader，"Government Will Back Some GE Loans"，《华尔街日报》，2008 年 11 月 13 日。

[3] 摩根大通银行、美国银行、高盛集团、摩根斯坦利、花旗集团、美林证券公司、富国银行、纽约梅隆银行和道富银行。

[4] 参见第 7 章以及第 8 章。

[5] 请参见英国大臣 2008 年 10 月 13 日的陈述（www.hmtreasury.gov.uk/statement_chx_131008.htm）。

第 16 章 抵押贷款和家庭

安德鲁·卓别林、托马斯·F·库利

16.1 背景

房地产市场和房地产金融部门的崩溃带来的恶劣影响正以惊人的速度蔓延开来。2008 年，丧失抵押品赎回权的案例暴涨 81%，价值 230 万的房产的抵押品（价值 300 万）丧失了赎回权。[1] 贷款出现问题的家庭数量不断增加，这给金融系统和整体经济带来了越来越大的威胁。违约和抵押品赎回权丧失的无谓损失非常之大，不仅整个处理过程耗时、昂贵，还会给财产价值带来外部性——将贬低邻近房地产的价值，这就导致房屋价格进一步螺旋式下降。但如果没有适当的危机应对措施，很多家庭都会选择违

第 16 章　抵押贷款和家庭

约来改善自己的境况。

减少违约和抵押品赎回权丧失对于重建金融系统也是至关重要的。违约损失集中于"初步亏损"和夹层债务抵押债券，这些损失使得它们对于持有者来说是有剧毒的，也会加剧世界金融体系的动荡。减少违约损失将减少抵押品和抵押贷款持有者的实际损失（及其不确定性），而这一过程是通过金融系统进行传递的，因此有利于金融系统的稳定。

在过去一年中，政策制定者开出了很多的"空头支票"，但到目前为止，大部分的解决方案都惊人地无效。如果没有一个周全的应对政策，现行的这些分散方案很难成功应对危机。在已经提出的建议中，很多是要耗巨资的，这会给我们的子孙后代带来巨额的税务负担，损害下一代人的利益。

有很多人认为这个问题不值得让政府插手干预。人们选择购买他们根本无力负担的大房子，就必须为他们的错误承担责任，而那些借钱给他们的投资者也应该自食其果。但是有些贷款的确很糟糕，那些屋主不可能从中恢复。另一个极端是倡导强力干预来减少抵押贷款带来的不确定性，哪怕给纳税人带来很高的成本。

我们认为，政府干预是有依据的：存在市场失灵，并且丧失抵押品赎回权将带来外部性。但和很多救市建议中提到的观点不同，它并不意味着政府要在承担费用、重新申请、担保等方面进行大规模的干预。[2] 大部分的这类政策都会给纳税人带来很高的成本，并有可能使经济产生更严重的道德风险，实际上这在已实施的干预计划中确实频频发生。在我们看来，一个有效的救市方案应该包含以下因素：

● 要将借款人和贷款人的利益联系起来。也就是说，他们应该分担房屋价格下降带来的成本，共享经济复苏带来的潜在收益。

● 要避免产生违约和逾期的激励。

● 要考虑借款人的短期偿债能力和长期偿债能力，以防止发生二级违约。

● 要制定长期有效的契约机制。

● 要消除证券化抵押贷款中那些将借款人和贷款人分离开来的契约分歧，这不能由家庭来决定。

我们提出的这个实施计划，将极大地加快市场的正常化过程，减少违约和抵押品赎回权的丧失，提高按揭证券持有者的资产价值，同时减轻纳税人的负担。这个计划的优点在于，它能够同时解决抵押品市场眼下出现的紧急问题和长期的结构问题。然而，它并非万能的灵丹妙药：

如果购房者没有拥有房子的资格，就一定会出现违约。

16.2　不完全契约和债转股

　　该计划的核心是通过债转股进行关于资不抵债型房屋（underwater mortagage）的再谈判。当一个经营状况良好的公司陷入了未预见到的困难时，那些借钱给它的公司都会进行一个常规的债转股的谈判。近期，通用汽车金融服务公司（GMAC）和其他一些借贷机构的资本重组就是建立在债权人同意以新公司的股份代替之前债券的基础之上的。这是一种十分常见的重组方式。

　　债转股以股权合约中更灵活的义务条款代替了债务合约中较固定的义务条款，前者的最终支付额取决于公司的经营状况。由于原始合同必然的不完善，这样的再谈判显得非常合理。即使公司运作良好，也存在无法按约定偿还债务的情况。这样的例子有很多，如原料投入品供给中断引起的价格暴涨，对有效经营所必需的交通设施（如公路、铁路）的破坏，以及市场显著的、普遍的衰退。比起事先列出所有的意外，借款人和贷款人都认为，更应该在意外发生之时再回头去看那些合同条款，做出适当的调整，因为毕竟不可能在最初的合同中列出所有的意外事件。可调利率抵押贷款被视为是标准固定利率抵押贷款的进步，因为它将更多的意外事件列入到了原始合同的条款中。我们认为应该建立一种契约形式，它能将由房价的变化引起的意外事件包含在内。

　　标准固定利率抵押贷款是不完全契约的很好的例子，它要求持有者在30年里支付固定的货币。但在这个纷繁复杂的世界上，这样固定的支付是不可能的。在一些意外情况下，经济逻辑要求强制执行合同条款；而其他时候，会要求进行大范围的再谈判，现在我们就处于这样的情况下。当大量的家庭对它们的抵押债券违约时，很难说是谁从中获益。违约和抵押品赎回权的丧失是一个漫长、缓慢、昂贵的过程，而丧失价格为200 000美元的房屋的抵押品赎回权，成本最少为70 000美元。另外，这还会损害周边房屋的价值，带来很大的外部性。

　　我们建议为那些被不可控因素逼入困境的家庭提供某种债转股形式的解决方案。在最初的抵押合同里，我们无法预见会同时出现全国范围内的房价下跌和收入大幅减少（有些人认为这应该是可以预知的，但这不是我们现在要讨论的问题）。既然这样的结果远非房主自己所能承受的，它又是产生于借款人和贷款人的错误假设，那么再谈判就是切实可行的解决方案，其能够有效平衡借贷双方的利益。

升值共享案例

比如，一个家庭购买了价值 200 000 美元的房子，首付 10%，标准化贷款 180 000 美元。现在假设房价下跌 25%，那么房主亏损了 30 000 美元。抵押资产净值为负时，房主有违约的激励。一旦违约，他和贷款人都会受到巨大的损失。因而有必要对贷款进行债转股的调整，也就是说，贷款人可将部分固定贷款义务转变为对房屋资产的所有权。例如，贷方可以将现行贷款替换为 135 000 美元（房价的 90%）的标准贷款和房屋价值高于初始债务（135 000 美元）部分的 50% 的股权。股权部分支付给贷方的金额取决于到期日（如五年后）房屋的价值。

- 如果房屋价值保持为 150 000 美元不变，那么借款人的股权义务为 7 500 美元（高于 135 000 美元部分的 50%）。
- 如果房屋价值恢复为 200 000 美元，借款人的股权义务为 32 500 美元（高于 135 000 美元部分的 50%）。
- 如果房屋价值下降为 100 000 美元，借款人无须为股权支付金额，因为房屋价值低于 135 000 美元。

债转股对家庭和公司都是十分有益的，通过减少固定支付现金流，可以为借款人提供喘息的空间，让他们得以恢复元气；同时通过减少固定义务，可以激励房主有效地运作资本。

16.3 一个行动计划

很多的议案都试图阐明家庭及其贷款所遇到的问题，其中一些将债转股视为一种解决方案。不幸的是，这些议案都无法全面、有效、大规模地成功解决问题。[3]其中的一个原因是，虽然很多的服务协议赋予了服务者以很大的调整贷款的权利，但投资者的诉讼威胁大大削弱了它的效果。

本章中不会列出当前大规模再谈判失败的原因，我们将告诉大家，只要监管者和立法者的行为得当，这些都是可以克服的。我们将提出一个包含五要素的方案，以消除现行抵押合同中股权型贷款调整方案的壁垒。

债转股方案的详细说明

不是所有的债转股都是合理的或是成功的，建立一系列具体、适用的标准非常重要。在现实中，债转股和许多税法条款相冲突[4]（见 Caplin, Cunningham, Engler and Pollock, 2008），立法者和监管者很有必要为符合关键标准的再谈判制定特例条款。下面列出的几个要素虽然不完整也不全面，但可以从中看出我们的要求。

● 支付能力。家庭必须能负担起抵押贷款的固定支付部分，这一点十分关键。现行的固定支付现金流为总收入的31%～38%，家庭能够负担，该标准合理。此外，没有进行债转股的那部分抵押贷款，如果符合资格，还可以获得联邦住房管理局（FHA）的担保。为了降低FHA的成本，第一抵押权的担保必须限制在某一最大值（如房屋资产近期估价的50%）内。这会将大部分剩余风险施予原始贷款人，从而保证再谈判的前提是不会出现二次违约。

● 房屋资产净值为正。上文的案例中，债转股的关键组成部分是减少固定债务，从而使房屋资产净值变为正值。一个合格的再谈判应该设定固定债务的比重，从而减少房主负的资产净值，甚至使之为正。合理的固定债务比重的起始点为市场价值的90%（谨慎重估），但在不发生二次违约的前提下应该还有其他选择。

● 未来增值中的共同利益。激励房主妥善维护房屋也是十分重要的一点。要坚持让房主从房屋增值中获利，比如规定房屋价值增值的30%归房主所有。这样，房主和贷款者的利益就被联系到了一起，他们都能够从房价恢复中获益。

● 最低年限和合理假设。股权应该有一个合理的期限（如五年），市场和家庭可以在该期限内试图恢复。抵押贷款还应该是可假定的，新的买者才能继承借款人的义务，为未来增值付费。

构建合适的财政和会计框架

大约40年前，升值共享贷款就已在美国出现，但由于当时美国国税局的限制而渐渐没落。其实，这种制度性障碍很容易消除，我们相信并希望很快会有相关措施出台。

除了税收政策，会计准则的改变对于债转股也很重要。进行债转股再谈判的一个重要因素是承认价值下降房屋的账户损失。即使发生了重

第 16 章　抵押贷款和家庭

大损失，抵押资产所有者仍有激励保持其账面价值不变来避免偿债能力的下降（哪怕确实下降了）。

由于银行监管者可能会有所创新，市场恢复是很简单的，届时参与分红的贷款人未来可获得的金额将会大于原本的贷款数额。为这些至今还不熟悉的居民房屋财产股本制定定价标准时留有很大的浮动空间。和以前发生过的情况一样（如借贷危机中的平房储蓄案），联邦银行当局会利用这一点防止会计准则扭曲人们的行为。

需要补充的是，如果承认账面价值减少，从房屋资产中获得的利润应当免征资本利得税，这是一种免费激励。

债转股的可行性示范

纳税人是资不抵债型房屋价值增值部分的间接所有者。因此我们有机会并且有动力实施一个示范计划，证明一个合适的债转股方案可以增加不动产抵押债券持有者的报酬，同时帮助市场参与者了解哪种债转股形式能最大程度地恢复他们的收益。

除了当前的救助，该计划还将为其他更多的贷款条约奠定基础。进行债转股的再谈判后，贷款人对房屋资产拥有所有权，他们可以对房屋进行打包、定价和出售。为了说明所有权的价值，该计划还会说明股票市场应如何运作，以同时带来短期利益和长期利益。

证券化的法律壁垒

当前的合同和法律条款将借款人和抵押证券的投资者分离开来，损害了双方的利益。即便是一个经济意义上合理的第一担保抵押重组（重组有利于大部分投资者的利益），也可能在法律上遇到问题。就这点而言，其可能遇到的问题是低端资产的持有者坚持向其他持有者或联邦政府要求更慷慨的收购方案。另一个问题是现行的商业法只允许贷款服务员做有利于持有者利益的改变——"不能严重违背持有者利益"。该法律还规定，如果一个贷款违约了，或在贷款服务员看来接近违约，则服务员无权更改其利率水平、本金总额和偿还时间。

原始贷款最根本的问题在于合同的不完全性。不同支付水平抵押贷款的持有者有着不同的利益，这就需要一个契约来指导人们在出现分歧时应该如何作为，而关乎不同抵押证券持有者利益的原始贷款是不完全的。依据合同的规定，在正常情况下，少数股权所有者拥有强大的多数权利，这很合理。但对于非常罕见和难以预测的情况（正如我们前面提到的），制度不够完善，有必要进行再谈判。但现实中很少进行再谈判，才导致如今的困境，而债转股是很好的解决办法。

国会可以通过前文提及的示范计划说明，如果各参与方同意进行第一担保抵押贷款债转股的再谈判，各方的利益均会提高。一旦普及这一点，贷款服务员就可以在大部分证券持有者的支持下进行再谈判。即使存在不同利益方的阻碍，新的买者也能进入市场，巩固第一担保抵押贷款的利息，从而进一步恢复其经济价值。为了保证谈判结果，国会应当制定法律，允许贷款服务员通过求助标准条款来调整贷款，比如"善意规则，即遵从持有人的集体利益"；还应制定较为细致的措施，避免违背宪法的规定，即议会要保持法律和契约义务的一致性。实施这些规则需要倾听各方意见，不要在法律上过于激进，以至于让各方陷入紧张状态，导致未来可见的抵制。

简化二次违约

目前，丧失抵押品赎回权的程序耗时长，花费大，并会导致该财产价值持续性的损耗，同时会损害附近房屋的价值。任何受益于债转股的家庭一旦对减值抵押贷款违约，就应放弃相关权利，从而减少资产所有者和周边房屋的未来损失。这个方案将激励贷款人提供价值更高的抵押贷款，同时让房主明确如果未来违约的可能性较高，就不可以获得该贷款。

简化二次违约的一种方式是让那些从减值抵押贷款中获益的家庭放弃一些权利来从法律上丧失抵押品赎回权。更彻底的方式是将房屋交予第三方，如果偿还了贷款则将房屋归还房主，否则归属于贷款人。

16.4 和其他方案的比较

我们的这一计划只不过是众多已实施或正在考虑中的贷款调整方案中的一种。为了说明我们方案的优势，下文将说明它与其他方案关键的不同之处。并不奇怪，我们认为自己的债转股方案有着许多其他方案所没有的优点。虽然仅有这一方案是不能解决问题的，但它一定是解决方案的重要组成部分。

● 债转股方案将减少现期及未来违约和逾期的激励，从而大大减少二次违约的发生。

第 16 章　抵押贷款和家庭

从这一点上说，它比最近很多的贷款调整方案都更好。联邦存款保险公司（FDIC）以及如摩根大通、花旗集团、美国国家金融服务公司等私人机构（它们的有毒资产现在由纳税人持有）提出的方案，普遍都减少了短期的支付额，但要偿还的贷款余额并未减少，这对两个群体而言都是最差的方案。如果借款人出售资产，就要支付一大笔尾款；如果不出售，就要花非常长的投资年期来重建房屋资产。从更细节的方面说，在贷款调整方案的不良激励下，房主会成为房屋出租者，这样一来可能会出现大量的二次违约，并需要进行更多的再谈判。

强制批准抵押贷款使家庭在贷款人还未来得及调整时便已破产，因而是无效的救援措施。虽然一些私人贷款机构（如花旗）最近表示赞同这种调整方案，但它实际上完全是种浪费。它强迫家庭进入破产程序，将重新谈判的权利置于错误的人手中。它唯一的功能只是给重新谈判赋予了法律的名义。

联邦存款保险公司（FDIC）的方案只适用于那些逾期两个月及以上的家庭，业主希望计划则适用于逾期三个月的家庭。这会产生怎样的激励？显而易见，如果你想采用这两个法案的条款来调整贷款，你就会停止还贷。

● 为了共享资产，简化二次违约，贷款调整要求家庭放弃某些权利。

这对于避免不必要的谈判非常重要。该规定意味着，有能力继续还贷和对财产未来价值充满信心的家庭会执行原始合同。我们建议为在再谈判期间维持贷款现状的家庭提供优惠条款，从而进一步鼓励有支付能力的家庭不会为了获得减值贷款而停止还贷。

● 我们的计划将增加依靠减值抵押贷款复原的抵押贷款和抵押证券持有者的数量，鼓励他们在较早的违约阶段进行再谈判。

这个计划虽然不够完善，但它不鼓励抵押证券投资者一直持有该资产，以等待更好的救助时机。这一点非常重要。

● 计划最大限度地创造性地利用规则来提供贷款调整的激励，大幅降低了纳税人的成本。

任何津贴的范围都比 Feldstein、Hubbard、Mayer 等人提出的大规模津贴方案更低。[4]

● 计划提供了长期有效的契约形式。

该计划是我们所知道的唯一一个能产生正的后续作用的计划，其他的方案都会大量减少这个国家现在以及将来的财产。

最后，解决抵押问题的方案不止一种，每种都适用于某一特定环境，这在业主希望计划中有很明显的体现。它与我们的方案有很多相似之处，具体而言，贷款人同意减少房屋账面价值至其当期市值的90%，还贷额调整为总收入的38%；标准抵押贷款调整为30年期固定利率联邦住宅管理局（FHA）担保贷款，必须支付保证金，一旦出手或重新融资，借款人需和FHA共享资产：第一年FHA获得收益的100%，第二年90%，第三年80%，第四年70%，第五年60%，此后50%。该方案限制十分严格，只适用于逾期的家庭（因而产生不良激励），没有前瞻性，没有关于重组的法律条款，要求房主和贷款人、投资人谈判。但是，如果进行适当的修改，这个方案能够为启动债转股谈判所必需的公共津贴提供便利，这对市场很有帮助。从这个意义上说，它和我们提出的计划高度互补。

参考文献

Caplin, Andrew, Noel B. Cunningham, Mitchell L. Engler, and Frederick Pollock. 2008. Facilitating shared appreciation mortgages to prevent housing crashes and affordability crises. Hamilton Project Discussion Paper 2008-12, The Brookings Institution. www.brookings.edu/~/media/Files/rc/papers/2008/0923_mortgages_caplin/0923_mortgages_caplin.pdf.

注释

[1] Lynn Adler，路透社，2009年1月14日。

[2] R. Glenn Hubbard 和 Chris Mayer，Hubbard Mayer 提案初稿，2008年10月2日：http：//online.wsj.com/article/SB122291076983796813.html and www4.gsb.columbia.edu/realestate/research/mortgagemarket. Martin Feldstein：http：//online.wsj.com/article/SB122697004441035727.html。

[3] www.washingtonpost.com/wp-dyn/content/article/2008/12/08/AR2008120803425.html，www.bloomberg.com/apps/news?pid=20601213&sid=alLGOStji8c8&refer=home。

[4] 见尾注2。

第 17 章 救市何时停止？

爱德华·奥特曼、托马斯·菲利蓬

17.1 背景

大量的原本为金融业制定的美国政府救市计划现在已经扩散到非金融部门，这一部分主要阐述金融市场救助计划的恶果，该计划的设计不够完善，并且对金融业太过慷慨[1]，开创了一个不好的先例。如果政府在众多的机构中只选择救助美国国际集团（AIG）和花旗集团，不让管理层为他们的错误买单，而任由通用汽车和克莱斯勒集团破产，那么这样公平吗？政治因素、对失业的担忧和对破产程序的无知妨碍了制定合理的经济政策。

在这里，我们认为本书前几章提出的观

点应该同样适用于制定非金融业的干预政策。这些原则可以帮助政策制定者选择是干预还是自由放任，如果选择干预，还能帮助他们制定具体的救助措施。我们将以 GE 救助作为案例，讨论破产预测分析的基础和目标，这有助于政府计划者进行救助决策。

政府干预应当遵照特定的原则，不是因为要追求思想上的一致性，而是因为大部分的无原则干预会被利益集团控制，会被过度政治化，从而长期来说是无效率的。

此外，我们认为相比起其他行业，金融业是罪有应得，不应获得救助。只有在出现市场失灵和要控制系统性风险时才需要政府干预。本书前几章中提出的许多方案都聚焦于金融业，是因为金融危机可能导致系统性失灵。另外，我们倡议对系统性金融机构实施更严格的监管，征收更高的税收，决不可为金融部门提供免费的午餐。

下面我们回顾一下前几章提出的原则[2]：

1. 市场失灵可以识别；
2. 干预必须使用有效的工具；
3. 对纳税人的利益损害应当最小化；
4. 政府干预不应引起道德风险。

在这些原则的基础上，我们认为政府确实应该进行有利于通用汽车（GM）的干预（或许还有福特公司），但不应是无偿的，也不能阻止第 11 章中提到的重组。

其原因将在下文中阐述。我们发现，市场失灵在于金融危机引起的债务人持有资产（DIP）市场的消失，这就为政府干预提供了合理性（原则 1）。为了使得救助有效，改组必须彻底，并且可能因此而冗长，这也是为什么它应当在第 11 章所提及的《破产法》的规定下进行（原则 2）。为了减轻纳税人的负担，政府应当提供 DIP 融资（直接融资或通过私人融资机构），因为该融资方式受到很好的保护（原则 3）。最后，破产重组不应该奖励失败的管理者，以减少道德风险（原则 4）。

17.2 第 11 章的合理运用

第 11 章中介绍的重组相对来说是高效的，尤其是对于大公司而言。的确，所有的学术研究都表明，破产的直接付现成本为公司价值的 1%～5%，但间接成本非常高，如通用汽车的间接成本（包括当时预计破产时促销引起的利润损失)。因此,我们认为真正的破产重组除了律师费和其他第三方付现成本(如替换高管层的成本)以外,不会产生太大的额外破产成本。

这和家庭丧失抵押品赎回权[3]的成本截然不同,后者带来房屋价值约30%的损失,因此在政府干预公司破产的同时,应该限制抵押品赎回权的丧失。

试图按照第11章中《破产法》重组的大公司中,有超过三分之二确实取得了成功,它们或是作为独立个体存在,或是作为另一个健康实体[4]的一部分。既然如此,为什么在金融危机期间,不广泛地推广它呢?

之所以不在金融企业中推广它(雷曼兄弟除外),原因在于危机发生的速度非常之快,导致大型金融公司不可能走正常的破产程序[5],但非金融部门却可以。诚然,为通用汽车和其他汽车制造商制订长期计划是需要时间的,这让第11章中介绍的重组显得十分有吸引力,那些资产受保护的公司和大部分停止偿付固定债务的公司从中获得的利益是显而易见的。另外,公司要能够在资金周期最好的时期宣布破产(如2005年Calpine的例子),但这对于金融危机中破产的公司通常是不可行的。

最后,在雷曼兄弟的例子中,破产的成本似乎被严重低估了。第11章中标准程序的成本似乎太高了,在金融危机中不太可能会得到大公司的采用。因此,我们建议制定更详细的破产程序以备将来遇到这种情况时可以采用。[6]但要记住,这些意见不适用于非金融行业。

17.3　债务人持有资产融资

我们已经说明,如果通用汽车按照第11章进行重组,将是非常高效的,那么,这是否意味着政府应当换种方式,不干预而任由它破产?并非如此。

当公司进行重组时,它要具备一定的融资能力。破产带来的一个极易忽视但十分重要的好处是,公司能够利用债务人持有资产融资(DIP融资)借到相当可观的资金来维持经营。破产法这一特征赋予资金提供者以关于无担保债务的超级特权地位和特殊的抵押品,因此这项投资基本不会遭受损失。实际上,过去这种融资方式给贷款人带来的损失用一只手就能数出来。通用汽车（或许还有克莱斯勒）还拥有一些无产权负担的资产可以作为抵押品，即使没有，超级特权地位也会给新贷款者以更大的信心。

DIP 贷款对于为一个正在剥离其无效资产和建立运营、资本结构计划的破产公司提供运营资金十分关键。没有一个金融实体愿意借钱给破产公司，除非在新的融资体系中其优先权至少与破产前相同。因此《破产法》提供了一个机制，要求 DIP 贷款人对所有的无担保债券拥有超级特权地位，并且所有或大部分 DIP 融资会受到无产权负担资产的特殊担保。我们估计通用汽车拥有价值 200 亿美元的无产权负担资产。价值 400 亿美元 DIP 贷款的剩余部分不会拥有对担保资产的优先权，但是拥有对破产前无担保债券的优先权。如前面所说的，DIP 贷款很少给贷款人带来损失。

一个成功的例子是三角洲航空公司（Delta Airlines）2005 年进行的由通用金融和其他机构提供的 20 亿美元的 DIP 融资。DIP 贷款近期金额较大的还有 Kmart 的 20 亿美元和美国联合航空公司（United Airlines）的 13 亿美元。DIP 贷款必须在公司从破产中恢复之前还清，并以所谓的"退出融资"方式进行融资。当然，这意味着从破产中恢复的公司前景必须良好，以保证能偿还贷款，因此届时的经济环境十分重要。对于通用汽车的破产来说，为期两年的重组似乎比到 2009 年中期为止的重组更符合经济形势。

正常来说效率较高的破产程序在金融危机的作用下也会发生暂时的市场失灵，金融机构处于大量减债阶段，无法利用 DIP 风险资本，即使价差超过 LIBOR700 个基点到 800 个基点（7%～8%）也是这样。DIP 贷款停止了。然而，电路城公司（Circuit City）最近 11 亿美元的和朝圣至尊（Pilgrim's Pride）5 亿美元的 DIP 贷款展现了 DIP 市场的特点。因此，DIP 的终极手段应当是，由美国政府制定合理的汽车制造商破产规模，而不应让美国的汽车制造产业最终以碎片出售。

17.4 关于汽车制造产业的适当解决方案

我们认为，为面临破产的通用汽车提供大量的 DIP 贷款能够保证它在未来 18～24 个月的重组期内继续存活，政府还应当考虑支持担保和提供备用资金，这远远比邦迪式（Band-Aid）100 亿美元～120 亿美

第 17 章 救市何时停止？

元的救助要更可靠，后者不一定减少公众对 2009 年清算的不确定性。

除了提供 DIP 支持，破产形势将提升管理者进行关于现期和将来养老金和医疗索赔谈判的能力，如果没有法院制度保护性的措施，这很难办到。另外，通用汽车或通用汽车金融服务公司每年支付给政府或其他机构的利息最少要等于 35 亿美元～50 亿美元的存款利息，即 400 亿～500 亿美元的 DIP 支持。

政府还可以和一个或更多的机构（如摩根大通、花旗银行、富国银行、美国银行、通用汽车等有充足 DIP 贷款经验的机构）合作。只要收取适当的费用，DIP 贷款在很短的时间内就会大量增加，以帮助通用汽车度过相当长的时期和相当严重的衰退。我们还建议美国财政部鼓励那些接受问题资产救助计划的机构作为投资者直接参与到 DIP 贷款中来。

为什么这个计划比其他计划更有效率

通用汽车集团最初申请了 120 亿美元的贷款和 60 亿美元的信用额度进行过渡期融资。在国会颁布的救市计划修正案下，通用汽车的贷款额度减少为 100 亿美元。此外，还有一个计划为其提供困难时期的外汇安排，借款人削减了其高达 300 亿美元的债务。

不幸的是，100 亿美元或金额更大的传统贷款在当前的经济环境下必然失败，一旦初期贷款用完，更有可能附加很多的传统要求，如更多的储备金或要求宣布破产。通用汽车每月 20 亿美元的现金消耗将进一步减少它的资产，从现状看来，它在三个月内就会用完所有资产。不仅通用汽车，全球汽车制造业都可能面临着更大规模、更严重的经济衰退。很多的经济学家和金融预测者认为衰退将持续至少两年，这可能是第二次世界大战以来最严重的一次衰退。

在这样的条件下，为通用汽车提供过桥贷款和信用额度纯属浪费纳税人的钱。前面已经表明，即使为通用汽车提供一个更慷慨的计划，如果不进行前文所说的重组，那么它还是很有可能在一年内破产。

假设通用汽车从政府获得 100 亿美元～120 亿美元的贷款、60 亿美元的信用额度，并且通过债权股权转换减少 300 亿美元的负债。要评估其财务生存能力，我们可使用奥特曼的 Z 得分模型，该模型如下：

$$Z = 1.2X_1 + 1.4X_2 + 3.3X_3 + 0.6X_4 + 1.0X_5$$

其中 $X_1 = \dfrac{流动资产-流动负债}{总资产}$

$$X_2 = \frac{留存收益}{总资产}$$

$$X_3 = \frac{息税前收益}{总资产}$$

$$X_4 = \frac{股票市值}{总负债}$$

$$X_5 = \frac{销售额}{总资产}$$

这个模型很著名,被很多的从业者和学者所推崇,在许多高校里的公司理财、投资学和会计课上也有提及。Z得分模型也可以用于债券评级(见表17.1),在多个标准下评估公司违约的可能性。

表 17.1 标准普尔债券评级平均 Z 得分(标准普尔 500 强公司)

等级评定	2004~2005 年	1996~2001 年	1992~1995 年
AAA	5.31	5.60	4.80
AA	4.99	4.73	4.15
A	4.22	3.74	3.87
BBB	3.37	2.81	2.75
BB	2.27	2.38	2.25
B	1.79	1.80	1.87
B−	1.34	1.31	1.38
CCC+	0.90	0.82	0.89
CCC	0.45	0.33	0.40
D	−0.19	−0.20	0.05

我们可以采用以下方法来分析通用汽车的财务生存能力(包括其在通用汽车金融服务公司 49% 的产权)。我们从它 2008 年第三季度末的财务成果开始,估计它第四季度的经营绩效。假设它比第三季度更糟(实际上这是大有可能的),并且第四季度每个月的现金消耗为 20 亿美元(这在公司的很多报告中提及过)。此外,债转股之后,其负债减少了 300 亿美元,股权增加,资本结构应进行相应的调整。最后,我们假设它从政府获得 120 亿美元贷款和 60 亿美元的信用额度。运用五个变量的 Z 得分模型可以算出,通用汽车 2008 年第三季度末的 Z 得分为 −0.16,处于债券评级的 D(违约 default)段(见表 17.2)。实际上,

第 17 章 救市何时停止？

2008 年 6 月以来，通用汽车的 Z 得分首次下降为负值，归为 D 类。

表 17.2　通用汽车集团——假设获得 120 亿美元政府贷款的分析结果

日期	Z 得分	BRE[a]	Z″得分[b]	BRE[a]	S&P 评级	穆迪评级
LTM[c]，2008.9.30 之前的 12 个月	−0.16	D	−1.57	D	CCC+	WR[d]
LTM[c]，2008.12.31 之前的 12 个月	−0.09	D	−0.46	D	NA	NA

资料来源：通用汽车年度报告 10-K 表格和季度报告 10-Q（Q 即 quarter，季度）表格。
a 债券评级等同（Bond rating equivalent）。
b 制造业、非制造业和新兴市场信用的 Z 得分模型。
c 前 12 个月。
d 撤回评级（withdrawn rating）。

假设：

计算 2008 年 12 月 31 日之前 12 个月的息税前收益：Q1＋Q2＋（Q3×2）。

计算 2008 年 12 月 31 日之前 12 个月的收益：Q1＋Q2＋（Q3×2）。

计算 2008 年 12 月 31 日之前 12 个月的现金余额和流动资金：Q3 的余额−60 亿美元＋120 亿美元。

计算 2008 年 12 月 31 日之前 12 个月的未偿还债务（假设冲销 300 亿美元债务的同时，资产的账面价值增加）：120 亿美元＋总负债。

计算 2008 年 12 月 31 日之前 12 个月的留存收益：Q3 的余额−25.42 亿美元。

计算公司的市场价值：

2008 年第三季度：2008 年 9 月 30 日收盘价×流通股数量

2008 年第四季度：2008 年 12 月 2 日收盘价×流通股数量

最近破产的几百家公司的平均 Z 得分为−0.19。根据通用汽车 2008 年 12 月 31 日以来的试算报表，如果收到 120 亿美元贷款，其 Z 得分小幅上涨至−0.09；如果增加 180 亿美元现金，Z 得分上涨至−0.03。这两个 Z 得分还是更靠近 D 类。

总之，即使放松关于第四季度经营结果的假设，对通用汽车进行资产重组，它仍很可能在一年之内破产。

失业和外部性

我们认为其他对通用汽车的救助计划更加糟糕。如果通用汽车破产，工人就会失业，而危机期间劳工市场前景惨淡，它的很多供应商和代理商也可能遭到清算，并会进一步导致失业和经济衰退。

因此，帮助通用汽车的工人是很有必要的，但解决方法并非救助该公司。首先，无论是救助还是破产，如果公司要存活，就必然要裁员和减少代理商。实际上，相比起本书提出的破产——DIP融资计划，其他的计划为通用汽车提供的喘息空间更小，在短期内会引起更多的失业。前面解释过，DIP贷款允许用18～24个月的时间重组，否则救助计划很难帮助公司逃脱2009年的清算。

另外，救助金对通用汽车的员工来说远远不够。汽车产业工人真正需要的是掌握新的技能。顺便说一句，衰退是进行人力资本投资的好时机。救助计划的资金应当更好地用于为失业工人提供大量的培训项目，这不仅能在短期内减轻他们的痛苦，还能帮助他们在经济恢复之后更好地找到新工作。

我们提出的方案同样能限制通用集团破产的连锁反应。即使重组失败，政府也会提供担保和备用金，这就限制了对供应商和代理商的影响。此外，在通用汽车资产管理办法下，其年金计划完善，资金充分，破产对退休金的影响也不大。

无论如何，国家和经济都应该精简美国汽车产业的人员到最佳程度，提高其长期竞争力，而不是使之进一步恶化，引起更多的失业，导致养老金及医疗健康保障的削减。

道德风险

直到最近，通用汽车、克莱斯勒以及福特公司的管理层和董事会才处于受节制状态。他们必须面对前景惨淡的事实，申请破产，请求DIP贷款。而且，如果贷款条款要求更换高管层，就必须更换，这也是第11章中提及的破产法的优势之一，即有机会引进更专业的团队。

以纳税人为代价救助通用汽车和克莱斯勒只会导致未来管理不善。众议院和白宫提出的计划建议委派"汽车沙皇"（car czar）来监督汽车业的改造。不幸的是，由于改组的提议来自于当前的高管层，"汽车沙皇"很难获得决策至关重要的即时信息。第11章则创造性地提出了解决这些问题的具体方案，采用这个方案是非常明智的。

第 17 章 救市何时停止？

17.5 小结

上文提出的原则为政府干预（即使是对非金融业的干预）提供了很清晰的框架。只有当现行疗法不太可能解决重要的系统性问题时，政府才可以以直接救助的方式进入。

运用到美国的汽车产业，政府干预的原则表明它应在破产法的保护下进行重组，同时政府应介入提供 DIP 融资。

注释

［1］见第 15 章。

［2］我们提倡谨慎的监管措施，来最小化具有负外部性的系统性风险（第 13 章）。由于"大而不倒"和"联系太紧密而不倒"的机构会产生道德风险，我们建议大型机构接受细致的监管（第 5 章）。我们批评金融救市计划，因为它对工业太过慷慨，给纳税人带来了很大的负担（第 15 章）。

［3］见第 16 章。

［4］然而，并不能保证这些公司以后不会遭遇经济困难，不会重新需要第 11 章中《破产法》的保护。

［5］危机的一个有趣特征是政策制定者总是耗尽了时间：坏消息总是在周一早晨公布。这和普通的现象截然不同。公司一般总是在周五晚上市场关闭之后公布负面信息，以便投资者在周末消化。然而在危机期间，人们用周末时间来审时度势和制定决策。因此，重要的消息，尤其是负面消息，总是在周日晚上或周一早晨公布。除了 AIG 的案例，当时官员们没来得及等到周末。

［6］某种程度上，关于金融部门的详细程序已经出台。如衍生工具合约并不会自动停止。

恢复金融稳定性

第Ⅶ部分

国际合作

第 18 章　金融监管部门的国际合作

18.1　国际合作的案例

前几章中提出了一些政策建议，但是如果在实施中缺乏各国央行和金融稳定监管者的合作，是很难有效果的，或者至少很难切中要害。这个问题非常重要。尽管有大量的跨境银行业务和资金流，但大部分银行和财政监管还是限于一国之内的。关于谨慎监管的详细措施方面，比如资本充足率及其计算，各国已有很多共识，但在诸如对本国银行监管的宽容程度和在全球金融机构衰退中各国应承担多少责任等问题上很难达成一致意见。

如果各国监管缺乏协调，将会产生很多

问题,而这些问题大部分来自不同国家的监管套利,也就是说,如果一个机构在某个国家受到的监管相对较为严格,那么它可能将金融中介服务转移到其他一些监管较宽松的国家。但由于各国经济联系紧密,这些机构无论其属何地管辖,都暴露在其风险之下。

下面将用基于本书提出的政策给出六个例子,说明国际合作的缺失可能带来的负外部性。

关于表外交易工具杠杆的论述

考虑表外业务的信用风险。[1]

美国的一般公认会计准则(GAAP)并不要求公司将结构性投资工具(SIVs)和资产支持商业票据(ANCP)列在资产负债表上。相反,遵循国际财务报告标准(IFRS)的欧洲银行被要求将结构性投资工具和管道投资工具反映在资产负债表上。结果是,美国的银行大约有40%的资产在表外,相对而言透明度较低。进一步说,在美国的一般公认会计准则下,银行可以从结构性投资工具和管道投资工具中获利,即使没有反映在资产负债表上。因此,即使是最简单的测算(如资产收益率)在欧美银行之间也是不能比较的。欧洲使用的标准比较协调一致,从某种程度上说帮助了危机中的银行,而美国则相反。当美国银行经营不善时,交易对手风险会影响全球所有与它有联系的经济体。关于表外交易工具杠杆的统一规定应该为投资者带来进入全球高利润、高风险金融机构的机会。

政府担保定价

关于存款担保有很多规定,大多非常明晰。但如果各国关于存款担保的定价方式不同,比如美国的银行统一定价,而相似的商行在英国无须支付任何报酬(现实的确如此,但英国正在重新考虑这种做法)。其他条件相同时,英国的银行提供的存款利率更高,能吸引更多的存款,融资成本也相对较小。美国银行的竞争力就会受到影响。如果劣势足够大,美国的银行就会进行游说,以在定价过低的存款保险中引入监管。正如前文所说的[2],这将导致全球商业银行的道德风险。商业银行承担的高风险反过来又会传递到金融部门中未被监管的部分,尤其当它们和保险公司、投资银行和对冲基金打交道时更是如此。

下面,我们看看2008年10月实施的一揽子救市计划。如前所述[3],美国方案中的贷款担保采用通用的定价方式,对所有的参保银行

第 18 章 金融监管部门的国际合作

收取每年 75 个基点（bps）的费用。相反，英国的费用取决于市场，等于 50 个基点加上 2008 年 10 月 7 日之前的 12 个月里观察到的该机构五年期信用违约交换债券的利差的平均值。二者贷款担保的成本相差非常之大，某些机构在两者定价系统下的差别甚至高达每年 125 个基点。毫不奇怪，这种扭曲迅速导致英国的银行对监管者施加压力，使救助计划变得更温和，尽管从定价的效率和公平来说该计划都优于美国。[4]

关于场外交易

下面考虑集中结算信用衍生品带来的对手风险的外部性。[5]假设美国建立一个场外信用衍生品的集中结算平台，而欧洲没有，这可能诱使一国的监管者建立信用避难所，来吸引大量的机构和工作岗位。信用市场中的大型参与者会将其信用柜台转移到欧洲国家，享受场外交易贸易的低透明度和弱抵押品带来的好处。结果是透明度的缺乏（这是当前危机中交易对手风险带来的外部性），可能在未来金融部门出现危机时再一次成为问题。

最后贷款人政策

协调好最后贷款人政策（LOLR）（至少在最大的央行之间），能产生非常大的进步。假设美联储提高最后贷款人政策的条件，要求高杠杆交易机构筹集资本以取得为非速动抵押品借款的资格[6]，同时假设世界另一处的央行没有类似的标准。那么，主营业务在美国但拥有全球业务的银行会从其他的中央银行中获得流动性，导致美联储最后贷款人政策条件无效，推迟其资本发行，并对整个金融部门带来成本。

雷曼兄弟似乎就是这样的机构。该公司在次贷危机期间向欧洲央行借入大额贷款，以得到非速动抵押品，这大大削弱了美联储要求其高管或找到一个合作者或发行更多股票（由于稀释成本，这对高管来说成本很高）的作用。央行之间关于在雷曼兄弟符合最后贷款人政策要求之前改变其资产负债表的合作可能改变历史。

大型复杂金融机构的系统性风险的监管

总的来说，如果大型复杂金融机构（LCFIs）需要为系统性金融风险付费[7]，那么就需要国家间的协调合作。一个国家的监管机构如何有权向非该国的金融机构征税？唯一合理的方法是所有重要的国家金融部门受到同一个 LCFI 监管者的监管，并且同意为系统性风险付费。如果每个国家都以某种方式对大型复杂金融机构征税,那么在追求大而不倒公司的监管担保中,就会出现更少的扭曲。

监管银行范围:《格拉斯—斯蒂格尔法案》的废止

一个典型的由于缺乏国际协作而最终废止的监管的例子是美国商业银行和投资银行业务的分离。我们把时间倒回到 1933 年,当时美国通过了《格拉斯—斯蒂格尔法案》,建立起了美国联邦存款保险公司(FDIC),商业银行业务和投资银行业务从此分离。其目的之一是为了避免反映贷款给借款人的利率和该借款人的投资、证券包销服务的供应量之间的冲突。而且投行的业务风险太高,不应和商业银行放在同一个水平上——《格拉斯—斯蒂格尔法案》认为保护存款人利益,限制 FDIC 的风险暴露是很重要的。然而,除了中国、日本等少数国家,其他地方都没有强制区别银行业务,而是采用全能银行的形式,同时处理银行业务和证券业务。

《格拉斯—斯蒂格尔法案》的通过明确描绘了美国日后的金融舞台,此后摩根斯坦利从摩根大通中分离出来,商业银行在投资和交易非政府证券方面受到了极大的限制。1933~2007 年,美国投行越来越凸显其霸权地位——它们迅速地扩张,在世界范围内建立分公司,成为金融人士趋之若鹜的地方。和商业银行不同,美国的投行能够进行大量创新来发展其商业票据、固定收益、股权投资、并购、现金管理账户等银行业务,而后直接与欧洲的综合银行相抗衡——20 世纪 90 年代~21 世纪期间,美国投行不成比例地享有欧盟内部商业银行的利润(高达 70%)。

随着美国投行的发展,商业银行处于很大的劣势地位,它们希望承销和交易例如抵押贷款支持证券(MBS)、担保债务权证(CDO)等金融工具,创立结构性投资工具(SIV),但它们不能,只能抱怨无法拥有和国外的商业银行公平竞争的环境——要知道其他国家的商业银行都是全能银行,拥有承销、交易金融工具的权利;抱怨在严格监管下,无法拥有和国内不受监管的投行公平竞争的环境。1999 年,《格拉斯—斯蒂格尔法案》被《金融服务现代化法案》代替。实际上,到 1963 年,《格拉斯—斯蒂格尔法案》无论在内容还是形式上都已经不起作用了,商业银行慢慢开始被允许参与非政府证券业务。1987 年,商业银行被允许建立所谓的满足第 20 条规定(section 20 subsidiaries)的分支机构。这反过来又导致 1999 年《金融服务现代化法案》代替了《格拉斯—斯蒂格尔法案》,希望美国的储蓄机构将来能够与其他国家的全能银行竞争；希望全能银行贷款业务和投资业务的强制性隔离能够防止利益冲突；希望新的金融集团有足够的能力把握结果的复杂性，防止变银行为赌场。

许多学者一直质疑《格拉斯—斯蒂格尔法案》是否会加强贷款业务和担保业务的区别。事后说来，1933年到20世纪60年代期间的金融稳定性比20世纪70年代至今更强。即使单纯从设计的角度看，仅为商业银行业务而不为高风险的证券业务提供存款保险（《格拉斯—斯蒂格尔法案》的一个被忽视的目的）的金融架构有更多的优点：(1) 这样的分离，限制了对作为金融业和实体经济主要联系的商业银行或直接信用中介的监管；(2) 在这个过程中，同样限制了对商业银行的监管扭曲；(3) 还限制了不受监管的金融部门和监管部门的联系，减少了影响整个经济体信用中介的交易对手风险的外部性；(4) 减少了监管者救助那些没有受到监管的机构的事后压力（不再出现因为关联太紧密而不能倒）。

毫不奇怪的是，在不受监管部门和受监管部门的机构之关联性的负面作用下，和《格拉斯—斯蒂格尔法案》类似的金融业务区分方案重新被英格兰银行采用，并被欧洲普遍接受，来将支付系统和证券业务隔离开。这里要说明的是，由于业务分离机构的盈利能力很有可能弱于业务综合性更强的对手，因此如果缺乏监管者的国际合作，这种区分在全球金融架构中是站不住脚的，将会发生一系列导致业务区分方案终止的事件。

18.2　监管的外部性

所有的这些例子表明，不同国家的"以邻为壑"的监管政策或者没有就明确竞争激励达成一致的政策都会导致监管标准急剧下降，结果是即使每个国家都有严格的监管，也会大量地为金融部门提供担保，这会导致过度杠杆化和冒险激励。我们要阻止这一后果。问题再一次出现在外部性上，因此协作是必需的。我们认为，各国元首、央行和大型金融市场（如G8）有必要就一系列的原则达成一致意见，并在所有国家和地区得到贯彻实施。

一国的监管者不可能放弃他们的独立性和自由裁量权，事实上也不大可能就所有关于监管的实施细节达成共识。但对于我们来说，重点是就大的改革达成一致意见，必须让大部分监管者相信并遵守一些重大原则——比如（1）通过定义、信息披露和会计实务标准化，公平一致地对待表外杠杆工具；（2）对担保和救助进行统一定价；（3）对与金融机构相联系的场外交易衍生品的透明度做出要求；（4）防止对破产机构提供流动性。在具体的实施过程中，不同的国家可能会有细微的差别。但是，对重大原则的遵守将最小化套利的程度，这反过来又可以确保每个国家达成各自金融稳定计划的目标。

那么，协作一定会发生吗？如果会，是以何种形式发生？下面，我们从历史上的协作案例开始分析这些问题。

18.3 国际协作的历史

和我们现在遭遇的危机一样，历史上全球经济困难也经常呼吁全球性的政策协作，然而很少发生。在金融部门，历史倒回到1944年的布雷顿森林会议。第二次世界大战结束在即，需要重建世界金融体系，防止重复战前"以邻为壑"政策的情形。会议的主导力量——约翰·梅纳德·凯恩斯建议将汇率与一个由国际性中央银行或全球最后贷款人发行的国际性货币（bancor）相联系。这种建立超国家机构的想法在当时必然难以实施，而且国际货币基金组织（IMF）限制了贷款权利。然而，由于战前经济灾难的记忆还留存在人们的脑海中，这个想法描绘了一种前所未有的蓝图，布雷顿森林体系取得了戏剧性的胜利，全球金融体系因此受到了良好的保护，直到20世纪70年代该体系才崩溃。

布雷顿森林会议最初的议程还倡导在两大强制性原则——互利互惠原则和最惠国待遇（不歧视原则）的基础上建立贸易组织，协调各方的贸易政策，减少贸易壁垒。然而，1947年建立的关贸总协定（GATT）及其后身世界贸易组织（WTO）在实施过程中遇到了巨大困难。WTO没有任何国际强制力的保证，完全依赖成员方的共识来制定政策，这常常带来服从上的问题，减少贸易壁垒的共识只有在无止境的再谈判中才能实现（如最近进行的多哈回合谈判）。在没有超国家机构的情况下，进步的取得只能依赖于共识的缓慢建立。

1997~1998年亚洲金融危机之后，许多人提议赋予IMF对不负责国家施以惩戒或使之破产清算的权利来加强IMF的作用。这些提议要求各国放弃其主权，显然没有一个国家会重视这种规模的外部调节。此外，IMF强加给债务国的约束引起了新兴市场上金融机构的极大怨恨。

第18章 金融监管部门的国际合作

因此，在当前危机中，虽然IMF至高无上的借贷工具再次被使用，但无法扮演重要的协调者的角色。然而，IMF确实在搜集和传播各方经济、金融系统的信息中发挥了重大作用，其金融部门评估规划（FSAP）在监督和评估各方金融部门稳定性方面做了很周密的工作。然而，金融部门评估规划只有在当局的允许下才能实施，其报告的发布也要经过当局的同意。而美国就从未同意做这样的评估。

在欧盟内部，金融服务的交易壁垒和银行跨境业务的限制已在1992年单一欧洲法案颁布之时被消除，1999年欧元的产生又降低了成员国之间汇率浮动的不确定性。然而，是否采用欧元在很多国家仍存在争议，并被许多希望保留货币政策主权的成员国（如英国）拒绝。如今，欧元区已成为非常协调一致的金融区——金融市场已经赶上了商品和服务市场。虽然欧盟在实体部门有很多的覆盖全体成员国的监管，但对金融部门的监管仍仅限于一国范围之内，欧盟偶尔可以阻止一些过分的救市措施出台，即使是对金融部门的（如20世纪90年代的《法国里昂信贷银行再资本化法案》就受到欧盟的强制限制）。[8] 直到现在，仍有人认为金融部门的监管协作反映了各成员国在国家主权上不情愿的投降。

有一些关于经济、金融政策的国际协调的例子，但大部分是临时采用应付危机，缺乏改善总体状况的机制。例如，1986年世界五大经济体之间签订的《广场协议》带来了一段时间货币干预政策和国内政策走向的协调一致。类似地，当前危机下，各国央行在建立无障碍货币兑换方面进行了重大合作。然而，这样的例子并不普遍。比如说，近年来美国和中国的外汇汇率协调政策就一直没有取得有效进展。

关键是协作而非集权

虽然这些例子可能不会带来成功建立国际监管机构——或者仅仅是在危机后达成国际协作的信心，仍然存在一线希望。英国首相戈登·布朗曾呼吁召开新的布雷顿森林会议，建立全球金融监管体系。他还呼吁将IMF建成国际中央银行，将金融监管置于全球性机构手中。他大胆的建议获得了一些支持，尤其是在欧盟内部，但是并没有出台任何实质性的措施。然而，他的提议是非常重要的。

我们承认，在可预见的未来，各方都不愿意放弃权利，国际性的金融监管机构不大可能出现，期待国际中央银行关闭一国大部分金融机构并为之制定货币、财政政策，国际公务员对各国金融机构实施监督审查是不现实的。[9]

确实，监管架构的进步需要经历不断加强的合作以及不断增进的理解，让各方相信一个更加紧密和一致的合作符合每个国家的最大利益。巴塞尔资本充足率要求为此提供了重要的先例。表面上，1988年的《巴塞尔协定》是为了通过消除日本监管者赋予其银行的融资成本优势来创造公平的竞争环境。[10]无论《巴塞尔协定》最后的结果如何，它的过程本身是重要的。巴塞尔委员会通过对所有银行的资本充足率做出要求，建立起国际共识。虽然各方具体实施、调整和应用的方式各不相同，但都应该遵守这些规定。委员会没有将共识强加给各方，也没有对不合作方施以惩罚。共识是由参与谈判的各方达成的，委员会也是由参与谈判的各方建立的。

国际清算银行就标准化各金融机构的定义和规定做出了很多努力，如为金融部门信息的搜集和传播制定了标准化规定。还有另一个机构也在作类似的贡献。金融稳定论坛于1997年由G7创建，它在很多报告中提出了加强和标准化金融监管的具体建议。具体而言，2008年4月的报告提出了以下工作的具体标准：（1）加强审慎监管；（2）提高透明度，加强评估；（3）改变信用评级的作用；（4）提高当局对危机的反应能力，妥善应对金融系统的压力。这些建议没有任何的法律强制力，国际清算银行也不能强迫任何国家予以实施。然而，国际清算银行似乎是最有可能达成国际共识的地方，金融稳定论坛所做的努力也意味着可能出现有效协作。

18.4　实现国际协作的步骤

未来会发生什么？会出现新的布雷顿森林体系和强有力的国际监管机构吗？我们认为这是不可能实现的，尤其是在危机期间。但是，各国首脑必须做出让步，就全球金融格局的合理蓝图达成一致。我们建议国际协作的实现遵循以下步骤：

（1）最大金融市场（如G7）的中央银行应率先聚集在一起并就一系列银行监管原则达成共识。正如本书所提倡的，这些原则应该包括：

● 每个中央银行都要巧妙监管其大型复杂金融机构（LCFI）。

（2）监督控制LCFI的机构需要具备以下特征：

● 与金融业公司协作，为高管、交易商以及其他承担风险的雇员提供长期的激励。

● 对政府担保如存款担保以及隐性担保进行统一定价，通过信用评级限制担保的范围。
　　● 对表外交易的透明程度和账目进行标准化规定，集中结算场外衍生品市场，减少交易对手风险的外部性。
　　● 根据各大型复杂机构对总体风险的贡献而非根据各自的风险暴露，征收系统风险税。
　　● 就总体目标和最后贷款人的设计达成一致意见，稳健应对流动性和偿付能力的问题。
　　● 就终止系统性危机的步骤达成一致意见，制定明晰的短期政策措施（如贷款担保、统一定价的再资本化、减轻纳税人的负担等）和长期政策措施（如关闭破产机构、提供财政激励、找出金融危机的根本原因——如当前危机的根本原因是次级抵押贷款）。

　　（3）接下来，中央银行应颁布联合提案，为各国的财政部或当局提出政策建议，在国际论坛（如金融稳定论坛、国际清算银行委员会）中寻求政治共识，共同讨论，予以实施，并对各国进行监督。

　　如果做到这些步骤，就有希望为国际全面的政策协作铺路，寻求金融发展和稳定的平衡，修复各国金融架构。

参考文献

Acharya, Viral. 2003. Is the international convergence of capital adequacy regulation desirable? *Journal of Finance* 58 (6)：2745 – 2781.

Scott, Hal S., and Shinsaku Iwahara. 1994. In search of a level playing field: Implementation of Basel Capital Accord in Japan and U.S. Occasional Paper No. 46, Group of Thirty, Washington, D.C.

Wagster, John D. 1996. Impact of the 1988 Basel Accord on international banks. *Journal of Finance* 51：1321 – 1346.

注释

　　[1] 见第 2 章。
　　[2] 见第 7 章。
　　[3] 见第 15 章。

[4] 需要注意的是，这种游说也会带来一些监管上的好处。比如说，美国的救助计划多多少少强制了银行参与贷款担保计划，但是英国则给予银行选择权，允许一些银行如汇丰银行（HSBC）通过不接受政府的救助向市场传递其经营状况良好的信号。因而美国这样的银行也会想政府游说要求获得同样的选择权，这对于美国的一揽子救助计划是非常好的改变（虽然不太可能实现）。

[5] 见第 10 章和第 11 章。

[6] 见第 14 章中提出的建议。

[7] 如第 13 章中提到的对系统性风险收费。

[8] 见阿查亚（Acharya，2003）论文的 2767~2770 页关于成员方在协调方面所作努力的讨论。

[9] 我们通常承认现存机构有限的能力。蒂莫西·盖特纳在其 2004 年的一篇演讲中提到，IMF 的使命类似于一个最后贷款人，但没有任何机制来限制冒险行为。

[10] 毫不奇怪，当时日本监管者放松了其他政策的限制，以减少 1988 年《巴塞尔协定》公平竞争环境原则的不良影响。瓦格斯特（Wagster，1996）的文章以及斯科特和伊瓦哈拉（Scott and Iwahara，1994）的文章均给出证据，说明通过实施巴塞尔资本充足率的规定来创造真正公平的竞争环境是非常艰难的。

译后记

次贷危机发生时,很多人,包括经济学家们,都还没有给予其足够的重视。从经济史的角度讲,人类社会大大小小的经济和金融危机发生过无数次,人们已经习以为常。迄今让学者们真正执着于研究的是 1929 年大危机,这不仅是因为那次危机延续了十余年,进而演变成了全球性的经济衰退,给人类社会带来了沉重的灾难,而且还因为那次危机所引发的学术争论最终改变了世界,新古典经济学的自由放任教条被大多数人所摒弃,取而代之的是凯恩斯的政府干预思想。人们从那次大危机中获取的最大思想财富就是,一个不受监管的市场会祸害无穷。大危机已经成为那次危机的特定词汇,迄今围绕该主题的学术论文仍然层出不穷。但危机的预警和防范方面迄今并没有取得多少进展,就危机治理而言,其也还是有诸多不尽如人意的地方。

经济理论的缺陷在这次危机中再次显现了出来。从一开始,经济学家们就对本次危机的程度、性质及其后果估计不足,等到这次危机开始显露出狰狞的面目时,经济学家们所提出来的应急方案又显得过于仓促,很多措施反而可能是加剧危机持续恶化的助手。站在2012年这个特定的时点,回首过往,危机已经持续了4年多,并且已经蔓延成全球性的经济衰退。而从欧债危机的深度来看,这场危机似乎还远未终结。经济学家们如今只能从美国的数据判断,美国的经济可能已经有复苏迹象,但倘若欧洲和日本等主要经济体仍然陷在衰退的泥沼中,美国的经济又如何能做到独自复苏?至少从时间上看,本次危机已经足以和历史上的大危机相媲美,而本次危机给全球经济造成的损害有可能还超过1929年那次大危机。可以肯定,本次危机将再次成为研究者的研究焦点。

我国虽然没有出现类似欧美的那种内部的金融系统危机,但因为出口的急剧下降,同样受到了危机的牵连。更何况当2008年人们终于认识到本次危机可能来势汹汹时,又错误估计了国内可能引致的风险,手忙脚乱地推出了匪夷所思的扩张政策。从现在来看,那次盲目的扩张可谓有百害而无一利。对危机的错误应对不仅让我国失去了调结构的最佳时机,而且也导致了后来的通胀和房价泡沫,最终反而提高了国内经济和金融系统的风险。由此可见,正确地认识危机是多么地重要。可惜的是,自从危机发生后的一两年,国内学术界就危机问题的讨论热闹过一阵之后,再难觅这方面的深度研究文献。可能大家觉得,危机到底是欧美的事情,和中国无关。殊不知我国这几年推行的政策,可能正在延续美国本次危机的老路。尽管我国没有发达的衍生品市场,但房价泡沫和地方债务负担足以压垮脆弱的金融系统。

经济理论的作用就在于对经济和金融系统潜在的问题做出预判,进而给出有效的解决问题的对策。在这方面,国外的学者就本次危机进行了大量的研究工作。可惜国内的出版业由于利之所趋,引进的大多是关于各种危机的通俗读物,有关本次危机或者历次危机的深度作品少之又少。2011年上旬,中国人民大学出版社的马学亮老师拿了这本书给我,让我组织翻译。我开始有点犹豫,翻译工作毕竟是吃力不讨好的事。但当我读完该书的第一部分后,我就决定要呈现该书的中译本了。当时我给出了五条说服自己的理由:

第一,这本书是我所见的研究本次危机的最系统的学术著作,内容涵盖了金融危机的方方面面,从金融市场、金融产品、金融机构、金融监管等,到国际金融监管合作,每一个问题都得到了深刻的讨论。

译后记

第二，这本书并不是有关危机的通俗读物，而是严肃的学术著作，每一个章节都是在作者系统、深入地研究的基础上，在总结了大量的相关研究文献的前提下，写作而成。每一章节都有理有据，逻辑严密，数据资料充分。

第三，这本书虽然是学术著作，却可以适合大众口味，这是因为作者们并没有在书中附加各种数学模型，而是重在思想的阐述，以及提供各种应对危机的方案比较，并给出作者自己的方案。普通作者可以从中获取关于危机的有益知识；政府部门则可以直接将其作为行动指导的重要参考；学者则可以在此基础上展开进一步的研究和讨论，可谓相得益彰。

第四，单看这本书的作者群，就很吸引我。本书的作者群是纽约大学斯特恩商学院的经济学和金融学教授，每个作者都是所在领域的领军人物，这群人组合在一起，就本次危机展开深度讨论，无疑为我们提供了一顿丰盛的思想大餐。

第五，这本书是作者们的一个讨论稿的汇总，每一章节不是通过正式的学术论文形式展现，而是以讨论笔记的形式展现。其中不乏思想火花。让我印象尤其深刻的有两个方面，一是有关美国政府紧急出台的各种救助方案的批评，这种批评可能对我国今后的监管和经济金融政策尤其具有参考价值，比如对政府明示和隐性担保的正确定价；监管系统性风险等问题，这些都正在我国发生，但又没有被大家所认识。二是关于监管制度和具体对策的评价，作者们明确指出，监管应该以市场为基础，而不能脱离市场或者取缔市场。这点可能会对我国当下的各种思潮的争论起到警示作用。

故此，在 2011 年暑假开始前，我就开始组织翻译队伍，着手进行翻译工作。经过半年的努力，终于把这本书的中译本呈现在了大家面前。由于该书中牵扯的金融产品和机构过多，有个别的产品和机构缺乏明确的对应中文称呼，因而我们只能采取音译的方式；同时，也因为本书是众多学者的讨论稿，不像正式的学术著作那么表达清晰，有一些语句和术语的真实含义只能揣测，但未必正确。所以诚挚欢迎读者针对书中所出现的错误提出批评。本书的翻译工作分工如下：刘蔚负责前言、第 1~6 章以及第 9 章；邹紫露负责第 7 章以及第 15~18 章；周金朝负责第 8 章以及第 10~14 章；最后由刘蔚、陈宁对全书进行了初校，我做了最后的统校。我们衷心地希望本书能够给对相关问题感兴趣的读者一点有益的启示。

周业安
2012 年 2 月 4 日于北京世纪城

Restoring Financial Stability: How to Repair a Failed System
By Viral V. Acharya and Matthew Richardson.
Copyright © 2009 by New York University Stern School of Bussiness.
Published by John Wiley © Sons, Inc.
All Rights Reserved.
Simplified Chinese version © 2014 by China Renmin University Press.
This translation published under license.

图书在版编目（CIP）数据

恢复金融稳定性：如何修复崩溃的系统/（美）阿查亚等著；刘蔚等译．—北京：中国人民大学出版社，2014.4
（当代世界学术名著）
ISBN 978-7-300-19216-1

Ⅰ.①恢… Ⅱ.①阿…②刘… Ⅲ.①金融危机-研究 Ⅳ.①F830.99

中国版本图书馆 CIP 数据核字（2014）第 073676 号

当代世界学术名著
恢复金融稳定性：如何修复崩溃的系统
[美]维拉尔·V·阿查亚　[美]马修·理查森　著
刘　蔚　邹紫露　周金朝译
刘　蔚　初校
周业安　统校
Huifu Jinrong Wendingxing

出版发行	中国人民大学出版社		
社　址	北京中关村大街 31 号	邮政编码	100080
电　话	010-62511242（总编室）	010-62511770（质管部）	
	010-82501766（邮购部）	010-62514148（门市部）	
	010-62515195（发行公司）	010-62515275（盗版举报）	
网　址	http://www.crup.com.cn		
	http://www.ttrnet.com（人大教研网）		
经　销	新华书店		
印　刷	北京东君印刷有限公司		
规　格	155mm×235mm　16 开本	版　次	2014 年 4 月第 1 版
印　张	23　插页 2	印　次	2014 年 4 月第 1 次印刷
字　数	368 000	定　价	68.00 元

版权所有　侵权必究　印装差错　负责调换